Abenteuer männlicher VerFührung

Bjørn Thorsten Leimbach

Abenteuer männlicher VerFührung

Frauen wählen und erobern
Die Partnerin lieben und führen

Ellert & Richter Verlag

Inhalt

Vorwort Warum lesen Sie als Mann dieses Buch?

Dies ist kein übliches Lebensberatungs- und Paartherapie-Buch. So etwas lesen sowieso nur Frauen. Hier steht auch nicht, dass Sie einfühlsamer, verständnisvoller und netter sein sollen. Eher im Gegenteil. Es ist auch kein Verführungs-Ratgeber, der Ihnen sagt, wie Sie möglichst viele Frauen ins Bett bekommen. Hier erfahren Sie, was es bedeutet, mit seiner eigenen männlichen Kraft und Essenz in Kontakt zu kommen. Dadurch können Sie Frauen verführen, eine Liebesbeziehung mit der passenden Partnerin aufbauen und vor allem: Sie können damit auf Dauer eine emotional und sexuell erfüllende Partnerschaft führen. Sie erfahren, wie Sie eine Partnerschaft so gestalten, wie Sie es wollen, wie Sie jederzeit tollen Sex haben können und die Führung in Ihrer Ehe bekommen. Finden Sie heraus, wie Sie es anstellen, dass Sie – nicht nur als Single – ein Magnet für attraktive Frauen werden. Ertragen Sie das überhaupt?

Wenn Sie das Buch lesen, warne ich Sie hiermit aber ausdrücklich: Als gut erzogener deutscher Mann könnten Sie danach schwer geschockt sein. Ihr Bild über Frauen und Beziehung wird ins Wanken geraten, und Sie könnten sich gezwungen sehen, einen Weg der radikalen Veränderung zu beginnen. Ihre (weibliche) Umwelt könnte sich dadurch zum Teil erheblich provoziert fühlen. Sie werden Ihren Bekanntenkreis und Ihre Freunde polarisieren, Sie werden mehr Konflikte und Feinde, aber auch echte Freunde haben. Sie werden Sachen mit Ihrer eigenen Frau und anderen Frauen machen, die Ihnen schon in Ihrer Fantasie die Schamesröte ins Gesicht treibt. Sind Sie dazu bereit?

Nach der Lektüre dieses Buches können Sie nicht mehr über Frauen oder Ihre Partnerin jammern und sagen: „Wenn ich könnte, dann würde ich ja …“ oder „Ich kann meine Frau eh nicht ändern …“ Es ist eine Einbahnstraße, Sie können nicht wieder zurück. Das ist auch eine der Definitionen einer wirklichen Initiation: Unumkehrbarkeit. Denn Sie wissen nach dem Lesen sehr genau, was Sie tun können und müssen – die Zeit der Ausreden ist vorbei.

Wenn Sie Ihre Ruhe haben wollen und im Grunde ganz zufrieden mit allem sind, dann legen Sie dieses Buch besser wieder zurück. Ich schreibe offen und schonungslos, wie die moderne Matrix zwischen Mann und Frau in Erotik und Liebe aussieht und was man tun muss, um dauerhaft Führung, Erfolg und Liebe zu finden. Das widerspricht allen romantischen Klischees und den im Mainstream publizierten Vorstellungen. Und es ist manchmal schmerzhaft, denn es könnte sein, dass Sie feststellen, dass Sie in Bezug auf Frauen schon lange genau das Falsche gedacht, gesagt und getan haben. Das mag bitter sein, aber es ist besser, als weiterhin mit (hoffnungslosen) Illusionen zu leben. Wie in dem Film „Matrix" können Sie mit diesem Wissen nicht mehr in die Scheinwelt zurück, in der die meisten Männer leben – dieses Buch kann also ein Segen sein, wenn Sie den beschriebenen Weg einschlagen wollen, oder aber ein Fluch, wenn Sie wissen, was Sie tun könnten, aber zu skeptisch, zu ängstlich oder einfach zu sehr in Ihrer kuscheligen Komfortzone gefangen sind, um sich in Bewegung zu setzen. Dann lesen Sie lieber einen der vielen netten, von Frauen oder femininen Männern geschriebenen Beziehungsratgeber, das ist ungefährlicher.

Ach, noch etwas. Auch wenn ich Tantralehrer, Therapeut und Coach bin: Ich formuliere keine esoterischen oder therapeutischen Weichspülprogramme, sondern Klartext – ehrlich von Mann zu Mann. So gehe ich auch mit meinen Männern in den Seminaren um, und die Ergebnisse sind grandios.

Okay, Sie haben die Warnung vernommen und lesen trotzdem weiter. Dann heiße ich Sie willkommen in der Männerwelt und einer männlichen Darstellung der verborgenen Matrix, die Anziehung, Erotik, Liebe und Partnerschaft bestimmt. Viele der beschriebenen Übungen bringen Sie in Kontakt mit einer für Sie vielleicht bisher unbekannten Kraft, mit männlicher Energie, Mut und Abenteuergeist. Sie werden lernen, wie Sie männliches Charisma entwickeln und Ihr Leben auf ein höheres Level katapultieren.

Mannsein heißt, den Frauen als Mann begegnen

Ich habe schon viele Männer vorbereitet und bei kraftvollen Initiationen ins Mannsein begleitet. Das sind rituelle Prüfungen, die Männer an ihre eigenen emotionalen und körperlichen Grenzen führen, um diese zu erweitern. Für einige Männer sind die teils extremen körperlichen und psychischen Belastungen, die dabei entstehen, leichter zu bewältigen als die Herausforderungen, die in den Begegnungen mit Frauen auf sie warten. Die meisten Männer treten Frauen nämlich als großer Junge und nicht als Mann gegenüber – und wundern sich über die negativen Effekte. Hier lernen Sie, was es bedeutet, einer Frau als Mann zu begegnen, als Mann zu flirten und zu verführen. Sie lernen, wie Sie im Kontakt mit Frauen die Führung behalten können. Vor allem aber erkläre ich, was Sie beachten müssen, um in einer Partnerschaft nicht zum großen Jungen zu werden und der Frau die Gestaltung der Liebesbeziehung zu überlassen.

Ihre Partnerin verhält sich Ihnen gegenüber respektlos und zickt herum? Ihre Frau zieht sich zurück, will keinen Sex mehr mit Ihnen? Sie will sich „ihrer Gefühle klar werden“ oder hat bereits einen anderen Liebhaber? Warum wohl? Sie haben die Führung als Mann verloren – oder schlimmer noch: Sie hatten sie noch niemals. Hier lernen Sie, wie Sie das vermeiden können und wie Sie das Ruder an sich reißen können. In einigen tragischen Fällen ist es schon zu spät dafür – aber schließlich lernen Sie etwas für sich und nicht für Ihre Frau.

Ich wünsche Ihnen auf jeden Fall, dass Sie sich durch dieses Buch gestärkt und männlicher fühlen und deutlicher sehen können, wohin Ihr Weg als Mann gehen wird.

Lassen Sie uns zunächst klären, warum Sie dieses Buch eigentlich lesen. Männer lesen Bücher nicht einfach so aus Interesse, wie das Frauen tun. Und schon gar nicht Bücher zum Thema Lebensberatung, Psychologie oder zu irgendwelchen anderen emotionalen Themen. Warum also lesen Sie? Sie müssen überdurchschnittlich motiviert sein, und es gibt nur wenige handfeste Gründe, die dafür infrage kommen.

Als Single: Entweder Sie kommen bei Frauen nicht an – konkret: Sie haben zu wenig guten Sex. Sie scheitern schon im ersten Schritt, denn Sie versuchen entweder nicht wirklich oder aber nicht wirklich erfolgreich, interessante Frauen kennenzulernen. Oder Sie haben ab und zu Glück mit Frauen, aber weil Sie so ein fürchterlich netter Kerl sind, landen Sie immer wieder in der „Best friend"-Nummer – nur nie mit der betreffenden Frau im Bett.

Oder aber es gelingt Ihnen keine längere Liebesbeziehung, die Sie sich so wünschen; die kurzen und meist unverbindlichen Affären sind auf Dauer unbefriedigend. Sie warten auf „die Richtige", ahnen aber eigentlich schon, dass Sie diese nie finden werden und das Problem im Grunde bei Ihnen liegt.

In Partnerschaft: Entweder Ihre Frau ist Ihnen innerlich abhanden gekommen. Sie sind in einer Krise, haben keinen Sex mehr miteinander oder haben sich sonst wie auseinandergelebt. Immer dieselben nervenden Streitereien oder aber nur noch Schweigen bestimmen Ihre Ehe. Doch Sie lieben Ihre Partnerin und wollen sie auf keinen Fall verlieren. Aber einfach alles machen, was sie sagt, um die Konflikte zu kitten, wollen und können Sie nicht (mehr). Vielleicht ist auch äußerlich alles okay, aber innerlich ist die Beziehung monoton und todlangweilig.

Oder Ihre Frau ist Ihnen äußerlich abhandengekommen. Sie hat sich nach einigen Kundgebungen ihrer Unzufriedenheit und Androhungen von Ihnen zurückgezogen, um sich „ihrer Gefühle klar zu werden" – mit dem Resultat einer Beziehungspause. Auszug. Oder sie hat sogar schon einen neuen Liebhaber. Bei dem Gedanken daran, wie sie Sex mit einem anderen Kerl hat, und der Vorstellung, sie zu verlieren, gehen Sie die Wände hoch, haben aber keine Idee, was Sie tun können ...

Vielleicht sind Sie auch schon in einem fortgeschrittenen Stadium: Ihre Partnerin und Sie sind getrennt, und Sie haben auch schon einige sexuelle Erfahrungen mit anderen Frauen gemacht, aber sich nicht wirklich neu verliebt. Jetzt wird Ihnen klar, dass Sie Ihre Ex lieben und sie „die Richtige" für Sie ist. Aber wie schaffen Sie es, sie zurückzuerobern?

Es gibt noch zwei weitere Varianten. Sie leben in einer Partnerschaft und haben eine heimliche Geliebte. Entweder Ihre Frau erfährt davon und droht, sich zu trennen, oder Ihre Geliebte droht, sich von Ihnen zu trennen, wenn Sie Ihre Frau nicht verlassen. Sie wollen keine der beiden verlieren und stecken in einem Dilemma.

Oder Sie leben in einer monogamen Partnerschaft, sind aber in Ihren Gedanken alles andere als monogam. Der Sex mit Ihrer Frau langweilt Sie zunehmend (auch wenn das früher mal ganz anders war), Sie trauen sich aber nicht auszubrechen und fremdzugehen. Eine Idee, wie der Sex mit Ihrer Partnerin besser und aufregend werden könnte, haben Sie aber auch nicht.

In all diesen Fällen benennt das Buch die Hintergründe und zeigt konkrete Handlungsanweisungen auf – und sagt Ihnen manchmal auch unbequeme Dinge. So viel vorweg: Es gibt für all die aufgezeigten Fälle eine Lösung, ob Sie allerdings auch den Preis dafür zahlen wollen, ist eine andere Frage. In den meisten Situationen muss eine Veränderung in Ihnen als Mann stattfinden, eine echte Persönlichkeitsentwicklung ist gefragt. Als Männer-Coach habe ich in zahllosen Fällen anderen Männern in solchen Situationen weitergeholfen; warum also nicht auch Ihnen?

Vielleicht hat Ihnen Ihre Frau dieses Buch geschenkt und Sie denken: „In meiner Ehe ist eigentlich alles in Ordnung." Offenbar gab es in Ihrer Partnerschaft noch keinen Vulkanausbruch, aber es brodelt unter der Oberfläche.

Ach so, falls Sie wirklich zu den wenigen Männern gehören, die dieses Buch aus reiner Neugier gekauft haben: Viel Spaß damit, hier finden Sie beschrieben, wie eine erfolgreiche Beziehung funktioniert. Und Sie werden erfahren, in welche Gruben Sie zum Glück nicht gefallen sind, noch nicht ...

Frauen verführen und die Führung behalten

Wie verführen Sie erfolgreich Frauen oder Ihre Partnerin? Viele meinen, wenn sie eine Frau erfolgreich zum Sex verführt haben, gelingt auch der Rest. Das ist leider ein großer Irrtum! Es klingt sehr nach dem Märchen, in dem der Prinz die Prinzessin erobert und sie „glücklich bis ans Ende ihrer Tage leben". Eine Frau zu verführen ist nur der erste Schritt zum Liebesglück. Schritt 2 bedeutet, die passende Partnerin für eine Beziehung zu wählen und diese dann langsam nach Ihren Vorstellungen aufzubauen. Und Schritt 3 heißt, eine Beziehung auch so zu führen, dass man langfristig miteinander glücklich ist. Denn wer meint, nach einer erfolgreichen Verführung könnte er sich ausruhen und die Führung an die Frau an seiner Seite abgeben, der findet sich bald in einer Partnerschaft wieder, die er „so nie gewollt hat". In dieser bemitleidenswerten Situation sind viele Männer. Im Wort Verführung liegt *Führung* – und die sollte ein Mann auch in der Partnerschaft behalten.

Literatur zum Thema Frauen verführen gibt es zuhauf, durchaus auch mit guten Inhalten. Oft wird versprochen, dass Sie nach dem Lesen jede beliebige Frau verführen können. Das ist kompletter Unsinn und Aufschneiderei. Glauben Sie, dass sich Ihre Partnerin von einem „perfekten Verführer" zum Sex bewegen lässt, nur weil er originelle Tricks drauf hat? Falls ja, sollten Sie Ihr Frauenbild einmal ernsthaft hinterfragen. Man kann auch aus dem Überwinden der ursprünglichen Schwierigkeit, Frauen anzusprechen, eine Philosophie und einen Lebensinhalt machen. Dann wird man ein Verführer, dessen Ziel es ist, als Don Juan möglichst viele Frauen ins Bett zu bekommen. Das kann für einzelne Männer für einige Zeit ein erstrebenswertes Ziel sein – auf Dauer macht es aber wohl kaum jemanden glücklich. Denn dies wäre das Leben eines beziehungslosen Mannes, dessen Herz sich dadurch auf Dauer verschließen wird. Er fürchtet sich und flüchtet vor wirklicher Intimität und Nähe.

Hier geht es nicht darum, wie man *Sex*-Kontakte knüpft, sondern wie man eine dauerhafte *Liebes*-Beziehung aufbaut. Dazu gehört natürlich zunächst der erste Schritt: Frauen ansprechen, eine erotische Anziehung und Vertrauen aufbauen, um sie dann zu verführen. Aber Schritt 1 sollte nicht überbewertet werden, man muss auch nicht gleich zum Casanova werden. In der sogenannten „Seduction-Bewegung", in der überwiegend junge Männer trainieren, Frauen zu erobern, bleibt man meist auf dieser Stufe stehen. *Liebe* und *Beziehung* sind es jedoch, die eine Liebesbeziehung ausmachen, nicht alleine die Verführung und Eroberung. Freilich fängt auch eine lebenslange Ehe immer mit Flirten, Eroberung und Verführung an, und deshalb sollte dies jeder Mann beherrschen.

Ebenso wichtig ist es, in Schritt 2 die passende Partnerin zu wählen. Dazu muss man sich aber darüber im Klaren sein, was für eine Form von Partnerschaft man sich wünscht und welche Ansprüche und Vorstellungen man in Bezug auf die Partnerin hat. Und es bedarf einer realistischen Einschätzung, was man in der Lage und bereit ist, einer Frau zu geben. Welche Frauentypen gibt es, und welcher passt zu Ihnen? Hier scheitern schon viele Männer. Sie schlittern vollkommen unbewusst, von Äußerlichkeiten, Zufällen und ihren Verliebtheitsgefühlen geblendet, in eine einengende Beziehungsform mit einer unpassenden Partnerin hinein. Sie lassen sich einfach treiben und finden sich schließlich als Anhängsel der Frau in einer frustrierenden Beziehung wieder. Wenn Sie die Anleitungen dieses Buches beherzigen, wird Ihnen das nicht passieren.

Schritt 3 ist das Wissen darüber, wie man als Mann die Führung in einer Partnerschaft behält, sodass diese auch nach Jahren noch erfüllend ist. Das betrifft besonders das Sexualleben, das bei den allermeisten Paaren schon nach wenigen Jahren oft dem von Geschwistern gleicht. Es ist möglich, die Erotik über viele Jahre lebendig zu halten – mit dem angenehmen Nebeneffekt, dass Ihre Partnerin Ihnen treu bleibt. Warum? Weil Sie ein charismatischer, aufregender und wissender Liebhaber sind. Wenn Sie in einer Partnerschaft leben und schon viele Fehler gemacht haben, dann können Sie hier lernen, wie Sie das Ruder herumreißen können. Wie Sie sich wieder Respekt und Achtung von Ihrer Partnerin verschaffen, wie Sie das erotische Feuer wieder anfachen können. Sie lernen, was Sie tun müssen, damit Ihre Frau Sie wieder begehrt, und wie Sie sie sogar zurückerobern können, wenn Sie einen Liebhaber hat oder bereits weggegangen ist.

Sollten Sie sich aber nur ein paar einfache Tricks erhoffen, dann könnten Sie auf die Nase fallen – *Sie* sind vermutlich das Problem, nicht die Frau! Ihre Partnerin ist nur ein weibliches Spiegelbild von Ihnen selbst; versuchen Sie mal Ihr Spiegelbild zu verändern! Sie können nur sich selbst als Mann ändern. Sie werden dabei vielleicht Dinge tun müssen, vor denen Sie eine verdammte Angst haben. Aber wenn Sie es getan haben, wird es einen absolut verblüffenden Effekt haben.

In diesem Buch erhalten Sie für alle drei Schritte eine klare Orientierung, die in der Praxis funktioniert. Die psychologischen Hintergründe und wahren Regeln, wie die Beziehung zwischen Mann und Frau funktioniert, mögen für einige schockierend sein. Wie ich in vielen Zuschriften und persönlichen Feedbacks zu meinem Buch „Männlichkeit leben“ erfahren habe, wirkt dieser Schock aber motivierend, um grundlegende Veränderungen vorzunehmen. Es ist manchmal allerdings bitter festzustellen, dass man viele Jahre in die falsche Richtung gelaufen ist. Trotzdem ist es besser, lieber spät als niemals umzukehren.

Das Lesen dieses Buches mag bereits manchem die Augen öffnen, die eigentliche Arbeit aber ist die Umsetzung in die Praxis. Ich gebe Ihnen dafür konkrete, manchmal äußerst detaillierte Anleitungen und Übungen. Wenn Sie die nötige Motivation und Disziplin haben, diese umzusetzen, garantiere ich Ihnen traumhafte Erfolge im Umgang mit Frauen. Dazu werden Sie aber immer wieder über Ihren eigenen Schatten springen und sich selbst in den Hintern treten müssen.

Ich verspreche Ihnen, dass Sie bei konsequenter Umsetzung folgende Ziele erreichen:

Schritt 1: Wie Sie ...

... ein erfolgreicher Verführer werden
... ein charismatischer Alpha-Mann werden
... schöne und interessante Frauen ansprechen
... entspannt und souverän Gespräche mit Frauen führen
... Anziehung und eine erotische Spannung aufbauen
... die Freundschaftsfalle vermeiden
... Dates machen und Sex haben können.

Schritt 2: Finden Sie heraus,

... welche Beziehungsform Ihnen entspricht
... welche Phasen und Formen von Beziehungen es gibt
... welche Frau zu Ihnen passt und wie Sie diese finden
... welche Frauentypen und Fallen Sie vermeiden sollten
... wie Sie eine Abhängigkeit und Fixierung auf eine Frau vermeiden
... wie Sie eine solide Partnerschaft aufbauen
... wie Sie mit Eifersucht konstruktiv umgehen können.

Schritt 3: Wie Sie ...

... zum erfolgreichen Liebhaber werden
... sich Respekt und Achtung als Mann verschaffen
... die Führung in der Partnerschaft behalten
... Konflikte und Dramen positiv steuern
... es schaffen, dass Ihre Frau Ihnen treu bleibt
... auch nach vielen Jahre Ehe eine lebendige Erotik und guten Sex haben
... Ihre Frau zurückerobern können.

Teil 1
Frauen wählen und erobern

Die Matrix der Mann-Frau-Beziehung

Seit einigen Jahrzehnten ist in den Industrienationen eine neue Offenheit und Freiheit, aber auch eine große Verwirrung in Bezug auf die Geschlechterrollen zu beobachten. Immer mehr Männer und Frauen sind zutiefst verunsichert, was männlich und was weiblich ist, was eine Frau und was einen Mann ausmacht. Die klassischen Rollen werden abgelehnt, und es werden oft vermischte Rollen oder vielfach auch ein Rollentausch gelebt – meist mit unbefriedigenden Ergebnissen.

Immer mehr Männer und Frauen fühlen sich verunsichert. Die Frau fragt sich: „Bin ich attraktiv, sexy und interessant genug für Männer?“ Und die Männer fragen sich: „Bin ich männlich, interessant und selbstbewusst genug für Frauen?“ Von dieser Verunsicherung leben ganze Industriezweige, die uns weismachen wollen: Mit diesen Modeschuhen bist du weiblich. Nur mit dieser Frisur hast du eine Chance bei Männern. Mit diesem Parfüm bist du männlich. Mit diesem Auto kommst du bei Frauen an. Die immense innere Verunsicherung führt dazu, dass Scharen von Männern und Frauen nicht ihrem eigenen Geschmack vertrauen, sondern große Summen für Dinge ausgeben, die als modisch gelten und sie scheinbar zum „richtigen Mann“ und zur „richtigen Frau“ machen. Dadurch wird das Bruttosozialprodukt enorm gesteigert, aber Selbstbewusstsein, gelebte Männlichkeit und Weiblichkeit sind etwas anderes! Ich bin auch dann männlich, wenn ich keinen neuen Sportwagen fahre und keine Markenklamotten trage. Und Frauen riechen auch ohne teure Parfüms toll und sehen ohne Designermode schön aus. Also sparen Sie sich das Geld und investieren Sie lieber in Ihre Persönlichkeit – auf die kommt es nämlich an! Selbst ohne teures Auto und mit einem halbwegs gepflegten Aussehen können Sie fantastische Frauen verführen. Bei Frauen, die nur an Ihrem Status und Vermögen interessiert sind, haben Sie dagegen wenig Chancen. Für diese Frauen empfehle ich Ihnen auch eher einen Ratgeber à la „Wie werde ich Millionär?“ – den Rest übernehmen dann diese Frauen für Sie.

Umgekehrt ist es aber so, dass es heute große Freiheiten gibt: Gesellschaftliche Normen, Zwänge und Repression existieren fast nur noch in unseren Köpfen, dafür aber unbewusst und nicht weniger wirkungsvoll. Wir haben fast alle äußeren Freiheiten, unsere Männerrolle, unser Verhalten, Beziehung und Sexualleben so zu gestalten, wie wir es wollen. Eigentlich genial, oder? Doch wer nutzt diese Freiheit wirklich: Die innere Verunsicherung und Selbstzweifel machen die Freiheit zur Bürde. Es fehlt an Orientierung, was männlich und was weiblich ist. Die gesellschaftlichen Normen, Konventionen und Modevorgaben werden dann übernommen, wenn eine eigene Vision fehlt. Um diese Vision wird es hier gehen.

Polarität statt Unisex

Über viele Jahre hinweg habe ich eine sehr klare und erfolgreiche Matrix für erfolgreiches Flirten, Verführung und erfüllte Liebesbeziehungen konzipiert. Es geht dabei um die Stärkung der männlichen und weiblichen Polarität. „Das ist doch ein alter Hut, das haben unsere Eltern und Großeltern gelebt!“, werden Sie vielleicht einwenden. Stimmt, das haben sie. Aber sie taten das innerhalb sehr enger und begrenzter Klischees – und meist sehr unbewusst mangels Alternativen. Die sogenannte sexuelle Revolution und der Feminismus haben eine Öffnung der Geschlechterrollen und Beziehungsformen bewirkt. Konkret versuchen Frauen aktuell, möglichst viele männliche Werte und Verhaltensweisen zu übernehmen und besser als die Männer zu sein. Und viele Frauen machen das sehr gut, sie sind die besseren Männer geworden: beruflich erfolgreich, durchsetzungsstark, konfliktbereit, zielstrebig, und sie haben immer das letzte Wort. Auch und besonders zu Hause und im Bett. Aber glücklich ist etwas anderes – viele dieser Frauen kommen in psychologische Beratungen und Frauenseminare, weil sie unter Burn-Out, Stress, Orgasmusunfähigkeit leiden und – weil es kein maskuliner Mann lange mit ihnen aushält. Denn unter dem Einfluss der feministischen Bewegung formierte sich eine Männerbewegung, die labern, kochen und jammern lernte. Sie haben dabei vielfach die Frauen überrundet: anpassungsfähig, hingebungsvoll, entspannt, weich, einfühlsam und enorm leidensfähig. Immerhin passt dieser neue Männertyp zu den neuen Frauen. Nur: Die Frauen wollen keinen Nice guy, sie verachten diese weichgespülten Männer und machen sich über sie lustig. Sie wollen echte Kerle.

Der Status quo Ihrer Beziehung

Beginnen wir zunächst einmal damit zu analysieren, was für ein Beziehungstyp Sie sind. Egal, ob Sie aktuell in einer Beziehung sind oder gerade Single. Wenn Sie mehrere längere Beziehungen hatten, richten Sie den Blick auf diese Partnerschaften und überprüfen, was auf Sie zutrifft.

Viele Männer sind in ihrer Beziehung unglücklich und leiden darunter, aber nur sehr wenige Männer wissen, was sie sich in Bezug auf die Partnerschaft und konkret von ihrer Frau wünschen. Sie überlassen die Beziehungsgestaltung und Führung der Partnerin und wundern sich, dass sie sich nach Jahren der schleichenden Anpassung wie in einem Gefängnis fühlen. Ich bin immer wieder erstaunt, wie leidensfähig Männer sind und was sie sich von ihrer Partnerin an Schikanen, Demütigungen und Respektlosigkeiten bieten lassen. Nach einer anfänglichen schönen Zeit versanden Leidenschaft und Erotik allmählich, das Paar streitet immer häufiger oder aber lebt sich auseinander. Männer hoffen, dass sich die Probleme von selbst lösen, wenn man nur geduldig abwartet. Oder sie hoffen, dass die Frau sich schon wieder ändert. Frauen übernehmen meist mehr Verantwortung für ihre Bedürfnisse und Wünsche, sie warten nicht ewig ab. Wenn sie sich dann einen Liebhaber sucht oder die Koffer packt, fällt der Mann aus allen Wolken. Sie hat es aber schon viele Male angedroht, nur hat er es nicht ernst genommen.

Männer sagen dann: „Alles lief prima – aber plötzlich rastete sie aus." Im Gespräch wird meist recht bald klar, dass nichts prima lief und es deutliche Erschütterungen vor dem Erdbeben gab. Viele Männer haben dafür aber keine Antennen. Im Folgenden skizziere ich eine Reihe typischer Beziehungskonstellationen.

Beziehungsmodelle

Aus meiner Erfahrung als Paartherapeut habe ich für Sie eine Liste von möglichen Beziehungsmustern zusammengestellt. Diese können eine Phase in einer langjährigen Partnerschaft sein (Verliebtheit, Machtkampf) oder ein generelles Muster aufgrund der Persönlichkeiten von Mann und Frau und der Dynamik zwischen beiden. Generell beeinflussen zahlreiche Faktoren das Beziehungsverhalten, etwa die Partnerschaft der Eltern, der eigene Selbstwert, die Libido, Erfahrungen aus vergangenen Partnerschaften etc. Die meisten Beziehungsmodelle sind unerlöste Bindungen, bei denen die Partner in ihre psychologischen Muster und Projektionen verstrickt sind. Das bedeutet aber nicht, dass sie permanent darunter leiden oder dass das Ganze nicht funktioniert. Es gibt sogar Paare, die stets streiten oder sich gar hassen und die doch ihr Leben lang zusammenbleiben. Und es gibt scheinbare Traumpaare, die alle beneiden, die sich aber nach kurzer Zeit zur Überraschung aller wieder trennen. Die Beziehungsmodelle sind markant charakterisiert – überprüfen Sie, wo Sie sich selbst einordnen können.

Pink Honeymoon: Romantik und Projektion

In dieser Phase einer Beziehung dominieren die Verliebtheitsgefühle. Es werden nur die positiven Seiten im anderen gesehen, alles Übrige wird ausgeblendet. Beide bedienen die romantischen Ideale und Erwartungen des anderen. Kennzeichnend sind eine lebendige Erotik, Sinnlichkeit und viel Körperkontakt. Beide Partner neigen zum symbiotischen Verhalten, sie treffen sich und telefonieren sooft es geht und können kaum genug voneinander bekommen. Das Bedürfnis, sich voneinander abzugrenzen, besteht kaum. Gesehen und geliebt wird nicht der andere, sondern eine idealisierte Projektion des Traumpartners. Diese Phase kann von wenigen Tagen bis hin zu mehreren Jahren (etwa bei einer Fernbeziehung) dauern. Es gibt Menschen, die diese Phase für den einzig funktionierenden Beziehungstyp halten und hoffen, dass sie ewig dauert. Ist diese Phase aber vorbei, so trennen sie sich und suchen jemand Neues, mit dem das Spiel von vorne beginnt.

Cool and easy: Freiheit und Unnahbarkeit

Wer emotional seine Ruhe haben und sich nicht mit Problemen auseinandersetzen will, ist in dieser Beziehungsform gut aufgehoben. Hier handelt es sich eigentlich eher um eine Affäre als um eine wirkliche Partnerschaft. Beide sind vollkommen unabhängig und auch emotional unnahbar. Sie haben ein komplett getrenntes Leben, Familie, Freundeskreis und Hobbys, wodurch viele Reibungspunkte vermieden werden. Durch ein oberflächliches und auf das Außen orientiertes Leben wird jeglicher Tiefgang vermieden. Wirkliche Intimität und Streit vermeidet man durch Aktivismus, unregelmäßige Treffen oder die große Distanz einer Fernbeziehung. Nach außen stellen die beiden häufig schönen und stilvollen Menschen ein beeindruckendes Paar dar, alles ist wie aus einer Designer-Zeitschrift. Aber die emotionale Temperatur ist unter dem Gefrierpunkt, es fehlen Wärme, Herzlichkeit und Nähe – von Liebe ganz zu schweigen. Beide haben einen Partner an ihrer Seite zum Vorzeigen, für Freizeitgestaltung und Sex. Trotzdem müssen sie ihr Leben nicht an den anderen anpassen, sie haben völlige Freiheit. Man ist so cool, dass einem jede Eifersucht fremd ist – der andere kann machen, was er will. Und wenn er sich mal wochenlang nicht meldet, ist das auch in Ordnung. Bloß keine Gefühle! Immer cool bleiben, alles easy, lautet das Credo. Sollte der Partner doch auf die Idee kommen, Forderungen zu stellen oder sich womöglich richtig verlieben, sucht der andere schnell das Weite. Diese Beziehungsform findet man häufig in der oberen Mittel- und Oberschicht.

Mama und Papa: Symbiose

Bei manchen Paaren geht die Verliebtheitsphase in eine Symbiose über. Die beiden tauchen nur noch als Paar auf und werden im Plural angeredet, es gibt bald nur noch gemeinsame Freunde, eine E-Mail-Adresse für die ganze Familie und ein Familienhandy. Wenn gemeinsame Kinder da sind, werden die Partner häufig auf ihre Rollen als Mama und Papa reduziert. Da jede individuelle Abgrenzung und Spannung fehlt, ist dies eine reine Funktions- und Kuschelbeziehung. Als sexuelle oder gar eigenständige Wesen existieren beide schon längst nicht mehr. Die Umwelt nimmt die beiden deshalb als Neutren wahr, Flirten ist ein Fremdwort für beide, da jede noch so kleine Gefahr die Symbiose bedrohen könnte.

Also wird in gegenseitigem Einvernehmen die Erotik verbannt. Das äußere Erscheinungsbild und Auftreten der beiden ist aber meistens auch so unerotisch, dass niemand auf die Idee kommt, mit ihm oder ihr zu flirten.

Papa und Tochter
In dieser Beziehungskonstellation ist der Mann deutlich älter als die Frau. Der Altersunterschied kann auch geringer sein, wenn der Mann väterliche Eigenschaften hat und die Frau mädchenhaft und abhängig von ihrem Mann ist. Sie ist nicht bereit, erwachsen zu werden, und bleibt im Schatten des Mannes, der sich wie ein Vater um sie kümmert. Er trifft alle Entscheidungen, behütet und versorgt sie finanziell. Für diese Sicherheit muss sie sich allerdings auch seiner Persönlichkeit und seinem Leben anpassen und bleibt immer unselbstständig. Alles Positive, aber auch alle Probleme werden auf den Partner projiziert – er allein ist dann für alles verantwortlich. Der Mann braucht in dieser Konstellation Führungsqualität, Selbstsicherheit und muss bereit sein, Orientierung und Entscheidungen für beide zu übernehmen. Häufig hat er dadurch aber keine Partnerin auf Augenhöhe, sondern eben ein „süßes Töchterchen" zum Vorzeigen an seiner Seite. Gleichzeitig steigert eine junge und attraktive Frau, die sich ihm unterordnet, seine Macht und seinen Status.

Die Konstellation findet sich tendenziell häufiger in der Oberschicht, respektive bei berühmten, reichen oder charismatischen Männern wieder, die sich eine deutlich jüngere und schöne Frau suchen.

In den folgenden vier, aktuell äußerst populären Beziehungsformen sind die männlichen und weiblichen Rollen vertauscht. Die Frau lebt ihre maskulinen Qualitäten und hat die Führung, der Mann ist feminin, einfühlsam und anpassungsfähig. Sie entsprechen dem in den 1970er-Jahren begonnenen Rollentausch und verdrängen allmählich die anderen Beziehungsformen. Diese Beziehungsmodelle spiegeln auch eine gesamtgesellschaftliche Entwicklung wider.

Mama und Sohn

Ist die Frau stärker und hat mehr Willenskraft, Selbstbewusstsein und männliche Energie als der Mann, kann sie für den Mann eine Mutterrolle einnehmen. Sie versorgt, hätschelt und bevormundet ihn in zunehmendem Maße. Wenn der Mann sein Mutterthema nicht bearbeitet hat, wird er allmählich zum Muttersöhnchen. Sie übernimmt die Führung in der Partnerschaft, kontrolliert und manipuliert den Partner in ihrem Sinne. So wird er immer mehr zum großen Jungen, der abhängig ist von ihrer Liebe und Bestätigung. Sie ist emotional stärker, er völlig abhängig von ihr. Ist sie schlecht gelaunt, fühlt er sich schuldig. Ist sie fröhlich, geht es ihm auch gut. Da aus dem Mann immer mehr ein unselbstständiger Junge wird, verliert die Frau jeglichen Respekt vor ihm. Ab und zu benutzt sie ihn zur Befriedigung ihrer sexuellen Bedürfnisse – natürlich bestimmt sie auch hier das Wann, Wo und Wie.

Prinzessin und Hofnarr

Die Frau hat in dieser Konstellation stark narzisstische Züge. Sie ist es gewohnt, dass alle nach ihrer Pfeife oder besser gesagt nach ihren Gefühlen tanzen. Speziell attraktive Frauen mit einem schwachen oder nicht anwesenden Vater haben von Männern niemals Grenzen gesetzt bekommen. Deshalb akzeptiert sie auch keinerlei Grenzen. „Meine Gefühle sind die absolute Wahrheit", lautet ihr Credo. Leider wechseln die Gefühle und die Wahrheit mitunter alle paar Minuten. Diese Frau ist in hohem Maße unsozial und von sich selbst eingenommen. Ihr Weltbild ist schwarzweiß: Sie ist launisch, sprunghaft, wechselhaft und liebt die Extreme. Sie himmelt den Mann an, um ihn im nächsten Moment zu hassen. Sie ist im Grunde eine unerzogene und unreife Göre, eine Prinzessin, die sich bereits für eine Königin und den Mittelpunkt der Welt hält. Der Mann an ihrer Seite ist vorzugsweise ein Clown oder auch ein lieber, gutmütiger Trottel mit dickem Fell. Mit seinem Humor, seiner Gelassenheit und Anpassungsfähigkeit gleicht er das exzentrische und neurotische Verhalten der Frau aus. Er entschärft durch seinen Witz ihr unerträgliches und unsoziales Verhalten. Tatsache ist: Als Team haben die beiden einen hohen Unterhaltungswert und sind auf jeder Party gern gesehen – mit ihnen wird es niemals langweilig. Längere Zeit aber erträgt es niemand in ihrer Nähe. Der Selbstwert des Mannes ist sehr gering, denn sie hat die Führung – in der Beziehung und in der Sexualität. Dieser Beziehungstyp ist häufig in der Mittel- und Oberschicht anzutreffen.

Emanze und Softie

Rothaarige Emmas und Kampfemanzen gibt es heute kaum noch, die strickenden Softies sind ausgestorben, oder? Doch, es gibt sie noch, aber sie haben sich aus der linkspolitischen und alternativen Ecke verabschiedet. Die Emanzen, das sind die Managerinnen, Richterinnen, Politikerinnen, Anwältinnen und andere Frauen in Führungspositionen. In einer Männerdomäne und einem harten Job braucht dieser Typ Frau extreme maskuline Energie. Hosenanzug, kurze Haare, harte Stimme und zackiges Auftreten lassen sie mehr als Mann erscheinen, selbst wenn sie einen schönen weiblichen Körper hat. Die Führungsposition ist ihr im Laufe ihrer Karriere in Fleisch und Blut übergegangen, auch im Privatleben kann sie diese kaum ablegen. Sie ist es gewohnt, die Kontrolle und das letzte Wort zu behalten. Im Gespräch mit der Therapeutin spricht sie zwar von ihrer Sehnsucht nach dem „starken Mann“, dem sie sich hingeben will, in der Realität müsste dieser aber ein beinharter Macho sein, wenn er es mit ihr aufnehmen wollte. Dann wäre der Fightclub eröffnet (siehe Modell auf Seite 28 f.). In der Praxis suchen diese Frauen sich eher ein feminines Gegenstück in einem männlichen Körper: der Hausmann, der in der weiblichen Rolle für sie sorgt und sich ihr anpasst. Vielleicht kümmert er sich wirklich um Haushalt und Kinder, ist brotloser Künstler oder Yogalehrer. Sie ist die Verführerin und sitzt beim Sex oben oder lässt sich von ihm nach dem stressigen Job massieren. Die beiden haben einfach die Rollen getauscht. Könnte doch prima sein, oder? Meistens verliert die erfolgreiche Frau jedoch bald das Interesse an so einem Weichei, er wird langweilig und sie spielt nur mit ihm. Auch macht er in der Öffentlichkeit bei Vernissagen, Geschäftsessen und Tagungen keine gute Figur, ja, sie schämt sich ehrlich gesagt für ihn und lässt ihn das auch spüren. Dieses Modell widerspricht einfach zu grundsätzlich allen Genen und der Sozialisation, beide verleugnen außerdem ihre wahre Essenz als Frau und Mann. Dieses Modell ist trotzdem im Kommen, durch die bevorstehende Frauenquote in den Führungsetagen werden wir mehr toughe Führungsfrauen bekommen, die einen Hausmann suchen oder sich süße Liebhaber und Gespielen halten.

Dramaqueen und Duckmäuser

Die Dramaqueen ist eine Frau mit geringem Selbstwertgefühl, häufig ist sie in zerrütteten Familienverhältnissen aufgewachsen. Sie hat keinerlei Selbstkontrolle und mangelnde Selbstreflexion. „Ich bin nur, was ich fühle." Das Schlimmste für sie wäre, nichts zu fühlen. Längere Phasen von Harmonie erträgt diese Frau einfach nicht. (Und Liebe, Zärtlichkeit und respektvolles Verhalten alleine genauso wenig.) Passiert nichts Dramatisches oder Krasses, dann inszeniert sie selbst Dramen: banalste Kleinigkeiten reichen da aus. Dadurch fühlt sie sich in ihrer Existenz bestätigt. Kein reifer, selbstbewusster Mann würde es an ihrer Seite aushalten. Deshalb zieht sie Duckmäuser an, die fasziniert sind von ihren emotionalen Dramen. Der Duckmäuser hatte in vielen Fällen eine dominante Mutter, die Partnerin erfüllt ebendiese Rolle. Er selbst hat wenig Zugang zu seinen Gefühlen, seine Partnerin lebt sie sozusagen stellvertretend für ihn aus. Er ist dabei gleichzeitig fasziniert und verängstigt. Deshalb passt er sich ihren Dramen an und versucht stets, sie zu besänftigen. Sein gesamtes Verhalten ist unterwürfig, fast wie das eines wohlerzogenen Hundes. Interessanterweise ist dieser Beziehungstyp besonders bei Intellektuellen vertreten.

Dramaqueen und Bad boy

Die einzige Chance für den Mann, um in der Beziehung mit einer Dramaqueen die Führung zu behalten, ist, den Bad boy zu geben. Die Frau braucht regelmäßig schlechte Behandlung, Strafen und eine deutlich dominante, autoritäre Führung. Der Bad boy muss resistent sein gegen extrem negative Gefühlsäußerungen. Ist er jedoch selbst eine integre Persönlichkeit, wird er erstens ihre Dramen auf Dauer nicht ertragen und zweitens selbst kein Interesse an einer solchen Rolle haben. Deshalb hält diese Konstellation nur für eine Affäre. Oder aber die beiden begeben sich „eine Stufe tiefer" zum:

Zuhälter und Flittchen

In dieser Rolle hat der Mann die Führung. Der Typ (nicht Job) des Zuhälters ist ein dominanter, gewaltbereiter Mann. Er macht klare

Ansagen und hat unmissverständlich das Sagen – nach außen hin und zu Hause. Er ist egozentrisch und hat kaum Einfühlungsvermögen, da er keinen Zugang zum eigenen Herzen hat. Der Zuhälter ist ein echtes Arschloch, er nimmt auf nichts und niemanden Rücksicht, häufig ist er auch frauenverachtend. Und genau das macht ihn für eine bestimmte Sorte Frauen faszinierend: das Flittchen. Sie hat ein niedriges Selbstwertgefühl und beschäftigt sich fast nur mit Äußerlichkeiten wie Kleidung, Schmuck und Statusobjekten. Sie braucht permanente Bestätigung von Männern und lässt sich deshalb leicht verführen. Sie hat häufig einen sehr dominanten Vater gehabt oder auch als Kind Gewalt erfahren. Sie verehrt ihren „Zuhälter" und passt sich ihm an. Häufig ist sie finanziell abhängig von ihm und würde alles für ihn tun, was dieser auch gern ausnutzt. Beide gehören meist der sozialen Unterschicht an und haben auffallend oft ausländische Wurzeln aus Ost- oder Südeuropa. Unter Umständen lässt sich auch eine Dramaqueen auf so einen Zuhälter ein, da sie fasziniert ist von seiner männlichen Dominanz und gerne leidet. Wenn er vom sozialen Niveau aber deutlich unter ihr steht, gibt es im Alltagsleben erhebliche Probleme, sodass es eher bei einer Affäre bleibt.

Unisex-Beziehung

Kommen wir mal in ruhigere Gewässer, nämlich zum genauen Gegenteil. In der Unisex-Beziehung haben wir zwei Partner, bei denen die männliche und weibliche Energie völlig neutralisiert ist. Der Mann hat weibliche und die Frau männliche Züge, beide haben ein geringes Energieniveau. Sie kleiden und geben sich neutral und unauffällig. Es gibt keine Polarität in der Beziehung, alles verläuft konfliktfrei, emotionslos und etwas blutleer. Die beiden leben tägliche Routine und Verpflichtungen, abgesichert und geplant. Es gibt keine Überraschungen, jeder Tag ist wie der vergangene. Das Reihenhaus wird monatlich abbezahlt, das Kind ist geplant – genau wie die Rente. Planbarkeit, Stabilität und Sicherheit sind beiden wichtig. Beide haben geringe Libido, also kaum sexuelle Appetenz. Der wenige Sex ist denn auch eher sanft und unspektakulär. Sie wirken nach außen hin wie Brüderchen und Schwesterchen. Die erotische Ausstrahlung und der Flirtfaktor tendieren bei beiden gegen Null. In einigen Fällen ist die Libido beider Partner so gering, dass sie sich für eine platonische Beziehung entscheiden. Diese Partnerschaft ist zwar für viele Außenstehende extrem langweilig und spießig, dafür aber oft sehr beständig und alltagstauglich.

Geiler Bock und Zicke

Der geile Bock ist ein Mann, der stets sexuell und emotional bedürftig ist. Er ist permanent sexuell unbefriedigt, manchmal sogar schon wieder kurz nach dem Sex. Diese Bedürftigkeit beruht auf einem geringen Selbstwertgefühl und einer Sucht nach Bestätigung durch Frauen. Er kann nicht mit sich alleine glücklich sein, sondern bezieht seine Existenzberechtigung durch die Frau. Er verehrt Frauen in unangemessener und manipulativer Weise, was viele Frauen als schleimig oder anbiedernd erleben – sie wenden sich angeekelt ab. In einer Beziehung fühlt die Partnerin die Unselbstständigkeit des Mannes und seine Fixierung auf sie. Diese zeigt sich in seinem grenzenlosen Bedürfnis nach Körperkontakt und Sex: Egal wie viel und wie lange, es ist nie genug. Sie genießt zu Beginn der Beziehung, dass er sich sehr um sie bemüht, vielleicht ist er sogar ein Gentleman. Vielleicht mag sie auch den sinnlichen Lustmolch in ihm, der sie stundenlang massiert. Doch bald bemerkt sie, dass er dabei wie ein Vampir ist, der sie emotional aussaugt. Sie beginnt, sich körperlich zurückzuziehen, setzt ihm Grenzen und verweigert den Sex. Er fühlt sich dadurch als Mann abgelehnt und rennt wie ein bedürftiger Junge hinter ihr her. So wird sie zur Zicke, die ihn beschimpft und ihm die Grenzen setzt, die er sich selbst nicht setzen kann. Im Laufe der Zeit erniedrigt er sich immer mehr und wird zum Bettler um Sex und Anerkennung, was dazu führt, dass sie ihn verachtet. Sie identifiziert sich als Zicke mit dem Gegenpol zu ihm und wird immer rigider, abwehrender und lustloser.

Fightclub

Hier treffen sich zwei dominante Alpha-Persönlichkeiten mit hohem Geltungsdrang, häufig stehen sie in gesellschaftlichen Führungspositionen. Bei beiden ist der maskuline Teil der Persönlichkeit stark entwickelt, deshalb geht der maskuline Teil der Frau auch permanent in einen Machtkampf mit dem Mann. Beide ringen in der Beziehung stets um die Führung, aber es ist eine Patt-Situation, da sie gleich stark sind. Entweder sie leben diese aggressive Kampfenergie in ihrem Job aus, oder sie zerhacken sich gegenseitig. Denn keiner ist bereit einzulenken, zurückzustecken oder mal „Fünfe grade sein zu lassen". Die Frau sehnt sich in ihrem Inneren danach, sich dem Mann hinzugeben, schafft es aber in der Praxis nicht, über ihren eigenen Schatten zu springen. Und dem Mann fehlt etwas an Macht, Führung oder Aggression, um sie zu übertreffen. Vielleicht ist er den permanenten Machtkampf aber auch leid. Ein mögliches Ventil ist der Sex. Beide haben vermutlich hohe Libido und Potenz. Deshalb kann der Sex entsprechend ekstatisch sein und durchaus im Hardcore- oder SM (Sadomaso)-Bereich liegen, da hier beiderseitige Aggression ausgelebt wird. Ich kenne Paare, die es im Dom-und-Sub-Spiel schaffen, eine klare Hierarchie zu leben: Im Rollenspiel lässt die Frau sich auf die Dominanz des Mannes ein und kann sich ihm hingeben. Diese Beziehungsform ist faszinierend, aber auch kräftezehrend. Es fehlt das harmonisierende und regenerative feminine Element, deshalb neigen beide dazu auszubrennen. Männer suchen hier als Ausgleich häufig eine devote Geliebte mit viel femininer Energie.

Die Todeszone

Dies ist die Beziehung, die viele von ihren Eltern kennen, wobei sie sich geschworen haben: Niemals werde ich so. Aber die Honeymoon-Phase ist schon lange vorbei, und nach jahrelangen Machtkämpfen werden beide müde, sich aneinander zu reiben. Sie haben resigniert und sich mit dem nörgelnden Partner, dem lieblosen Umgang und der alltäglichen Routine abgefunden. Eine lähmende Schwere und öder, grauer Alltag haben sich breitgemacht. Doch sie können beide ihre Rolle nicht verlassen und brauchen die Sicherheit der beständigen Partnerschaft. Jedes Mal, wenn sie sich ärgern, sinnen sie auf Rache: Sie gehen beide im Kopf fremd oder geben eine Kontaktanzeige auf – aber treffen niemanden real. Innerlich haben sie gekündigt, sind nicht mehr bereit, das negative Bild vom anderen aufzugeben oder sich selbst zu verändern: Der andere ist schließlich Schuld an allem, er oder sie müsste sich nur ändern. Bei so viel Schwere gibt es kaum noch Lebensfreude und Lebendigkeit, kein Abenteuer, keine Überraschungen. Wen verwundert es da, dass die beiden schon lange keinen Sex mehr haben? Sie wirken eher wie Zombies und nicht wie attraktive oder lebensfrohe Menschen.

Heimliche Geliebte

Wie hält man es dauerhaft in der Todeszone, im Fightclub oder als geiler Bock mit der Partnerin aus? Auch wenn man unzufrieden ist, gibt es häufig viele Gründe, sich nicht zu trennen: aus Angst, Sicherheit, Kinder oder materielle Güter zu verlieren, und manchmal auch aus Liebe. Der Routinesex ist langweilig, so er denn stattfindet, die Demütigungen und Respektlosigkeiten der Partnerin sind unerträglich. Eine sehr verbreitete Lösung sind kleine Alltagsfluchten in abgestuften Formen: heimliche Selbstbefriedigung vor dem Porno, Puffbesuche oder eine heimliche Geliebte. Das schafft Erleichterung und ist eine Art heimliche Rache gegenüber der Partnerin für ihr „schlechtes Verhalten". Hier kann der Mann sich stark und potent fühlen: Durch die Show der Nutte oder die Verehrung, die ihm die Geliebte entgegenbringt, sieht er sich mental als Pornodarsteller. Die Heimlichkeit verschafft dabei einen zusätzlichen Kick und erhöht die Spannung und die Geilheit. Der Mann kann „Druck ablassen", und das Ganze stabilisiert letztendlich die Partnerschaft oder Ehe. Oft ahnt die Partnerin etwas, weil der Mann sich zu dumm anstellt beim Verheimlichen, aber sie akzeptiert unbewusst die virtuelle oder reale Geliebte – es nimmt Druck aus der Beziehung und von ihr. Solange er bestimmte Regeln einhält und sie nicht öffentlich bloßstellt, spielt sie das Spiel mit. Das Ganze funktioniert übrigens genauso mit vertauschten Rollen. Untersuchungen belegen, dass mittlerweile sogar mehr Frauen fremdgehen als Männer.

König und Königin

Hier haben wir eine reife Partnerschaft zweier erwachsener Persönlichkeiten. Beide ruhen in sich und sind unabhängig. Sie sind nicht aus Bedürftigkeit ein Paar. Sie übernehmen Verantwortung für sich selbst und lassen sich aufgrund einer bewussten Entscheidung auf die Partnerschaft ein. Der König hat seine Kriegerenergie entwickelt, er fällt Entscheidungen, übernimmt Verantwortung und kämpft, wenn nötig – er hat eine starke maskuline Essenz. Gleichzeitig ist er aber auch mit seinem Herzen verbunden: Er handelt aus Liebe und vermeidet Gewalt und Schmerz. Die Menschen schätzen sein Charisma, seine Würde und Autorität. Die Königin ist fest in ihrer femininen Essenz verankert: Sie steht an der Seite des Königs und folgt ihm, ohne sich unterzuordnen.

Sie tut es aus freier Entscheidung. Natürlich könnte sie diskutieren, kämpfen und mitentscheiden – aber wozu? Sie hat ihren femininen Einfluss an der Seite des Königs: Je machtvoller und würdevoller er ist, umso mehr strahlt auch sie. Sie weiß, dass sie sich seiner Liebe sicher sein kann und braucht keine permanente Bestätigung dafür. Sie weiß auch, dass sie seine Führung, wenn es sein muss, im Hintergrund korrigieren kann. Sie würde ihn aber niemals manipulieren, so etwas hat sie nicht nötig. Sie hat auch eine maskuline Seite, die ihr Würde und ein Strahlen verleiht. Der König hat die Führung; das wird von ihm erwartet, und er nimmt die Rolle gerne ein. Er ist Gentleman und respektiert seine Partnerin, verweist sie aber auch in ihre Grenzen, wenn es sein muss. Berechtigte Kritik hört er sich an, überdenkt diese und kann sie auch annehmen, wenn es ihm sinnvoll erscheint. König und Königin stehen beide für sich und werden von anderen als Vorbild verehrt. In der Sexualität können sie völlig offen und ehrlich miteinander kommunizieren. Die Königin liebt es, von ihrem König verführt zu werden, allerdings provoziert sie dies gerne durch erotisches und sinnliches Auftreten und Verhalten.

Es gibt noch weitere Beziehungsformen von Menschen, die den Weg intensiver Persönlichkeitsentwicklung beschritten haben. Dazu gehören die **visionäre Beziehung** von einem Königspaar, das gemeinsam eine Lebensvision realisiert und eine Mission in der Welt erfüllt. In der **tantrischen Partnerschaft** kann ein Paar mit gereifter Persönlichkeit auf hohem spirituellen Niveau Energie transformieren und die Beziehung auf ein völlig anderes energetisches Niveau heben. Beide Beziehungsformen setzen aber einen jahrelangen und intensiven persönlichen wie spirituellen Entwicklungsweg voraus. Daher werde ich in diesem Buch nicht näher darauf eingehen.

Und wie verhält es sich mit den Themen **offene Beziehung** oder **Dreiecksbeziehung**? Ich kenne einige Menschen, die damit experimentieren und viel Verwirrung stiften, weil sie nicht die Integrität dafür haben und ihre Intention zweifelhaft oder unklar ist. Ich kenne nur sehr wenige, die dies im Alltag leben. Die meisten Männer schaffen es noch nicht einmal, die Führung über sich selbst und ihre Partnerin zu behalten, geschweige denn über zwei oder mehr

Frauen. Eine führungslose Beziehung funktioniert nicht oder kreist nur um sich selbst. Es braucht also eine charismatische und absolut klare Führung, es braucht Willenskraft, ein großes Herz, viel Potenz und Erfahrung als Liebhaber sowie einen hohen Bewusstseinsgrad für diese Stufen.

Wie steht es wirklich um Ihr Liebesleben?

Konnten Sie sich in einer der Beschreibungen wiederfinden? Bei welchem Modell ordnen Sie Ihre Beziehung ein? Wie sah es in früheren Beziehungen aus? Manche Beziehungsdynamiken kommen erst nach einigen Jahren zum Tragen – wie im Modell „Pink Honeymoon" oder „Cool and easy" beenden viele die Beziehung, sobald es tiefer geht oder der andere Forderungen stellt.

Hören Sie auf, sich etwas vorzumachen, wie die meisten Männer es tun, sondern machen Sie eine klare Analyse Ihrer Beziehung. Beschönigen Sie nichts und seien Sie sich selbst gegenüber ehrlich. Sollten Sie aktuell in keiner Beziehung sein, dann schauen Sie sich die letzte Partnerschaft an.

Beantworten Sie folgende Fragen für sich:

- Ist das die Beziehung, die ich so leben will?
- Fühle ich mich geliebt und zeige meiner Partnerin, dass ich sie liebe?
- Gibt mir die Beziehung Kraft oder raubt sie mir Energie?
- Begehre ich meine Frau und freue mich an ihrer Schönheit?
- Fühle ich mich von meiner Partnerin begehrt?
- Wie häufig haben wir Sex? (Ehrlich!)
- Ist der Sex spannend, abwechslungsreich, erfüllend oder nur Routine?
- Lebe ich meine sexuellen Fantasien oder Vorlieben mit meiner Partnerin aus?
- Können wir zusammen lachen und weinen?
- Ist der Umgang miteinander respektvoll und aufmerksam?
- Wie häufig streiten wir uns? Wie fühle ich mich danach?
- Können wir konstruktiv miteinander streiten und Konflikte lösen?
- Halte ich Spannungen aus oder lenke ich stets ein?
- Habe ich die Führung in der Partnerschaft?

- Wie viel Drama, Streit, Lieblosigkeit und fehlenden Sex ertrage ich?
- Was genau sollte sich in meiner Partnerschaft verändern?
- Was genau sollte sich am Verhalten meiner Partnerin mir gegenüber ändern?
- Will ich so den Rest meines Lebens mit dieser Frau in dieser Art Beziehung verbringen?
- Wenn nein, wann soll sich etwas ändern? In einem Jahr? In zehn Jahren?
- Kann ich fröhlich sein, wenn meine Partnerin in einer anderen Stimmung ist?
- Habe ich sexuelle Fantasien mit anderen Frauen, erste Kontakte oder eine Geliebte?
- Was bedeutet Treue für mich, und was erwarte ich von meiner Partnerin?
- Wie viel bin ich bereit zu investieren, um die Führung zu übernehmen und eine glückliche Liebesbeziehung zu haben?

Wo immer Sie gerade stehen und was immer Sie auch in Bezug auf Ihre Liebesbeziehung oder Ihr Sexualleben zu beklagen haben: Weder Abwarten noch Jammern führt zu einer Verbesserung. Machen Sie eine nüchterne Bestandsaufnahme des Status quo. Disqualifizieren Sie sich nicht selbst, indem Sie herumjammern und Ihre Situation beklagen – das raubt Ihnen Energie und macht Sie äußerst unsexy.

Also: Schluss mit faulen Ausreden, Kompromissen und lauwarmem Sex. Schluss mit endlosen Beziehungsdramen und zermürbenden Diskussionen. Den lieben, verständnisvollen und immer hilfsbereiten Nice guy mit seinem permanenten Lächeln werden Sie erschlagen müssen, um Ihre wahre männliche Essenz zu leben und Erfolg bei Frauen zu haben.

Die Männerrolle in der Partnerschaft

Männliche Orientierung in der Mann-Frau-Beziehung

Ein Fischer, der mit seiner Frau in einer armseligen Hütte lebt, angelt im Meer einen Butt, der als verwunschener Prinz um sein Leben bittet; der Fischer lässt ihn wieder frei. Als Ilsebill, die Frau des Fischers, das hört, fragt sie ihn, ob er sich denn im Tausch gegen die Freiheit des Fisches nichts von ihm gewünscht habe. Sie drängt ihren Mann, den Butt erneut zu rufen, um sich eine kleine Hütte zu wünschen. Diesen Wunsch erfüllt ihm der Zauberfisch. Doch schon bald ist Ilsebill damit nicht mehr zufrieden. Erneut verlangt sie von ihrem Mann, den Butt an Land zu rufen und einen größeren Wunsch vorzutragen.

Der Refrain mit dem Ruf des Fischers an den Butt lautet:

> *Manntje, Manntje, Timpe Te,*
> *Buttje, Buttje in der See,*
> *myne Fru de Ilsebill*
> *will nich so, as ik wol will.*

Der Fischer teilt die Wünsche seiner Frau nicht, beugt sich aber trotz wachsender Angst ihrem Willen. Je maßloser Ilsebills Wünsche werden, desto mehr verschlechtert sich das Wetter. Die See wird erst grün, dann blauviolett, dann schwarz, der Sturm wird immer heftiger. Nach der Hütte verlangt sie ein Schloss. Als sie auch damit nicht zufrieden ist, möchte sie König, Kaiser und schließlich Papst werden. Alle diese Wünsche werden vom Butt erfüllt und angekündigt mit der Formel: Geh nur hin, sie ist es schon.

Als sie schließlich fordert, wie der liebe Gott zu werden, wird sie wieder zurück in die armselige Hütte versetzt, wie am Anfang.

Die bekannte Geschichte vom Fischer und seiner Frau schildert in dramatischer Form, was mit Männern passiert, die keine Führung in ihrer Partnerschaft übernehmen und der Frau keine Grenzen setzen. Sie verlieren am Ende alles: Image, Kinder, Haus und Geld. Vor allem aber verlieren sie ihre Selbstachtung als Mann.

Die entscheidende Frage in Bezug auf eine Liebesbeziehung ist:

Darf ein Mann dominant sein? Oder muss er es sogar?

In allen Beziehungs- und Partnerschafts-Ratgebern findet man dieselbe Grundidee als Konzept für Liebesbeziehungen: die gleichberechtigte und demokratische Partnerschaft. Beide müssen lernen, mehr aufeinander einzugehen, politisch korrekt miteinander zu reden, verständnisvoll und einfühlsam sein, um Kompromisse zu finden – dann klappt es auch mit der Partnerschaft. Die Partnerschaft funktioniert dann oft reibungslos, die beiden sind ein gutes Team für Kindererziehung, Wohngemeinschaft, Arbeit und Repräsentation. Und alle sagen: „So ein harmonisches, tolles Paar!" Es gibt keinerlei Reibung und Aufregung in der Beziehung, noch nicht mal nachts im Bett. In so einer reibungslosen Beziehung wird nur gekuschelt. Der Preis für diese heile, harmonische Welt ist eine eingeschlafene Erotik. Beide Partner werden zu geschlechtslosen Neutren, zu Mama und Papa. Die Partnerschaft ist nur noch eine Funktionsehe mit praktischem und wirtschaftlichem Nutzen, damit beide sich nicht so einsam fühlen. Bis einer von beiden merkt, dass da etwas Grundsätzliches fehlt: Lebendigkeit, Abenteuer, Aufregung, Erotik und Sex – mit einem Wort: Es fehlt das Leben! Die Partnerschaft ist leblos geworden, und die Beteiligten werden es nach und nach auch, wenn keiner der beiden ausbricht.

Wie funktioniert eine Liebesbeziehung?

Wenn man Frauen fragt, was für einen Partner sie sich wünschen, bekommt man zur Antwort: einen einfühlsamen, verständnisvollen und treuen Mann, der sie liebt, aber ihnen auch ihre Freiheit lässt. Alles soll gemeinsam und gleichberechtigt entschieden werden. Das ist die Antwort des rationalen, bewussten Teils, der durch das gesellschaftliche Ideal einer gleichberechtigten und unabhängigen Frau geprägt wird. Der Feminismus hat in den letzten vierzig Jahren in den Köpfen der Frauen ganze Arbeit geleistet; die meisten Frauen denken heute, dass in einer Beziehung alles gleichberechtigt sein muss. Außerdem muss die moderne Frau „selbstbestimmt" und unabhängig vom Mann sein.

Dem steht aber ein romantisches Bedürfnis entgegen, das emotional sehr viel mächtiger ist. Es ist häufig unbewusst, hat aber – gerade deshalb – einen viel größeren Einfluss auf die Frau. Dieser romantische Teil einer Frau sehnt sich nach einem Mann, der etwas für sie riskiert: der sie anspricht, erobert und verführt. Sie liebt es, seine Risikobereitschaft und seinen Mut zu spüren. Nur wenn er die Führung übernimmt, kann sie sich von ihm verführen lassen. Sie möchte begeistert werden, ihn verehren, zu ihm hochschauen und von seiner Männlichkeit überwältigt werden. Sie sehnt sich nach männlicher Stärke und Schutz. Das sind romantische Vorstellungen, die sie nicht offen kommuniziert, deren Erfüllung sie aber unbewusst von einem Liebhaber erwartet. Verliebtheit, Erotik und Leidenschaft kommen nicht auf, wenn der Mann erst fragt, ob er sie ansprechen darf, wenn er eine Diskussion beginnt, wo man zusammen essen geht, oder wenn er sie – politisch korrekt – beim siebten Date darum bittet, sie küssen zu dürfen. Die Frau hat eher Mitleid, wenn der Mann sie fragt, ob es ihr jetzt gerade passt, dass er ihre Hand nimmt. Auch kommt keine erotische Stimmung auf, wenn vorher ausdiskutiert wird, wann und in welcher Position sie Sex haben werden. Viele Männer sind durch zu viel weiblichen Einfluss und feministisches Gedankengut so fundamental verunsichert, dass sie Angst davor haben, dominant zu sein. Das könnte schließlich als sexuelle Belästigung gewertet werden und sie würden als Machos oder frauenfeindlich gelten, und das wäre – vor allem in Mamas Augen – das Allerschlimmste! Das feministische Erziehungsprogramm hat bei den meisten Männern erfolgreich und dauerhaft funktioniert.

Um als Mann Erfolg zu haben, müssen Sie sich ganz grundlegend von der demokratischen und feministischen Idee der Gleichberechtigung in einer erotischen Beziehung befreien. Ansonsten werden Sie derbe Enttäuschungen erleben. Mann und Frau sind zwei Pole – wer die Unterschiede erkennt und lebt, wird Erfolg haben. Wer sie negiert, wird ein guter Freund und Diskussionspartner werden – und sowohl emotional als auch sexuell leiden. Im Klartext bedeutet das für die meisten Männer, die seit den 1960er-Jahren geboren wurden: Vergessen Sie alles, was Sie zum Thema Verführung, Beziehung und Sex bislang gelernt haben. Die meisten müssen sich komplett umpolen, denn sie haben feministisches Gedankengut bereits „mit der Muttermilch" aufgesogen.

Verführung ist das Spiel mit der Spannung wie bei einem Tango. Er nähert sich, aber sie sagt Nein und stößt ihn weg, er zieht nicht beleidigt ab, sondern geht um sie herum und wagt von der anderen Seite einen zweiten Vorstoß. Zunächst geht sie ein Stück weit darauf ein, dann schiebt sie ihn wieder weg. Er zieht sich zurück, bis sie wieder in seine Nähe kommt und Angebote macht. Dann fasst er beherzt zu. Sie wehrt sich, aber genießt es offensichtlich, seine Stärke zu fühlen. Wenn er merkt, dass ihr Widerstand schmilzt und sie mehr will, lässt er sie wieder los und tanzt alleine, damit sie Sehnsucht nach ihm spürt. Sie tanzt an ihm vorbei und berührt ihn scheinbar zufällig, was er zunächst ignoriert, bis ... er sie erst am Ende des dritten Musikstücks küsst.

Zur Verführung und zum Liebesspiel gehören diese Komm her-Geh weg-Spiele dazu. Sie erhöhen die Spannung und die Vorfreude. Hier geht es nicht um Gerechtigkeit, Gleichberechtigung, Absprachen und gemeinsame Planung, sondern um etwas viel Spannenderes: Erotik und Liebesspiele! Und die Rollen sind klar verteilt: Er ist der Verführer, sie wird verführt. Natürlich hat sie durch ihre Signale einen wichtigen Einfluss auf den Spielverlauf, aber sie wird sehr enttäuscht sein, wenn er als Verlierer aus dem Spiel geht. Nur ein Nice guy fragt besorgt: „Magst du mich nicht mehr?" Nur ein Mamasöhnchen zieht sich beleidigt zurück: „Ich komme auch ohne dich klar." Und nur ein ganz verlorener lieber Junge fragt: „Wie soll ich es denn machen? Sag mir, was ich tun soll!"

Ein erfahrener Verführer beherrscht dieses Spiel, indem er dominant und neckend ist. Dieses Verhalten, auf das ich später noch im Detail eingehen werde, ist ein Grundbaustein eines erfolgreichen Verführers und sollte zu seiner zweiten Natur werden. Wer den Dreh einmal raus hat, wird damit ungeheuren Spaß und Erfolg bei Frauen haben.

Frauen führen

Karin berichtet wütend: „Ich konnte dieses unsichere, pseudo-einfühlsame Gehabe meines Mannes einfach nicht mehr ertragen. Da ist mir der Kragen geplatzt und ich hab ihm gesagt: ‚Pack mich, küss mich, zieh mich aus und hab mal einfach deinen Spaß mit mir!' Das hat er dann brav gemacht, und als ich schreie und mich etwas wehre, damit es nicht allzu langweilig wird, lässt er mich erschrocken los und fragt: ‚Ist alles okay? Soll ich sanfter machen?' Was soll ich bloß mit so einem Mann anfangen?"

De facto haben in den meisten Partnerschaften die Frauen das Sagen. Sie leiden oft darunter, wissen aber nicht, wie sie aus der Rolle heraus kommen. Sie bieten ihrem Partner immer wieder Gespräche zu Entscheidungen und grundlegenden Beziehungsfragen an. Da der Mann eher darüber genervt ist und sich beharrlich weigert, die Führung und Entscheidungen zu übernehmen, tut es die Frau. Nach einiger Zeit hat sie raus, wie sie ihn dezent manipulieren und steuern kann, um ihre Wünsche durchzusetzen. Sie hat stets die Kontrolle und sagt, wo es langgeht, aber glücklich ist sie meistens nicht dabei. Sie muss die Starke, die Entscheiderin und Organisatorin in der Beziehung sein. Sie kann ihre weibliche Seite nicht leben, da sie sich nicht sicher und beschützt fühlt durch ihn. Sie kann in der Partnerschaft nicht entspannen, da sie stets die Kontrolle behalten, permanent angespannt und auf der Hut sein muss. Deshalb wirken diese Frauen oft gestresst und gereizt. Sie haben das Gefühl, einen großen Jungen an ihrer Seite zu haben, um den sie sich kümmern müssen, statt einen Mann, der die Führung hat. Auf Dauer verlieren sie jeden Respekt und die Achtung vor ihrem Mann, von sexueller Anziehungskraft ganz zu schweigen. Sie füllen die maskuline Rolle in der Partnerschaft aus, die ihrem Wesen aber nicht entspricht. Zugleich müssen sie ihre feminine Seite immer mehr verleugnen und verlieren oft den Zugang zu ihrer weiblichen Essenz. (Mehr dazu schreibt meine Partnerin Leila Bust in ihrem Buch „Weiblichkeit leben".)

Manche Beziehungen fangen schon mit vertauschten Rollen an: Die Frau macht dem Mann in der Disco schöne Augen und bietet ihm einige Steilvorlagen, um in Kontakt zu kommen. Da er nicht reagiert, übernimmt sie die Führung, spricht ihn an und hält das Gespräch am Laufen. Sie stellt als Erste Körperkontakt her und reizt ihn so lange und so offensichtlich, bis er sie wenigstens als Erster küsst. Sie ist es dann auch, die ihn für die Nacht zu sich einlädt und ihm schließlich in ihrer Wohnung hilft, nicht weiter zu diskutieren, sondern ihr an die Wäsche zu gehen. Nach so einem Start ist es für den Mann schwierig, Führung in der Partnerschaft zu übernehmen.

Der Status quo in den meisten Partnerschaften ist Demokratie oder Rollentausch. Kaum ein intelligenter und gebildeter deutschsprachiger Mann traut sich noch, die Führung zu übernehmen oder gar dominant zu sein. Vierzig Jahre Feminismus haben aus männlicher Dominanz und phallischer Stärke Schimpfwörter gemacht.

Umgekehrt schämen sich Frauen dafür, wenn sie ihre weibliche Seite leben und sich von einem Mann führen lassen. Durch den Feminismus ist die weibliche Essenz pervertiert worden: Hingabe, Vertrauen und Ausgleichendes werden stets als Unterwerfung und Demütigung gedeutet und vermieden.

Schuld und Scham

Nordeuropäische und nordamerikanische Männer haben ganz grundsätzliche Identitätsprobleme. Und zwar praktisch alle – auch Sie. Eine tief sitzende unbewusste Schuld den Frauen gegenüber und eine Scham über die eigene Männlichkeit sind ein essentieller Bestandteil ihrer Persönlichkeit geworden. Und dies verhindert eine gelebte Männlichkeit, Stolz, Selbstbewusstsein und eine erfolgreiche Verführung von Frauen. Männlichkeit, Geilheit und Dominanz sind zu negativen Begriffen geworden – etwas, wofür man sich als Mann schämen muss. Das sind harte Worte, aber in anderen Ländern ist das anders. Im Kontrast zu Türken, Italienern, Russen oder Brasilianern tun sich deutsche Männer extrem schwer mit ihrer eigenen Männlichkeit und im Umgang mit Frauen.

Was ist also los mit deutschen Männern? Sie schämen sich, einer Frau zu sagen, dass sie sie attraktiv finden, und ihr sexuelles Interesse zu zeigen. Sie entschuldigen sich im Voraus für eventuelle Fehler und Verletzungen. Bei jeder Zickerei der Frau oder Beziehungskrise sucht er erst einmal den Fehler bei sich selbst. Dahinter steht ein tief sitzendes Schuldgefühl für Tausende von Jahren Unterdrückung und Missachtung von Frauen. Der Feminismus hat uns den Spaß an der eigenen Männlichkeit gründlich verdorben und uns von Kindheit an ein schlechtes Gewissen gegenüber Frauen eingeimpft. Für viele Männer fing es schon damit an, dass sie sich schuldig fühlten, wenn es Mama schlecht ging. Heute fühlen sich Männer schuldig, wenn es ihrer Partnerin schlecht geht. Sie werden lieber und immer fürsorglicher – ohne zu erkennen, wo das eigentliche Problem liegt. Gerade deutsche Männer sind empfindlich für Schuldgefühle, das Bewusstsein an der Schuld für zwei Weltkriege wird täglich erneuert – auch wenn dies Generationen her ist. Und Frauenbeauftragte und Feministinnen machen uns täglich deutlich: Indem du als Mann geboren wurdest, bist du per se ein Täter und die Frau ist das Opfer. Dass sich dies in der gesellschaftlichen Realität längst umgekehrt hat, spricht sich erst langsam herum. In den Köpfen der Menschen ist es aber noch lange nicht angekommen.

Diese Vorstellung führt dazu, dass deutsche Männer übereifrig sind, Frauen zu beweisen, dass sie nicht die „egoistischen und frauenverachtenden Macho-Männer“ von früher sind. Deshalb geben sie sich aggressionslos, verständnisvoll und – impotent. Sie verleugnen die eigene Männlichkeit und Sexualität, die erobern will, und präsentieren sich als neutrale Wesen. Deshalb sagen viele Frauen in Deutschland: „Bei deutschen Männern fühle ich mich nicht als Frau. Es sind die Ausländer, die mir Blicke zuwerfen und mit mir flirten, sodass ich mich attraktiv und feminin fühle.“

Dominanz

Norbert kommt zu mir in die Beratung und beklagt sich: „Meine Frau weist seit Jahren alle meine sexuellen Angebote ab.“ Im Gespräch stellt sich heraus, dass er sie vorsichtig fragt, ob sie Sex will, um sie nicht zu bedrängen. Nach diesem Schema läuft es immer ab. Da Norbert aber durchaus ein Mann mit Stärke und Leidenschaft ist, rate ich ihm, das Gegenteil zu tun: sie packen, festhalten und sie leidenschaftlich küssen. Ihr sagen, dass er sie begehrt und sie jetzt verführen wird. Dabei sie zum Sofa drängen und beginnen sie auszuziehen. Dann auch beim Liebesspiel die aktive Führung behalten: sie küssen, streicheln, stimulieren oder Anweisungen geben, was sie machen soll. Vielleicht auch mal fester anfassen und beim Sex von hinten einen Klaps auf den Hintern geben.

Norbert war sichtlich geschockt. „Das ist ja wie eine Vergewaltigung! Ich kann doch nicht etwas mit ihr machen, ohne vorher ihr Einverständnis zu holen." Viele Männer wie Norbert haben ein echtes Problem mit männlicher Dominanz. Die feministische „Gehirnwäsche" und Mamas dominanter Einfluss zeigen ihre Wirkung.

Als ich Norbert frage: „Wenn deine Frau das umgekehrt mit dir machen würde, wäre das Vergewaltigung?" Norbert, grinsend: „Nö, das könnte ich schon genießen." Aber dass eine Frau es genießen könnte, die Dominanz eines Mannes zu spüren, seine Leidenschaft und Kraft, um selbst ihre feminine Kraft der Hingabe zu erleben, können sich nur wenige Männer vorstellen. Dabei kann eine Frau umso mehr die Kontrolle abgeben und ihre weibliche Seite leben, je mehr der Mann die Führung übernimmt.

Ein Liebhaber ist kein Parlamentarier. Diskutieren und Gleichberechtigung sind in manchen Lebensbereichen durchaus sinnvoll, aber nicht in der Erotik und nicht in der Liebe. Freunden Sie sich mit dem Gedanken an, die Führung zu übernehmen. Das bedeutet aber auch, sich gegen Widerstände durchzusetzen, Entscheidungen zu fällen und die Konsequenzen daraus zu tragen. Im Getümmel eines Fußballspiels würden Sie auch nicht bei einem Angriff diskutieren oder höflich anfragen: „Würdest du jetzt bitte den Ball übernehmen? Oder passt es dir besser später?" Imperative sind gefordert, keine Fragen. Sie brauchen viel Energie, Begeisterung, Leidenschaft und Emotionalität. Genau darum geht es auch in einer erotischen Beziehung. Eine erotische Beziehung sollte eher wie ein gutes Fußballspiel sein und nicht wie eine Schachpartie.

Doch warum soll ein Mann die Führung übernehmen, und wie soll das funktionieren?

Alpha und Beta

Sich nehmen lassen

Zum Verständnis männlicher und weiblicher Sexualität ist es sinnvoll, sich die ursprünglichen, nicht zivilisierten Aspekte der Sexualität bei den Säugetieren anzuschauen. Hier ist der Auftrag des Maskulinen, die animalische und aggressive Energie auszuleben.

Die maskuline Energie sucht das Abenteuer, geht auf Jagd, um ein Weibchen zu erbeuten. Das Männchen (*macho* auf Spanisch) muss sie aufspüren, ihre Aufmerksamkeit erregen, sie verführen und überwältigen, damit es zum Sexualakt kommt. Dafür muss er frei sein und in Kontakt mit seiner Aggression und seinem Sexualtrieb sein. Nur wenn er schneller, stärker und kenntnisreicher als seine Konkurrenten ist, wird er es schaffen, das Weibchen zum Sex zu bewegen, um sich fortzupflanzen.

Das Alphatier beweist also seine männlichen Qualitäten wie Kraft, Ausdauer, Schnelligkeit, Intelligenz und Entschiedenheit. Es steht in der sozialen Rangordnung am höchsten und genießt die Anerkennung und den Respekt der Gruppe. Nur dem stärksten beziehungsweise machtvollsten Alpha gibt das Weibchen die Möglichkeit, es zu begatten und Nachkommen zu zeugen. Welchen Sinn macht dieses Verhalten? Es sichert dem Weibchen die beste Chance auf die stärksten und resistentesten Gene. Das bedeutet wiederum, dass die gezeugten Nachkommen ein starkes Immunsystem und genug Abwehrkräfte gegen Krankheiten und widrige Lebensumstände und somit eine maximale Überlebenschance haben. Ein Alpha-Männchen ist außerdem erfolgreich bei der Jagd oder Nahrungssuche, es kann das Weibchen und die Nachkommen ernähren. Das Alphatier ist stark genug, um sie und die Familie zu beschützen, wenn Feinde oder Konkurrenten angreifen. Das Weibchen sucht also möglichst ein Männchen mit den meisten Alpha-Qualitäten: den starken Gewinner und Anführer.

Das Männchen seinerseits sucht auch ein Weibchen mit Alpha-Qualitäten. Aber die sehen bei einem Weibchen anders aus: Das Weibchen mit den besten Reproduktionsfähigkeiten steht hier an erster Stelle. Es muss jung und gesund sein, um gesunde Nachkommen zu zeugen und die Belastungen von Schwangerschaft und Aufzucht zu überstehen. Wie man an der Kürze der Beschreibung dieser Auswahl sehen kann, ist das Männchen weit weniger wählerisch. Im Klartext: Das Weibchen wählt aus, nicht das Männchen!

Was ist das ursprünglich Feminine? Das Weibchen wartet und gibt Signale an potenzielle Kopulationspartner, dass sie grundsätzlich bereit zum Sex ist. Sie lässt die Männchen miteinander wetteifern oder kämpfen. Sie lockt das Männchen, indem sie nur ansatzweise auf die Annäherungsversuche eingeht, um sich dann zurückzuziehen. Sie läuft weg und testet, ob er schneller als sie ist. Sie ist aggressiv und abweisend, um zu testen, ob er mutig ist. Sie lässt ihn warten, um zu testen, ob er ausdauernd ist. Nur so stellt sie sicher, dass sie ein starkes Alpha-Männchen findet.

Das Weibchen wählt aus

Die Verhaltensweisen von Männchen und Weibchen sind gegensätzlich. Das Männchen erhöht die Chance, Nachkommen zu zeugen, indem es seinen Samen breit streut und möglichst viele Weibchen begattet. Das Risiko ist für ihn dabei minimal. Das Weibchen hat das gegenteilige Interesse: Es trägt ein hohes Risiko bei der Schwangerschaft und Aufzucht der Jungen. Sie ist in dieser Phase angreifbarer und verletzlicher. Kranke, schwache Junge gefährden auch sie selbst. Auch ein unfähiger Vater, der keine Nahrung heranschafft oder sie nicht gegen Feinde verteidigen kann, gefährdet das Leben der gesamten Familie. Also wählt sie sorgfältig aus, wann und von welchem Männchen sie sich begatten lässt. Wenn ein Weibchen nicht will, so hat das Männchen keine Chance.

Das Männchen wird „betaisiert"

Bei vielen Tieren ist das Männchen an der Aufzucht der Jungen beteiligt. Wenn es nur ein wildes, unberechenbares Alphatier ist, dann wird es kein Interesse haben, seine erlegte Nahrung zu teilen und aufzuhören, andere Weibchen zu begatten. Also muss das Weibchen ihn „betaisieren", ihn zumindest so lange kontrollieren, wie sie Unterstützung bei der Aufzucht der Jungen braucht. Sie muss den Vater- und Beschützerinstinkt in ihm wecken und aufpassen, dass er nicht wegläuft oder andere Weibchen jagt und begattet. Gleichzeitig muss das Männchen weiterhin Alphatier sein, es muss erfolgreich auf Jagd oder Nahrungssuche gehen und seine Familie gegen Feinde beschützen.

Was hat das Ganze mit uns Menschen zu tun? Vielleicht denken Sie, dass solch ein darwinistisches Konzept nicht in unsere zivilisierte Welt passt. Niemand muss mehr auf Nahrungssuche gehen und gegen Eindringlinge kämpfen. Und eine alleinerziehende Mutter braucht nicht unbedingt einen Mann an ihrer Seite – sie kann auch selbst berufstätig sein oder notfalls von staatlicher

Hilfe leben. Und schwache oder kranke Kinder müssen nicht sterben, es gibt eine gute medizinische Versorgung.

Aber seit wann ist das alles so? Eigentlich erst seit fünfzig bis hundert Jahren, und auch nur in der sogenannten Ersten Welt. Viele Tausend Jahre zuvor (und noch in vielen Teilen der Welt bis heute) war die Situation ähnlich wie bei den Tieren. Hatte eine Frau einen Mann mit schwachem Erbgut, starben die Kinder früh. Konnte er sie nicht ernähren, mussten sie hungern oder die Frau musste sich Arbeit suchen, was schwierig war und zulasten der Kinder ging. Diese Lebensumstände waren also praktisch über die gesamte Menschheitsgeschichte prägend. Grundlegende Veränderungen im Gehirn brauchen jedoch wesentlich länger als fünfzig oder hundert Jahre!

Wer glaubt, dass dieses instinkthafte und animalische Verhalten bei der Partnerwahl und in der Sexualität des modernen Menschen heute keine Rolle mehr spielt, irrt gewaltig. Dieses genetisch verankerte Ur-Skript weiblichen und männlichen Balz- und Sexualverhaltens prägt Liebesbeziehungen und Partnerschaften nach wie vor. Auch wenn andere Faktoren wie Charaktereigenschaften, Lebenseinstellung und persönlicher Geschmack eine Rolle spielen, so prägt dieses Modell doch unbewusst alle Männer und Frauen. Es ist im ältesten Teil unseres Gehirns, im Stammhirn (auch Reptiliengehirn genannt), angesiedelt und steuert unser unbewusstes Verhalten. Der bewusste Teil unseres Gehirns, die Großhirnrinde, ist dagegen entwicklungsgeschichtlich wesentlich jünger. Sie steuert das bewusste Denken und Handeln – aber eben nicht in allen Situationen. Die gesellschaftlichen Konventionen haben das Ganze nur verfeinert, sublimiert und ausgemalt. Doch diese Verschnörkelungen sind nicht das Wesentliche.

Fragen Sie sich einmal selbst: Entscheiden Sie rational, wen Sie sexuell begehren? Suchen Sie sich den Partner, in den Sie sich verlieben, nach objektiven und logischen Gründen aus? Wohl kaum. Hier prägt Sie sehr stark das Unbewusste, manchmal sogar gegen jede Vernunft und gegen jeden Ratschlag.

Verschiedene Untersuchungen bestätigen, dass auch heute noch die grundsätzliche Bereitschaft zum Sex in den ersten dreißig Sekunden der ersten Begegnung getroffen und danach selten zum Positiven hin korrigiert wird. Weitere Untersuchungen belegen, dass Frauen vor allem während des Eisprungs besonders stark auf maskuline Männer und dominante Verhaltensweisen reagieren; dies spiegelt ebenfalls den unbewussten Wunsch nach Begattung durch einen Mann mit den stärksten Genen wider.

Auch heute bevorzugen Frauen die Alpha-Männer. Sie fühlen sich von Alpha-Männern angezogen und magnetisiert. Nur so kann man sich erklären, warum eine intelligente, wohlhabende und emanzipierte Frau sich durch die trivialen Anmachsprüche und den gestylten Körper eines Italo-Machos verführen lässt. Oder warum eine junge Frau den reichen und berühmten, deutlich älteren Mann heiratet. Um das zu verstehen, muss man sich fragen, was es bedeutet, ein Alpha zu sein. Dies lässt sich zum großen Teil aus der Tierwelt übertragen.

Alpha

- ist selbstsicher
- fällt in der Masse auf
- hat Führungsqualitäten
- leitet andere an
- hat Status, Geld, Macht und gesellschaftlichen Einfluss (er kennt mächtige, berühmte oder einflussreiche Leute)
- hat Mut
- ist ein sinnlicher und sexueller Mann, der das genießt und zeigt
- entscheidet selbst und steht für die Konsequenzen gerade
- übernimmt soziale Verantwortung
- ist beliebt und hat viele Freunde
- redet nicht, sondern handelt
- gestaltet die Welt nach seinen Vorstellungen
- nimmt viel Platz ein und nimmt sich das Recht, andere anzufassen
- hat klare Regeln und Vorstellungen, nach denen er lebt
- sorgt dafür, dass andere in seiner Nähe seine Regeln einhalten
- macht „sein Ding“ – er passt sich nicht an

Was ist dann ein Beta?

Zum großen Teil das genaue Gegenteil eines Alphas, ein Beta ...

- redet viel, aber handelt wenig
- ist ängstlich und feige
- vermeidet Konfliktsituationen
- steht in der 2. oder 3. Reihe

- ist Opfer: Er entscheidet nicht selbst und lehnt die Verantwortung ab
- die anderen entscheiden und sind schuld, wenn etwas schiefläuft
- ist oft einsam und hat wenige Freunde
- muss oft seinen Freunden hinterherlaufen
- vermeidet Körperkontakt
- versteckt sich in der Masse und hasst es, im Rampenlicht zu stehen
- schämt sich für seine Männlichkeit, seine Sexualität, seine Vorlieben
- entschuldigt sich stets dafür, dass er so ist, wie er ist
- ist mit Kompromissen zufrieden

Ein typisches Beispiel für einen Beta ist der Nice guy, der stets lächelnde, freundliche Mann, der allen zu Diensten ist. Wenn Sie aber eine Frau verführen wollen, müssen Sie interessanter, witziger, mutiger oder stärker als die anderen Männer in dieser Situation sein. Und sie müssen *Führung* als Alpha übernehmen, sonst gibt es keine *Verführung*. (Wie man Alpha-Verhalten in der Praxis umsetzt, lesen Sie im nächsten Kapitel.)

In diesem Buch geht es vor allem darum, was nach der Verführung passiert. Wenn Sie eine Frau zum Sex verführt haben und mehr als ein „One-Night-Stand" wollen, dann sollten Sie lernen, die Führung auch weiterhin zu behalten. Im Beziehungsalltag scheitern selbst echte Casanovas und Alphatiere oft kläglich. Ich kenne zahlreiche Beispiele von erfolgreichen und charismatischen Alpha-Männern, genialen Verführern, die sich von ihrer Partnerin wie ein Haustier behandeln lassen. Das ist schockierend, aber wahr. Einige Männer wählen aus Angst vor genau dieser Gefahr die Strategie, sich niemals auf eine dauerhafte und intime Partnerschaft einzulassen. Bevor eine Affäre zur Beziehung wird, verabschieden sie sich. Denn in einer intimen Beziehung kommt der entscheidende und schwierigste Punkt:

Die Betaisierung des Mannes durch die Partnerin

Ich war ein Biker. Ich war männlich, verwegen, ich war frei und hatte lange Haare. Meine Frau lernte mich kennen, nicht umgekehrt. Sie stellte mir förmlich nach. Egal wo ich hinkam, sie war schon da. Das ist nun zwölf Jahre her. Damals war ich eingefleischter Motorradfahrer, trug nur schwarze Sweatshirts, ausgefranste Jeans und Bikerstiefel, und natürlich lange Haare. Selbstverständlich hatte ich auch ein Outfit für besondere Anlässe. Dann trug ich ein schwarzes Sweatshirt, ausgefranste Jeans und weiße Turnschuhe. Hausarbeit war ein Übel, dem ich wann immer es möglich war aus dem Weg ging. Aber ich mochte mich und mein Leben. So also lernte sie mich kennen. „Du bist mein Traummann. Du bist so männlich, so verwegen und so frei."

Mit der Freiheit war es bald vorbei, da wir beschlossen zu heiraten. Warum auch nicht, ich war männlich, verwegen, fast frei und ich hatte lange Haare. Allerdings nur bis zur Hochzeit. Kurz vorher hörte ich sie sagen: „Du könntest wenigstens zum Frisör gehen, schließlich kommen meine Eltern zur Trauung." Stunden, nein Tage und endlose Tränen später gab ich nach und ließ mir eine modische Kurzhaarfrisur verpassen, schließlich liebte ich sie, und was soll's, ich war männlich, verwegen, fast frei und es zog auf meinem Kopf. Und ich war soooo lieb. „Schatz, ich liebe dich, so wie du bist", hauchte sie.

Das Leben war in Ordnung, obwohl es auf dem Kopf etwas kühl war. Es folgten Wochen friedlichen Zusammenseins, bis meine Frau eines Tages mit einer großen Tüte unterm Arm vor mir stand. Sie holte ein Hemd, einen Pullunder (schon bei dem Wort läuft es mir eiskalt den Rücken runter) und eine neue Hose hervor und sagte: „Probier das bitte mal an." Tage, Wochen, nein Monate und endlose Papiertaschentücher später gab ich nach und trug ab da Hemden, Pullunder (igitt) und Stoffhosen. Es folgten schwarze Schuhe, Sakkos, Krawatten und Designermäntel. Aber ich war männlich, verwegen, todschick und es zog auf meinem Kopf.

Dann folgte der größte Kampf. Der Kampf ums Motorrad. Allerdings dauerte er nicht sehr lange, denn im schwarzen Anzug, der ständig kneift und zwickt, lässt es sich nicht sehr gut kämpfen. Außerdem drückten die Lackschuhe, was mich auch mürbe machte. Aber was soll's, ich war männlich, spießig, fast frei, ich fuhr einen Kombi und es zog auf meinem Kopf.

Mit den Jahren folgten viele Kämpfe, die ich allesamt in einem Meer von Tränen verlor. Ich spülte, bügelte, kaufte ein, lernte deutsche Schlager auswendig, trank lieblichen Rotwein und ging sonntags spazieren. Was soll's, dachte ich, ich war ein Weichei, gefangen, fühlte mich scheiße und es zog auf dem Kopf.

Eines schönen Tages stand meine Frau mit gepackten Koffern vor mir und sagte: „Ich verlasse dich." Völlig erstaunt fragte ich sie nach dem Grund. „Ich liebe dich nicht mehr, du hast dich so verändert. Du bist nicht mehr der Mann, den ich mal kennengelernt habe."

Vor Kurzem traf ich sie wieder. Ihr „Neuer" ist ein langhaariger Biker mit zerrissenen Jeans und Tätowierungen, der mich mitleidig ansah. Ich glaube, ich werde ihm eine Mütze schicken ...

Solange die Beziehung den Status einer unverbindlichen Affäre hat, gelingt es vielen Männern noch, ihre Unabhängigkeit als Alpha zu bewahren. An dem Punkt aber, wo die beiden beschließen, ein Paar zu sein, schleicht sich die Betaisierung des Mannes ein. Die Frau beginnt, ihn zu kontrollieren und zu verändern, mal sanft, mal manipulierend, mal bedrohend. Der wilde, abenteuerliche Alpha, den sie sexuell begehrt, macht ihr als Lebenspartner Angst. Und als potenzielle Mutter (das Programm läuft auch bei Frauen ab, die keine Kinder wollen) muss sie dafür sorgen, dass der Partner zuverlässig und für sie (und die potenzielle Familie) verfügbar ist. Vor allem aber muss sie aufpassen, dass er als Alpha nicht andere Frauen erobert. Traditionell musste die Frau darauf drängen, dass der Mann genug Essen (heutzutage Geld) nach Hause bringt; das ist heute teilweise anders, wenn die Frau einen eigenen Job hat und entsprechend unabhängig ist. Trotzdem ziehen Frauen auch heute noch eindeutig Männer als Partner vor, die mehr verdienen und gesellschaftlich höher gestellt sind: Das gibt der Frau eine emotionale Sicherheit, und sie kann zu dem Mann aufschauen.

Der Mann muss sich für die Partnerin ein Stück weit betaisieren lassen. Wenn er nur seine Freiheit auslebt, kommt und geht, wann er will, hemmungslos andere Frauen „jagt", wird die Partnerschaft nicht sehr lange Bestand haben. Dieser Prozess der Anpassung an die Frau ist schleichend und meist unbewusst – er geht über Jahre, sodass der Mann es selbst kaum bemerkt. Was den meisten Männern in Partnerschaften passiert, ist die komplette Aufgabe ihres Alpha-Verhaltens. Der einst unabhängige Alpha-Mann wird im Zusammensein mit der Frau zu einem lieben, ungefährlichen und schließlich treudoofen Beta-Mann. Und damit auch todlangweilig und unerotisch. Er verliert die Führung und bekommt immer mehr Angst vor Konflikten mit der Partnerin. Er wird abhängig von ihrer Liebe, von Sex, Zuneigung und der Tatsache, dass jemand zu Hause auf ihn wartet. Er regrediert zum Jungen, der seine Mama braucht. Als Mamaersatz kann sie ihn dann steuern. Vielleicht kocht, putzt und wäscht sie sogar für ihn und hält seine Sachen in Ordnung. Das ist äußerst praktisch, komfortabel und geruhsam. Für die vielen Kompromisse, die er macht, bekommt er durchaus eine Gegenleistung.

Doch vielleicht haben Sie das alles schon einmal erlebt und wissen, was jetzt kommt: Irgendwann merken Sie, dass das nicht mehr Ihr Leben ist, das Sie führen, sondern es ist das Leben Ihrer Partnerin. Nach und nach hat sie all ihre Wünsche erreicht: Sie sind ihr Traummann geworden, den sie sich immer gewünscht hat, Sie tun (fast) alles, um sie glücklich zu machen, haben sogar Freunde und Hobbys aufgegeben; sie weiß stets, wo Sie wann und mit wem sind, und Sie geben ihr hinterher ungefragt einen Rechenschaftsbericht ab; Sie verhalten sich attraktiven Frauen gegenüber als Neutrum, damit Ihre Partnerin nicht eifersüchtig wird; in den meisten Fragen, die Haus, Partnerschaft und Kindererziehung angeht, überlassen Sie die Entscheidung Ihrer Partnerin; Sie sind überzeugt, Sie machen alles richtig. Und sie lieben sich beide. Wo ist das Problem?

Das Problem taucht auf zwei mögliche Arten auf.

1. Sie halten das Ganze nicht mehr aus. Sie ertragen Ihr Leben und Ihre Partnerin nicht mehr. Sie fühlen sich abhängig und unfrei und haben den Eindruck: „Das ist nicht das Leben, das ich mir gewünscht habe." Ihre Partnerin hat auf sanfte, manipulative oder auf direkte, respektlose Art das Sagen zu Hause. Bei jedem Ausbruchsversuch haben Sie ein schlechtes Gewissen, und es kommt zum Krach. Sie haben eine Midlife-Crisis und wissen nicht weiter.

Mögliche Lösungen:

A) Sie bäumen sich einmal auf und drohen Ihrer Partnerin mit Trennung, wenn sie sich nicht ändert. Vielleicht ziehen Sie auch mal eine Weile aus. Nach dem großen Streit bekommen Sie aber Angst, alles zu verlieren, und fügen sich Ihrem Schicksal. Sie werden dabei allmählich depressiv. Sie werden schnell alt, kränklich und energielos. Sie verlieren jegliche männliche Ausstrahlung und Lebensfreude, von sexueller Attraktivität ganz zu schweigen.

B) Alles in Ihrer Ehe erscheint Ihnen vermurkst. Und zwar so grundlegend, dass kleine Veränderungen für Sie keinen Sinn machen, nur ein radikaler Bruch. Sie brechen aus allem aus, trennen sich ohne viele Worte von Ihrer Partnerin, vielleicht ziehen Sie weg und wollen ein ganz neues Leben anfangen. („Ich bin mal kurz Zigaretten holen.") Ihre komplette Umwelt, auch Ihre Freunde verstehen Sie nicht mehr. Sie sind plötzlich sehr einsam. Nach einem kurzen Hoch, in dem Sie Ihre Freiheit genießen, fallen Sie in ein tiefes Loch, weil Sie keine Vision haben, wie es weitergehen soll.

C) Sie suchen sich eine heimliche Affäre. Dadurch wird der Alpha in Ihnen wieder aktiviert, Sie blühen auf. Die Heimlichkeit gibt Ihnen einen zusätzlichen Kick, der Sie antörnt. Sie entfernen sich aber innerlich immer mehr von Ihrer Partnerin und leben in zwei getrennten Welten. Nach einigen Monaten meldet Ihre Geliebte außerdem Ansprüche an Sie an und beginnt einen heimlichen Machtkampf gegen Ihre Frau.

2. Ihre Partnerin hält das Ganze nicht mehr aus. Sie sind so langweilig geworden und außerdem ein miserabler Liebhaber. Es gibt keine Erotik, Aufregung, Lebendigkeit mehr zwischen Ihnen. Ihre Partnerin erlebt Sie als lieben Jungen oder Papa für die Kinder, aber nicht mehr als begehrenswerten Mann. Sie hat Sie erfolgreich zu dem Mann erzogen, den sie sich wünschte. Sie hat die Sicherheit, Treue und Verbindlichkeit bekommen, die sie suchte. Sie kann praktisch alles mit Ihnen machen, was sie will, alle Wünsche werden von Ihnen erfüllt. Sie fühlt sich aber weder als erotische Frau, noch gibt es Lebendigkeit und Aufregung in ihrem Leben. Sie braucht eine Herausforderung, um sich lebendig zu fühlen. Abenteuer, Risiko und Leidenschaft fehlen ihr.

Mögliche Lösungen:

A) Sie fügt sich ihrem Schicksal und wird immer verbitterter und vertrockneter. Sie zickt ständig rum und streitet immer mehr, wird immer respektloser und anmaßender, um ihren Frust an Ihnen abzulassen. Sie wird immer unweiblicher und unerotischer dabei und altert auch immer schneller. Ihre Energie und Ausstrahlung wird dabei immer maskuliner, für andere Männer wird sie unattraktiv.

B) Sie versucht, Gespräche mit Ihnen zu führen, kauft Ihnen ein Männerbuch oder schickt Sie zu einer Männergruppe. Sie hat intuitiv oder bewusst verstanden, dass sie Widerstand und Reibungsfläche braucht, einen Mann, zu dem sie aufschauen kann. Sie weiß, dass Sie Ihren Alpha für sie aufgegeben haben und dass das nicht gut ist. Vielleicht schickt sie Sie sogar zum Flirten zu anderen Frauen oder alleine in Urlaub. Sie provoziert Sie immer aggressiver und direkter, um den Alpha-Mann in Ihnen hervorzulocken. Wenn Sie resistent sind und all die Provokationen nichts helfen, droht sie damit, sich zu trennen. Wenn Sie daraufhin nur noch lieber und gehorsamer werden, trennt sie sich wirklich und wirft Sie raus.

C) Um sich als begehrenswerte Frau zu fühlen und etwas Abenteuer zu erleben, sucht sie sich einen Liebhaber: einen echten, verwegenen Alpha. Entweder heimlich oder sogar offen. Wenn Sie ein wirklich braver Beta-Mann geworden und von ihr abhängig sind, dann werden Sie das sogar akzeptieren, weil Sie „ohne sie nicht mehr leben können". Oder Sie würden „alles für sie tun". Aber Respekt, Achtung oder Begehren Ihnen gegenüber existieren nicht mehr. Vielleicht hat Ihre Partnerin vorher zu Ihnen aufgeschaut, jetzt schaut sie auf Sie herab. Sie behandelt Sie entweder mit Mitleid wie einen Versager oder wie einen unartigen kleinen Jungen.

Zusammenfassend gesagt: Die Frau begehrt einen Alpha-Mann für den Sex. Daraus wird dann manchmal eine verbindliche Beziehung. Für die Partnerschaft aber versucht sie, ihn zu betaisieren. Gelingt ihr das, verliert sie das Interesse an ihm und sucht sich einen neuen Alpha-Mann. Lässt sich der Mann überhaupt nicht betaisieren (lässt er sich nicht kontrollieren, macht er keinerlei Kompromisse, vergnügt er sich hemmungslos mit anderen Frauen ...), dann hat sie kein Interesse an einer längeren Partnerschaft. Die Frau steckt also stets in dem Dilemma: ein wilder Alpha für den Sex, das Abenteuer und den Spaß, ein Beta als lieber Partner und Familienvater. Das ist ein zentraler Grund, warum viele Partnerschaften nicht funktionieren.

Was ist die Lösung? Sie müssen Ihren Alpha entwickeln und dürfen ihn auf gar keinen Fall in der Partnerschaft aufgeben. Gegen den (teils extrem heftigen und erbitterten) Widerstand Ihrer Partnerin müssen Sie Grenzen setzen und sich Freiheiten nehmen, damit Sie unabhängig bleiben. Sie müssen aushalten, dass Ihre Partnerin mit allen möglichen Mitteln und Tricks versucht, Sie zu betaisieren. Aber im Interesse Ihrer Partnerschaft dürfen Sie nicht in die Komfortzone eintauchen. Sie müssen akzeptieren, dass dieser Konflikt Ihr Leben begleitet und Sie niemals für längere Zeit „Ihre Ruhe" haben werden.

Gleichzeitig müssen Sie ein Stück weit eine Betaisierung zulassen, also: auf Ihre Partnerin eingehen, in bestimmten Situationen verlässlich sein, Kompromisse zulassen. Aber das dürfen Sie nur in bestimmten Bereichen und Situationen tun! Vor allem aber: *Sie* bestimmen, in welchen Punkten Sie auf Ihre Partnerin eingehen.

Mit diesem Widerspruch müssen Sie leben, wenn Sie eine sichere, aber auch eine lebendige Partnerschaft haben wollen.

Wenn Sie selbst auch ein lebendiger, erotischer und männlicher Mann sein wollen, müssen Sie Ihren Alpha schulen und pflegen. Wenn Sie nicht von Affäre zu Affäre hüpfen wollen, müssen Sie als Beta sich ein Stück weit auf die Frau einlassen. Das zentrale Problem der meisten Männer in längeren (mehrjährigen) Partnerschaften ist die unbewusst fortgeschrittene Betaisierung.

Test: Wer hat zu Hause das Sagen?

Lassen Sie sich in der Partnerschaft betaisieren?

Beantworten Sie die Fragen ehrlich, so wie es in Ihrem Alltag ist, und nicht, wie Sie es sich wünschen. Wenn Sie einen wirklich guten Freund haben, dann lassen Sie ihn die Fragen für Sie beantworten. Wenn Sie aktuell nicht in einer Partnerschaft leben, erinnern Sie sich an Ihre letzte Beziehung.

1. Rufen Sie Ihre Partnerin von der Arbeit aus an?
2. Ruft Ihre Partnerin Sie an Ihrem Arbeitsplatz an?
3. Flirten Sie mit anderen Frauen?
4. Treffen Sie sich mit für Sie attraktiven Single-Frauen privat?
5. Hat Ihre Partnerin Zugang zu Ihrem Handy?
6. Hat Ihre Partnerin Zugang zu Ihrem E-Mail-Account?
7. Sie sitzen am PC und schreiben eine private Mail. Ihre Partnerin kommt rein und will mitlesen. Wie reagieren Sie?
8. Ihre Partnerin zuppelt in der Öffentlichkeit an Ihrem Hemd herum. Wie reagieren Sie?

9. Wie oft treffen Sie Ihre männlichen Freunde alleine?
10. Sie wollen Sex mit Ihrer Partnerin und machen einen Annäherungsversuch, den sie abwehrt. Wie reagieren Sie?
11. Sie wollen zu einer Party alleine gehen, Ihre Partnerin drängt darauf, mitzukommen. Was tun Sie?
12. Ihre Frau findet einen Zettel mit einem Frauennamen und einer Telefonnummer in Ihrer Tasche. Sie haben mit der Frau geflirtet, mehr war nicht. Sie macht aber eine Szene. Wie reagieren Sie?
13. Als Sie nach Hause kommen, hat Ihre Partnerin Ihre privaten Sachen aufgeräumt. Wie reagieren Sie?
14. Sie kommen später von der Arbeit als normal. Ihre Frau macht Ihnen eine Szene. Wie reagieren Sie?
15. Waren Sie ohne Ihre Partnerin in Urlaub?
16. Sie steuern das Auto, Ihre Frau neben Ihnen kritisiert den Fahrstil und den gewählten Weg. Wie reagieren Sie?

Alle Antwortmöglichkeiten inklusive interaktiver Testauswertung stehen auf der Website **www.maennlich.de**. Dort finden Sie auch weitere Tests.

Für eine erfolgreiche Partnerschaft, in der Sie sich als Mann nicht verlieren oder verbiegen müssen, gilt: Sie müssen den Alpha in sich entwickeln und ausleben. In der Partnerschaft müssen Sie dafür sorgen, dass Sie unabhängiger Alpha bleiben. Gleichzeitig müssen Sie in bestimmten Situationen auf Ihre Partnerin eingehen und sich anpassen. Wie Ihnen dieser Spagat gelingt, davon handelt der zweite Teil des Buches: „Die Partnerin lieben und führen".

Sie müssen sich auch in der Partnerschaft Ihre Männlichkeit, Wildheit und Ihren Abenteuergeist bewahren. Lassen Sie sich zu sehr auf die Frau und die Komfortzone, die eine feste Partnerschaft bietet, ein, verlieren Sie Ihren Biss und Ihre Attraktivität als Mann. Doch was man nicht hat, kann man auch nicht verlieren. Wie wird man also zum Alpha?

Zum Alpha werden

Um die ersten Schritte in die richtige Richtung zu machen, benötigen Sie eine neue Ausrichtung und konsequentes Training. Die meisten Männer haben durchaus Züge von Alpha-Verhalten, die sie aber nur aktivieren, wenn es wirklich drauf ankommt. In Notsituationen, etwa in Gefahr, bei einem Kampf oder wenn die Partnerin ein Maß der Provokation erreicht hat, das nicht mehr akzeptabel ist, aktivieren manchmal auch Beta-Männer ihr aggressives und dominantes Potenzial. Nun geht es darum, dies auch im Alltag zu etablieren. Zugegeben – wenn Sie ein ängstliches Mamasöhnchen oder ein lieber Nice guy sind, ist es ein langer Weg zum echten Alpha. Sie müssen nicht nur Ihr Verhalten, sondern Ihre gesamte Denkweise und Ihre Persönlichkeit verändern. Das kann eine anstrengende, aber lohnenswerte Reise werden. Sie werden auf dieser Reise nicht nur Erfolge genießen können, Sie werden häufig hinfallen und wieder aufstehen müssen. Doch denken Sie daran, wo die Menschheit heute wäre, wenn wir nicht nach Misserfolgen wieder aufstehen würden und es mit der gewonnenen Erfahrung nochmals versuchen würden, so lange, bis es klappt. Wenn ein Baby krabbelt und sich zum ersten Mal aufrichtet, um einen ersten Schritt zu wagen, wird es hinfallen. Doch das Baby gibt nicht auf, versucht es immer und immer wieder. Es fällt hin, steht wieder auf und lernt so laufen. Auch Sie dürfen nach den ersten Misserfolgen nicht aufgeben. Bleiben Sie dran! Lernen Sie, ein Alpha zu sein.

Das Alpha-Training

Das Training vom Beta- zum Alpha-Mann vollzieht sich auf verschiedenen Ebenen. Jede dieser Ebenen ist wichtig und notwendig. Es reicht nicht aus, sich nur ein äußeres Verhalten anzutrainieren, während Sie ansonsten „ganz der Alte" bleiben – Sie müssen bereit sein, Ihre Persönlichkeit, Ihr Denken, Ihre Verhaltensweisen und sozialen Umgangsformen zu verändern. Es gibt keinen „Teilzeit-Alpha" – Sie können es nur ganz oder gar nicht werden. Frauen haben über Tausende von Jahren gelernt zu checken, ob ein Mann ein echter Alpha oder nur ein Fake ist. Einer aufgesetzten Show und tollen Reden sitzen nur wenige bedürftige oder naive Frauen auf. Und was für eine Frau wollen Sie an Ihrer Seite sehen? Eine bedürftige Frau mit niedrigem Selbstbewusstsein, einen bequemen Kompromiss – oder doch lieber eine Klassefrau, die Ihre Alpha-Qualitäten zu schätzen weiß? Sie müssen Ihr Verhalten jederzeit trainieren und üben, auch wenn weit und breit keine attraktive Frau zu sehen ist – so lange, bis es Ihnen in „Fleisch und Blut" übergeht. Das bedeutet, dass auch Ihr Unbewusstes wie ein Alpha denkt, redet und sich verhält.

Überzeugungen

Grundlegende Überzeugungen über sich selbst als Mann bestimmen in fundamentaler Weise unser Denken und Verhalten. Diese zu verändern, bedarf eines längeren und intensiven Trainings. Machen Sie sich aber immer wieder die Grundüberzeugungen eines Alphas deutlich, um sich damit anzufreunden:

„Ich bin okay, so wie ich bin."
„Ich bin liebenswert."
„Ich vertrete meinen Standpunkt."
„Ich bin wichtig."
„Ich liebe meine Männlichkeit."
„Ich habe Spaß am Sex."
„Ich weiß, was ich will."
„Ich führe."
„Ich ordne mich nur unter, wenn ich das so entscheide."
„Ich folge meinen Prinzipien."
„Ich bin die Nr. 1 für Frauen."

Wenn Sie diese Grundüberzeugungen lesen, können Sie dann bedingungslos, ohne innere Widerstände und Einwände, allen Aussagen zustimmen? Sollte das nicht der Fall sein, dann überprüfen Sie, wo Ihre Baustellen liegen.

Körperhaltung

Achten Sie auf eine aufrechte Haltung mit einer gewissen Grundspannung im Körper. Halten Sie immer eine leichte Spannung, und vermeiden Sie eine krumme, eingesackte Position. Halten Sie Ihren Kopf gerade in der Körpermitte, und halten Sie Ihren Blick horizontal. Den Kopf schief zur Seite zu neigen, ist niedlich – überlassen Sie das den süßen Frauen. Sehen Sie anderen Menschen aufrecht in die Augen. Bringen Sie Ihre Brust etwas heraus, die Schultern nach hinten. Gehen Sie mit festem und sicherem Tritt, und zeigen Sie damit ein selbstsicheres Auftreten.

Stehen und Sitzen

Stehen Sie gut geerdet und breitbeinig, etwa schulterbreit. Das ist ein sicherer Stand, der auch Sicherheit ausstrahlt. Achten Sie immer darauf! Auf keinen Fall ein Bein mädchenhaft einknicken oder X-Beine machen. Breitbeinig sitzen, nicht die Beine züchtig übereinanderschlagen. Sie müssen Ihre Genitalien nicht schützen oder verstecken! Also klemmen Sie diese auch nicht ein. Ein Beta sitzt im Extremfall wie verschnürt da: Beine über Kreuz, Arme zusammen und nur die Hälfte der Sitzfläche des Stuhls einnehmend. Der Alpha macht sich breit auf dem Stuhl, streckt die Beine aus und stellt seine Tasche auf den Nachbarstuhl.

Raum einnehmen. Physisch und verbal

Ein Alpha nimmt viel Raum ein. Er breitet sich auf dem Sitz oder dem Platz, an dem er sich befindet, aus. Er zwängt sich nicht durch eine Lücke, sondern schiebt andere, die im Weg stehen, zur Seite. In einer vollen Kneipe: Ein Beta zwängt sich vorsichtig durch die Lücke zwischen zwei Menschen durch und vermeidet dabei Körperkontakt. Wenn es nicht anders geht, fragt er leise und höflich: „Entschuldigung, dürfte ich mal vorbei?" Der Alpha fasst einen oder beide Menschen, die im Weg stehen, freundlich, aber bestimmt an der Schulter und dreht sie zur Seite, um sich Platz zu machen. Augenkontakt, ein Nicken oder ein kurzes „Danke".

Atem

Der Atem ist ein ganz entscheidender Faktor. Ein Alpha hat eine tiefe, gleichmäßige Atmung in Bauch und Brust. Dadurch hebt er sein Energieniveau, wird präsenter und auch größer. Diese scheinbar banale Tatsache ist äußerst entscheidend, aber schwer trainierbar. Kurz gesagt: Wenn Sie lernen, anders zu atmen, werden Sie ein anderer Mensch. Denn der Atem hängt mit den Gefühlen und tief sitzenden Gefühlsmustern zusammen. Wenn Sie tiefer atmen, dann verstärken Sie Ihre Gefühle, wenn Sie flach atmen, vermeiden Sie zu fühlen. Betas atmen flach und oberflächlich, meist nur im Brustbereich. Dadurch bleiben sie auf einem niedrigen Energieniveau: Sie wirken schlaff, lust- und leidenschaftslos. Vor allem aber vermeiden sie dadurch, intensiver zu fühlen, denn der flache Atem nivelliert alle Emotionen. Sie halten dadurch den Ball flach und wirken saft- und kraftlos. Alphas dagegen atmen natürlich und tief in den Bauch, dadurch wirken sie energievoller und leidenschaftlicher. Je tiefer sie atmen, umso intensiver werden sie alle Gefühle erleben. Alpha hat keine Angst vor intensiven Gefühlen, im Gegenteil: Er liebt sie. Durch den tiefen Atem werden diese wie durch einen Blasebalg angefeuert und verstärkt. Jedes Gefühl hängt mit einem spezifischen Atemmuster zusammen. Wenn Sie traurig oder deprimiert sind, atmen Sie lang und tief aus, aber nur wenig ein. Wenn Sie fröhlich sind, atmen Sie schneller und tiefer, etwas unrhythmisch ein und aus. Wenn Sie ängstlich sind, dann halten Sie den Atem vor Schreck an, wie in der Redewendung: Der Atem stockt und geht flach. Wenn Sie wütend sind, atmen Sie tief ein und wenig aus: Sie blähen sich sozusagen auf. Beobachten Sie das bei sich selbst. Das Gute daran ist: Es funktioniert auch umgekehrt. Sie können durch Ihr Atemmuster auch Ihre Gefühle beeinflussen und steuern.

Bei einem Seminar, als ich erklärte, wie man mit seinem Atem Gefühle erzeugen und steuern kann, meldete sich ein Schauspieler zu Wort: So etwas lerne man als guter Schauspieler. Ich bat ihn, der Gruppe eine Demonstration zu geben. Er stellte sich in die Mitte und atmete nur einige Sekunden heftig, während er Spannung aufbaute. Dann kam ein Wutanfall, er schrie und tobte so überzeugend, dass manche sogar Angst bekamen. Dann hielt er plötzlich inne, seine Körperspannung entwich und sein Atemmuster änderte sich. Plötzlich fing er an zu weinen, und ein Heulkrampf schüttelte ihn, die Zuschauer waren ergriffen. Es folgte ein Lachanfall, der das Bauchfell der Gruppe strapazierte, dann kam ein Eindruck von Angst, der alle erschauern ließ. Schließlich Stille, dann erleichterter Applaus. Der Schauspieler hatte uns auf eindrucksvolle Weise gezeigt, bis zu welcher Perfektion man diese Fähigkeit trainieren kann.

Trainieren Sie daher tiefer und voller vor allem in den Bauch zu atmen, bis Sie es irgendwann von selbst tun. Dabei können Ihnen Atemmeditationen, Yoga, Tai Chi oder Ähnliches behilflich sein.

Gefühle zeigen

Ein Alpha zeigt, was er fühlt, und stellt einen emotionalen Kontakt mit anderen her. Er hat keine Angst, seine Meinungen und Gefühle ungehemmt auszudrücken, selbst wenn andere das unpassend finden. Er lacht herzhaft und ansteckend, selbst wenn andere keinen Grund dafür sehen. Er zeigt seinen Zorn, seine Trauer und seine Lust, ohne auf die Genehmigung durch andere zu warten. So entstehen emotionale Kontakte und Bindungen, und es entsteht Vertrauen. Er ist emotional dominant, aber stößt manche Menschen auch vor den Kopf. Beta hat Angst vor seinen Gefühlen und zeigt sie anderen Menschen nur angepasst: Er lacht, wenn alle lachen, und schweigt, wenn es ruhig ist. Er will nicht auffallen. Wenn Alpha dagegen einen Raum mit Menschen betritt, in dem eine bedrückende Stille herrscht, meldet er sich zu Wort: „Was ist denn hier los, ist was passiert?"

A und B treten zu einer Gruppe junger Frauen, als die plötzlich anfangen zu kichern. Beta lacht mit, um dazuzugehören und nicht unhöflich zu sein. Oder er vermutet gar, dass er ausgelacht wird, und läuft vor Scham rot an. Alpha bleibt neutral und wartet einen Moment: „Schön, dass ihr euch so freut, uns zu sehen. Kennen wir uns überhaupt?" (Er übernimmt die Führung und begrüßt alle mit Handschlag oder Umarmung.)

Alpha hat auch vor solchen Gefühlen keine Angst, die den meisten unangenehm sind. Ein Freund redet sehr bedrückt: „Mein Vater ist gestern gestorben." Beta: „Oh, wie schrecklich, das tut mir aber leid. Wie ist das denn passiert?" Er streichelt ihn etwas hilflos und tröstend am Arm. Er hat Angst vor der Trauer und versteckt sich hinter seinen Worten. Alpha schaut ihm in die Augen, nimmt ihn dann in den Arm: „Das ist hart, Mann." Und hält ihn fest. Der Freund fängt an zu weinen, und Beta bekommt auch nasse Augen, weil er an seinen eigenen Vater denkt. Aber Alpha sagt nichts und drückt den Freund. Die anderen Menschen im Umfeld sind peinlich berührt, so auch Beta, weil er das Schweigen und die aufkommenden Gefühle nicht aushält. „Ich kenne das auch, als mein Onkel damals gestorben ist. Es hat eine ganze Weile gedauert, bis ich das verkraftet habe." Alpha zu Beta mit abfälligem Blick: „Ruhe!"

Kontrolle über die eigenen Gefühle

Das scheint im Widerspruch zum letzten Abschnitt zu stehen. Alpha zeigt seine Gefühle, aber nur, wenn es sinnvoll ist. Er hat sie unter Kontrolle und weiß sehr genau, wann er Trauer, Wut oder auch Lachen zurückhalten muss, weil *er selbst* es angemessen findet. Alpha beherrscht seine Emotionen, Beta ist Opfer seiner eigenen Emotionen.

Alpha und Beta gehen eine dunkle Seitenstraße entlang, als ihnen drei zwielichtige Typen entgegenkommen, die offensichtlich Streit suchen. Einer rempelt Beta extra an. Beta braust auf: „Pass mal gefälligst auf, Mann!" Alpha gibt seinem Kumpel eine kleine Ohrfeige und sagt: „Benimm dich." Zu den Männern: „Sorry, Jungs." Und geht dann mit Beta zusammen weiter. Außerhalb der Gefahrenzone macht Beta ihm Vorwürfe für sein feiges Verhalten. Alpha nur: „Mir ist unsere Gesundheit wichtiger, als kleine Frechheiten zu ertragen. Bist du sicher, dass die Typen unbewaffnet waren? Ich nicht."

Stimme

Eine Stimme aus dem Bauch heraus klingt definitiv dominanter und auch erotischer als eine piepsige Kehlkopfstimme. Das setzt aber einen tiefen Atem und volles Atmen in den Bauch sowie Entspannung voraus. Ein Alpha redet laut und deutlich, er dominiert den Raum mit seiner Stimme. Ich empfehle dafür ein Stimm- oder Gesangstraining. Diese Investition lohnt sich, da Frauen sehr stark auf eine volle, männliche Stimme reagieren. Während

Männer von Frauen visuell durch Aussehen, Kleidung, Bewegungen, Tanz etc. verführt werden, werden Frauen über Worte verführt. Deshalb suchen und brauchen Frauen das Gespräch mit einem Mann, um eine erotische Spannung aufzubauen. Dabei zählt aber der nonverbale Anteil am meisten, also Stimmlage, Stimmführung, Tempo etc. Wer gelernt hat, mit seiner Stimme zu spielen und sie zu modulieren, der kann damit jedes Gefühl in einer Frau erzeugen. Aber auch im sonstigen Leben und insbesondere als Führungskraft vermittelt eine tiefe Stimme mit Volumen mehr Autorität als eine leise, gepresste Stimme. Ein Alpha kann mit seiner machtvollen Stimme den Raum erfüllen und die anderen Menschen in seinen Bann ziehen. Der tiefe Sound eines Ferrari ist einfach antörnender und mehr sexy als das heisere Gekreische eines überdrehten Kleinwagens – für Männer wie für Frauen!

Stimmführung

Machen Sie kurze Hauptsätze. Senken Sie am Satzende die Stimme. Machen Sie Pausen. Wenn Sie das umsetzen, bekommt alles, was Sie sagen, Gewicht und wird ernst genommen. Intellektuelle oder unsichere Männer machen Bandwurmsätze ohne Pausen. Was sie sagen, steht wie eine Frage im Raum. Ein Alpha aber macht Aussagen, die Gewicht haben und keinen Widerspruch zulassen. Beta: „Ich denke, wir sollten mal überlegen, ob es nicht sinnvoller wäre, lieber mit mehreren Autos zur Party zu fahren, damit jeder flexibel ist zurückzufahren, wann er will. Das ist zwar nicht besonders ökologisch, vermeidet aber einen eventuellen Streit. Was denkt ihr darüber?" Alpha: „Ich schlage vor, wir fahren mit drei Autos. (Pause) Ich fahre, fahrt ihr auch, Jürgen und Markus?"

Was passiert hier? Betas neigen dazu, Dinge zu intellektualisieren, von allen Seiten zu beleuchten und jede Meinung zu hören. Sie verkomplizieren einfache Dinge, während Alpha komplizierte Dinge vereinfacht. Dafür reduziert er sie auf das Wesentliche und benutzt Hauptsätze.

Geschwätz vermeiden

Alpha handelt und übernimmt durch Körperhaltung, Gestik und Aktionen die Führung. Er kommentiert oder erklärt nicht alles, was er tut. Schon gar nicht rechtfertigt er sich dafür. Er lässt die Handlung für sich stehen. Beta sagt: „Ich denke, ich gehe jetzt mal zum Auto und schau nach, ob ich dort meine Brieftasche liegen gelassen habe. Zu blöd, ich lasse oft wichtige Dinge liegen ..." Alpha geht zum Auto, um nachzuschauen, ob dort die Brieftasche liegt, oder – noch besser – er schickt jemand anderes.

Handeln, nicht reden

Ein Alpha hält weniger moralische oder philosophische Vorträge, sondern lebt das vor, wovon er überzeugt ist. Es gibt keine Differenzen zwischen seiner Überzeugung und seinem Verhalten. Er folgt keiner aufgesetzten Moral oder Doktrin. Das ist Authentizität und erzeugt Vertrauen. Menschen gewinnen Vertrauen und lassen sich von anderen führen, die mit jeder Handlung das ausdrücken, was sie sagen. Beta hält einen langen Vortrag über den Vorteil von vegetarischer Ernährungsweise, isst aber selbst ab und zu auch Fleisch. Alpha ernährt sich einfach vegetarisch, weil er es so entschieden hat. Wer wissen will warum, soll ihn halt fragen.

Erst denken, dann reden

Ein Alpha plappert nicht vor sich hin und spricht nicht alles aus, was ihm in den Kopf kommt, sondern wägt die (emotionale) Wirkung seiner Worte ab. Er setzt seine Worte gezielt ein. Unnützes Geplapper vergeudet nur Energie und vermindert die eigene Autorität, vor allem wenn unklare oder widersprüchliche Gedanken geäußert werden. Besonders in Beziehungen machen das viele Männer falsch und erzeugen so ein emotionales Chaos bei der Partnerin.

Beta: „Manchmal frage ich mich, ob wir eigentlich zueinander passen." Sie: „Was, liebst du mich nicht mehr?" Er: „Doch, aber wir sind so unterschiedlich." Sie kommt in Fahrt: „Hast du eine andere Frau kennengelernt?" Das Drama beginnt – und zwar aufgrund *seiner* wirren Gedanken und Gefühle, die er ausspricht, ohne sich vorher über die Wirkung im Klaren zu sein. Alpha denkt in Ruhe darüber nach, was ihm in der Beziehung nicht passt, und bespricht es eventuell mit einem Freund. Wenn dann Handlungsbedarf besteht, redet er in Ruhe mit seiner Partnerin. Also: Überlegen Sie sich vorher, was Sie sagen, vor allem bei kritischen Themen. Stellen Sie sich vor, Sie sind berühmt und alles, was Sie sagen, wird gefilmt und veröffentlicht. Dann werden Sie vermutlich mehr darauf achten, was Sie von sich geben.

Gesprächsführung

Ein Alpha fragt und hört zu, aber lässt sich nicht ausfragen. Nur ein Mamasöhnchen beantwortet brav und wahrheitsgetreu alle Fragen, die man ihm stellt. Ein Alpha nutzt die Fragen für seine Geschichten oder Gegenfragen. Ein Alpha behält die Führung im Gespräch, damit es in die Richtung geht, die er will.

Sie: „Wo willst du denn hin?" Beta antwortet brav und wahrheitsgetreu: „Einkaufen gehen." Alpha: „Du willst mir deine Begleitung anbieten?"

Sie: „Oh, ein schönes Notebook, zeig mal her!" Beta gibt es ihr bereitwillig: „Ja, ist ganz neu, gefällt es dir?" Alpha: „Das ist ein Männer-Notebook, Frauen dürfen das nicht anfassen." Ich habe das bei Fernseh-Interviews und Talkshows trainiert. Die Reporter stellen oft unsinnige oder langweilige Fragen – wenn man sie beantwortet, geht das Ganze in die falsche Richtung oder wird zu theoretisch. Wenn man die Frage einfach nur als Aufhänger benutzt, kann man seine eigenen Inhalte anbringen. Talkmaster: „Herr Leimbach, sollten nicht Frauen lieber Männer ansprechen lernen, um unabhängiger zu werden?" Ich: „Das ist eine Möglichkeit. Spannender ist es aber, wenn man sich fragt: Warum ist es so weit gekommen, dass Frauen nur noch so selten angesprochen werden? Ein wichtiger Grund sind nämlich oft Probleme mit der eigenen Männlichkeit ..."

Führung in Gruppen übernehmen

Seien Sie kein Konsument oder Mitläufer. In einer Gruppe ohne Führung sollten Sie als Alpha sofort diese Rolle übernehmen. Wenn Sie Ahnung von der Materie haben, stellen Sie Ihre Sichtweise vor. Wenn Sie keine Ahnung haben und es ein chaotisches Durcheinander ohne Linie und Führungsperson gibt, dann übernehmen Sie die Führung, indem Sie die Diskussion moderieren und auf ein konkretes Ergebnis hinarbeiten. Sorgen Sie dafür, dass jeder zu Wort kommt, Regeln eingehalten, Zeit und Ziel des Ganzen beachtet werden. Ein Alpha sorgt dafür, dass eine Diskussion zielführend ist und in möglichst kurzer Zeit zu einem erfolgreichen Ergebnis führt. Er will seine Zeit nicht vertun und setzt seine Führungskraft zum Wohle der Gruppe ein.

Interesse an Menschen

Lernen Sie so viele Menschen wie möglich kennen. Gehen Sie offen auf alle Menschen zu, stellen Sie Fragen und hören Sie zu. Sie müssen nicht zu allem und jedem einen Kommentar abgeben. Sie müssen auch nicht jeden mögen. Selbst vom Kontakt mit einem unangenehmen Menschen oder gar einem Feind profitieren Sie. Bekommen Sie einen Eindruck von dem Menschen und prägen Sie sich seinen Namen und wichtige Infos oder Aussagen ein. Von jedem Menschen und jedem Kontakt können Sie irgendetwas lernen. Alphas sind soziale Wesen, haben ein gutes Namensgedächtnis und interessieren sich wirklich für andere Menschen. So erwirbt man Menschenkenntnis und soziale Kompetenz.

Augenkontakt halten

Die Art und Dauer des Augenkontakts beeinflusst in besonderem Maße den Kontakt zwischen Menschen. Das Selbstbewusstsein und Selbstwertgefühl eines Menschen spiegelt sich in seinen Augen. Ein Beta vermeidet Augenkontakt oder verweilt nur jeweils kurz darin. Seine innere Unruhe und Unsicherheit zeigen sich in seinen unruhigen Augenbewegungen. Er beendet den Augenkontakt, indem er nach unten wegschaut, also die Augen senkt – eine Geste der Unterwerfung. Alpha stellt von Anfang an einen guten, aber nicht starren Augenkontakt her und hält ihn aufrecht. Seine Augen strahlen dadurch Ruhe und Sicherheit aus. Er zeigt damit seine Präsenz und Dominanz. Meistens beendet der andere den Kontakt, wenn Alpha ihn jedoch beendet, schaut er zur Seite weg. Besonders in zwei (für Beta besonders bedrohlichen) Situationen ist der Augenkontakt sehr entscheidend: in einem Kampf und im erotischen Kontakt oder Flirt. Ein Kampf wird meist bereits vorher durch die Augen entschieden. Ein Flirt genauso. Wenn eine Frau

Sie direkt anschaut, ist dies eine eindeutige Geste: Es ist entweder eine Einladung zum Flirten oder zum Streiten. Senkt die Frau ihren Blick, ist dies eine submissive Handlung, mit der sie zeigt, dass sie grundsätzlich bereit ist, sich dem Mann unterzuordnen. Ein Beta guckt bei Augenkontakt mit einer attraktiven Frau weg und zeigt damit seine devote Haltung. Alpha nimmt die Einladung an.

Andere Menschen begreifen

Alpha nimmt sich das Recht, Menschen anzufassen. Er berührt Männer, Frauen und Kinder in selbstverständlicher Art und Weise. Freundlich, angemessen und respektvoll. Damit zeigt er, dass er mit Absicht in die Intimsphäre anderer eindringt. Durch einen lockeren Kontakt an der Schulter, Shakehands, auf den Rücken klopfen, Umarmung oder Küsschen auf die Wangen, wie es in vielen südlichen Ländern üblich ist.

Sie werden bei einer Veranstaltung von einem Kollegen einer Gruppe von Freunden vorgestellt. Beta vermeidet Augenkontakt und sagt in die Runde: „Hallo zusammen." Alpha begrüßt jeden Einzelnen mit einem Handschlag, bei den Frauen geschieht dies durch eine kurze Berührung an der Schulter oder ein Küsschen auf die Wange. Er fragt nach dem Namen und sagt bei einigen einen kurzen Satz, nimmt Augenkontakt auf, um eine kurzen, verbindlichen Kontakt herzustellen.

Soziale Kompetenz

Man muss viel Erfahrung im Umgang mit Menschen haben, um in angemessener Weise auf verschiedene Situationen eingehen zu können. Das nötige Feingefühl, Menschenkenntnis und Wissen um soziale Verhaltensnormen lässt Sie in jeder Situation selbstsicher auftreten. Ein Alpha kann so den Spielraum möglicher Verhaltensweisen ausreizen, ohne zu verletzen oder andere bloßzustellen. Soziale Kompetenz ist aber auch eine Führungsqualität, um Konflikte zu entschärfen oder eine unangenehme Stimmung aufzuhellen. Wie erwirbt man diese? Einzig und allein durch viele unterschiedliche soziale Kontakte, durch intensive und emotionale Begegnungen. Verbindliche Kontakte und Freundschaften sind dabei wertvoller als lose Bekanntschaften. Oberflächlicher oder belangloser Smalltalk ist nur begrenzt hilfreich. Wichtiger sind wirkliche emotionale, gemeinsame Erfahrungen wie zusammen lachen, weinen, albern, Angst haben, streiten, kämpfen, zärtlich sein etc. Je emotionaler und intensiver, je vielfältiger die Kontakte, umso mehr soziale Kompetenz kann erworben werden.

Frech und witzig

Warum lachen Menschen bei einem Alpha über einen Witz? Wenn der Beta denselben Witz (mit derselben Wortwahl) erzählt, lacht niemand. Gelacht wird, weil man den Menschen mag, nicht den Witz. Und der sollte frech und witzig sein. Ein Alpha ist in frecher Weise humorvoll, auch ohne Witze. Er schafft es damit, die Menschen in eine andere (nämlich seine) Sichtweise der Realität zu führen. Dies ist auch eine der wichtigsten Fähigkeiten beim Flirten und Verführen von Frauen.

Ein Alpha liebt es, Menschen in angemessener Weise zu provozieren, im Idealfall auf humorvolle Art. Er löst kleine Mini-Konflikte aus (der andere ist überrascht oder entrüstet) und zeigt damit, dass er keine Angst hat, sondern diese im Gegenteil sogar liebt. Er kennt aber auch seine Grenzen, um andere nicht unnötig zu verletzen und bloßzustellen.

In einer Bar setze ich mich an den Nebentisch einer hübschen Frau in meinem Alter, öffne meinen Laptop, mache Musik an und surfe im Internet. Sie liest und guckt mich immer wieder verärgert an. Ich: „Sie wollen mit mir flirten?“ Sie, erbost: „Wohl kaum mit jemandem, der so respektlos seine Musik aufdreht, ohne an die anderen zu denken.“ Ich: „Das ist aber eine ungewöhnliche Art zu flirten. Wissen Sie, dass ich Frauen mag, die dieses wilde, unberechenbare Blitzen in den Augen haben?“ Sie, etwas sanfter: „Was hat das damit zu tun?“ Ich: „Na, Frauen, die keine Angst haben, direkt ihre Meinung zu sagen und zu streiten, sind meist die Leidenschaftlicheren.“ Sie ist sichtlich hin und her gerissen zwischen geschmeichelt und erbost. Schließlich sagt sie süßsauer: „Dazu sag ich mal nichts, ich bin verheiratet.“ Ich: „Na, hoffentlich weiß Ihr Mann das zu schätzen.“ Da mich die Frau zu interessieren beginnt und sie inzwischen fast schon freundlich guckt, sage ich: „Kommen Sie mal her!“ Etwas zögernd setzt sie sich auf den Stuhl, den ich ihr anbiete. Ich: „Die Lautstärke ist nicht verhandelbar, aber die Musik. Was mögen Sie denn?" Ich switche zum Musikprogramm auf dem Laptop vor mir. Sie: „Darauf lasse ich mich jetzt nicht ein." Ich: „Also deutsche Schlager und Marschmusik sind ausgeschlossen." Sie lacht: „Sehe ich etwa aus, als wenn ich sowas hören würde?" Ich erkenne den Gefühlswechsel an und wechsle meinerseits zum Du. „Also, wie heißt du eigentlich?" Sie: „Andrea." Ich: „Also Andrea", ich berühre sie an der Schulter, „ich tippe mal auf was Fröhliches ..." Ich schaue ihr in die Augen, die leicht strahlen, sie deutet außerdem ein Nicken an. „... Lateinamerikanisch. Hm, Salsa." Sie: „Ja, mag ich auch, aber jetzt lieber was Ruhigeres." Ich: „Dann hab ich was für dich: brasilianischen Zouk." Sie skeptisch: „Was soll das denn sein?" Ich lade ein paar Songs und spiele einen an. Er gefällt ihr offensichtlich. Nach wenigen Minuten bringe ich ihr den Grundschritt in Zouk bei. Da sie leider beim Tanzen nicht so begnadet ist, nehme ich das Eintreffen eines Freundes zum Anlass, den Kontakt zu beenden. *Sie* fragt übrigens am Ende nach meiner Telefonnummer.

Alpha ist Selbstdarsteller

Ein Alpha ist immer ein guter Selbstdarsteller und Unterhalter. Die Menschen hören ihm gerne zu. Er hat ein gutes Gedächtnis und eine facettenreiche Ausdrucksweise, sodass das Zuhören Freude macht. Vor allem aber hat er auch inhaltlich etwas zu sagen. Aber er kennt auch die Grenzen, wann eine „One-Man-Show" zu kippen beginnt. Dann schwenkt er um und übergibt das Wort (oder die Show) an andere. Er ist dabei nicht egozentrisch oder selbstverliebt.

Ein Alpha liebt Prestige- und Statusobjekte. Aber nur, weil er sie mag, nicht weil er sie braucht. Wenn er keine modernen Autos mag, fährt er einen schicken Oldtimer. Er zeigt gerne seine Macht nach außen, ohne aber zu viel Wert darauf zu legen. Er betont seine Macht nicht unnötig. Angeberei oder gar Aufschneiderei sind ihm fremd, das sind eher Zeichen mangelnden Selbstbewusstseins.

Entscheidungen selbst treffen

Ein Alpha entscheidet selbst. Immer. Wenn er auf den Rat oder die Hilfe eines anderen angewiesen ist, der mehr Kompetenz hat, entscheidet er sich bewusst und öffentlich, die Entscheidungsgewalt in dieser Angelegenheit abzugeben. Je mehr Entscheidungen man trifft, umso mehr wird die eigene Willenskraft gestärkt. Das betrifft auch banale Alltagssituationen. Also: Treffen Sie so viele Entscheidungen wie möglich, und lassen Sie nur dann andere (oder den Zufall) entscheiden, wenn es wirklich sinnvoll oder unvermeidbar ist.

Verantwortung übernehmen

Ein Alpha übernimmt stets hundert Prozent der Verantwortung für sich, seine Handlungen und Entscheidungen, seine Gedanken, Worte und Gefühle. Er übernimmt darüber hinaus auch die volle Verantwortung für eine Gruppe von Menschen, die er führt. Selbst dann, wenn er im konkreten Fall keine Verantwortung hat. Schuldgefühle sind ihm fremd, er trägt Verantwortung und zieht Konsequenzen. Er rechtfertigt sich nicht und macht nicht andere verantwortlich, wenn Dinge schieflaufen. Jeder in „seiner" Gruppe (Firma, Verein, Familie etc.) weiß, dass er unter seinem Schutz steht. Ein Chef steht in der Öffentlichkeit dafür gerade, wenn einer seiner Mitarbeiter Fehler gemacht hat: Er übernimmt dafür die Verantwortung und schiebt sie nicht öffentlich auf den Mitarbeiter. Damit stellt er sich schützend vor ihn. Unter vier Augen wird er diesen Mann jedoch zur Rechenschaft ziehen und entsprechende Konsequenzen deutlich machen.

Soziales Engagement

Ein Alpha ist (entgegen mancher Vorstellung) ein sozialer Mensch. Er fühlt sich für eine Gruppe von Menschen verantwortlich und sorgt für Frieden in dieser Gruppe. Er gibt die Regeln vor, an die sich jeder in der Gruppe zu halten hat, und sorgt dafür, dass sie eingehalten werden. Und er verteidigt sie nach außen. Selbst scheinbar extrem unsoziale Alphas wie ein Mafia-Boss, Terroristenführer oder Sektenguru haben ein (auf ihre Gruppe begrenztes) soziales Engagement und sorgen auf ihre Art für Frieden innerhalb der Gemeinschaft. Und sie alle haben Charisma und Ausstrahlung als Mann. Ein Alpha integriert die Außenseiter und Problemfälle, aber weist auch die

Rebellen in ihre Schranken. Insofern schafft er eine soziale Ordnung.

Konflikte aktiv lösen, nicht meiden. Mutig sein

Ein Alpha bemüht sich darum, Konflikte aktiv zu lösen. Auch wenn andere sich streiten, mischt er sich ein. Er geht nach vorne, er geht auf die Menschen zu. Er hört ihnen zu und vermittelt oder mischt sich aktiv ins Handgemenge ein. Angst um sich selbst ist ihm fremd. Seine Motivation ist: Er will helfen und Konflikte lösen. Dabei hat er keine Angst um sich, sondern macht sich Sorgen um die anderen.

Nicht verteidigen, angreifen

Wenn ein Alpha angegriffen wird, verteidigt er sich nicht, er wird sich auch nicht rechtfertigen, sondern er geht direkt zum Gegenangriff über. Die Richtung geht nach vorne, nicht zurück. Er vermeidet Gewalt und setzt diese nur im äußersten Notfall ein. Bei einem bewaffneten Aggressor würde er zum Beispiel möglichst weglaufen oder sich geschlagen geben, um Blutvergießen zu vermeiden.

Ein Typ in einer Kneipe: „Hey, geh mal zur Seite." Er will mich wegschieben. Ich, mit Augenkontakt: „Charme ist wohl nicht deine Stärke. Machst du das mit Frauen auch so?" Er, bricht den Augenkontakt ab: „Das ist ja was anderes." Ich: „Nein, ist es nicht. Schau, bei den beiden hübschen Frauen hier hast du damit verspielt." Die beiden lächeln mich an – Zustimmung. „Ich trainiere Männer, damit sie Erfolg bei Frauen haben. Frech bist du schon mal, da fehlt aber noch was anderes." Er: „Und was soll das sein?" Ich, zu den Frauen: „Da bin ich mal auf eure Antworten gespannt!" Es wurde ein interessantes Gespräch.

Das Revier verteidigen

Ein Alpha ist der Platzhirsch: Er markiert sein Revier und verteidigt es. Er lässt sich von niemandem die Show stehlen und macht deutlich, wo seine Grenzen sind.

Eine Gruppe Menschen steht zusammen, Alpha erzählt etwas. Da kommt der Freund einer der Frauen dazu und fällt ihm ins

Wort: „Wer bist du denn?" (Angriff) Alpha: „Euer Freund hat aber merkwürdige Umgangsformen." Dann redet Alpha einfach weiter. Nach einer Minute unterbricht ihn der Freund wieder: „Ist das hier ein Vortrag oder was?" Alpha: „Ja, aber du hast keinen Eintritt gezahlt." Er: „Wer hat dich denn eingeladen?" Alpha zu den anderen: „Ich mag ja neugierige Menschen, aber ..." Er, drohend: „Werd mal nicht frech hier." Die anderen beginnen sich gegen ihn zu wenden. Alpha: „Ich hab den Eindruck, du störst. Findet ihr nicht auch?" Zustimmung in der Gruppe. Mit einem Rückzugskommentar zieht er ab, und Alpha nimmt kommentarlos den Faden seiner Erzählung wieder auf.

Eifersucht ist ihm fremd

Nur ein Beta ist eifersüchtig, weil er Zweifel an seiner Männlichkeit und seinen Fähigkeiten als Liebhaber hat. Ein Alpha weiß, dass er unersetzbar und einzigartig ist. Aber er steckt sein Revier ab und macht deutlich: Das ist meine Frau und das sind die Grenzen der Intimität mit ihr, die ich akzeptiere. Dafür hat er für sich klare Regeln, die er auch mit seiner Partnerin kommuniziert hat.

Klaus ist mit zwei Frauen unterwegs. Ein Mann beginnt mit einer der beiden zu flirten und berührt sie an der Schulter. Klaus wendet sich ihm zu, legt den Arm dabei um die Frau und sagt: „Hey Mann, du hast einen guten Geschmack. Ich bin Klaus." Und gibt ihm die Hand.

Die eigene Persönlichkeit betonen

Ein Alpha passt sich niemals der Mode, der Masse oder einer Gruppe an. Er hat seinen eigenen Stil, seine eigene Persönlichkeit, die er betont. Er trägt die Kleidung, die ihm gefällt – egal, ob sie modisch ist oder nicht. Wer aber stets durch exotische Kleidung oder extrovertiertes Verhalten auffallen muss, drückt damit eher seinen Geltungsdrang aus; ein Weg, sein Selbstwertgefühl zu erhöhen.

Radikal ehrlich sein! Keine Scham, keine Heuchelei, keine Angeberei.

Ein Alpha ist radikal. Und ehrlich. Er ist überzeugt: Ich bin ein toller Mann, so wie ich bin. Also braucht er sich auch nicht zu verbiegen oder zu verleugnen. Er braucht nicht zu lügen oder anderen etwas vorzumachen, was er nicht ist. Er schämt sich nicht, wenn er mal furzt oder in einer unpassenden Situation eine Erektion bekommt. Er muss sich weder durch Prahlerei künstlich aufblähen, noch irgendeinen Teil seiner Persönlichkeit verstecken.

Selbstironie

Wer über sich selbst lachen und seine Schwächen zugeben kann, zeigt damit seine Alpha-Qualität. Beta ist ängstlich darauf bedacht, immer gut dazustehen; Alpha macht Witze über sich selbst und gibt Fehler zu, was ihn charmant macht.

Sie, als ich die ganze Schokolade alleine esse: „Du bist einfach maßlos und egoistisch!“ Ich: „Stimmt, woher weißt du das? Meine Ex hat das auch immer zu mir gesagt. Einmal hatte sie Nackenschmerzen, und ich habe ihr in einer Kneipe den Nacken massiert. Sie guckte wohl so glücklich, dass gleich mehrere Frauen Schlange standen. Ich hab dann noch drei Frauen den Nacken massiert, und sie schauten ebenso glücklich aus. Nur meine Freundin nicht mehr.“ Sie lacht. „Das kann ich mir vorstellen. Wieso machst du so was?“ Ich: „Hm, weil ich maßlos und egoistisch bin? Und weil ich Frauen liebe. Du siehst übrigens auch so angespannt aus ...“

Selbstzufriedenheit

Das Credo eines Alphas lautet: „Hier bin ich. Wer mich so mag: gut. Wer nicht: auch gut. Ich werde mich für niemanden verändern. Auch für keine Frau.“ (Deshalb haben Dramaqueens und Narzisstinnen keine Chance bei ihm.)

Sexuell sein! Männlichkeit nicht verstecken

Ein Alpha zeigt, dass er seine Männlichkeit liebt. Er zeigt seine Lust und sein Interesse an schönen Frauen ganz offen und bemüht sich auch gar nicht, dies zu verstecken. Er hat eine erotische Ausstrahlung und wird von Frauen als sexueller Mann wahrgenommen. Er lässt sich nicht von seiner Partnerin „kastrieren“ und zeigt auch in ihrer Gegenwart in respektvoller Weise sein Interesse an anderen schönen Frauen.

Auf einer Party komme ich mit einer sehr schönen Frau ins Gespräch. Sie: „Ich mag es einfach nicht, wenn ich nur als Sexobjekt wahrgenommen werde." Ich: „Na, schwierig wird es dann, wenn du *nicht mehr* als Sexobjekt wahrgenommen wirst. Wie alt bist du?" Sie: „Dreißig, wieso?" Ich: „Ich bin Therapeut und weiß, das Schwierigste für Frauen ab vierzig ist, wenn die Männer aufhören, auf ihren Busen und den Po zu schauen." Sie: „Kann schon sein." Ich schaue ganz offen in ihren Ausschnitt, dann ihr in die Augen: „Bei dir wird es wohl etwas länger dauern, du musst wohl noch lange damit klarkommen." Sie lacht. Tatsächlich hatte sie ein richtig scharfes Kleid an, bei dem man immer darauf wartete, dass ihr der Busen rauspurzeln würde – sie provozierte also genau das.

Erfolg bei Frauen

Einen Alpha erkennt man daran, dass stets attraktive Frauen um ihn herum sind. Mehr als eine. Sie bewundern ihn und wollen in seiner Aura sein, seine Nähe genießen. Ein echter Alpha würde niemals seine sexuelle Ausstrahlung wegen einer Frau zurücknehmen. Eine Frau an seiner Seite muss sich ihm und seiner Lebenseinstellung anpassen.

Seine Partnerin: „He, hörst du mal auf, den Frauen auf den Hintern zu schauen!" Beta: „Tu ich doch gar nicht!" Alpha: „Schau mal, das ist doch wohl ein schöner Po, oder? Kein Vergleich mit deinem, aber er weckt einfach die Lust, darüber zu streichen. Bei dir nicht?" Sie: „Nein!" Alpha: „Und wie war das bei der Massage mit Simone?" Sie lächelt etwas unfreiwillig: „Das war etwas anderes, ich mag Simone als Mensch." Alpha: „Und wie findest du die Schwarzhaarige dort – *als Mensch*?" Sie: „Interessant, gute Körperhaltung." Alpha: „Dann lass uns mal zu der Schwarzhaarigen hingehen, ihr sagen, dass wir sie *als Mensch* mögen – und besonders ihren Po." Sie lacht: „So was musst du schon alleine machen." Alpha: „Nein, ich will, dass du mitkommst." Schließlich spricht sie die Schwarzhaarige an, und nach einigen Minuten Smalltalk kneift ihr Alpha in den Po. Sie: „Autsch, was soll das?" Alpha zu der anderen Frau: „Meine Freundin will dir was sagen." Es wurde wirklich lustig, die Frau war sichtlich irritiert, dass sie von Alphas Partnerin angemacht wurde.

Klare Vorstellungen und Regeln, klare Konsequenzen

Ein Alpha hat klare Konzepte und Vorstellungen, die er auch kommuniziert und die er vor allem vorlebt. Jeder in seinem Freundeskreis muss sich daran halten, sonst gibt es Ärger mit ihm. Er klärt vorher über die Konsequenzen auf und zieht sie dann auch durch. (Mein Karatelehrer sagte: „Ihr dürft mich jederzeit angreifen. Der letzte, der das tat, lag mehrere Wochen im Krankenhaus.")

Freundschaften pflegen

Ein Alpha fühlt sich seinen Freunden verpflichtet, vor allem seinen männlichen Freunden. Er interessiert sich für sie und ihr Wohl, er weiß viel über sie und hat ein echtes, herzliches Interesse an ihnen. Er würde für seine Freunde alles riskieren und tun. Wenn einer sich allerdings zu blöd verhält, bekommt er schon mal eine „schmerzhafte Korrektur". Er gibt direktes und ehrliches Feedback zum Verhalten, auch wenn es wehtut. Aber andererseits pflegt er auch einen kranken Freund. Er würde sofort jede Frau stehen lassen, wenn ein Freund Hilfe braucht.

Visionen und soziales Engagement. Lebensziele. Eigene Philosophie

Ein Alpha hat eine Vision für sein Leben. Er gibt seinem Tun eine Ausrichtung und kann dadurch andere Menschen begeistern und mitreißen. Er hat Ziele in seinem Leben, wofür es sich zu kämpfen lohnt. Er ist nicht Anhänger oder Fan, sondern hat seine eigene Lebensphilosophie, die er vorlebt. Frauen lieben und verehren Männer, die eine Vision im Leben verfolgen und ihrem Herzenswunsch treu sind. Dadurch können sie zu ihm aufschauen und ihn bewundern. Ein Mann, der keine Visionen und Ziele hat oder diese nicht mit Leidenschaft verfolgt, wird niemals das Herz einer Frau in der Tiefe erobern können. Frauen nehmen sogar persönliche Nachteile in Kauf dafür, dass ein Mann sein Lebenswerk verfolgt. Sie: „Ach, Schatz, bleib doch wenigstens heute bei mir." Er: „Ich liebe dich. Du wirst immer meine Nr. 2 sein." Sie erbost: „Was heißt das denn? Wer ist deine Nr. 1?" Er: „Das weißt du doch, mit ihr verbringe ich mehr Zeit als mit dir." Sie: „Du meinst deine Arbeit?" Er: „Ja, mein Lebenswerk, bei dem du mir mit deiner Liebe und deinem Vertrauen in mich hilfst." Sie, geschmeichelt: „Dann lass mich noch etwas helfen." Sie umarmt ihn. Er balgt noch etwas mit ihr, dann reißt er sich los. Auch wenn sie enttäuscht ist, dass er nicht bei ihr bleibt, würde sein Wert sinken, wenn er seine Arbeit ihr unterordnen würde. Merken Sie sich: Eine Frau darf maximal Nr. 2 in Ihrem Leben sein – Ihr Lebenswerk, Ihre Vision als Mann ist die Nr. 1.

Das waren einige konkrete Aspekte eines Alpha-Mannes. Leben Sie so? Finden Sie sich in den Beschreibungen wieder? Herzlichen Glückwunsch, Sie sind ein echtes Alphatier! Aber warum lesen Sie dann überhaupt dieses Buch? Vielleicht, weil Sie das bei einer Frau nicht leben können? Weil Sie das ohne dauerhafte Beziehung oder ohne befriedigenden Sex leben? (Mehr dazu im Kapitel „Die passende Frau auswählen".)

Wollen Sie ein Alpha werden? Dann kopieren Sie sich die Überschriften dieser Liste und hängen sie in Ihrer Wohnung auf. Fangen Sie sofort an, einige Aspekte umzusetzen. Vom Beta zum Alpha zu werden ist ein Weg der Persönlichkeitsentwicklung. Da gibt es keine Tricks, keine Hypnose, kein Mentaltraining und keine Intensivtherapie. Sie kommen um tagtägliche Kleinarbeit an sich selbst, in kleinen und großen Schritten, nicht herum. Deshalb fangen Sie mit einigen einfachen Dingen wie aufrechter Körperhaltung oder tiefer Atmung sofort an. *Jetzt*, nicht nachher! Breitbeinig und aufrecht sitzen, Körperspannung und tiefe Bauchatmung. Und morgen früh auf dem Weg zur Arbeit können Sie damit beginnen, Menschen in die Augen zu sehen, sie anzusprechen und Kontakte zu knüpfen. Sie müssen sich selbst permanent in den Hintern treten, wenn Sie sich wirklich verändern wollen. Die ganzen esoterischen und therapeutischen Tipps, selbst ein geniales Coaching und die besten Seminare geben Ihnen nur für ein paar Tage einen Kick. Auch dieses Buch hilft Ihnen nicht wirklich, wenn Sie nicht aktiv werden. – Wie sitzen Sie gerade? Wie ist Ihr Atem?

Alpha-Verhalten im Umgang mit Frauen

Grenzen setzen

Ein wesentlicher Aspekt des Alphas ist es, Grenzen setzen zu können. Wer das nicht gelernt hat, dem ergeht es wie dem Fischer mit seiner unersättlichen Frau Ilsebill. Beta traut sich nicht, Grenzen zu ziehen und klar Nein zu sagen – vor allem nicht zu Frauen, und schon gar nicht zu der Frau, die er liebt. Zu groß ist die Angst vor Zurückweisung und Liebesentzug, zu gravierend die Abhängigkeit von der Partnerin. Alpha pflegt einen völlig anderen Umgang mit Frauen: Wenn jemand seine Grenzen verletzt, weist er ihn unmissverständlich darauf hin, diese zu respektieren, und droht Konsequenzen an. Wiederholt sich dies, zieht er aggressiv diese Konsequenzen durch, um sich zu schützen.

So weit die Theorie. In der Praxis besteht der 1. Schritt darin, einen guten Zugang zur eigenen Aggression und zu seiner Männlichkeit zu bekommen. Der 2. Schritt bedeutet, im normalen Alltag anderen Grenzen zu setzen und Neinsagen zu üben. Der 3. Schritt ist das Setzen von Grenzen der Partnerin gegenüber. Dies ist für die meisten Männer aus mehreren Gründen der schwierigste Teil.

Warum hat ein betaisierter Mann (der Nice guy, wie ich ihn bezeichne) Probleme damit, anderen Menschen Grenzen aufzuzeigen? Weil er denkt:

- Ich darf nicht aggressiv sein.
- Ich darf andere nicht enttäuschen oder gar verletzen.
- Ich will gemocht und geliebt werden. (Wenn ich „lieb" bin, erreiche ich das.)
- Wenn ich mich abgrenze, werde ich nicht mehr gemocht und bin einsam.
- Wenn ich mich abgrenze, bin ich ein schlechter Mensch.
- Nur als geduldiger Zuhörer und Frauenversteher habe ich Erfolg bei Frauen. Meine eigenen Bedürfnisse sind dabei nicht so wichtig.
- Ich muss die Intimsphäre anderer achten und darf nicht aufdringlich sein.
- Ich darf keine Frau bedrängen oder gar dominieren.
- Man kann mit mir doch über alles reden!
- Der Klügere gibt nach, Streit und Kampf sind primitiv.

Diese und ähnliche Überzeugungen halten Beta-Männer davon ab, klare Grenzen zu ziehen. Beta-Männer erlauben anderen alle möglichen Respektlosigkeiten oder Unverschämtheiten und machen gute Miene zum bösen Spiel.

So lange, bis irgendwann der berühmte Tropfen das Fass zum Überlaufen bringt. Erst dann rasten sie aus, allerdings häufig unkontrolliert und sehr destruktiv. (Das Persönlichkeitsprofil von vielen Amokläufern ist übrigens das eines Nice guy, den die Umwelt bis zum Zeitpunkt des „Ausrastens" als lieben, zurückhaltenden Mann kannte.) Wenn Sie sich in der Beschreibung und den genannten Überzeugungen wiederfinden, dann müssen Sie zunächst einmal ein Bewusstsein dafür entwickeln, was Ihre eigenen Grenzen sind und wo andere diese verletzen. Wahrscheinlich haben Sie sich schon längst an viele Respektlosigkeiten gewöhnt (speziell von attraktiven Frauen und noch spezieller von Ihrer Partnerin), die andere niemals dulden würden.

Beispiele:

- Jemand tritt in Ihr Büro ein, ohne anzuklopfen.
- Jemand rempelt Sie an und entschuldigt sich nicht.
- Jemand benutzt Ihre Sachen, ohne zu fragen.
- Sie wollen 250 g Käse. Die Verkäuferin fragt: „Darf's etwas mehr sein?", und packt einfach ein, ohne die Antwort abzuwarten.
- Jemand macht Witze auf Ihre Kosten.
- Jemand geht breit in der Mitte des Bürgersteigs, sodass Sie auf die Straße ausweichen müssen.
- Jemand nimmt den Rest von einer Speise, ohne zu fragen, ob Sie etwas abhaben wollen.
- Eine attraktive Frau drängelt sich an der Kasse vor, wackelt etwas mit ihrem Busen und sagt: „Ich hab auch nur drei Teile."
- Einer attraktiven Frau sind die Sachen aus ihrer Einkaufstasche herausgefallen. Vorwurfsvoll an Sie gerichtet: „Sie könnten mir ja mal helfen!"
- Die Partnerin betritt zuerst das Restaurant, sucht den Tisch aus und übernimmt die Kommunikation mit dem Kellner.
- Die Frau fällt Ihnen ins Wort.
- Sie zeigt mit dem Finger auf Sie.
- Ihre Partnerin fummelt in der Öffentlichkeit an Ihrer Kleidung herum.

- Ihre Partnerin kritisiert Sie in der Öffentlichkeit.
- Ihre Partnerin erzählt ihrer Freundin intime Details über Sie in Ihrem Beisein.
- Sie machen umständlich die Halskette Ihrer Freundin zu; sie verdreht dabei vorwurfsvoll die Augen, sodass alle es sehen.
- Beim Paartanz machen Sie einen Fehler beim Führen. Ihre Partnerin bleibt abrupt stehen und beschwert sich: „Du musst schon deutlicher führen."
- Ihre Partnerin benutzt Ihr Handy und liest Ihre Nachrichten.
- Ihre Partnerin trinkt von Ihrem Glas, ohne zu fragen.
- Ihre Partnerin räumt ohne vorher zu fragen Ihre privaten Dinge auf.
- Ihre Partnerin gestaltet ohne Absprache die Wohnung neu.
- Ihre Partnerin kritisiert Ihren Fahrstil beim Fahren.
- Ihre Partnerin mischt sich ungefragt in eine Diskussion mit dem gemeinsamen Kind ein.
- Ihre Partnerin verplant die gemeinsame Zeit.
- Ihre Partnerin lehnt Geschenke ab.

Diese Liste könnte man natürlich endlos fortsetzen. Ich habe sie deshalb so ausführlich gestaltet, da die meisten Männer kein Bewusstsein für Respektlosigkeiten von Frauen ihnen gegenüber haben, da sie sich ihr Leben lang daran gewöhnt haben – es fällt ihnen einfach nicht mehr auf. Lassen Sie sich so ein Verhalten gefallen? Dann haben Sie ein Problem damit, Frauen Grenzen zu setzen. Hat ein Mann nicht gelernt, Respekt einzufordern, dann macht er sich selbst zum Beta-Mann. Ein Alpha reagiert von Anfang an konsequent und klar darauf – das ist das einzig sinnvolle Verhalten. Wie also setzt ein Alpha-Mann Frauen in angemessener Form Grenzen? Hier einige Beispiele.

Sie nimmt sich einfach ohne zu fragen seinen Schal und legt ihn sich um. Er lenkt sie ab, nimmt sich den Schal zurück und sagt: „Du willst meinen Schal an dir haben? Ich benutze ihn, um Frauen die Augen zu verbinden." Und dann verbindet er ihr damit die Augen.

Sie sagt: „Am besten, du bringst mich nach Hause." Er: „Mein Taxi ist sehr teuer – und man kann nur mit Naturalien bezahlen ..."

Sie zu ihrer Freundin, auf Alpha mit dem Finger zeigend: „Schau mal, so etwas tragen doch nur Schwule." Die Freundin: „Stimmt, sieht irgendwie tuntig aus." Er: „Na, da bin ich ja mal gespannt, wie ihr mich zum Hetero machen wollt. Könnt ihr denn besser küssen als mein schwuler Freund?“ Er versucht, eine von beiden zu küssen.

Sie begegnen sich auf einem engen Gang im Supermarkt, er schwer beladen, die Frau geht nicht zur Seite. Er bleibt stehen und schaut ihr in die Augen, ohne etwas zu sagen. Sie: „Gehen Sie jetzt vielleicht mal zur Seite?“ Er: „Nein.“ Sie: „Was heißt hier Nein?“ Er: „Haben Sie nicht das Einbahnstraßenschild gesehen?“ Sie: „So ein Blödsinn, lassen Sie mich endlich vorbei!“ Er schüttelt ruhig den Kopf, hält Augenkontakt: „Erst eine Ordnungswidrigkeit und jetzt noch uneinsichtig. Ich nehme mal Ihre Personalien auf.“ Sie: „Sie kommen sich wohl sehr witzig vor.“ Er: „So, Schluss jetzt. Zurück in der Einbahnstraße, dann verzichte ich auch auf eine Anzeige.“ Und schiebt sie sanft, aber bestimmt rückwärts, bis zu einer breiteren Stelle im Gang.

Sie schiebt ihm die Rechnung zu: „Du als Mann solltest zahlen.“ Er: „Die ersten drei Mal zahlt die Frau bei mir – Probezeit.“

Übung: Beobachten Sie in den nächsten Tagen, wann Sie bemerken, dass jemand Ihre Grenzen verletzt, Sie abwertend behandelt, Sie übervorteilt etc. Wenn Sie erst einmal den Blick dafür geschärft haben, dann werden Sie bemerken, wie viel an respektlosem Verhalten Sie sich (speziell von Frauen) tagtäglich gefallen lassen. Der erste Schritt zur Veränderung ist immer zunächst die Bewusstwerdung. Wenn Sie von Ihrem eigenen Verhalten genervt sind, ist das eine gute Voraussetzung, um es zu verändern. Der zweite Schritt: Haben Sie sich eine Respektlosigkeit gefallen lassen oder nicht zufriedenstellend darauf reagiert, dann sollten Sie Ihr Augenmerk darauf richten. Viele Männer wollen das Ganze am liebsten schnell vergessen, aber so lernt man nichts daraus. Sie sollten es ab jetzt anders machen. Sie nehmen sich nach dem Ereignis einige Minuten Zeit. Gehen Sie die Situation in Gedanken noch mal durch und finden Sie drei gute Möglichkeiten, wie Sie angemessen reagieren oder was Sie sagen könnten. Diese schreiben Sie auf und prägen Sie sich gut ein, damit Sie sich in Zukunft in einer vergleichbaren Situation daran erinnern und sie zu Verfügung haben. So erlangen Sie soziale Kompetenz. Sollten Ihnen keine guten Ideen einfallen, dann sprechen Sie mit Freunden darüber.

Streiten üben

Beta-Männer vermeiden Streit. Sie sind harmoniesüchtig, ertragen keine Spannungen und versuchen, jede Auseinandersetzung im Vorfeld zu deeskalieren. Oft haben sie deshalb schon ein eher peinliches Dauergrinsen im Gesicht, was zeigen soll: „Ich bin lieb und ungefährlich. Tu mir nichts." Sie ertragen lieber Erniedrigungen oder Respektlosigkeiten, als zu streiten. Dieses Verhalten, über Jahre in einer Partnerschaft fortgesetzt, nimmt oft skurrile Formen an: Die Frau wird zum Hausdrachen oder zur strengen Mutter, der Mann zum kuschenden Sohn, der immer den Schwanz einzieht. In vielen Fällen hat man sogar den Eindruck, das Frauchen und das Haustier vor sich zu haben. Wenn es Ihnen auch so geht, dann müssen Sie Streiten üben. Erstaunlich viele Männer haben ein echtes Problem damit, ihrer Partnerin ein Nein zu entgegnen. Und wenn doch, dann reicht eine Drohung oder ein emotionales Drama, um wieder „umzukippen". Deshalb ist es zunächst leichter, mit anderen Frauen das Streiten zu üben. Ich empfehle Männern, die mit dem Streiten Probleme haben, jeden Tag einen Streit mit einer attraktiven Frau zu beginnen.

Probleme mit dem Streiten

„Wie soll ich denn Gründe für einen Streit finden?" „Das ist doch unsozial, mit jemandem zu streiten, der mir nichts getan hat!" Während viele Männer mit dieser Aufgabe Probleme haben, ist das bei Frauen nicht so. Für viele Frauen reicht der nicht entleerte Mülleimer oder das „Dumm-im-Weg-Stehen" für den Beginn einer handfesten Auseinandersetzung mit ihrem Partner. Die Frau fängt mit dem Partner einen Streit an – egal, was er sagt. Und das Erstaunliche: Sie fühlt sich sogar im Recht! „Ich habe ein Recht, meine Gefühle auszudrücken." „Ich erwarte, dass du auch mal schlechte Laune aushältst." „Wenn du mich wirklich liebst, dann ...!" (Hier jede erdenkliche Respektlosigkeit einsetzen.)

Männer hingegen haben Probleme, einen Streit anzufangen, „nur" weil sie eine Delle ins Auto gefahren hat („sie konnte nichts dafür"), weil sie die Kinder anschreit („sie war einfach überfordert") oder in seinem Laptop rumschnüffelt („ich hätte ihr mehr Sicherheit geben müssen"). Als Außenstehender kann man oft über die unterschiedlichen Messlatten für männliches und weibliches Verhalten in der Beziehung entweder nur lachen oder verzweifeln, je nach Veranlagung.

In den meisten Partnerschaften reicht es schon aus, sich nicht mehr alles gefallen zu lassen, um einen Streit zu provozieren. Männer sind jedoch Weltmeister im Ausweichen, Ablenken und Vermeiden. Sie spielen Desinteresse oder Coolness vor, weil sie eigentlich Angst vor der Auseinandersetzung haben und keine Lust auf Ärger. Männer sind oft durch Logik begrenzt und konzentrieren sich auf die Inhalte eines Streits, um die es aber in 99 Prozent der Fälle nicht wirklich geht. Es geht um Emotionen und um Energie. Sie müssen sich also eine andere Haltung zum Streiten zulegen. Wenn sie das erst einmal begriffen haben, dann können sie um Banalitäten mit Leidenschaft kämpfen – um danach gemeinsam zu lachen. Qualifizieren Sie sich als Alpha-Mann, indem Sie zeigen, dass Sie keine Angst vor Auseinandersetzungen haben. Vor allem aber zeigen Sie Frauen, dass es Grenzen gibt, die andere nicht ohne Konsequenzen überschreiten dürfen, und dass Sie Respekt im Kontakt mit Ihnen einfordern.

Geheimnisse bewahren

Warum ist es wichtig, Geheimnisse vor der Partnerin zu haben? Und warum haben speziell Beta-Männer damit ein Problem? Die Inhalte meiner Männerseminare sind geheim, doch Männer, die in Partnerschaft leben und nach dem Workshop nach Hause kommen, werden oft regelrecht „ausgequetscht“, weil die Partnerin erfahren will, was der Mann gemacht hat. Gibt er keinen Bericht über das Seminar ab, sieht er sich oft mit Manipulationsversuchen, Dramen und Drohungen konfrontiert, weil die Partnerin nicht akzeptiert, dass er ein Geheimnis hat. Da werden die Freunde des Mannes ausgefragt, Fangfragen gestellt, es wird in den Unterlagen geschnüffelt, mit Sexentzug gedroht und vieles mehr. Auch wenn es unglaublich klingt: Mir sind mehrere Fälle bekannt, in denen die Partnerin sogar androhte sich zu trennen, wenn der Mann nichts aus dem Seminar erzählen würde.

Was ist hier los? Für Männer wäre diese Situation umgekehrt kaum vorstellbar: Oder würden Sie Ihre Partnerin mit Dramen und Drohungen unter Druck setzen und mit allen möglichen Tricks versuchen, an Informationen zu gelangen, weil sie nicht über ihr

Frauenseminar reden will? Wäre ein Geheimnis Ihrer Partnerin mit einer Freundin etwa ein Trennungsgrund? So etwas auch nur zu denken, erscheint den meisten Männern völlig absurd.

Warum also verhalten sich Frauen so? Hier geht es nicht um die Inhalte und nicht um das Männerseminar, sondern um das Thema Geheimnisse. Frauen haben in der Regel kein Problem damit, Geheimnisse vor dem Partner zu haben. Oder glauben Sie etwa, Ihre Partnerin erzählt Ihnen alles, was sie mit der Freundin beredet? Oder welche Männer sie attraktiv findet, mit wem sie in ihrer Fantasie schon längst mal ... oder mit wem sie flirtet? So naiv werden Sie doch wohl nicht sein!

Viele Männer dagegen haben ein Problem mit Geheimnissen. In der Paarberatung ist es der Mann, der sagt: „Wir haben keine Geheimnisse voreinander, wir erzählen uns alles." Das sind dann in der Regel die Nice guys, und meist kommen sie in die Beratung, weil im Bett nichts mehr läuft und die Frau einen Lover hat. Warum also haben Männer Probleme mit Geheimnissen?

Die Antwort: Weil sie ein permanent schlechtes Gewissen haben – der Mutter gegenüber, vor der Partnerin und letztendlich bei allen Frauen. Sie fühlen sich schuldig. Die Ursache liegt in der Mutterbeziehung. Wer eine zu enge oder gar symbiotische Mutterbeziehung hatte, eine Mutter, die alles kontrollierte und Fehlverhalten bestrafte, entwickelt häufig eine Art vorauseilenden Gehorsam. Als braver Junge musste er alle seine Sünden der Mutter beichten, damit sie ihm die Absolution erteilte. Sie war die Allmacht, an der die Wahrheit gemessen wird, die Schuld und Sühne bestimmte. Und wenn der Junge Geheimnisse hatte, konnte sie ihn nicht kontrollieren. Der psychologische Mechanismus dahinter ist folgender: Um den Jungen kontrollieren zu können, musste sie ein schlechtes Gewissen und Schuldbewusstsein erzeugen. Dieses Muster läuft bei vielen Männern, die unter zu starkem femininem Einfluss aufgewachsen sind, automatisch ab. Sie verhalten sich bei ihrer Partnerin genauso wie als Junge bei ihrer Mutter. Im Endeffekt bekommt die Frau die totale Kontrolle über ihren Partner. Natürlich wird dieses Verhalten rationalisiert („Wir sind ganz offen und ehrlich miteinander" etc.), aber dahinter steht die tiefe Angst vor der Strafe und dem Liebesentzug durch die Partnerin. Diese Angst ist häufig so groß, dass der Mann sogar bereit ist, für die Partnerschaft sein Eigenleben aufzugeben.

Symbiose

Indem der Mann Geheimnisse vermeidet und damit auf ein eigenes Innenleben verzichtet, stellt er eine symbiotische Beziehung mit der Partnerin her, ähnlich wie damals mit der Mutter. Die Partnerin erlangt nach und nach die totale Kontrolle über den Mann, über seine Freizeitaktivitäten, seine Freundschaften, seine Gefühle und selbst seine Gedanken und Fantasien. Sie: „Schatz, woran denkst du gerade?“ Er: „Will ich jetzt nicht drüber reden.“ Sie: „Du hast also kein Vertrauen zu mir.“ Das Drama beginnt. Vielleicht lachen Sie jetzt darüber, wenn Sie das lesen. Aber in sehr vielen langjährigen Partnerschaften spielt es sich genau so oder so ähnlich ab, und die Folgen sind fatal. Ein großes Problem bei symbiotischen Beziehungen aber ist *immer*: Die erotische Anziehung und der Sex bleiben auf der Strecke. Es gibt nichts Unbekanntes, Verborgenes, zu Erforschendes, Geheimes, was beim Partner zu entdecken wäre. Frauen wollen überrascht werden und Neues erforschen – das macht Erotik aus. Alles zu kennen und ein bekanntes Programm beim Sex abzuspulen, ist für die meisten Frauen todlangweilig. Und ein Mann, der vorhersehbar und ohne Geheimnisse ist, eben auch. Er redet über alles, man ist sehr vertraut miteinander. So etwas kennt die Frau nur von ihrer besten Freundin. Ihr Mann wird dann zu ihrer zweitbesten Freundin – mit allen Konsequenzen. Keine Frau akzeptiert einen abhängigen und bedürftigen Mann auf Dauer – das ist sexuell total „abtörnend“.

Liebe Männer – so funktioniert keine Liebesbeziehung! Vermeiden Sie symbiotisches Verhalten. Fangen Sie an, sich interessant zu machen. Die Frau will herausfinden, wer Sie sind. Überraschen und verblüffen Sie sie immer wieder und sorgen Sie dafür, dass Sie Lebensbereiche und Freunde haben, zu denen Ihre Partnerin keinen Zugang hat. Kurz: Sorgen Sie dafür, dass Sie Geheimnisse vor Ihrer Partnerin haben. Entziehen Sie sich immer wieder der Kontrolle Ihrer Partnerin. Halten Sie die Spannung aus, die ein Geheimnis erzeugt.

Aber zunächst müssen Sie dafür die alte Programmierung des „schlechten Gewissens“ überwinden. Es ist fast immer mit Scham und Beschämung verbunden, die man in der Kindheit durch die Mutter (oder durch andere Frauen) erfahren hat. Wenn dieses Programm bei Ihnen noch aktiv ist, steht es Ihnen „an die Stirn geschrieben". Ihre Partnerin spürt das sofort und klinkt sich in die Mutterrolle ein, die ausfragt, nachspioniert, erpresst und manipuliert. Wenn Sie so eine Partnerin haben, dann sollten Sie sich einmal ernsthaft mit Ihrem Mutterthema und dem Thema Geheimnisse beschäftigen.

Geheimnisse für sich zu behalten, ist ein Aspekt des Alpha-Mannes. Dadurch zeichnet sich auch ein Gentleman aus, hier heißt das Ganze dann Diskretion. Und berechtigterweise testet eine Frau jeden potenziellen Liebhaber, ob er über diese Fähigkeit verfügt. Sie versucht, ihn zu manipulieren und (natürlich nur aus reiner Neugier) ihm Geheimnisse zu entlocken. Pariert er nicht, dann versucht sie, ihm ein schlechtes Gewissen zu machen. All das tut sie (unbewusst), um zu testen, ob er Geheimnisse für sich behalten kann, denn nur dadurch kann er sich als Alpha beweisen. Sie glauben das nicht? Drei Beispiele.

Jens spricht auf einer Reise erfolgreich Jessica und Yvonne an und kommt ihnen näher. Da sie zusammen im Bus sitzen, haben sie stundenlang Zeit, sich zu unterhalten, danach übernachten sie im selben Hostel. Zwischen Jessica und Jens beginnt es zu „knistern". Als Yvonne einmal weg ist, nutzt er die Chance, sie zu küssen. Sie wehrt ihn hin und her gerissen ab und schaut ihm in die Augen: „Das bleibt aber zwischen uns!" Jens: „Ehrensache." Und dann küssen die beiden sich leidenschaftlich. Sie hören gerade noch rechtzeitig auf, bevor Yvonne wiederkommt. Aber natürlich reicht ihr ein Blick, um sich vorzustellen, was zwischen ihrer besten Freundin und Jens abgelaufen ist. Später am Abend sitzt Yvonne mit Jens alleine zusammen. Sie rückt näher, macht etwas Körperkontakt und kommt mit ihrem Mund näher. „Komm, küss mich auch wie Jessica." Jens: „Nein, das geht doch nicht." Yvonne: „Hey, wir sind beste Freundinnen und teilen alles." Sie schaut ihn verführerisch an. „Küsst sie gut?" Jens: „Ja, klar." Und die beiden küssen sich auch, bis Jessica „zufällig" auftaucht. Jessica empört: „Lasst euch nicht stören." Jens: „Nur weil wir uns geküsst haben, muss ich dir doch nicht treu sein." Sie zieht sauer ab, Yvonne hinterher, der Abend ist gelaufen.

Was hat Jens falsch gemacht? Er hat gleich mehrere Alpha-Tests hintereinander in den Sand gesetzt:

1. Indem er sich von Yvonne hat verführen lassen, hat er gezeigt, dass er nicht Nein sagen kann.

2. Indem er sich gerechtfertigt hat, zeigt er sein schlechtes Gewissen.
3. Außerdem hat er sein Versprechen gebrochen und gezeigt, dass er keine Geheimnisse wahren kann. Das wiegt übrigens am schwersten.

Jens hätte Yvonne ein Nein geben und jede Aussage verweigern müssen. Das hätte ihren Respekt und ihr Verlangen nach ihm enorm gesteigert. Und auch den Respekt von Jessica. Und außerdem: Beste Freundinnen erzählen sich immer alles. Immer. Alles. Da gibt es keine Ausnahme. Das Ganze war nur ein Alpha-Test für ihn.

Auf einer Geschäftsreise hat Jürgen Sex mit Maria, beide sind verheiratet und arbeiten im selben Unternehmen. Beiden ist klar, dass es nur für eine Nacht war, sie vereinbaren Stillschweigen. Am Morgen beim Frühstück mit anderen Kollegen wirft Jürgen Maria immer wieder zweideutige Blicke zu, die sie bewusst ignoriert. Richtig sauer wird sie aber erst, als er ihre Hand im Vorbeigehen drückt, sodass andere es sehen können. Maria kocht und schreibt ihm eine SMS: „Kein Kontakt!" Auch beim Lesen und Beantworten der SMS stellt er sich so ungeschickt an, dass ein aufmerksamer Beobachter erkennen kann, was läuft. Bei nächster Gelegenheit in der Mittagspause ruft ihn Maria an und sagt unmissverständlich: „Ich ertrage deine Art nicht mehr, du gefährdest hier meine Position in der Firma. Wenn du mich noch mal anmachst, kriegst du ein Verfahren wegen sexueller Belästigung am Arbeitsplatz an den Hals." Ohne auf eine Antwort zu warten, legt sie auf.

Jürgen hat sich als völliger Beta-Mann erwiesen, indem er keine Diskretion wahren konnte und die Spannung nicht ausgehalten hat. Erstaunlich offen gibt sie ihm ein Feedback zu den möglichen Konsequenzen seiner mangelnden Fähigkeit zur Geheimhaltung.

Karl erzählt seinem Freund Pierre, dass er mit seiner Freundin Sabine im Swingerclub war. Er bittet Pierre, das aber geheim zu halten. Später wird Pierre von seiner Frau Monika ganz beiläufig gefragt: „Wie geht's denn Karl und Sabine eigentlich?" Pierre: „Läuft halt so." Monika: „Sabine hat aber so eine Andeutung gemacht, da ist doch irgendwas los?" Pierre: „Darf ich nicht erzählen." Sie, zunächst sanft: „Wie, auch mir nicht? Komm, es bleibt unter uns." Er: „Nein, das geht nicht." Sie: „Ich dachte, du hast

Vertrauen zu mir? Haben wir eine Liebesbeziehung oder was?" Als er ausweicht, fängt sie lautstark den Abwasch an und verbreitet schlechte Laune. Nach einiger Zeit stinkig: „Sabine ist meine Freundin: Ich habe ein Recht zu erfahren, was da los ist." Pierre hält den Druck nicht mehr aus: „Bei den beiden klappt's mit dem Sex halt nicht mehr so." Sie: „Das weiß ich doch auch. Und was machen sie dagegen?" Er: „Na, die sind halt in einen Swingerclub gegangen." Nachdem sie noch einige Details erfahren hat, gibt sie ihm ein Küsschen zur Belohnung und ruft triumphierend bei nächster Gelegenheit ihre Freundin an: „Warum hast du mir nichts von eurem Clubbesuch erzählt?" Das Ergebnis: Sabine macht Karl eine Szene, weil er anderen intime Dinge erzählt, was ihr Ansehen gefährdet. Vor allem aber leidet Karls Vertrauen in seinen Freund Pierre.

Pierre hat gleich zwei große Fehler gemacht:

1. Er hat ein Geheimnis nicht für sich behalten und damit den Respekt seiner Frau verloren.
2. Er hat einen Freund verraten, was noch schwerwiegender ist.

In den geschilderten Situationen erweisen sich die Männer als unfähig, Geheimnisse zu behalten, und disqualifizieren sich damit vor anderen Frauen wie Männern. Geheimnisse zu bewahren ist ein Zeichen von Integrität und Dominanz des Alpha-Mannes, was vor allem in einer Liebesbeziehung wichtig ist. Und es macht einen echten Gentleman aus. Glauben Sie, James Bond erzählt seinen Geliebten alles oder lässt sich ausfragen?

Doch bevor ich im Detail auf männliches Verhalten in einer Partnerschaft eingehe, will ich die Sache ganz von vorn beginnen. Als Single werden Sie die folgenden Kapitel natürlich besonders interessieren; aber auch wenn Sie in Partnerschaft leben, finden Sie hier wichtige Informationen, denn fast alles, was für Singles gilt, gilt ebenso für Männer in einer Partnerschaft.

Frauen verführen und führen lernen

Sie wissen, dass das Warten auf die Traumfrau verschenkte Lebenszeit ist? Sie wollen mit schönen Frauen flirten und diese auch gerne verführen? Zumindest wollen Sie deutlich spüren, dass Sie Chancen hätten? Sie wollen als attraktiver, begehrter Mann wahrgenommen werden und guten Sex haben? Mit einem Wort: Sie haben keine Lust mehr auf die vielen Ausreden, warum Sie keine Frauen ansprechen und kennenlernen. Sehr gut. Sie werden sehen, es lohnt sich, etwas Zeit und Mühe zu investieren, um ein erfolgreicher Verführer zu werden. Denn nur erfolgreiche Verführer haben auch bei der eigenen Frau zu Hause Erfolg.

Die Jagd

Ein guter Verführer ist vor allem ein guter Jäger. Als Verführer brauchen Sie zunächst einmal einen Jagdinstinkt. Ein Jäger geht dann auf die Jagd, wenn er Hunger hat. Satt und mit vollem Kühlschrank hat er keine Motivation. Sie müssen also scharf darauf sein, eine Frau zu erobern und Sex mit ihr haben zu wollen. Viele Männer leiden heute unter mangelndem Sexualtrieb (Appetenzmangel). Das führt dazu, dass ihnen der Jagdinstinkt abhandengekommen ist. Aber Sie brauchen noch mehr als das. Wenn Sie ein exotisches Großwild jagen wollen, brauchen Sie Motivation, Wissen, Erfahrung, Ausdauer, Schnelligkeit, Zähigkeit, Humor und Selbstvertrauen.

Diese Fähigkeiten fehlen den meisten Männern heute. Sie sind es gewohnt, ihr fertig zubereitetes Fleisch im Supermarkt gelangweilt aus der Tiefkühltheke zu holen und an der Kasse zu bezahlen. Sollten Sie das mit Frauen genauso handhaben wollen, dann müssen Sie zu einer Prostituierten gehen. Ihren sexuellen Hunger können Sie dort ohne jede Anstrengung gegen Geld befriedigen. Aber es ist ziemlich langweilig, deprimierend, und sie werden dadurch auf Dauer immer unmännlicher. Genauso verhält es sich mit ödem Routinesex mit der Partnerin: reine Bedürfnisbefriedigung, langweilig – dadurch reduziert sich Ihr Jagdinstinkt, und die Partnerschaft wird unerotisch.

Wenn Sie Spaß mit einer Frau haben wollen, echten Kontakt und Abenteuer, dann müssen Sie auf die Jagd gehen. Übrigens: Wenn Sie einmal bei einer Frau erfolgreich gejagt haben, dann ist es danach mit ihr meist leichter, und in einer verbindlichen Partnerschaft noch mehr. Aber jagen müssen Sie sie trotzdem immer wieder. Sie wollen doch Frischfleisch und keine Tiefkühlkost, oder?

Die Ausrüstung

Zunächst einmal müssen Sie Ihre Haltung des Konsumenten ablegen. Werden Sie zum Jäger. Eine angemessene Ausrüstung für einen Verführer auf Jagd ist: männliche Kleidung, gute Frisur, ein Parfüm, alles, was zu Ihrem Typ passt und wodurch Sie attraktiv aussehen und sich auch so fühlen. Dazu gehören auch eine sexy Unterhose sowie eine angemessene Intimfrisur und Sauberkeit. Mal ganz ehrlich: Hätten Sie Lust, eine Frau oral zu befriedigen, wenn Sie zunächst einen alten, abgetragenen Baumwollslip entfernen und dann lange, nach Urin stinkende Haare im Mund haben? Eklig, oder? Aber genau so laufen viele Männer herum! Entschuldigen Sie die krasse Sprache, aber so sieht es leider bei einigen Männern in der Hose aus ... Wenn Sie dazugehören, ändern Sie das am besten heute noch.

Achten Sie darauf, dass keine langen Haare aus Ohren oder Nase herausstehen und Ihre Kleidung nicht unangenehm riecht. Achten Sie auch darauf, dass Sie keinen Mundgeruch haben und als Raucher nicht von Weitem nach Tabak riechen. Seien Sie jederzeit bereit für eine erotische Begegnung, nicht nur am Samstagabend! Nehmen Sie immer ein Handy mit, um eine Telefonnummer und ein Foto zu speichern, außerdem immer etwas für frischen Atem sowie ein Kondom. Das sind banale Tipps, und es ist fast peinlich, sie aufzuführen, aber es gibt so viele Männer, die diese grundlegenden Dinge einfach nicht beachten. Hygiene und ein gepflegtes Aussehen sollten selbstverständlich sein, sie drücken Respekt aus gegenüber der Frau. Das erwarten Sie von der Frau doch schließlich auch!

Jagdgründe und Jagdzeit

Gehen Sie in der Wüste Elche jagen? Fischen Sie auf dem Berg? Sie müssen da hingehen, wo die richtige Beute ist. Begeben Sie sich also an Orte, wo sich schöne Frauen aufhalten. Gehen Sie in die für Sie passenden Jagdgründe. Das sind vorzugsweise Orte, die nicht nur praktisch, sondern auch schön sind und die Atmosphäre haben. Machen Sie sich frei von der Idee, das sei nur in Discos oder Bars möglich. Schöne Frauen kann man bei allen möglichen alltäglichen Gelegenheiten kennenlernen, und zwar oft viel ungezwungener: beim Shoppen, im Supermarkt, auf der Straße, in öffentlichen Verkehrsmitteln, in der Kantine oder im Restaurant, auf dem Parkplatz, in der Warteschlange – sogar in der Hotline eines Service-Unternehmens. Sie wären ein stümperhafter Jäger, wenn Ihnen ein tolles Wild vor die Flinte läuft und Sie träumen oder denken: Jetzt ist keine Jagdzeit. Denn anders als bei den Tieren ist bei den Menschen immer Jagdzeit, rund um die Uhr, die „Weibchen“ haben das ganze Jahr Brunftzeit.

Tägliche Praxis

„Einmal im Leben ist mir ein Großwild ins Netz gegangen“, erzählt der Ehemann ... Er hat ohne Risiko ein Netz ausgelegt und gewartet, und zufällig hat sich ein schönes Tier darin verfangen. Und damit ist er nun für den Rest seines Lebens zufrieden. Ist das die Erfolgsstatistik eines erfahrenen Jägers? Nein, aber es spiegelt die Realität vieler Männer. Ein Mal haben sie durch Zufall oder Glück eine attraktive Frau kennengelernt – und das war's dann mit dem Jagen. Entsprechend eingerostet sind die Waffen und der Jagdinstinkt.

Ein guter Jäger braucht tägliche (!) Praxis. Warten Sie nicht auf den Jaguar, sondern üben Sie auch mit Kaninchen. Das bedeutet: Sprechen Sie jede Frau an, die Sie interessant, sympathisch oder halbwegs attraktiv finden. Flirten Sie, machen Sie einen witzigen Spruch, amüsieren Sie sich und die Frau. Manchmal reicht ein deutlicher, längerer Blickkontakt, um Ihre Hormone in Wallung zu bringen. Verpassen Sie keine Chance. Flirten heißt noch nicht verführen! Ein Flirt dauert manchmal nur ein paar Augenblicke oder Sätze. Und flirten ist zunächst einmal Selbstzweck.

Hier scheitern die meisten Männer bereits kläglich. Genauer gesagt: Sie haben tausend Ausreden, warum sie diese Frau nicht ansprechen wollen. Aber nur Übung macht den Meister. Bleiben Sie locker, humorvoll und unverbindlich. Sie wollen sich etwas amüsieren und lebendig fühlen, mehr nicht. Wenn Sie das eine Weile gemacht haben, wird es zu Ihrer zweiten Natur. Keine Ausreden! Sie müssen als absolutes Minimum jeden Tag mit mindestens einer attraktiven Frau flirten. Also: Wen könnten Sie heute noch ansprechen oder anrufen? Legen Sie *jetzt* das Buch ein paar Minuten zur Seite und rufen Sie eine Frau an, um mit ihr zu flirten.

Bloß nicht zögern bei der Jagd!

Wichtig: spätestens bei drei losgehen. Sie betreten eine Kneipe, ein Restaurant, ein Geschäft. Sie sehen eine interessante Frau. Wenn Sie zögern und auf den vermeintlich günstigen Moment warten (der meist nicht kommt), blockieren Sie sich selbst in Ihren Gedanken und möglichen Gesprächskonstruktionen. Die Frau bekommt sehr wohl mit, dass Sie Interesse an ihr haben, aber unsicher sind. Sie denkt: „Er hat Interesse an mir, warum zögert er, mich anzusprechen?" Nach einer Weile zieht sie den Schluss, dass Sie offensichtlich feige, ängstlich oder verheiratet sind (und Sie Ihr schlechtes Gewissen abhält). In keinem der drei Fälle wird sie noch Interesse an Ihnen haben. Präsentieren Sie sich daher niemals ängstlich, unsicher oder zögerlich, wenn Sie auf Jagd sind.

Bleiben Sie fokussiert. Behalten Sie das Ziel vor Augen: interessante Frauen finden, ansprechen und verführen. Machen Sie von Anfang an klar, dass Sie Interesse an der Frau haben und verlieren Sie sich nicht in alltäglichem, unverbindlichem Smalltalk.

Vertrauen Sie auf Ihr Improvisationstalent. Auch wenn Sie noch nicht wissen, was Sie sagen sollen – gehen Sie hin. Selbst aus einer scheinbar peinlichen Situation kann etwas entstehen. Ich bin einmal zu einer wundervollen Frau gegangen. Als ich vor ihr stand, fiel mir einfach gar nichts ein, mein Kopf war wie leer. Sie schaute mich abwartend an, und ich dachte mir: „Jetzt stehe ich völlig blöd da." Ich sagte nur: „Es gibt Situationen, da ist mein Kopf völlig leer. Kennst du so was?" Sie nickte und lächelte. Wir hielten

Augenkontakt. „Das passiert mir nur, wenn ich jemand Außergewöhnliches treffe." Daraus wurde eine wunderbare Begegnung.

Die richtige Klasse wählen

Als Anfänger gehen Sie bitte nicht gleich auf Großwildjagd, als „alter Kater" verschüchtern Sie keine jungen Kätzchen! Also fangen Sie nicht mit reichen Top-Models an, und als Vierzigjähriger sprechen Sie keine Achtzehnjährige an. Suchen Sie sich beim Jagen „Ihre Kragenweite" aus, und halten Sie sich zum Üben an Frauen, die Sie nur mäßig attraktiv finden, das ist zunächst leichter.

Ungünstige Situationen vermeiden

Auch wenn ich sage, Sie sollen Frauen ohne zu zögern ansprechen, so gibt es manchmal ungünstige Gelegenheiten, die ein Abwarten nötig machen. Dazu zählen Orte, an denen die Frau sich unsicher fühlt, etwa in einem Tunnel, alleine im Dunkeln, zu Fuß an der Schnellstraße etc. Hier wird sie sich schnell bedroht fühlen und den Kontaktversuch abwehren. Wenn Sie ernsthaft interessiert sind, gehen Sie mit entsprechendem Abstand hinter ihr her, bis sie an einen angenehmeren Ort kommen. Achten Sie darauf, dass sie die Verfolgung nicht bemerkt.

Ungünstig ist auch, wenn die Frau gerade abgelenkt ist. Der Kellner im Restaurant nimmt gerade ihre Bestellung auf, sie bezahlt an der Kasse, sie telefoniert etc. Warten Sie, bis ihre Aufmerksamkeit wieder frei ist für einen Kontakt. Aber auch hier: Achten Sie darauf, dass die Frau das nicht bemerkt.

Bei der Jagd ist der richtige Schusswinkel entscheidend. Grundsätzlich gilt: Sprechen Sie eine Frau nicht überfallartig von hinten an. Sie wird sich instinktiv schützen wollen und Sie abwehren (selbst wenn sie das hinterher bedauert). Geben Sie der Frau die Chance, Sie wahrzunehmen und kurz zu taxieren, wenn Sie sich nähern. Schräg von vorne ist optimal, ganz gerade und direkt ist manchmal zu konfrontativ (außer bei sehr selbstbewussten Frauen).

Passen Sie Ihre Waffe der Beute an

Sie sollten kein ängstliches Kaninchen mit einer Kanone jagen und keine Löwin mit einem Dartpfeil. Passen Sie sich der (inneren) Größe, also dem Selbstbewusstsein der Frau an. Auch das aktuelle Energieniveau der Frau und der Umgebung ist zu berücksichtigen. Eine Business-Frau, die mit zackigem Schritt energisch ihren Weg geht, müssen Sie mit viel Power, also klarer Gestik und lauter, energischer Stimme stoppen. Ein schüchternes Mädchen, das in der Buchhandlung in einem Buch blättert, sollten Sie vorsichtig, mit wenig Gestik und mittlerer Stimme ansprechen. In einer Disco, wo laute Feieratmosphäre herrscht, müssen Sie sich mit deutlicher Gestik nähern, sofort Körperkontakt herstellen und laut reden.

Ihre wichtigste Waffe: Strahlen Sie Selbstbewusstsein aus

Die Waffe der Frauen ist ihre Schönheit. Ihre Waffe als Mann ist Ihr Selbstbewusstsein. Damit sind wir Männer eindeutig im Vorteil, denn die Möglichkeiten, das Aussehen zu beeinflussen, sind begrenzt. Außerdem altert eine Frau, auch wenn sie das mit Kosmetik und Schönheits-OPs hinauszuzögern versucht. Das Selbstbewusstsein hingegen ist veränderbar und trainierbar. Echte Persönlichkeitsentwicklung als Mann bedeutet, dieses Selbstbewusstsein und diese Selbstsicherheit als Mann zu stärken. (Siehe „Das Alpha-Training“ S. 54 ff.) Lernen Sie also, Ihre Unsicherheit zu beherrschen, und verwandeln Sie Ihre Nervosität in Eloquenz.

Wie kontaktieren?

Ein Jäger muss schnell sein. Beute in Sicht: Eins, zwei, drei und los. Augenkontakt halten und hingehen. Irgendeinen Satz sagen, Augenkontakt halten, entspannt bleiben. Keine Angst, es passiert Ihnen nichts! Die Wahrscheinlichkeit, dass die Frau gewalttätig auf einen Flirtversuch reagiert, ist äußerst gering. Also atmen Sie entspannt weiter und bleiben Sie gelassen. Ihre Überlebenschancen sind sehr hoch. Die meisten Männer nähern sich einer attraktiven Frau unter Hochspannung, so als würden sie in den Krieg ziehen – das ist absolut kontraproduktiv.

Auch übertriebenes Lächeln oder Freundlichkeit (das dümmliche Nice-guy-Lächeln) wird eher als Ausdruck von Schwäche gewertet. Ein leichtes Lächeln reicht. Ein unnatürliches, grundloses Lächeln zeigt Unsicherheit, Konfliktangst und Bedürftigkeit; so etwas sollte man sich schleunigst abtrainieren. Gucken Sie jedes Mal so in den Spiegel, dass Sie dort einen ernsthaften und dominanten Mann sehen. Ihr Lächeln ist ein Geschenk – das muss sich auch eine Aphrodite erst verdienen. Verschenken Sie es also nicht grundlos und unbewusst.

Sie sind kein Zoobesucher

Im Zoo guckt man aus sicherer Entfernung schöne und gefährliche Tiere an, aber man kommt nicht an sie heran. Machen Sie das nie mit schönen Frauen! Schenken Sie der Frau keine passive Aufmerksamkeit (immer wieder hinschauen, den direkten Blickkontakt aber vermeiden). Sie bekommt das mit und fühlt sich zwar in ihrer weiblichen Ausstrahlung bestätigt, aber Sie haben sich in ihren Augen als Liebhaber disqualifiziert. Weil Sie kein mutiger Jäger sind, sondern ein ängstlicher Zoobesucher vor dem Raubkatzenkäfig.

Die große Frage: Wie spreche ich sie an?

Vergessen Sie alle ach so originellen Anmachsprüche. Die sind beim Lesen witzig, aber nicht, um einen wirklichen Kontakt herzustellen. So etwas wirkt meist unnatürlich und aufgesetzt. Wichtig: Sie müssen keineswegs beim ersten Satz vor Witz und Originalität sprühen! Ganz einfache Möglichkeiten sind: „Hi" oder „Guten Tag" und Augenkontakt halten. Warten Sie, bis die Frau etwas antwortet. Oder Sie fragen einfach nach einer Information. „Hallo. (Pause) Ich brauche mal den Rat einer Frau." Ihre Reaktion abwarten und sie dann nach einem Einkaufs- oder Ausgehtipp fragen.

Der Inhalt der ersten Sätze bei einem solchen Ansprechen wird vollkommen überschätzt. Die Frau checkt Sie als Mann in Ihrer Ausstrahlung, Ihrem Selbstbewusstsein und Verhalten, nicht jedoch die Inhalte dessen, was Sie sagen. Texten Sie die Frau nicht aus Nervosität oder Unsicherheit zu. Geflirtet wird überwiegend in den Gesprächspausen.

Das Wie und nicht das Was entscheidet

Am besten ist ein Gesprächsbeginn aus der Situation heraus. Das muss nicht besonders originell sein, darf es aber. 93 Prozent der Kommunikation, die die zwischenmenschliche Beziehung bestimmt, läuft nonverbal ab. Ich gehe sogar so weit zu behaupten, dass es ziemlich egal ist, was Sie sagen, wenn die Ausstrahlung und das nonverbale Verhalten stimmen. Um dies zu überprüfen, ein kleiner Versuch.

Ich gehe auf eine Frau zu und halte Augenkontakt. Mit einer Handgeste stoppe ich sie. Ich halte weiter Augenkontakt, warte eine Sekunde und sage dann ruhig und freundlich: „Ekuwahubisturethas mi raischa situ." Sie lacht und sagt: „Sorry, do you speak English?" Ich: „Zugerat giwisi mi stura tulof nusi." Sie, etwas unsicher, aber freundlich: „I don't understand."

Was habe ich gemacht? Ich rede in einer frei erfundenen Sprache, nennen wir sie Gibberish. Ich sage aber in Gedanken: „Hi, du gefällst mir, ich will dich kennenlernen." Meine gesamten nonverbalen Signale drücken das aus. Und das kommt rüber. Wichtig ist, eine Weile dabeizubleiben, bis Sie irgendwann anfangen, Deutsch zu sprechen.

In der Situation: „Okay, dann probiere ich es auf Deutsch." Sie: „Was war das für eine Sprache?" Ich: „Gibberish, frei erfunden. Ich suche eine Frau, die kreativ ist und Humor hat. Wie sieht es mit dir aus?" Sie: „Hm, ich weiß nicht", lacht aber dabei. Ich: „Miftu situ kuwuku?", und kitzle sie am Hals dabei. Sie: „Ischiti sniti." Und drückt meine Hand spielerisch weg. Sie hat den Test bestanden, ich habe Interesse an ihr, und wir beginnen uns zu unterhalten.

In einem anderen Fall löse ich die Situation so auf: „Na gut, jetzt weiß ich wieder, was ich sagen wollte." Sie, entrüstet: „Hey, du nimmst mich auf den Arm, du sprichst ja doch Deutsch." Ich: „Ja, aber ich hab ein Problem: Immer wenn ich eine Frau treffe, die mir gefällt, dann weiß ich nicht, was ich auf Deutsch sagen soll. Kennst du das auch?" Sie: „Und das hilft dir?" Ich: „Ja, ich hab dir schließlich alles gesagt, was ich sagen wollte." Sie, neugierig: „Und was war das?" Ich, gespielt beleidigt: „Hey, du hast mir gar nicht zugehört! Du bist aber nicht sehr einfühlsam! Was könnte ich denn gesagt haben?" Sie: „Das wollte ich von dir wissen." Ich: „Na, rate doch einfach mal."

Solche Begegnungen machen vielen Frauen Spaß, und man kommt auf einer spielerischen Ebene miteinander in Kontakt. Probieren Sie es einmal aus.

Ich weiß nicht, was ich sagen soll

Viele Männer sprechen keine Frauen an, weil sie nicht wissen, was sie sagen sollen, oder Angst haben, dass ihnen im Gespräch nichts einfällt. Die Ursache ist eine innere Verkrampfung und eine mangelnde Vernetzung der linken (analytischen) und der rechten (intuitiven) Hirnhälfte. Was Sie in diesem Fall brauchen, ist ein Kreativitätstraining. Dieses Problem ist mithilfe einiger Übungen leicht zu beheben.

Vor-Übung 1: Diese Übung machen Sie alleine, wo Sie niemand hören kann. Sie schütteln Ihren Körper im Stehen aus. (Ideal ist die „Kundalini-Meditation".) Dann machen Sie Grimassen und beginnen unartikuliert zu brabbeln. Daraus entsteht nach und nach eine Fantasiesprache, nennen wir sie noch einmal Gibberish. Wichtig ist dabei: Bleiben Sie nicht steif stehen, sondern bewegen Sie den Körper, gestikulieren Sie übertrieben und machen Sie eine ausdrucksvolle Mimik. Sie können auch singen, von Oper über Rap und Schlager bis Hardrock – aber bitte auf Gibberish. Ebenso erlaubt sind Tiergeräusche, Rumblödeln oder Sie imitieren Chinesisch (falls Sie es *nicht* sprechen). Genießen Sie das Ganze. Zeit: mindestens 30 Minuten.

Tipp: Wenn Ihnen das schwerfällt, besorgen Sie sich eine Aufnahme, bei der Menschen wild durcheinander reden oder singen (30 Minuten Dauer). Spielen Sie diese laut ab, um beim Mitmachen die Hemmung zu verlieren.

Vor-Übung 2: Dieselbe Übung. Wenn Sie nach einigen Minuten „reingekommen" sind, steigern Sie das Ganze, indem Sie sich vorstellen, Sie wären ein Schauspieler in einer Soap. Dann reden, schimpfen, jammern oder schreien Sie auf Gibberish. Stellen Sie sich lebhaft vor, wie Sie übertrieben emotional in bestimmten Situationen reagieren, die Sie vor Ihrem geistigen Auge visualisieren.

Spielen Sie einen fanatischen Priester, einen Clown oder einen Zuhälter mit einer „schmutzigen", verwegenen sexuellen Sprache. Oder Romeo mit einer Liebeserklärung, einen coolen Mafiosi oder einen Boxer mit einem Wutausbruch etc. Drücken Sie alles auch nonverbal mit dem Körper aus, wie ein Schauspieler. Also Hände aus den Hosentaschen und Gefühle zeigen. Trauen Sie sich dabei ruhig zu übertreiben! So lernen Sie, Emotionen auszudrücken. Wenn Sie glauben, Sie können in der Situation keine Gefühle erzeugen, dann benutzen Sie Ihre Fantasie und Ihre Erinnerung, um emotionale Situationen wachzurufen.

Nebenbei bemerkt, als Verführer geht es in erster Linie darum, Frauen in verschiedene Gefühlslagen zu bringen und dabei die Führung zu haben. Auch in einer Partnerschaft ist das extrem wichtig, wollen Sie nicht wie eine Nussschale im Sturm der Gefühle Ihrer Partnerin treiben. Wenn Sie noch nicht einmal sich selbst in verschiedene Stimmungen bringen können, wie wollen Sie dann die emotionale Führung bei einer Frau übernehmen? Also üben Sie, es ist wichtig. Sobald Sie den Dreh raushaben, macht es wirklich Spaß!

Vor-Übung 3: Nachdem Sie Ihren Körper und Ihre Stimme wie in den vorherigen Übungen einige Minuten gelockert haben, geht es weiter. Sie beginnen jetzt auf Gibberish mit einzelnen Gegenständen zu reden. Sagen Sie der Blume, wie wunderschön sie ist, dem Kühlschrank wie Sie seine Leere anödet. Sagen Sie dem Computer die Meinung und machen Sie der Gitarre eine Liebeserklärung.

Vor-Übung 4: Wieder lockern Sie Ihren Körper und Ihre Stimme einige Minuten. Sie reden nun auf Deutsch mit den Gegenständen Ihrer Wohnung. Wechseln Sie bei jedem Gegenstand die Stimmung und achten Sie darauf, dass das Ganze auch gestisch und mimisch rüberkommt. Stellen Sie sich vor, Sie machen zum Beispiel unverschämt frech und witzig verschiedene Frauen an.

Sprechen Sie frech Ihre Stehlampe an: „He, du Model, findest du nicht, dass du zu magersüchtig bist?" Sie fassen an die imaginäre Taille. „Das sind ja nur Knochen, da tut man sich ja beim Sex weh. Aber ich mag Frauen, wo man leicht die Energie einschalten kann." (Sie knipsen die Lampe an.)

Oder Sie streicheln zärtlich Ihr Kissen: „Oh, ich liebe runde, weiche Formen bei Frauen – so wie bei dir." „Hey, gefällt dir das eigentlich? Du könntest auch mal was sagen. Oder stehst du mehr auf Hardcore?" Sie kneten das Kissen durch. „Nicht schlecht, was. Komm, stöhn ein bisschen für mich!"

Oder bei der Blume: „Ich bin so traurig, dass wir nicht zusammenkommen. Du liebst mich nicht, das spüre ich. Wie soll ich damit bloß weiterleben?"

Tipp: Wenn Ihnen die Übungen gar nicht gelingen wollen, dann besuchen Sie mal einen Workshop für Improvisationstheater oder Gesangsimprovisation. Ich würde Ihnen das ohnehin empfehlen.

Übung: Sie nähern sich einer Frau wie gerade gelernt und sprechen sie auf Gibberish an. In Gedanken sagen Sie etwas Witziges und Freches, was Sie sich sonst nicht trauen würden, vielleicht: „Wow, du siehst aber scharf aus. Da wird mir ja ganz schwindelig." Das Ganze mit entsprechender Gestik und Mimik auf Gibberish. Ganz wichtig: Sie müssen einige Minuten dabei bleiben, egal wie sie reagiert. Fallen Sie nicht aus Ihrem selbstgeschaffenen Rahmen heraus, passen Sie sich nicht der Frau an. Selbst wenn die Frau entrüstet oder wütend weggeht, verabschieden Sie sie auf Gibberish. Finden Sie sich damit ab, dass nicht alle Frauen Humor und gerade Zeit und Muße haben, mit Ihnen zu flirten. Richten Sie Ihren Fokus auf die Frauen, die darauf eingehen, und genießen Sie das Ganze! Üben Sie an sieben Tagen mit jeweils zehn Frauen, um eine gewisse Routine zu bekommen.

Wie nah wollen Sie Ihrer Beute kommen?

Jagen heißt, in die Beute eindringen wollen. Wir sind schließlich nicht im Streichelzoo für Kinder. Wollen Sie in die Intimsphäre der Frau eindringen, oder distanziert und höflich bleiben? Wollen Sie die Frau am Ende als Freund zärtlich umarmen, oder wollen Sie sexuell konkret in sie eindringen? Entsprechend müssen Sie anfangen, sonst kriegen Sie die Kurve nie.

Was bedeutet das in der Praxis?

Dringen Sie von Anfang an ein Stück weit in die Intimsphäre der Frau ein.

Visuell: Halten Sie konsequent Augenkontakt, egal ob die Frau ihn erwidert oder nicht. Bleiben Sie interessiert, entspannt und fokussiert, aber ohne sie starr zu „durchbohren". Die Frau wird Ihren konsequenten Wunsch nach Augenkontakt bemerken. Beim Augenkontakt gilt: Schauen Sie niemals nach unten weg, das ist ein Zeichen von Unsicherheit und Unterwerfung. Am besten ist es, Sie halten den Blick so lange, bis die Frau wegschaut.

Körperlich: Wenn Ihnen die Frau entgegenkommt, treten Sie in „ihre Linie" hinein und „versperren" ihr so leicht den Weg. (Bitte kein Militärkommando, mit Feingefühl.) Kommen Sie schräg von vorne recht nah heran. Noch besser ist: ein kurzer Körperkontakt an einer „sozial verträglichen Stelle“ wie etwa Schulter, Schulterblatt oder Arm in der ersten Minute des Gesprächs. Zu Beginn nur kurz eindringen, dann ziehen Sie sich unbedingt wieder außerhalb der „Sicherheitszone“ der Frau zurück. Üben Sie das mit einer Freundin, bis es sitzt, denn das braucht Justierung.

Sprachlich: Reden Sie mit der Frau von Anfang an so entspannt und vertraut, als wäre sie eine Freundin und als würden Sie sich schon länger kennen. Machen Sie indirekt oder direkt deutlich, dass Sie ein persönliches Interesse an ihr haben.

„Hi!“ (Pause) „Hast du was Schönes gefunden?“ (Sie zeigen und gucken neugierig auf die Einkaufstasche.) Die Frau wird Ihnen wahrscheinlich stolz zeigen oder sagen, was sie gekauft hat. Oder im Bekleidungsgeschäft: Sie hält ein Kleidungsstück in der Hand. Sie nehmen Augenkontakt mit ihr auf, halten das Kleidungsstück vor sie hin: „Nein, das steht dir nicht wirklich. Lieber etwas Helleres.“

„Hallo.“ Vorwurfsvoll: „Wo warst du so lange?“ (Pause, Reaktion abwarten) „Ich suche dich schon überall.“ Sie wird irritiert sein, nachfragen oder Ähnliches. Sie: „Na, meine Astrologin hat gesagt, ich lerne in diesen Tagen eine tolle Frau kennen. Aber woher weiß ich, dass du das bist?“

Die Frau will gemeint sein

Meine Erfahrung ist: Sie können zunächst einfacher und „risikofreier“ mit allgemeinen Fragen oder Smalltalk Kontakt aufnehmen. Aber je länger der läuft, umso schwieriger wird es, von dieser Ebene aus persönlich zu werden. Und das wollen Sie doch, oder? Also machen Sie der Frau lieber gleich deutlich, dass Sie ein persönliches Interesse an ihr haben.

Keine Frau möchte sich als eine beliebige Beute eines Jägers fühlen. Sie will persönlich gemeint sein, und dieses Gefühl geben Sie ihr nur, indem Sie etwas tun, was den meisten Männern schwerfällt: Finden Sie etwas an der Frau, was Sie persönlich sehr mögen. (Bitte keine offensichtlichen Dinge, die sie jeden Tag hört, wie „schöne Augen“, „du siehst gut aus“ etc.) Innerhalb der ersten Minuten des Kontakts müssen Sie der Frau deutlich machen, dass sie gemeint ist. Sagen Sie in einem Nebensatz, was Sie an ihr mögen. Hängen Sie es nicht an die große Glocke, damit keine peinliche Situation entsteht, sondern reden Sie danach gleich weiter.

„Du hast einen außergewöhnlich guten Geschmack, das ist mir sofort aufgefallen. Meinst du, ich sollte eher ein buntes Hemd tragen?“

„Du bewegst dich sehr elegant. Sag mal, tanzt du Tango oder hast du als Mädchen Ballett gemacht?“

„Es macht Freude, dir zuzuhören, mir gefällt, wie du sprichst. Liest du viele Romane?“

„Sorry, ich hab dir nicht zugehört, ich hab nur ganz fasziniert deinen Mund angeschaut.“ Etwas verlegen tun. „Was hast du gesagt?“

Wenn die Frau nicht spürt, dass sie persönlich gemeint ist und Sie ein persönliches Interesse an ihr haben, wird das Gespräch schnell langweilig und zu nichts führen.

Übung 1: Die Shakti in der Frau entdecken

Im Tantra heißt es: Jede Frau hat einen spirituellen Kern reiner und göttlicher Schönheit, mal offensichtlich, mal versteckt. Wer erleuchtet ist, erkennt die Shakti einer Frau, unabhängig von ihrem Aussehen, ihrer sozialen Stellung oder ihrem Verhalten. Gehen Sie durch die Stadt und finden Sie bei jeder Frau etwas, was Sie persönlich mögen und ihr theoretisch sagen könnten. Entdecken Sie die Shakti in jeder Frau! Bei je mehr Frauen Ihnen das gelingt, umso leichter wird es dann, wenn Sie eine für Sie wirklich attraktive Frau ansprechen.

Übung 2: Komplimente machen

Sagen Sie der Frau, wenn Ihnen etwas auffällt, was Sie an ihr mögen, was gut aussieht, was sie gut kann, was außergewöhnlich an ihr ist. Üben Sie mit mindestens zehn Frauen am Tag, egal ob es Ihre Mitarbeiterin oder Chefin, Ihre Putzhilfe oder Schwester, Ihre Oma, die Kassiererin oder sogar die fiese Nachbarin ist – bei dieser Übung gibt es keine Ausreden. Falls Sie denken, es reicht, wenn Sie das bei Ihrer Partnerin tun, dann sind Sie auf dem Holzweg.

Eigentlich mag ich das Wort Kompliment nicht, denn es klingt nach einer aufgesetzten Höflichkeit. Aber hier brauchen Sie Komplimente. Meistens spüren Frauen sehr genau, ob Sie es ehrlich meinen oder nicht.

Gelassenheit

Ein erfahrener Jäger geht entspannt an die Sache ran, denn er weiß: Sein Lebensglück hängt nicht an einer einzelnen Beute. Das gilt auch für Sie: Es gibt viele wundervolle Frauen. Sprechen Sie Frauen zum Amüsement an, um zu flirten und Spaß zu haben. Und akzeptieren Sie, dass nicht jede Frau Spaß versteht und auf Ihrer Wellenlänge ist. Das Wichtigste: Lassen Sie sich nicht Ihre gute Laune verderben. So viel Macht wollen Sie doch keiner Frau zubilligen, oder?

Körbe sind die wertvollsten Erfahrungen

Gehen Sie nicht davon aus, dass jeder Schuss ein Treffer ist. Ein erfolgreicher Jäger ist nicht der, der viel Wild erlegt, sondern derjenige, der mit seinen Misserfolgen gut klarkommt. Wenn Sie eine tolle Frau kennenlernen wollen, müssen Sie viele Frauen ansprechen und viele Körbe kassieren. Sie werden öfter erleben, dass eine Frau kein Interesse an einem Kontakt mit Ihnen hat. Wenn Sie gewisse gesellschaftliche Standards von Respekt und Achtung einhalten, wird das die „Gegenseite" meist auch tun. Was also ist so schlimm an einem Korb, dass sich die meisten Männer kaum trauen, Frauen anzusprechen?

Der entscheidende Punkt dabei sind Ihre eigenen Selbstzweifel und negativen Grundüberzeugungen, die hierbei aktiviert werden. Wenn ein Jäger daneben schießt oder sich das Wild rechtzeitig versteckt, zweifelt er nicht gleich an seinen Fähigkeiten. Entscheidend ist also, was Sie *glauben*, weshalb Sie einen Korb bekommen. In den meisten Fällen denken Männer schlecht über sich und zerrütten dadurch ihr Selbstbewusstsein unnötig. Eine Frau kann tausend Gründe haben, nicht mit Ihnen flirten zu wollen.

Sie ist gerade zickig, hat Zahnschmerzen oder hat ihre Tage. Ihr Hund ist krank, oder Sie ist nervös wegen eines Problems. Sie hat gerade ein Knöllchen bekommen, oder ihr Chef hat mit ihr geschimpft. Sie ist innerlich gestresst oder abgelenkt. Sie ist gerade frisch verliebt oder frisch getrennt. Sie erinnern sie an ihren Ex oder Lehrer oder Vater. Sie steht nicht auf blonde, hagere oder ältere Männer. Sie ist streng katholisch und total verklemmt. Sie hat aus Unsicherheit oder reflexartig abwehrend reagiert – 20 Sekunden später ärgert sie sich selbst schwarz darüber. Sie will nicht, dass ihre Freundin denkt, sie sei eine Schlampe, wenn sie sich auf der Straße ansprechen lässt. Ihr Selbstbewusstsein ist so schwach, dass sie sich bedroht fühlt. Sie passen einfach gar nicht zueinander, nicht einmal für ein nettes Gespräch. Sie ist arrogant, schlecht erzogen, psychisch krank oder sonst wie gestört – seien Sie froh, dass dieser Kelch an Ihnen vorübergegangen ist und Sie keine Zeit mit ihr verschwendet haben.

Das ist nur eine kleine Auswahl von unendlich vielen Gründen. Vergessen Sie es einfach, herausbekommen zu wollen, warum Sie einen Korb bekommen haben – es ist vergeudete Zeit. Schauen Sie nach vorne und sagen Sie sich: „Die Nächste, bitte!" Ihr Selbstwert als Mann ist nicht abhängig von der Bestätigung oder Ablehnung von Frauen.

Es gibt also sehr verschiedene Möglichkeiten, auf eine unbekannte Frau zuzugehen. Sie sollten alle mehrfach trainieren, um flexibel zu sein.

Ansprechen

Indirektes Ansprechen: Sie haben einen Vorwand oder Sie machen Smalltalk.

1. Situativ: Kreativ auf die jeweilige Situation reagieren, das ist wohl die natürlichste Form. (Im Supermarkt, sie nimmt eine Schokolade aus dem Regal: „Die würde ich aber nicht nehmen!" An der Ampel, sie tippelt auf der Stelle: „Ameisen im Schuh?")
2. Um Hilfe bitten: nach dem Weg, einem Geschäft, einer Kneipe, einem Tipp fragen.
3. Beratung erfragen: „Hi, ich such ein Geschenk für eine gute Freundin. Kannst du mir helfen?"
4. Nach der Meinung fragen (am besten zu zweit): „Wir brauchen mal eine weibliche Meinung: ‚Was glaubt ihr: Sind eher Frauen oder Männer untreu?'"

Direktes Ansprechen: Hier sagen Sie der Frau direkt, dass Sie Interesse an ihr haben. („Hallo. Du bist mir aufgefallen. Ich würde dich gerne kennenlernen." „Guten Tag. Ich muss Sie einfach ansprechen. Sie haben eine tolle Ausstrahlung.")

Entscheidend sind hier die Pausen und der Augenkontakt, damit das Kompliment wirkt und die Frau Zeit hat zu reagieren. Machen Sie nicht den Fehler und texten die Frau aus Unsicherheit zu.

Persönliches Interesse zeigen

Für viele Männer kommt nach dem Ansprechen eine noch höhere Hürde: persönliches Interesse zeigen. Sie wählen daher den risikoärmeren Weg des indirekten Ansprechens. Wenn Sie aber nicht innerhalb der ersten Minuten der Frau deutlich sagen oder zeigen, dass Sie ein persönliches Interesse an ihr haben, versandet das Gespräch in Smalltalk. Ist der Punkt überschritten, ordnet die Frau Sie als uninteressant ein, und es geht nicht weiter – Sie landen unwiederbringlich in der Best-friend-Schublade. Untersuchungen zeigen, dass Frauen innerhalb der ersten 30 Sekunden eines Erstkontakts mit einem Mann abchecken und entscheiden, ob sie grundsätzlich mit ihm Sex haben würden. Ist die Entscheidung einmal negativ ausgefallen, wird sie praktisch nie revidiert, umgekehrt schon. Verhalten Sie sich also von Anfang an nicht wie ein Neutrum, sondern wie ein sexueller Mann.

Körperkontakt

Erinnern Sie sich an die Beschreibung des Alpha: Alpha nimmt sich das Recht heraus, jeden anzufassen. Er ist körperlich und sinnlich. Wenn Sie die Absicht haben, in die Intimsphäre einer Frau einzudringen, dann muss das von Anfang an geschehen! Sie sollten die Frau in den ersten Sekunden, mindestens aber innerhalb der ersten drei Minuten körperlich berühren. Dabei müssen Sie natürlich die gesellschaftlichen Konventionen einhalten. In südlichen Ländern oder in Lateinamerika ist das leichter, da man sich auf die Wange küsst, was individuell etwas intimer gestaltet werden kann. Ich mache das trotzdem mit allen Frauen, die mir gefallen, weil ich es mag. Wenn die Frau das nicht akzeptiert, dann hat sie sich sowieso schon disqualifiziert. Sie können die Frau leicht am Arm oder an der Schulter berühren, aber dann lassen Sie sie wieder los. In einer Menschenmenge (zum Beispiel Disco) legen Sie kurz den Arm um sie, oder schieben Sie die Frau mit der Handfläche am Rücken auf die Seite. Wichtig: kurze Kontakte! Dringen Sie nur kurz in die Intimsphäre der Frau ein, und ziehen

Sie sich dann wieder zurück. Bleiben Sie auf keinen Fall an der Frau kleben! Machen Sie das Ganze so beiläufig wie möglich und reden Sie dabei, sodass die Aufmerksamkeit der Frau nicht ausschließlich auf der Berührung liegt. Beobachten Sie mal Alpha-Männer, und lernen Sie von Ihnen. Gewöhnen Sie sich an, auch Freunde und Bekannte immer zu berühren, nicht nur mit Handschlag.

Auch im Flirt mit einer Frau sollten Sie immer wieder in ihre Intimsphäre eindringen, mit Worten, aber vor allem auch durch Körperkontakt. Halten Sie im Gespräch ihre Hand, streichen Sie durch ihr Haar, riechen Sie an ihrem Hals das Parfüm und berühren Sie sie dabei ganz leicht mit den Lippen, berühren Sie ihr Ohr, wenn Sie ihr in der Disco etwas sagen, legen Sie den Arm um sie, um sie durch eine schmale Stelle zu begleiten etc. Wählen Sie eine Situation, in der Sie möglichst viele Chancen auf ungezwungenen Körperkontakt haben. Das ist beim Tanzen, Spazierengehen oder anderen Aktivitäten gegeben oder auch beim Sitzen über Eck. Vermeiden Sie die klassische romantische Restaurantsituation, bei der sie sich an einem Tisch gegenübersitzen, zumindest wenn Sie mit der Frau noch nicht intim waren.

Ich bewundere immer wieder die Brasilianer, sie spielen nicht nur gut mit dem Fußball, sondern noch besser mit den Frauen. Einmal war ich in Rio in einer speziellen Disco. Nach einer Man-Strip-Show, bei der die Frauen angeheizt wurden, durften dann später die Männer dazu. Wir warteten mit mehreren Männern darauf, dass die Show endete, was natürlich mit Verspätung geschah. Beim Bier unterhielt ich mich mit einigen Männern angeregt, mit Joao freundete ich mich an, und wir sprachen übers Flirten und Verführen. Als die Türen geöffnet wurden, ging das Flirten los. Ich war etwa eine Viertelstunde mit einer hübschen Frau im Gespräch, machte aus meiner Sicht alles richtig, hatte immer wieder Körperkontakt, neckte sie etc. Als ich versuchte, sie zu küssen, drehte sie sich weg. Da klopfte mir Joao von hinten auf die Schulter und zog mich weg. „Alemao, so wird das nichts. Soll ich dir mal was zeigen?“ Ich: „Okay, ich bin gespannt.“ Er: „Ist das wirklich okay für dich?“ Ich: „Ja, klar.“ Meine Neugier war stärker als das Interesse an der Frau. Er ging zu ihr, stellte sich direkt vor sie und schaute ihr ruhig in die Augen. Sie stand am Geländer, und er fasste mit beiden Armen außen um sie herum ans Geländer. Sie sagte etwas, was ich nicht verstand, aber er antwortete nicht. Dann näherte er sich ihr und küsste sie. Zuerst zögerlich, dann immer leidenschaftlicher. Nach einigen Minuten kam Joao zu mir: „Tudo bem?" (Alles klar?) Ich war sichtlich geschockt, wie so etwas funktioniert. „Du kanntest sie schon vorher, oder?" Statt einer Antwort bot er mir an, ich solle weitere Frauen für ihn aussuchen. Bei drei von mir ausgesuchten Frauen klappte seine Vorgehensweise in zwei Fällen. Obwohl er mir helfen wollte, war der Abend für mich gelaufen. Ich kam mir wie ein stümperhafter Anfänger vor und zweifelte an all meinen Fähigkeiten als Verführer. Respekt für Joao und viele andere brasilianische Männer ...

Der erste Kuss

Viele Männer machen aus dem ersten Kuss einen Staatsakt. Sie meinen, man müsse die Frau erst dreimal treffen, ihre komplette Biografie kennen, und dann ist es so weit. So wird das nie etwas! Wenn Sie aber von Anfang an Körperkontakt herstellen und den immer wieder intensivieren, wird recht schnell der Moment für den ersten Kuss kommen. Der entscheidende Punkt ist: Sie müssen als sexueller Mann immer wieder Ihr körperliches Interesse an der Frau zeigen und den Körperkontakt eskalieren, bis die Frau eine Grenze setzt. Dann ziehen Sie sich zurück und machen später einen neuen Versuch. Wenn Sie die Grenzen der Intimsphäre der Frau niemals austesten, werden Sie nicht als sexueller Mann wahrgenommen. Beta unterlässt dies, weil er panische Angst vor dem Nein einer Frau hat und sich bei jeder noch so kleinen Grenzüberschreitung wie ein Vergewaltiger fühlt. Ein Verführer nutzt jede Gelegenheit, der Frau körperlich näherzukommen. Nach Dutzenden von Berührungen, Umarmungen und zärtlichen Gesten ist der Übergang zu einem Kuss fließend. Unterlassen Sie diese Eskalationen, verliert die Frau das Interesse.

Ich war mit einer Gruppe von Freunden in einem verzweigten Flussdelta bei Buenos Aires campen. Schon den ganzen Tag flirtete ich mit einer sehr attraktiven und von mehreren Männern begehrten Argentinierin. Am Abend nach dem Buffet besorgte ich zwei Weingläser und nahm sie mit zum Flussufer, etwas abseits des Geschehens. Romantische Atmosphäre, die Lichter spiegelten sich im Fluss, im Hintergrund die Musik und der Lärm der Gruppe. Wir stießen an. Sie, provokant: „Und, was soll das jetzt werden hier? Warum hast du mich mitgenommen?" Ich war perplex und stotterte etwas wie: „Ich wollte mich einfach mal in Ruhe mit dir unterhalten.“ Damit hatte ich einen entscheidenden Test in den Sand gesetzt und meine Chancen für immer vertan. Zwei Minuten später war sie wieder bei der Gruppe, und eine halbe Stunde später saß sie knutschend auf dem Schoß eines anderen Mannes, aus dessen Zelt sie am nächsten Morgen kroch. Ich könnte locker Seite um Seite mit Geschichten von Körben und Misserfolgen mit Frauen füllen. Entscheidend ist, was man daraus lernt.

Empfehlung: Immer, wenn Sie einen Korb bekommen, einen Test in den Sand gesetzt oder auch eine Frau nicht angesprochen haben, überlegen sie sich danach in Ruhe drei gute Alternativen zu Ihrem Verhalten. In dem Beispiel erwartete die Frau eine Eskalation, weil ihr das Blabla den ganzen Tag über zu langweilig wurde, sie wollte etwas erleben. Da sie schon genügend Interesse an mir gezeigt hatte, wären angemessene Reaktionen von mir daher gewesen:

1. „Ich will dich verführen.“
2. „Was glaubst du denn, was ich jetzt mit dir anstelle?“
3. Augenkontakt halten, und sie dann einfach küssen.

Je öfter man solche Situationen erlebt, umso mehr Erfahrung, Flexibilität und Kompetenz erwirbt man als Verführer. In einer ähnlichen Situation, Jahre später, erinnerte ich mich an diese drei Möglichkeiten, die ich mir eingeprägt hatte. Ich sagte: „Ich verführe dich jetzt.“ Und küsste die Frau. Was sehr angenehme Konsequenzen hatte.

Zusammenfassend also: Zwingen Sie die Frau nicht, Sie vergewaltigen zu müssen! Eskalieren Sie im Körperkontakt, wann immer möglich und angemessen – bis die Frau eine Grenze setzt. Dann ziehen Sie sich körperlich zurück. Seien Sie nicht beleidigt, entschuldigen Sie sich auf keinen Fall, sondern akzeptieren Sie, dass die Frau eben noch nicht bereit ist für weitere Intimität mit Ihnen und noch etwas Zeit oder Vertrauen braucht. Denken Sie nicht über mögliche Gründe für die Ablehnung nach – es führt zu nichts. Ich habe es oft erlebt, dass eine Frau einen Kuss ablehnte, aber mich schon kurz danach leidenschaftlich küsste und gar nicht aufhören wollte. Sie testet dann einfach das Interesse, die Beharrlichkeit, das Selbstbewusstsein – kurz die Männlichkeit des Mannes.

Ein Ehepaar liegt nebeneinander im Ehebett. Er: „Heb dein Nachthemd hoch." Sie schüttelt den Kopf. Er wieder: „Los, heb dein Nachthemd hoch!" Sie: „Nee." Er: „Zum letzten Mal: Du hebst sofort dein Nachthemd hoch." Als sie wieder keine Anstalten dazu macht, verlässt er wütend das Schlafzimmer und läuft wie ein Tiger im Wohnzimmer hin und her. Nach einer Weile kommt er zurück, findet aber die Schlafzimmertür abgeschlossen vor. Er klopft: „Mach die Tür auf!" Keine Reaktion. Er klopft fester: „Mach sofort die Tür auf, oder ..." Sie: „Oder was?" Er: „Oder ich trete sie ein." Gekicher von ihr. „Das will ich sehen. Keine Kraft, mein Nachthemd hochzuheben, aber die Tür willst du eintreten können!"

Das Handwerkszeug des Verführers

Alpha jagt, Beta bettelt. Was haben Sie als Mann zu bieten?

Was haben Sie als Mann einer Frau zu bieten? Weshalb lohnt es sich für eine Frau, Sie kennenzulernen? Was sind Ihre besonderen Eigenschaften und Qualitäten als Mann?

Wenn Sie auf diese Fragen keine guten Antworten haben, dann vergessen Sie das Flirten. Nur wenn Sie überzeugt sind, dass Sie das große Los sind, haben Sie eine Chance, die Frau auch davon zu überzeugen. Ansonsten laufen Sie wie ein Bettler den Frauen hinterher – nichts ist abstoßender und entwürdigender als das.

Übung: Schreiben Sie einige wirklich gute und überzeugende Antworten zu den gerade gestellten Fragen auf. Denken Sie daran, was Freunde und Frauen zu Ihnen gesagt haben. Oder fragen Sie einige gute Freunde oder Freundinnen ganz direkt.

Die besten Antworten reduzieren Sie auf einige aussagekräftige Sätze, die Sie auf Ihr Handy oder Smartphone oder auf einen kleinen Zettel übertragen. Schauen Sie bei jeder Gelegenheit darauf.

Ein Alpha tritt schönen Frauen frech und selbstbewusst entgegen. In der Schlange eines Bekleidungshauses: Er schaut eine attraktive Blondine von unten bis oben an, nimmt ihr dann das Kleid, das sie kaufen will, aus der Hand und hält es skeptisch vor sie. Dann drückt er es ihr wieder in die Hand. „Schade. Schöne Frau, aber leider ziemlich mieser Geschmack." Er wendet sich zum Gehen. Sie: „Was fällt dir denn ein, Unverschämtheit." Er: „Sagen dir so wenige die Meinung, dass du überrascht bist?" Sie, hin und her gerissen zwischen Entrüstung und Anziehung: „Was gefällt dir denn an dem Kleid nicht?" (Sie zeigt also Interesse an ihm.) Er: „Dreh dich mal um!" Gleichzeitig nimmt er ihre Hand und dreht die Frau einmal um ihre eigene Achse. Sie: „Was gibt das denn?" Er geht nicht auf ihre Frage ein: „Du solltest was tragen mit freiem Rücken und auf keinen Fall solche Spaghetti-Träger." Ihre Freundin mischt sich ein: „Was hat der Typ denn für einen Geschmack!" Er, genervt: „Weitere Stilberatung mache ich aber nicht mehr kostenlos." Zur Freundin: „Du brauchst auch mal eine, Frechdachs." Die Freundin: „Lass uns doch einfach in Ruhe." Er zur ersten Frau: „Sag mal, ist deine Freundin immer so eifersüchtig? Oder nur schlecht erzogen?" Ohne eine Antwort abzuwarten geht er raus und telefoniert vor der Tür. Aus dem Augenwinkel bekommt er mit, dass die beiden warten, bis er aufgelegt hat, um ihn scheinbar beiläufig anzusprechen. Sie: „Sag mal, ist das deine Art, Frauen im Vorbeigehen zu beleidigen und dann wegzugehen?" Er: „Du hast das Kleid also nicht gekauft, sehr gut. Mir gefallen Frauen, die sich von ihrem Mann was sagen lassen." Die Freundin: „Du bist nicht *ihr Mann*." Er: „Nein, noch nicht. Aber ich bin auch nicht sicher, ob es sich lohnt. Welche Qualitäten außer schlechtem Geschmack hat deine Freundin denn?" ...

Dieses Gespräch hat ein Seminarteilnehmer geführt, der von mir die Aufgabe bekommen hatte, mit einer schönen Frau Streit anzufangen. Wie man sieht, ist ihm das zwar geglückt, aber doch mit zunächst unbefriedigendem Ergebnis. Es endete dann damit, dass er mit dem Kommentar „Ich ertrag euch Zicken nicht länger. Ciao" wegging und die patzige Freundin (!) ihm hinterherrannte, um nach seiner Telefonnummer für ihre Freundin zu fragen. Diese schier unglaubliche Geschichte ist wahr, und es handelte sich wirklich um zwei attraktive junge Frauen.

Was man daraus lernen kann:

1. Je selbstbewusster und schöner die Frau, umso frecher und unverschämter sollte man auftreten.
2. Der Mann hat und behält die Gesprächsführung.
3. Er lässt sich nicht ausfragen, rechtfertigt oder entschuldigt sich nicht.

4. Er sendet Doppelbotschaften aus: „Schöne Frau, aber leider schlechter Geschmack." Dadurch erzeugt er widersprüchliche Gefühle in der Frau.
5. Er hat Spaß und spielt mit ihr.
6. Er ist frech und witzig, ohne zu beleidigen oder vulgär zu werden.
7. Er beendet das Gespräch und geht weg, er wartet nicht, bis sie das tut.

Was Frauen mögen, oder: Wie man Anziehung aufbaut

Anders als Männer lieben Frauen den Wechsel verschiedener Gefühle. Sie genießen nicht nur Freude, Lachen, Lust, Aufregung oder Entspannung wie Männer, sie genießen sogar Gefühle wie Trauer, Wut, Eifersucht, Scham oder Schmerz. Ich weiß, Sie werden das nicht glauben. Aber schauen Sie sich Soaps an oder lesen Sie Frauenromane – die sind voll von einem Wechselspiel der Gefühle. Nur schön und freundlich ist todlangweilig.

Merken Sie sich: Um eine Frau zu verführen, müssen Sie sie in mindestens drei verschiedene emotionale Zustände bringen. Erst dann werden Sie Sex mit ihr haben können. Dafür müssen Sie emotional dominanter sein als die Frau und komplett unabhängig von ihrer Sympathie. Sie müssen aushalten, dass sie zwischendurch wütend auf Sie ist oder verlegen wird, dass sie Angst vor Ihnen hat oder sogar anfängt, wegen Ihnen zu weinen. Wenn Sie in einer dieser Situationen „umkippen", also sich rechtfertigen, ein schlechtes Gewissen bekommen oder sie trösten, haben Sie verloren. Denn dann zeigen Sie, dass Sie diese Gefühle nicht aushalten. Das Ganze braucht Feingefühl und einige Führungsqualität – wenn Sie es aber erst einmal raushaben, ist es wie Magie, und Sie können Dinge mit Frauen machen, die Ihnen in Ihren verwegensten Träumen nicht einfallen.

Wie bringen Sie die Frauen in verschiedene Gefühlszustände? Nutzen Sie einfach ihre Gesprächsangebote. Sie: „Wieso bringst du mir so ekligen Rollmops mit?" Er: „Eklig, glibberig, schneckig, froschig, das magst du nicht?" Sie: „Ja, das ist doch normal." Er: „Du willst also keinen Frosch küssen." Er will sie mit Froschgesicht küssen. Sie wehrt ihn ab, schon etwas belustigt. Er: „Ich mag es aber, wenn du glibberig bist." Er fasst sie um die Taille und hält sie fest. „Jetzt therapieren wir mal deinen Froschekel mit diesem Rollmops ..." Sie muss lachen, die beiden balgen, und zum Schluss bringt er sie dazu, die Augen zu schließen und den Mund zu öffnen. Er füttert sie mit einem Stückchen Obst und küsst sie dann. Zunächst wehrt sie ab, dann lässt sie sich auf das Küssen ein. Danach sagt er: „Komisch, meine schleimige Zunge mit Fischgeschmack hat dir aber offensichtlich geschmeckt." Sie reagiert beleidigt ...

Anwärmen

Während der Verführung werden Sie von der Frau positive wie negative Reaktionen bekommen. Die meisten Männer reagieren ohne jede Strategie und oft völlig falsch darauf und wundern sich über unangenehme Resultate. Machen Sie sich zunächst einmal deutlich: Sie wollen doch, dass die Frau positiv auf Ihre Worte reagiert, indem sie aufmerksam zuhört und Interesse zeigt, indem sie lacht oder andere Gefühle zeigt oder neugierig nachfragt. Sie wollen dabei ihre gesamte und ungeteilte Aufmerksamkeit. Wenn Sie die Frau berühren, wünschen Sie sich, dass sie die Berührung zulässt, genießt oder erwidert. Wenn Sie einen Vorschlag machen, beispielsweise zusammen ins Café zu gehen, erhoffen Sie sich, dass sie zustimmt. Das alles sind positive und erwünschte Verhaltensweisen der Frau. Sie bekommen als Mann Aufmerksamkeit, Interesse und Zuwendung von ihr, und der Kontakt zwischen Ihnen wird näher und wärmer. Dieses Verhalten sollten Sie positiv verstärken, indem Sie die Frau noch weiter „anwärmen": Zeigen Sie ihr Zuneigung, Wärme und Herzlichkeit. Das machen Sie, indem Sie ihr körperlich und verbal mehr Aufmerksamkeit schenken. Sie drehen sich direkter zu ihr hin, öffnen Ihre Haltung oder berühren die Frau kurz als Belohnung. Wenn es angemessen ist, schenken Sie ihr ein Lächeln. Sie machen der Frau ein Kompliment oder sagen ihr, dass Sie sich mit ihr wohlfühlen. Bei sehr positivem Verhalten laden Sie die Frau ein oder machen ihr ein kleines Geschenk.

Ihre Reaktion sollte angemessen und kurz sein. Gerade unsichere und bedürftige Beta-Männer neigen dazu, einer Frau überschwängliche und unangemessene Aufmerksamkeit zu schenken und bleiben dann an ihr kleben. Sie lächelt leicht, und er sagt, was für eine wundervolle Frau sie sei und erzählt minutenlang von ihren Vorzügen, während seine Hand an ihr klebt. Seine Attraktivität sinkt dadurch schlagartig, und sie bekommt Fluchtimpulse. Angemessen wäre: „Schönes Lächeln!“, dann ein kurzer, wortloser Augenkontakt oder ihr über die Wange streichen, und Themenwechsel.

Zu wenig Anwärmen ist das andere Extrem bei Männern, die ihre Gefühle nicht zeigen können. Gibt ein Mann gar keine positive Verstärkung, indem er sehr rational bleibt und „vernünftige“ Gespräche führt, dann entsteht keine emotionale Bindung. Die nonverbalen Flirtsignale der Frau laufen ins Leere, und die Beziehung bleibt sachlich-kühl auf der Freundschaftsebene. Sie spürt kein wirkliches Interesse des Mannes und geht weg.

Kaltstellen

Wie sollte man reagieren, wenn eine Frau nicht oder negativ auf den Mann reagiert? Die Frau hört Ihnen nicht zu, schaut herum, während Sie erzählen, oder spielt an ihrem Handy? Sie lacht nicht, wenn Sie etwas Lustiges erzählen, oder fragt nicht nach, wenn Sie ein Thema eröffnen? Sie bleibt kühl und unbeteiligt? Sie weicht zurück, wenn Sie sich nähern oder wehrt Berührungen ab? Oder sie kritisiert Sie sogar mit ironischen, sarkastischen oder abfälligen Kommentaren? Unsichere Männer begehen hier einen eklatanten Fehler: Sie beziehen dieses Verhalten auf sich. Ein Mann mit niedrigem Selbstwert denkt: „Ich muss mich mehr anstrengen, damit sie mich mag.“ Und dann gibt er der Frau noch mehr Aufmerksamkeit, bemüht sich noch mehr und geht auf sie ein – unter Umständen läuft er sogar hinter ihr her.

Dies hat jedoch genau die entgegengesetzte Wirkung. Die Frau merkt, wie der Mann sich um sie bemüht und dass sie ihn zappeln lassen kann. Sie spürt, dass er ein Beta ist und sie die Führung hat. Sie spielt ein bisschen mit ihm wie die Katze mit der Maus, aber das wird schnell langweilig, und sie schickt ihn weg. Eine äußerst unangenehme Konsequenz dieses Verhaltens für die Beziehung zwischen Mann und Frau ist, dass die Frau für negatives oder abwehrendes Verhalten mit noch mehr Aufmerksamkeit belohnt wird. Alle Frauen wollen Aufmerksamkeit – also was tut sie in Zukunft? Sie wird dieses negative Verhalten weiter anwenden und ausbauen, da sie dafür ja belohnt wird. Ganz krasse Beta-Männer gehen so weit, eine Frau sogar zu beschenken und ihr alles Mögliche anzubieten, wenn sie sich ihnen entzieht.

Was sollten Sie also sinnvollerweise tun? Als Erstes sagen Sie zu sich selbst: „Diese Frau benimmt sich aber schlecht. Das lass ich mir nicht bieten!" Das ist die angemessene Alpha-Haltung. Und das setzen Sie in Ihr Verhalten um, indem Sie der Frau Ihre Aufmerksamkeit entziehen und sie kaltstellen. Sie drehen sich etwas weg, sprechen mit dem Nachbarn, rufen einen Freund an oder schreiben eine SMS. Am besten ist es, Sie flirten vor Ihren Augen mit einer anderen Frau und zeigen damit Ihre Unabhängigkeit und Ihren Selbstwert. So kühlt durch ihre Reaktion die aktuelle Stimmung ab, Sie schalten die Gefriertruhe an, damit sie friert und spürt, was sie mit ihrem negativen Verhalten auslöst. Im Grunde verstärken Sie es nur. Alle Frauen haben es gerne warm und hassen Kälte. Sie wird sich nach Ihrer warmen und männlichen Aufmerksamkeit sehnen und von sich aus wieder auf Sie zukommen. Beweisen Sie, dass Sie ein Mann sind und das Gefrierprogramm aushalten! Knicken Sie nicht vorzeitig ein!

Wenn sie Interesse an Ihnen hat, wird sie wieder den Kontakt suchen. Wenn sie das nicht tut, dann haben Sie etwas Besseres verdient als eine Frau, die nicht bereit ist, Ihnen etwas zu geben. Und das wird sich nicht ändern – verschwenden Sie also nicht Ihre Zeit. Nimmt sie das Gespräch oder den Kontakt wieder auf, dann seien Sie nicht beleidigt oder nachtragend. Das Spiel geht einfach in eine neue Runde. Auch hier geht es um das richtige Maß: Sie sollten nicht bei jeder kleinen Kritik gleich die Gefriertruhe einschalten. Gehen Sie mit diesen Techniken beim Flirten spielerisch um, und machen Sie sich deutlich: Es geht zunächst um nichts, außer um Ihren Spaß!

Paradoxe Signale

In der Psychologie werden widersprüchliche Aussagen oder Handlungen, die im Wechsel Anziehung und Abstoßung erzeugen, Double-Bind genannt. Dadurch entsteht eine besonders starke Bindung zwischen zwei Menschen. Das lässt sich frei übersetzen als paradoxe, also widersprüchliche Signale. Wie funktioniert das in der Praxis? Viele Frauen beherrschen diese Strategie unbewusst und so perfekt, dass weder sie noch der Mann es überhaupt bemerken. Sie lockt ihn mit ihrem sexy und provokanten Auftreten, macht ihm ein Angebot und lässt Körperkontakt oder einen Kuss zu. Sobald sie aber spürt, dass er heiß wird und mehr will, stößt sie ihn zurück, provoziert einen Streit oder macht sich unnahbar, sodass er alleine mit seiner Begierde bleibt und hinter ihr herläuft. Wenn die Anziehung nach einiger Zeit abzuebben droht und er beginnt, das Interesse zu verlieren, lockt sie wieder von Neuem. Es gibt Frauen, die es auf diese Art schaffen, mehrere Männer mit wenig Aufwand über Jahre in ihrer „Umlaufbahn" zu halten. Diese „Orbiter" kreisen als Verehrer um sie herum, tun alles für sie, begleiten sie und laden sie ein – doch sie kommen niemals wirklich an sie heran. Vor allem Prinzessinnen und Narzistinnen haben meist eine ganze Reihe Orbiter, die ihr Ego und ihren Größenwahn nähren, ihnen gleichzeitig aufdringliche Verehrer vom Hals schaffen, aber ihnen ihre Unabhängigkeit sichern.

Auch in einer Partnerschaft nutzen Frauen diese Technik des „Komm her – geh weg", der widersprüchlichen Anweisungen, was manche Männer zum Wahnsinn oder zur Verzweiflung treibt.

Sie liegt im sexy drapierten Nachthemd lasziv im Bett. Als er dazukommt: „Fass mich bloß nicht wieder so an wie neulich!" (Paradoxes Signal: Einladung durch den Körper, Distanz durch die Worte.) Er legt sich irritiert dazu. Sie: „Stehst du gar nicht mehr auf mich? Du könntest mich ja wenigstens etwas streicheln." Er beginnt sie zögerlich zu streicheln. Nach ein paar Minuten: „So schlafe ich gleich ein." Er streichelt daraufhin ihre Innenschenkel und ihre Genitalien. Nachdem sie etwas erregt wird, übernimmt sie wieder die Kontrolle: „Du bist immer nur auf meine Möse fixiert, ich hab auch einen Körper." (Paradoxes Signal: zärtlich sein *und* direkt stimulieren.)

In diesen Fällen führen die Frauen Alpha-Tests mit den Männern durch, dazu später mehr. Was Sie daraus lernen können: Drehen Sie den Spieß um und nutzen Sie genau diese weibliche Methode, um die Kontrolle zu behalten. Von Anfang an senden Sie schon beim Flirten widersprüchliche Signale von Kompliment und Abwertung. Das Ganze muss natürlich mit Feingefühl passieren, um den gewünschten Effekt zu haben. Das Kompliment muss ehrlich sein, und die Abwertung darf nicht beleidigend oder respektlos sein. Er: „Du hast ein wunderbares Lachen, das mag ich." (Sie freut sich. Pause.) „Aber du hast da was zwischen den Zähnen." (Ist ihr peinlich.)

Er ist scharf auf Sex mit seiner Partnerin. Er kommt ihrem Gesicht ganz nah, schaut ihr lange und verführerisch in die Augen. „Wenn du gut küsst, lass ich dich an ihn ran." Seine Augen bewegen sich kurz nach unten. (Sie schwankt zwischen sexueller Anziehung und Entrüstung.) Er geht aus dem Kontakt: „Chance vertan. Jetzt wird der Abwasch gemacht." Er gibt ihr einen Klaps auf den Po. Sie: „So schnell wirst du mich nicht los!" Sie beginnt seine Brust sinnlich zu massieren. Er nimmt ihre Hände weg: „Erst die Arbeit, dann die Belohnung." Eine Rangelei entsteht ...

Er zu einer unbekannten Frau im Schuhgeschäft, als sie Pumps anprobiert: „Schöne Schuhe, du hast wirklich Stil." (Sie lächelt.) Er: „Geh mal ein Stück damit." Sie geht ein paar Meter und kommt dann zurück. Er: „Hm, das Laufen damit müssen wir aber noch üben."

Was passiert in solchen Situationen? Der Mann zeigt sein Interesse an der Frau und macht ihr ein Kompliment. Dadurch erzeugt er Freude beziehungsweise Erregung in ihr, es entsteht der Wunsch nach mehr Nähe. Dann schiebt er sie wieder weg – verbal oder körperlich, um wieder Distanz zu erzeugen. Sie ist entrüstet, etwas beleidigt und schwankt innerlich zwischen den beiden Gefühlen von Anziehung und Abneigung.

Männer, ihr müsst das nicht verstehen, aber das ist schließlich bei Computern auch so: Man muss eine gute Beziehung herstellen und sie für sich nutzen können. Also merken Sie sich folgenden Satz: **Frauen lieben widersprüchliche Gefühle über alles!** Diese innere Reibung wühlt sie emotional auf und erregt sie stark, und: Es erzeugt eine starke Bindung. Die Technik der paradoxen Signale ist also so etwas wie Hassliebe in schwacher Form. Wenn Sie das beherrschen, können Sie fast jeder Frau den Kopf verdrehen. Denn Sie zeigen mit echten und originellen Komplimenten Herz und Esprit, durch die Abwertung jedoch Ihre Unabhängigkeit und damit Ihr Selbstbewusstsein. Diese Kombination ist einfach unwiderstehlich! Trainieren Sie das, indem Sie abwechselnd Komplimente machen und unverschämte Frechheiten üben.

Vor allem das Frechsein fällt den meisten Männern aus den genannten Gründen schwer. Doch das ist entscheidend, sonst haben die Komplimente nur eine eingeschränkte Wirkung und Sie kommen womöglich bedürftig rüber. Warum, glauben Sie, wird eine Frau bei Frechheiten nicht wütend oder geht weg? Das liegt zum einen an dem ausgesprochenen Kompliment, womit Sie ein Interesse an ihr zeigen. Zum anderen am Augenkontakt, den Sie die ganze Zeit über halten müssen. Das ist eigentlich das Wichtigste, denn das Entscheidende passiert „zwischen den Zeilen", in den Pausen und im Augenkontakt. Und noch etwas für die meisten Männer Unverständliches: Wenn Sie zwei Botschaften senden, also eine verbale wie „Ich hasse dich" und eine nonverbale durch die Körpersprache (Stimme, Betonung, Augen etc.) à la „Ich liebe dich", dann ist *immer* die nonverbale Botschaft stärker. Wir Männer sind sehr mit dem Verstand identifiziert, aber die Wirkung des Nonverbalen trifft auch uns stärker.

Sie glauben das nicht? Machen Sie mal einen lustigen Test mit einem Hund, dessen Wahrnehmung nicht durch den Verstand verzerrt ist. Streicheln Sie ihn liebevoll, und sagen Sie mit sanfter Stimme dabei: „Du Mistköter, ich würde dir am liebsten den Hals umdrehen." Achten Sie auf die Reaktion des Hundes. Dann drohen Sie ihm mit der Faust, bringen Spannung in Ihren Körper und schreien ihn zornig an: „Ich mag dich so sehr, du bist der tollste Hund, den ich je getroffen habe." Es ist klar, wie er reagieren wird. Machen Sie trotzdem den Test, es ist verblüffend. Bei Menschen ist es ähnlich.

Zurück zu den Frauen. Um Erfolg mit Double-Binds zu haben, müssen Sie verbal frech sein, während Ihr Körper und Ihre Augen aber gerade *nicht* diese Botschaft vermitteln. Bleiben Sie dabei ganz entspannt. Der Verstand der Frau reagiert empört auf Ihre Frechheit, ihr Unbewusstes (was stärker ist) wird von der starken Anziehung gefangen genommen.

No-Go

Eine wichtige Warnung noch zu den Frechheiten. Was Sie *unbedingt* vermeiden sollten, sind respektlose und beleidigende Äußerungen. Dazu gehören Bemerkungen, die unter die Gürtellinie gehen, Kommentare zur Figur (zu dick), zum Busen (zu klein, zu groß, Hängebusen), zum Alter oder direkte sexuelle Angebote.

Humor

Es gibt noch einen Faktor, der Ihnen hilft, dass Frechheiten nicht zu Dramen oder echtem Streit führen: Humor. Damit ist kein Slapstick gemeint, sondern eher ein subtiler Unterton oder Andeutungen. Sie sollten möglichst originell sein, um die Frau zu verblüffen. Konfrontieren Sie sie mit einer ungewöhnlichen Sichtweise der Welt: nämlich Ihrer eigenen. Er schaut an der modischen, attraktiven Frau runter, dann ihr in die Augen: „2005 war ein guter Jahrgang." Sie, irritiert: „Wieso?" Er: „Na, da war so was doch gerade in Mode." (Seine Augen deuten auf ihr Kleid.) Sie, entrüstet: „Du hast gar keine Ahnung, das hab ich gerade neu gekauft." (Sie rechtfertigt sich.) Oder: Er tritt an sie heran und schaut ihr direkt und lange in die Augen: „Schöne Schuhe." Er hält den Augenkontakt.

Eigene Realität

Als Alpha kreieren Sie Ihre eigene Sichtweise und Interpretation der Welt und überzeugen andere davon. Sie entwerfen nicht nur eine Sichtweise, sondern repräsentieren auch eine integre Persönlichkeit mit kongruenten Verhaltensweisen und Aussagen (paradoxe Signale sind dabei eine Ihrer Strategien). Das Entscheidende dabei ist: Sie müssen an sich selbst und Ihre Realität glauben, auch wenn andere das nicht tun. Stellen Sie sich vor, Sie verkleiden sich im Karneval als Mönch. Dann müssen Sie das Wertesystem und Auftreten des Mönches auch verinnerlichen und dürfen sich nicht davon abbringen lassen. Eine Schönheit, schon leicht angetrunken, wirft sich Ihnen um den Hals und will Sie verführen. Gehen Sie darauf ein, verlassen Sie Ihre Realität und lassen sich auf ihre ein. Wenn Sie in Ihrer Realität bleiben, dann nehmen Sie die Hände der Schönen weg und sagen: „Meine Tochter, knie nieder, damit ich den Teufel austreiben kann, der dich besessen macht." Und dann tun Sie das mit wortstarken Gesten und berühren Sie überall dort, wo es „teuflisch" an ihr ist. Danach ziehen Sie sich zurück.

Schwer beeindruckt war ich von einem türkischen Freund in Istanbul. Eine sehr attraktive Blondine, Mitte dreißig, sitzt am Tisch. Er setzt sich wortlos ihr gegenüber und schaut sie an. „Ich kann deine Seele sehen." Sie, amüsiert: „Oh, ich wollte schon immer einen Hellseher kennenlernen." Pause. Er, völlig ruhig und unbeeindruckt: „Ich kann deine Seele sehen." Er hält die ganze Zeit Augenkontakt. Sie, schon etwas unruhig: „Du bist verrückt. Was soll das?" Keine Reaktion von ihm. Sie schwankt offensichtlich zwischen Neugier und Abwehr.

Schließlich setzt sich die Neugier durch: „Und was siehst du?" Pause. Er: „Lass los." Sie, amüsiert: „Was soll ich denn loslassen?" Er: „Lass los." Sie, schon etwas irritiert: „Ja, was denn? Du musst schon mal was Konkretes sagen." Er: „Du weißt, was ich meine. Lass los!" Sie, etwas hysterisch: „Ich wüsste nicht, was ich loslassen sollte. Ich hänge nicht an den Dingen. Meinst du etwa meinen Ex? Der hätte keine Chance mehr." Er: „Du weißt ganz genau, was ich meine. Du musst endgültig loslassen." Zu meiner völligen Verblüffung beginnt sie zu weinen und erzählt ihm dann die Geschichte mit ihrem Ex. Ich gehe weg, und als ich eine Stunde später wiederkomme, hält er sie zärtlich im Arm und sagt: „Hi Bjørn, darf ich dir meine Freundin Dila vorstellen?"

Es geht darum, selbstbewusst bei der eigenen Realität zu bleiben und sich nicht davon abbringen zu lassen, auch wenn andere nicht daran glauben.

Soziales Image

Die meisten Männer haben recht unrealistische und romantische Vorstellungen, wie und wo sie ihrer Traumfrau begegnen: Hollywood lässt grüßen. Das richtige Umfeld, um Frauen kennenzulernen, ist eine Gruppe. Die meisten Paare haben sich bei der Arbeit, bei privaten Partys, im Freundeskreis, in einem Seminar oder bei anderen eher verbindlichen Veranstaltungen kennengelernt. Warum ist das so?

Eine Frau möchte checken, ob Sie ein echter Alpha sind, mit Führungsqualität und sozialer Kompetenz. Zu zweit können Sie ihr das Blaue vom Himmel erzählen, in einer Gruppe müssen Sie es beweisen. Eine Frau, die Interesse an Ihnen hat, beobachtet sehr genau, wie Sie mit den anderen umgehen und welche Position Sie in der Gruppe haben. Je mehr sie von dieser Gruppe geachtet und respektiert werden, umso höher sind Ihr Ansehen und Ihre Attraktivität. Das betrifft natürlich auch das gesamtgesellschaftliche Ansehen, das sich in Beruf, Freundeskreis, Wohngegend etc. widerspiegelt. Die Frau überprüft damit, ob Sie ein soziales Wesen und kein Einzelgänger sind, ob Sie Führungsqualitäten haben und integrierbar sind in ihren Freundeskreis und ihre Familie. Indem die Frau Sie in der Interaktion mit anderen beobachtet, hat sie die innere Ruhe und den Abstand, sich ein Bild von Ihnen zu machen.

Schöne Frauen sind selten allein anzutreffen, meist gehen sie mit einer Freundin oder einer Clique aus. Im Idealfall integrieren Sie sich selbst in diese Gruppe, indem Sie Kontakte knüpfen und interessante Gespräche anfangen. Akzeptiert Sie die Gruppe (Freundin, Familie, Kollegen), haben Sie sich sozusagen als soziales und umgängliches Wesen erwiesen. Viele (und fast alle jüngeren) Frauen sind abhängig von der Meinung ihrer Freundinnen und ihrer Familie. Sie würden sich nicht auf einen Partner einlassen, den ihre Freundinnen oder die Familie ablehnen.

Wenn Sie also ernsthafte Absichten bei einer Frau haben, müssen Sie sich in ihrem sozialen Umfeld ein Standing verschaffen.

Bei einer längeren Busfahrt während einer Reise sah ich eine schöne junge Frau mit ihren Eltern. Meine Kontaktversuche über die Augen und über Smalltalk schlugen fehl, sie schien kein Interesse an mir zu haben. Also fing ich ein Gespräch mit den Eltern an. Mit dem Vater, einem Schriftsteller, ergab sich ein interessantes Gespräch, ich mochte ihre Eltern gleich. So erfuhr ich auch Details über sie, dass sie Single und gerade nach einer längeren Beziehung getrennt war. Doch Katja, die junge Frau, zeigte weiter Desinteresse. Als ich mich nach einer Weile wieder meinem Buch zuwandte, hörte ich, wie die Eltern begannen, auf die junge Frau einzureden, sie solle mich doch kennenlernen. Schließlich gab sie mürrisch dem Wunsch der Eltern nach und sagte ironisch „Hallo" und gab mir die Hand. Ich: „Braves Mädchen, gut erzogen." Das nervte sie natürlich noch mehr. Schließlich kam doch ein Gespräch auf, bis die Mutter Katja aufforderte, doch den Platz zu wechseln und sich neben mich zu setzen. Im Laufe der Fahrt taute die Süße langsam auf. Sie hatte offensichtlich ihre letzte Trennung noch nicht verarbeitet und war Männern gegenüber skeptisch. Am Ende insistierten die Eltern darauf, dass wir die Nummern austauschten, und nahmen mir das Versprechen ab, sie auf dem Rückweg unbedingt zu besuchen.

Der Einfluss der Familie und des Freundeskreises auf eine Frau ist groß. Haben Sie das Herz der Eltern und der Freunde erobert, ist es nicht mehr weit bis zu dem der begehrten Frau.

Wenn man mit einem Freund zusammen unterwegs ist, kann man sich gegenseitig unterstützen, um das soziale Image des anderen zu erhöhen. Eigenlob stinkt, aber der andere kann durchaus den eigenen Wert erhöhen.

Mein bereits erwähnter türkischer Freund und Regisseur begeistert mich immer wieder aufs Neue. Ich war auf dem Rückweg von São Paulo und hatte acht Stunden Aufenthalt in Rio. Mein Freund Yücel war in Rio, also nutzte ich die Zeit, um mich mit ihm zu treffen und etwas Spaß zu haben, bis mein Nachtflug nach Deutschland ging. Es war Heiligabend am Nachmittag, und wir gingen an den Strand nach Ipanema. Dort saßen zwei süße Mädels mit Nikolausmützen und Kamera in der Hand. Er stürzte sogleich begeistert auf sie zu: „Wow, ihr seht umwerfend aus, das muss ich einfach fotografieren." Er riss der einen Frau die Kamera aus der Hand, und dann begann eine Fotosession. Die beiden Mädels, Abendsonne, Ipanema mit der Insel davor – einfach fantastisch! Er drapierte die beiden immer wieder neu, und sie genossen es ganz offensichtlich. Er: „Der Bikini muss offener sein hier in Rio, das ist hier Mode." Er fasste dem einen Mädel an den Busen und schob den Bikini etwas runter. Es folgten verschiedene Positionen, und die beiden schauten begeistert die Fotos an. Als er mit dem einen Mädchen beschäftigt war, flüsterte ich der anderen ins Ohr: „Ihr habt wirklich unverschämtes Glück!" Sie, irritiert: „Wieso?" Ich: „Jetzt tu bloß nicht so, du weißt doch, wer er ist." Sie: „Nein." Ich: „Du kennst Yücel nicht?" Sie: „Nein, bestimmt nicht." Ich: „Ich weiß nicht, ob du mich grad auf den Arm nimmst ..." Sie schüttelte den Kopf. „Yücel ist der wohl berühmteste Regisseur der Türkei, gib seinen Namen mal bei Google ein. Da könnt ihr euch echt was drauf einbilden, dass er so begeistert von euch ist." Sie flüsterte ihrer Freundin was ins Ohr, und dann war kein Halten mehr, die beiden klebten praktisch an Yücel. Später erzählte er mir, dass er mit einem der beiden Mädchen noch einige schöne Tage verbrachte ...

Vorauswahl und Qualifikation durch andere Frauen

Ein Teilnehmer erzählte mir Folgendes: „Ich gehe mit meiner Freundin öfter in eine besondere Sauna. Zweimal schon haben mir tolle Frauen zugeflirtet und mir eindeutige Angebote gemacht, aber ich konnte wegen meiner Freundin leider nicht darauf eingehen. Also ging ich mal alleine hin, aber alle meine Versuche zu flirten schlugen fehl. Woran liegt das?" Ich fragte ihn: „Hast du eine attraktive Freundin?" Er zeigte mir stolz ein Foto. Ich: „Okay, kennst du das Phänomen: Ein Restaurant ist übervoll, eine Schlange von Leuten wartet. Ein ganz ähnliches Restaurant nebenan ist leer. Die meisten reihen sich in die Schlange der Wartenden ein, obwohl sie mit Sicherheit im anderen Restaurant besser und aufmerksamer behandelt würden, als vom gestressten Personal im überfüllten Laden. Warum?" „Stimmt. Ich denke, wenn dort so viele Leute sind, dann muss es wohl gut sein." Ich: „Und natürlich müssen es für dich ansprechende Leute sein, denen du einen guten Geschmack zutraust."

Damit war seine Frage beantwortet. Mit einer schönen Frau (oder womöglich mehreren) an seiner Seite war er als von ihr bereits getestet und für gut befunden worden. Wenn diese attraktive Frau ihn erwählt hat, dann muss etwas an dem Typen dran sein, denken sich die anderen Frauen. Und dann gibt es noch eine spezifisch weibliche Charaktereigenschaft: Eine Frau genießt den Sieg über eine Konkurrentin mehr als eine Eroberung ohne Zuschauer oder Konkurrenz. Sie flirtet mit dem Mann, um zu testen, ob sie eine Chance hätte, dass er wegen ihr untreu wird. Wenn sie an seiner Reaktion diese Chance erkennt, wird sie sich der anderen Frau überlegen fühlen, ihr Marktwert ist gestiegen.

Wie kann man sich das zunutze machen? Sorgen Sie dafür, dass Sie attraktive Freundinnen haben, und gehen Sie mit ihnen zusammen aus. Umgeben Sie sich mit schönen Frauen, dann kommen immer noch mehr. Aber Vorsicht, Falle! Führen Sie mit der Freundin, mit der Sie ausgehen, vorher ein klärendes Gespräch über Ihre Absichten, sonst geht das schief. Sollte sie eifersüchtig auf andere Frauen werden (weil sie sich Chancen bei Ihnen ausrechnet), kommt es zum Stutenbiss. Dann verlieren Sie die Führung, und der Schuss geht nach hinten los.

Die drei Stufen der Verführung

Die eigentliche Verführung einer Frau zum Sex ist erst der dritte Schritt, dem zwei andere vorausgehen. Es gibt immer ein gleiches Schema, das man einhalten muss, sonst kommt es zu Problemen. Ich beschreibe hier eine seriöse Verführung mit dem Ziel, eine verbindliche Beziehung mit der Frau aufzubauen, die für beide Seiten ein Gewinn ist. Tricks und Heucheleien, um eine Frau ins Bett zu bekommen und schnellen Sex zu haben, sind nicht Inhalt dieser Anleitung.

Stufe 1: Anziehung

Zunächst muss man als Mann eine Anziehung aufbauen. Man muss das Interesse der Frau wecken, sodass sie einen Wert und Sinn für sich erkennt, den Mann kennenzulernen. Dabei geht es um zwei Aspekte: sexuelle Attraktivität und sozialer Status. Die Entscheidung, ob eine Frau grundsätzlich bereit wäre, mit dem Mann Sex zu haben, fällt eine Frau unbewusst innerhalb der ersten Sekunden eines Kontakts. Was bedeutet das für Sie? Ihr Auftreten, Ihre Kleidung und der Beginn sind enorm wichtig. Aber noch einmal: Es geht dabei weniger darum, *was* Sie sagen, sondern *wie* Sie sind. Ist dieser erste Eindruck positiv verlaufen, checken Frauen zunächst, ob sie einen Alpha- oder einen Beta-Mann vor sich haben, sozialer Status, Image, Kleidung und Umgangsformen werden geprüft. Erst wenn eine Frau den Eindruck gewonnen hat, dass dieser Mann einen hohen sozialen Status hat und es sich lohnt, ihn kennenzulernen, wird sie sich dafür interessieren, mehr über die Persönlichkeit des Mannes zu erfahren.

Stufe 2: Vertrauen

Wenn Sie sich als interessanter Mann und potenzieller Partner qualifiziert haben, kommt eine Phase, in der Sie mehr entspannen können, sie werden intimer miteinander. Dabei ist aber – außer Zärtlichkeiten – keine körperliche Intimität gemeint. Jetzt geht es darum, das Herz der Frau zu erobern und zu zeigen, dass Sie auch Gefühle haben. Vertrauliche Gespräche, Geschichten aus Ihrem Leben und Anteilnahme sowie echtes Interesse an dem, was sie erzählt, sind gefragt. Stellen Sie offene Fragen und lassen Sie die Frau erzählen. Hören Sie aktiv zu, dringen Sie auch mit intimeren Themen oder Fragen in die Frau ein. Zeigen Sie auch Ihre verletzliche und sensible Seite, das baut Vertrauen auf. Dies ist auch der Rahmen für langen und intensiven Augenkontakt und echte Komplimente. Sie müssen der Frau sagen, was Sie an ihr mögen und was sie besonders und einzigartig für Sie macht. Eine Frau wird sich erst dann auf eine sexuelle Begegnung einlassen, wenn sie spürt, dass sie persönlich gemeint ist. Sie muss den Eindruck haben, dass Ihr Interesse an einer Beziehung auch über den reinen Sex hinaus Bestand hat – zumindest in ihrer Vorstellung.

Für den Vertrauensaufbau sollte der äußere Rahmen passen: ein ruhiger, ansprechender Ort, an dem sich die Frau sicher fühlt.

Ein öffentlicher Ort wie ein Café, eine ruhige Kneipe, eine Parkbank oder ein Strand sind geeigneter als Ihre Wohnung.

Stufe 3: Verführung

Sind Anziehung und Vertrauen aufgebaut, steht einer Verführung meist nicht mehr viel im Weg. Sie sollten den Körperkontakt intensivieren, und spätestens jetzt ist es Zeit für den ersten Kuss. Achten Sie aber unbedingt auf Folgendes: Viele Männer sind zu diesem Zeitpunkt besonders scharf und wollen unbedingt Sex. Dieser innere Zwang lässt sie verkrampfen und bedürftig rüberkommen, was für eine Frau völlig abtörnend ist. Anders als bei Männern wirken bei Frauen die gesellschaftlichen Konventionen sehr viel stärker. Sie kann nicht so ohne Weiteres einem fremden Mann zeigen, dass sie Sex will, selbst wenn sie total scharf auf ihn ist. Sie würde sich sonst als Flittchen fühlen, und ihre Freundinnen würden sie mit dem allerschlimmsten Schimpfwort für Frauen belegen: Schlampe. Keine Frau will eine Schlampe sein, die mit jedem x-beliebigen Typen ins Bett geht. Deshalb muss sie hohen Wert auf ihr Image legen und auf Diskretion achten. (Das ist auch der Grund, warum eine Frau nicht ihre Freundinnen allein lässt, um mit einem Mann zu verschwinden.)

Zu Stufe 1: Ansprechen und Anziehung aufbauen

Das Ansprechen geschieht fast immer an einem öffentlichen Ort. Nach maximal zehn Minuten sollten Sie die Frau zu einem Ortswechsel bewegen, um besser miteinander reden zu können (von der Tanzfläche zur Lounge, von der Straße ins Café, vom Buffet einer Party in den Garten, vom Seminarraum in den Aufenthaltsraum etc.). Sollten Sie sich nach dem ersten Kontakt trennen, machen Sie es sich zur Gewohnheit, die Telefonnummer der Frau zu notieren. Fragen Sie nicht, sondern halten Sie ihr Ihr Handy hin, damit sie ihre Nummer eintippen kann, dann wählen Sie, um zu überprüfen, ob die Nummer stimmt, und damit sie jetzt auch Ihre Nummer kennt. Am besten weist sie in Ihrem Beisein gleich der Nummer Ihren Namen zu – jetzt sind Sie schon in ihrem Adressbuch. Noch ein Tipp: Wenn Sie viele Frauen kennenlernen, machen Sie sich Stichworte zur Erinnerung nach dem Treffen – Frauen schätzen es sehr, wenn man sich an kleine Details aus dem Gespräch erinnert und damit echtes Interesse bekundet.

Um Ihren sozialen Status deutlich zu machen, müssen Sie keinen Lamborghini-Schlüssel haben und keinen Kontoauszug vorweisen; Anziehung bedeutet bei einer Hippiefrau auch etwas anderes als bei einer Bankerin. Gefragt ist eher ein gewisses Understatement. Erst einmal müssen Sie der Frau deutlich machen, dass Sie jemand Interessantes, Bedeutendes oder Außergewöhnliches sind, den kennenzulernen sich lohnt. Reichtum und Berühmtheit wirken da natürlich immer, aber dies alleine reicht nur bei einer bestimmten Sorte Frauen.

Sie müssen also nicht prahlen oder angeben, das zeugt eher von einem Minderwertigkeitsgefühl. Es geht um Ihre Art des Auftretens und darum, wie Sie Alpha-Qualitäten zeigen. Hampeln Sie nervös herum und stottern Sie der Frau etwas vor, oder stehen Sie ruhig und souverän vor ihr? Sind Sie ungepflegt oder machen Sie insgesamt den Eindruck eines Mannes, der für seinen Körper sorgt und auf seine Kleidung achtet? Sie müssen deutlich machen, dass Sie durch Ihren Beruf, durch Ihre gesellschaftliche Stellung, Familie, Freundeskreis etc. einen hohen sozialen Stellenwert haben. Grundsätzlich bevorzugen Frauen Männer mit einem höheren sozialen Status.

In seltenen Fällen kann man seine Führungsqualität direkt beweisen.

Ich war mal an einem Strand mit meinem Freund Marco, der Rettungsschwimmer ist, als weit draußen im Wasser jemand winkte und offensichtlich Hilfe brauchte. Es bildete sich eine Gruppe Gaffer am Strand, aber niemand unternahm etwas. Das machte ihn so wütend, dass er von seinem Essen aufsprang, seine Schwimmflossen nahm, einer Frau einen Schwimmring wegriss und losrannte. Es gab offensichtlich eine Strömung, die den Mann hinauszog. Als er nach circa zehn Minuten bei ihm ankam, gab er ihm den Schwimmring und begann langsam zurückzuschwimmen, seitwärts zur Strömung in Richtung Strandende. Er hätte es sicherlich auch allein geschafft, aber nach etwa einer halben Stunde kam ein Fischerboot und brachte die beiden wieder zum Strand. Marco wurde mit Jubel empfangen. Wir kamen dann nicht dazu, weiterzuessen, weil mehrere attraktive Frauen ihn regelrecht belagerten – obwohl seine Freundin dabei war, die prompt immer eifersüchtiger wurde. Er hatte sich durch die Aktion eindeutig als Führer und Alpha qualifiziert und war damit auf Platz 1 der Attraktivitätsliste an diesem Strand gerutscht.

Wie lange dauert diese erste Phase der Anziehung? Sie kann unter Umständen nur einige Minuten dauern, zum Beispiel wenn die Frau von anderen vorher schon erfahren hat, dass ich einen hohen sozialen Status habe und ein toller Mann bin, etwa durch Freunde oder über andere Kanäle. Es können aber auch mehrere Stunden oder Tage sein.

Liegen mehrere Tage zwischen den ersten Treffen, vermeiden Sie E-Mail oder SMS, rufen Sie die Frau direkt an. Reden Sie gleich vertraut wie ein Freund mit ihr und behalten Sie die Führung beim Gespräch. Vermeiden Sie es, ihr zu erklären, wer Sie sind. Knüpfen Sie an etwas aus der Situation der ersten Begegnung an. Worum geht es bei diesem ersten Anruf nach dem ersten Kontakt? Sie wollen ihre Neugier und ihre Emotionen wecken und Ihr persönliches Interesse an ihr zeigen. Kommen Sie selbstbewusst und nicht bedürftig rüber.

„Hi Tina, ich rufe an, um mich zu beschweren." Tina: „Halt mal, wer bist du denn?" Ich: „Wegen dir baggert mich jetzt eine Freundin an, das geht doch nicht." Sie: „Wie bitte? Verwechselst du mich vielleicht mit jemandem?" Ich: „Dich – ausgeschlossen! Das Buch ist nicht jugendfrei, was du mir für meine Freundin empfohlen hast, und jetzt denkt sie, ich wollte sie damit angraben." Sie (sie weiß natürlich längst, wer ich bin): „Das war nicht meine Absicht." (rechtfertigt sich) Ich: „Aber einen guten Geschmack hast du, das Buch gefällt ihr sehr. Und die Stelle, an der sie ihn mit einer anderen Frau beobachtet, ist wirklich scharf." Sie: „Daran erinnere ich mich gar nicht mehr." (Anti-Schlampen-Strategie) Ich: „Na, du hast bestimmt nur die prüde und gekürzte amerikanische Version gelesen." Sie lacht. Ich: „Tina, ich wollte mich gerne revanchieren, damit du siehst, dass ich auch einen guten Geschmack habe und dich überraschen kann." Sie: „Womit denn?" Ich: „Na, das verrate ich doch nicht vorher. Du solltest dafür Dienstag- oder Mittwochabend in Köln sein, um 19 Uhr." Sie: „So, das sollte ich machen, ohne zu wissen, was mich dort erwartet?" Ich: „Nein, natürlich nicht. ICH erwarte dich dort mit einer Überraschung. Also Dienstag oder Mittwoch?" Sie: „Dienstag hab ich schon was vor. Aber ich muss wenigstens wissen, was ich anziehen muss." (Neugier und Interesse sind geweckt) Ich: „Okay, Tina, schick zum Ausgehen, aber bei dir habe ich da keine Sorge, dass ich mich blamiere. Schwarz wäre gut. Also Mittwoch, pünktlich 19 Uhr, Kölner Innenstadt." Sie: „Und wo genau?" Ich: „Süße, die

Adresse gibt's erst kurz vorher, sonst checkst du es schon vorher, so neugierig wie du bist."

Wecken Sie ein paar Emotionen, machen Sie es witzig und unterhaltsam, aber kommen Sie recht schnell auf den Punkt: Sie wollen die Frau schließlich treffen! Telefonieren Sie nicht länger als zehn Minuten und fixieren Sie dann ein Treffen, lassen Sie sich nicht hinhalten mit Sprüchen wie: „Ich ruf dich dann noch mal an, ob ich Zeit habe." Wenn sie Interesse hat, wird sie Zeit haben oder sich für Sie Zeit nehmen, geben Sie ihr zwei oder drei Alternativtermine. Die Location ist aber nicht verhandelbar, machen Sie das deutlich.

Zu Stufe 2: Vertrauensaufbau

Wenn sich diese Phase direkt anschließt, sollten Sie dennoch dafür einen Ortswechsel an einen gemütlichen, öffentlichen oder halb-öffentlichen Ort vornehmen. Damit sorgen Sie für einen Stimmungswechsel. Und an einem öffentlichen Ort fühlt sich die Frau sicherer, da dort der Intimität Grenzen gesetzt sind und sie sich im Zweifelsfall leichter wieder verabschieden kann.

Meist liegt zwischen den beiden Treffen jedoch einige Zeit. „Wo sollen wir uns treffen und was soll ich mit ihr machen?", werde ich oft gefragt. Seien Sie kein einfallsloser Langweiler, der nur in ein Café oder in eine Kneipe geht, um zu quatschen. Denken Sie sich originelle Dinge aus, die Emotionen versprechen, die die Frau etwas fordern und auf leichte Art Körperkontakt ermöglichen. Im gerade genannten Beispiel gingen wir in eine Bar im absolut Dunklen, die von Blinden geführt wird (deshalb die schwarze Kleidung). Es war sehr amüsant, sie fing sogar unter dem Tisch an, mit ihren Füßen Kontakt zu machen. Einem neugierigen Paar gaben wir uns als lang verheiratetes Paar aus, was lustig war, vor allem als wir uns in Widersprüche verstrickten. Also, gute Ideen für ein erstes Date sind: Kirmes, Freibad, Ruder- oder Tretboot fahren, Schlitten fahren, Skaten oder Eislaufen, Motorrad fahren, Radtour, Mini-Tanzkurs vor einer Party (Salsa oder Ähnliches), Karaoke-Bar ... Kurz: überall, wo etwas passiert, wo sie etwas Außergewöhnliches zusammen machen und Körperkontakt haben (oder es leicht zu Körperkontakten kommt). Besonders gut geeignet sind auch spektakuläre Orte, an denen entweder viel los ist, oder aber die starke Emotionen hervorrufen:

Seilbahn, Turm, Hängebrücke, Hochseilgarten, schöne Naturplätze, Ausstellungen ...

Bei einer sehr schönen Verführung bin ich mit einer Frau am Rhein bei Sonnenuntergang spazieren gegangen, und als es dunkel wurde, haben wir „zufällig" eine Gruppe Musiker an einem Feuer getroffen und uns dazugesetzt. Sehr romantisch, vor allem als die Musiker irgendwann gingen und wir alleine am Feuer blieben ... Gehen Sie mit offenen Augen durch die Welt, und sammeln Sie Ideen für außergewöhnliche Treffpunkte und Aktivitäten mit Frauen. Frauen sind Emotions-Junkies, sie wollen etwas erleben und lieben das Abenteuer und die Abenteurer. Keine Frau will ein Zirkuspony, sie will mit einem wilden, unberechenbaren Hengst in der Prärie reiten.

Vermeiden Sie die förmlichen Dates wie schick zum Abendessen ausgehen etc. So etwas muss sich die Frau erst einmal verdienen, und Sie müssen weitergehendes Interesse an ihr haben, also nicht vor dem ersten Sex. Ziehen Sie das Ganze eher als lockeres Treffen auf und investieren Sie nicht gleich viel Geld – es sei denn, Sie wollen die Frau kaufen. Genauso kommt es nämlich an: Sie haben mit Ihrer Persönlichkeit nichts zu bieten und kompensieren das mit Geld. Andererseits knausern Sie nicht wegen ein oder zwei Drinks – es ist eher peinlich, dafür getrennte Rechnungen zu verlangen.

Sie haben also eine gute Location und haben Spaß miteinander? Sehr gut! Vertrauen und Nähe entsteht nämlich in erster Linie durch gemeinsame körperliche Aktivitäten und Erlebnisse, erst in zweiter Linie durch Gespräche.

Ich habe ein Ultralight-Flugzeug, und wenn ich ernsthaftes Interesse an einer Frau habe (also sie sich qualifiziert hat), lade ich sie zum Flugplatz ein. Ich gebe ihr natürlich nur kurz vorher die Adresse, dass wir fliegen, erfährt sie erst, wenn ich den Hangar aufschließe und meine Maschine checke. Es ist wundervoll, die Mimik und die widersprüchlichen Gefühle von Frauen in diesem Moment zu sehen: Faszination, Aufregung, Angst, Skepsis, Erregung. Ich muss mich dann sehr auf das Checken der Maschine konzentrieren. Bis jetzt sind alle mitgeflogen, auch die mit Flugangst. Bei mutigen und vertrauensvollen Frauen fliege ich dann schon mal ein paar knackige Manöver in der Luft (vorher ihr Mikro leise stellen, sonst ist das Kreischen krass im Kopfhörer). Oder ich lasse sie (in großer Höhe) steuern und ziehe mir umständlich meinen Pulli aus – die Maschine kommt natürlich bald in eine ziemlich unmögliche Fluglage, und sie schreit um Hilfe, was auch lustig ist. Nach dem gemeinsamen Fliegen, wo sie sich in einer (in ihren Augen) gefährlichen Situation mir anvertraute, ist vieles ganz leicht – wir können danach in meiner Wohnung auch innerlich zusammen fliegen.

Denken Sie an Ihre letzte Beziehung: Sie erinnern sich meist an das gemeinsam Erlebte, an Außergewöhnliches anstatt an Gespräche, oder?

Also bieten Sie der Frau auch besondere Erlebnisse und zeigen ihr, dass Sie kein 08/15-Langweiler und Quatschkopf sind: Beta redet, Alpha handelt! Aber nach der „Action" ist es Zeit, miteinander zu reden, ein paar intime Dinge von sich zu erzählen und der Frau zuzuhören. Öffnen Sie ihr Herz, und gestatten Sie sich selbst, sich in die Frau zu verlieben.

Sich zu verlieben ist eine innere Haltung, wenn man das Besondere, das Einzigartige und Göttliche in der Frau entdeckt – im Tantra heißt das, die Shakti in der Frau zu entdecken. Dafür muss Ihr Verstand schweigen und das Herz sich öffnen. Sagen Sie der Frau in solchen Momenten, was Sie an ihr lieben. Dies sind gute Momente für Küsse und Zärtlichkeiten. Stellen Sie intime Fragen, um etwas mehr über die Frau zu erfahren, und hören Sie einfach zu. Sie wollen doch in die Frau eindringen, oder? Also tun Sie es jetzt schon verbal. Aber Achtung, denken Sie daran: Sie sind für die Kontinuität und den Verlauf des Gesprächs verantwortlich, nicht die Frau. Wenn das Gespräch verstummt oder die Frau nur von ihren Krankheiten, unglücklichen Ex-Beziehungen oder der Weltwirtschaftskrise redet, sind Sie schuld daran, dass die Stimmung den Bach runtergeht. Also führen Sie das Gespräch zu interessanten und intimen persönlichen Themen. Ex-Partner, Krankheiten, Dramen und Politik sollten Sie meiden – auch wenn sie da gleicher Meinung sind. Achten Sie auch darauf, Gelegenheiten zu schaffen, in denen Sie Körperkontakt herstellen können. Wenn diese Phase gut verläuft, haben sie beide ein vertrautes und inniges Gefühl füreinander und ein kleines Stück gemeinsame Geschichte, und sie wissen ein paar intime Details vom anderen. Zeit für die Verführung.

Zu Stufe 3: Die Verführung

Zunächst zum Thema Logistik, auch wenn das jetzt wenig romantisch klingt. Vielleicht rührt sich in Ihnen etwas wie Widerspruch, weil Sie Überzeugungen haben wie „Alles muss sich ganz von selbst ergeben“ oder „Man kann doch die Liebe nicht planen“. Ja, wenn man Student ist, viel Zeit und wenige Verbindlichkeiten hat, ist das möglich. Aber für die meisten ist das lange her. Noch einmal: Bei einer Verführung müssen Sie als Mann die volle Führung und Verantwortung übernehmen, nicht die Frau! Prägen Sie sich das ein und überlassen Sie es nicht dem Zufall. Planen Sie verschiedene Szenarien, wenn Sie eine Frau verführen wollen, denn häufig scheitert eine sexuelle Begegnung an ganz trivialen Dingen und Gegebenheiten.

Ich lernte im Urlaub eine hübsche Frau kennen. Liz studierte Psychologie, und wir hatten gleich ein Gesprächsthema. Sie war wie eine Giraffe, 1,80 Meter groß, gertenschlank, Sportlerin. Sie hat mich sofort fasziniert. Sie war etwas spröde, ich glaube, ihr fehlte einfach Erfahrung im Körperkontakt und Sex. Nach einer Zeit der Gespräche, mit Schwimmen und Necken im Wasser und am Strand, zusammen Essengehen und auch Küssen fing es an, dunkel zu werden. Wohin nun? Es war eine erotische Nähe und ein erstes Vertrauen da. Jetzt brauchte es einen Ort, wo man sich näherkommen konnte, aber ich kannte mich in dem Ort nicht aus. Um sie in mein Hotel mitzunehmen, reichte das Vertrauen noch nicht aus, und nachdem wir eine Weile durch die Straßen schlenderten, ohne einen schönen Ort zu finden, trennten wir uns schließlich, mit dem Vorsatz, uns wiederzutreffen – was leider nie geschah.

Sie brauchen für die verschiedenen Phasen des Kennenlernens verschiedene Orte. Sie müssen als Mann diese Orte recherchieren und auswählen und die Frau motivieren mitzukommen. Ein Ortswechsel, den die Frau mitmacht, bedeutet immer auch einen Vertrauensbeweis: Sie folgt Ihnen.

Am leichtesten ist es, wenn Sie die Frau direkt mit zu sich nach Hause nehmen. Jetzt sind Anziehung und Vertrauen da, und Sie können weiter fortschreiten in der Verführung. Bei einem nächsten Treffen müssen Sie erst wieder neu beginnen. Warum? Als Mann denken Sie: Wir haben beim letzten Mal schon wild rumgeknutscht, jetzt können wir direkt Sex haben. Weit gefehlt. Sie müssen die Frau erst wieder anwärmen, Anziehung aufbauen, Vertrauen wecken, und dann geht's weiter. Traurig, aber wahr. Frauen lassen sich in Beziehungen von der aktuellen Stimmung leiten, nicht von dem, was vorgestern war.

Barbara und ich hatten uns wild knutschend und beide sichtlich erregt spät in der Nacht voneinander verabschiedet. Ich spürte, dass sie richtig angetörnt war, aber noch nicht gleich am ersten Abend mit mir ins Bett wollte. Wir verabredeten uns für den nächsten Abend. Sie kam zu mir nach Hause, richtig in Schale geworfen. Kaum war die Tür zu, wollte ich sie direkt wieder küssen (es waren gerade mal 16 Stunden dazwischen), als ich eine brüske Abwehr bekam und sie beinahe auf dem Absatz kehrtmachte, weil sie sich überfallen fühlte. Ich brauchte einige Zeit, bis ich diesen Fehler wieder einrenken und an die Stimmung des vorherigen Abends anknüpfen konnte.

Oft wird die Frau Sie allerdings nicht gleich an einem nichtöffentlichen Ort treffen wollen, weil das zu direkt nach Sex riecht (Anti-Schlampen-Strategie) und sie dort keine Kontrolle hat. Sie können die Frau aber bitten, bei Ihnen vorbeizukommen, um Sie abzuholen, und sie dann kurz in die Wohnung bitten, weil Sie noch nicht fertig sind. Dadurch kennt sie Ihre Wohnung schon und fasst Vertrauen. Das Ganze funktioniert auch umgekehrt bei ihrer Wohnung: Sie kommen einfach etwas zu früh, sodass sie noch nicht fertig ist, und schlagen vor, kurz reinzukommen. Sie waren dann schon mal in ihrer „Intimsphäre", in ihrer Wohnung.

Ein Blick auf Ihre Wohnung – fragen Sie sich selbst: Ist das die Wohnung eines Verführers? Oder eher eine Männerbude? Laden Sie einige Freundinnen ein und fragen Sie sie, ob die Wohnung gemütlich ist, was ihnen gefällt und was nicht. Auch wenn Sie das etwas albern finden, hier ein paar wichtige praktische Tipps.

Sauberkeit und Ordnung. Sie müssen kein Spießer werden, aber Ihre Wohnung sollte einen gepflegten und sauberen Eindruck machen, vor allem das Bad. Wenn Sie das alleine nicht hinkriegen, engagieren Sie eine Putzfrau. Der Putztermin zwingt Sie zugleich aufzuräumen, damit sie putzen kann. (Außerdem erklärt es die fremden Frauenhaare in Ihrer Wohnung ...) Frauen reagieren zum Teil extrem pingelig oder angewidert auf Bettwäsche mit Flecken und mit Haaren anderer Frauen. Geben Sie dem Frauenbesuch nicht den Eindruck einer „Sexbude" (wie eine Freundin meine Wohnung immer nannte, um mich zu provozieren), in der noch die Spuren (Zahnbürste, Schmuck etc.) der letzten Frau zu finden sind. Frauen „vergessen" nämlich gerne solche Dinge, um erstens das Revier zu markieren und zweitens einen Grund zu haben, wiederzukommen. Frauen wissen natürlich, wie andere Frauen gestrickt sind, und scannen Ihre Bude sofort nach solchen Reviermarkierungen ab. Übrigens: Selbst wenn die Frau weiß, dass Sie eine Ehefrau, Freundin, andere Geliebte haben – seien Sie so respektvoll und ersparen Sie ihr, mit der Nase darauf gestoßen zu werden durch Haare, Gegenstände, Fotos etc. Wenn das unvermeidbar ist, gehen Sie besser in ein Hotel oder zu ihr.

Romantik. Ist Ihr Sofa kuschelig und lädt zum Knutschen und zu Sex ein? Ist die Beleuchtung zu dimmen oder noch besser mit Kerzenlicht oder Kaminfeuer kombinierbar? Sind die Kerzen etc. vorbereitet? Ist eine schöne Playlist mit ansprechender sinnlicher Musik geladen (nicht erst umständliches Raussuchen, Aufstehen, CDs Wechseln etc.)? Haben Sie interessante DVDs zum gemeinsamen Anschauen oder als Hintergrund da?

Das Erste, was man bemerkt, wenn man eine Wohnung betritt, ist der *Geruch* – er entscheidet, ob man sich dort wohlfühlt beziehungsweise den Bewohner mag. Essensgeruch, abgestandener Tabakrauch oder Putzmittel machen es der Frau nicht gerade leicht, in eine erotische Stimmung zu kommen. Also sorgen Sie dafür, dass Ihre Wohnung wenigstens nicht unangenehm riecht, und besorgen Sie sich eine Duftlampe oder Ähnliches mit Aromaölen.

Bieten Sie der Frau etwas zu trinken an, das gehört sich so. Es ist gut, wenn Sie nicht nur Bier zu Hause haben. Die Frau möchte sich vielleicht auf Sie einlassen, ist aber nervös und angespannt, weil sie Sie noch nicht so gut kennt und der Ort fremd ist. Wein oder Sekt oder Champagner sollten Sie dahaben – die meisten Frauen mögen das, und es hilft ihnen zu entspannen.

Was gibt es *Besonderes* in der Wohnung eines außergewöhnlichen Mannes, der Sie hoffentlich sind? Ein Freund zeigt Frauen gerne seine selbstgemalten Bilder, ich betöre sie bei geschlossenen Augen mit Klangschalen und anderen Instrumenten ... oder lasse „zufällig" ein Seil oder eine Peitsche aus meinem SM-Equipment liegen ... Lassen Sie sich etwas einfallen, das ungewöhnlich ist, die Frau ablenkt und sie interessiert. Was immer Sie tun, behalten Sie die Führung und eskalieren Sie den Körperkontakt bei jeder Gelegenheit. Verquatschen Sie sich nicht. Entspannt und zielgerichtet, lautet die Devise.

Die Anti-Schlampen-Strategie

Eine äußerst unangenehme Vorstellung für eine Frau ist es, dass sie nur eine Nummer für Sie ist, mit der Sie Sex haben, an der Sie aber dann jedes Interesse verlieren. Interessanterweise brauchen die meisten Frauen selbst bei einem One-Night-Stand diese Vision, um sich einzulassen. Warum? Damit sie sich selbst nicht als Schlampe fühlen.

Obwohl eine Frau scharf ist und Vertrauen zu dem Mann hat, kann sie meist nicht so ohne Weiteres Ja sagen zu einem sexuellen Angebot. Sie küssen sich intensiv und sind mit Ihren Händen sogar schon unter der Kleidung. Sie spüren, dass die Frau sehr erregt ist, und sagen: „Lass uns zu mir nach Hause gehen, um miteinander zu schlafen." Sehr wahrscheinlich wird die Frau nicht zustimmen, sondern irgendeine Ausrede anführen. Warum, werden Sie fragen, obwohl Sie das bestimmt schon häufiger erlebt haben. Sie will doch offensichtlich Sex. Ja, aber sie möchte nicht verantwortlich dafür sein, sonst ist sie in ihren Augen (und den ihrer Freundinnen) eine Schlampe. Also setzt die Anti-Schlampen-Strategie ein. Versuchen Sie das Dilemma einer Frau zu verstehen: Ihre Vagina ist nass und schreit laut nach Sex, ihr Kopf verbietet das rigoros. Die einzige Chance ist, dass Sie die Verantwortung für alles übernehmen. Es macht für eine Frau einen großen Unterschied, ob sie ihren Freundinnen am nächsten Tag sagt: „Ich bin mit einem Fremden nach Hause gegangen und hatte Sex." Oder: „Es war ein wundervoller Abend, plötzlich waren wir bei ihm und irgendwie ist es passiert."

Sie müssen das nicht verstehen, das hat mit Logik nichts zu tun. Aber Sie wollen doch ein guter Verführer werden? Also machen Sie mit der Frau einen Spaziergang, gehen Sie zufällig an Ihrer Wohnung vorbei, finden Sie einen Vorwand, mit ihr hochzugehen und zeigen Sie ihr Ihre Briefmarkensammlung. Das natürlich nicht – Sie sollten etwas Interessantes in Ihrer Wohnung haben, was Sie der Frau zeigen können: vielleicht selbstgemalte Bilder, interessante Fundsachen, Fotos ... Und dabei können Sie mit der Frau langsam intimer werden. Sie sind der Verführer, die Frau ist die Verführte! Gestalten Sie alles so, dass Sie immer die Verantwortung haben und die Frau hinterher sagen kann: „Ich weiß auch nicht, wie es passiert ist, alles hat sich einfach so ergeben."

Mullah Nasruddins Tochter war zu einer schönen jungen Frau herangewachsen. Um sie vor den Gefahren des Lebens zu bewahren, nahm er sie an die Seite, um sie über die Gemeinheit und Hinterhältigkeit der Männer aufzuklären: „Meine geliebte Tochter, denke an das, was ich dir sage. Alle Männer wollen nur das eine von dir. Sie sind raffiniert und stellen Fallen, wo sie nur können, um dich in den Sumpf ihrer Begierden zu locken. Vor folgendem Unglück will ich dich warnen: Ein Mann macht dir Komplimente und bewundert dich zunächst. Dann wird er dir anbieten, dich nach Hause zu begleiten. Scheinbar zufällig kommt ihr an seinem Haus vorbei, und unter dem Vorwand, einen Mantel zu holen, will er hineingehen und bittet dich mitzukommen. Er bietet dir einen Platz auf seinem Sofa und dann einen Tee an. Ihr hört gemeinsam Musik, während er von deinen Vorzügen als Frau schwärmt. Wenn die Stunde gekommen ist, wird er dich küssen, dir die Kleider vom Leibe reißen, sich auf dich werfen und unaussprechliche Dinge mit dir tun. Damit bist du für immer geschändet, und das Ansehen unserer Familie ist bis in die Ewigkeit ruiniert." Die Tochter hörte den Worten des Vaters aufmerksam zu. Einige Zeit später kommt sie stolz lächelnd zu ihrem Vater: „Papa, du bist ein Prophet! Woher wusstest du nur, wie alles sich abspielen wird? Es ist alles genau so passiert, wie du es beschrieben hast. Ein Lehrer hat meine Schönheit bewundert und mich dann eingeladen. Wie durch Zufall kamen wir an seinem Haus vorbei. Da merkte er, dass er fror, weil er seinen Mantel vergessen hatte, und um mich nicht allein warten zu lassen, bat er mich, ihn in seine Wohnung zu begleiten. Wie es der Anstand befiehlt, bot er mir einen Tee an, wir saßen zusammen auf dem Sofa und hörten herrliche Musik. Nun, Papa, ich habe dir genau zugehört und wusste, was jetzt geschehen würde. Aber du wirst sehen: Ich bin würdig, deine Tochter zu sein. Als ich den Augenblick nahen fühlte, warf ich mich auf ihn, küsste ihn, riss ihm die Kleider vom Leib und schändete ihn, seine Eltern, seine Familie, sein Ansehen und seinen guten Ruf bis auf alle Ewigkeit.

Allerletzter Widerstand

Kennen Sie das: Sie sind mit der Frau schon auf der Couch gelandet, küssen sich intensiv, sind fast ganz ausgezogen und beide sehr erregt. Sie küssen leidenschaftlich ihre Brüste, was sie offensichtlich genießt. Als Sie der Frau den Slip ausziehen wollen, erstarrt sie plötzlich und sagt: „Ich kann das nicht. Wir kennen uns doch noch gar nicht." Oder: „Um Himmels willen, ich hab ganz vergessen, meinen Sohn anzurufen." Sie springt auf und läuft zum Telefon. Oder: „Du willst mich nur verführen, das geht mir alles zu schnell."

Was ist da los? Die Frau ist in höchstem Maße erregt, bekommt aber plötzlich Angst, die Kontrolle über sich und ihre Gefühle zu verlieren. Meistens beim Ausziehen des Slips bäumt sie sich ein letztes Mal auf, um Herr der Situation zu werden. Das ist der allerletzte Test, den Sie bestehen müssen. Wenn Sie jetzt anfangen zu diskutieren, wenn Sie versuchen, die Frau rational zu überzeugen, Sex zu haben, Ihre Einwände zerreden oder – am allerschlimmsten – anfangen, um Sex zu betteln, haben Sie alles verloren. Vermutlich für immer. Dumm gelaufen.

Was sollten Sie also tun? Schenken Sie dem, was die Frau sagt, keinerlei Beachtung. Ziehen Sie sich ganz cool zurück, checken Sie Ihre E-Mails oder machen Sie etwas anderes – aber in Reichweite der Frau. Beachten Sie sie nicht mehr. Werden Sie auf keinen Fall trotzig, beleidigt oder unwirsch. Ihre Vagina kocht und wird sich so schnell nicht abkühlen. Sie vermisst schnell Ihre Nähe und wird zu Ihnen kommen. Warten Sie unbedingt ab, laufen Sie ihr nicht hinterher! Wenn sie kommt, keine Diskussion! Packen Sie sie und übernehmen Sie dominant die Führung, um ihre kochende Vagina abzukühlen. Das ist die beste Strategie, mit diesem letzten Widerstand vor dem Sex umzugehen.

Übrigens gibt es so etwas selbst in Partnerschaften. Viele Frauen tun sich schwer damit, ihrem Partner deutlich zu machen, dass sie Lust auf Sex haben, sie fühlen sich dann als Schlampe. Außerdem macht es eine Frau schärfer, wenn sie vom Mann verführt wird. Sie baut einen Widerstand auf, damit eine gewisse Spannung entsteht und der Routine-Blümchensex nicht zu langweilig wird. Manchmal provoziert die Frau ihren Partner regelrecht, damit er sie packt und überwältigt. Dann „ist es einfach passiert", und sie kann ihre weibliche Hingabe ausleben und ist auch keine Schlampe.

Wie viel Zeit braucht man vom ersten Ansprechen bis zum Sex? Hier gibt es ein Zeitfenster von erfahrungsgemäß vier bis zwölf Stunden, die Sie miteinander verbringen müssen. Das kann sich auf verschiedene Treffen aufteilen (und so läuft es meistens auch ab). Ich empfehle, spätestens beim dritten Treffen miteinander intim zu werden, ansonsten wird daraus eine platonische Beziehung.

Die Reihenfolge der drei Stufen der Verführung – Anziehung, Vertrauen, Verführung – muss unbedingt eingehalten werden, sonst werden Sie nicht erfolgreich sein.

Einige typische Fehler

Keine Anziehung aufbauen, gleich mit Vertrauensaufbau beginnen
Der klassische Fehler von Mr. Nice guy. Dadurch gewinnen Sie eine Menge guter Freundinnen, aber werden niemals Sex haben. Es entsteht keine sexuelle Anziehung mehr, wenn die Frau Sie erst einmal (in den ersten Minuten des Kontakts) als harmlosen, geschlechtsneutralen Freund eingeordnet hat. Dann ist der Zug abgefahren. Jeder erotische Kontakt braucht eine Spannung, die aufgebaut werden muss, währenddessen die Sehnsucht nach körperlicher Nähe entsteht. Der andere muss als begehrenswerter Partner, der nicht zu leicht zu haben ist, erlebt werden. Denn: Auch jede langjährige Partnerschaft oder Ehe beginnt als eine erotische Affäre mit gegenseitiger sexueller Anziehung. Deshalb ist diese erste Phase der Anziehung unverzichtbar: Sie müssen als Mann als sexuell interessant und von hohem Status mit Alpha-Qualitäten erlebt werden, damit die Frau sich um Ihre Aufmerksamkeit bemüht. Ansonsten laufen Sie ihr erfolglos hinterher – es funktioniert definitiv nicht anders herum.

Nach der Anziehung ohne Vertrauensaufbau mit der Verführung beginnen
Wenn die emotionale Bindung und das Vertrauen fehlen, wird keine Frau sich auf eine sexuelle Begegnung einlassen. Zum einen, um sich nicht als Schlampe zu fühlen, zum anderen, weil sie sich nicht vom Mann für den Sex benutzt vorkommen will. Auch braucht eine Frau die emotionale Intimität, um körperlich intim zu werden und sich öffnen zu können. Sie muss sich von dem Mann, auf den sie sich einlässt, auch wirklich gesehen und gemeint fühlen, sie möchte keine X-Beliebige sein, mit der er Sex hat. In einzelnen Fällen wird die Frau sich vielleicht ohne das nötige Vertrauen auf Sex einlassen, weil sie naiv oder gerade richtig geil ist, weil sie betrunken ist oder „neben sich steht". Doch dann wird der

Sex nicht besonders intim sein, und auch danach wird eine merkwürdige Leere und Fremdheit zwischen beiden herrschen, die sehr unschön ist. Die Frau wird sich betrogen, hintergangen oder ausgenutzt fühlen. Entweder wird sie den Mann das spüren lassen oder aber ganz schnell nach dem Sex das Weite suchen und jeden Kontakt abbrechen. In jedem Fall bleibt ein sehr schales Gefühl.

Ich ging im Hotel zum Frühstück und sah eine rothaarige Frau alleine am Tisch sitzen, die mich sofort magisch anzog. Unsere Blicke trafen sich und hafteten für einige Sekunden aneinander. Ich ging nicht sofort hin, sondern bediente mich erst am Buffet und setzte mich dann zu ihr; ich brauchte nicht zu fragen – der Blickkontakt war die Einladung. Sie hatte eine wirklich sinnliche Ausstrahlung, und im Gespräch stellte sich heraus, dass sie Ayurveda-Masseurin und Bauchtanzlehrerin war. Kennen Sie so was: Manchmal hat man das Gefühl, einem Menschen sofort nah zu sein. Wir unterhielten uns sehr entspannt, und gleichzeitig entstand eine starke Anziehung, es knisterte förmlich. Da sie Körperkontakt zuließ (ich massierte ihr den Nacken im Restaurant, und dann sie mir), sagte ich: „Lisa, meine Zimmernummer ist 1122, wenn du magst, komm doch vorbei, wenn du ausgecheckt hast, dann tauschen wir unsere Adressen aus." Und wirklich, eine halbe Stunde später klopfte es, und sie stand mit ihrem Koffer in meiner Tür. Zehn Minuten später lag ich nackt auf dem Bett und ließ mich von ihr massieren, eine Stunde später sie, und dann hatten wir Sex. Kurz nach dem Sex sprang sie plötzlich auf und sagte: „Du hast mich verführt. Das wollte ich gar nicht." Und sie zog sich ohne zu duschen an und war weg.

Was war passiert? Es ging einfach zu schnell aufgrund der starken Anziehung und körperlichen Nähe bei der Massage. Trotz der „magischen Vertrautheit" fehlte eine Phase des Vertrauensaufbaus, außerdem hatten wir nur etwa zwei Stunden Kontakt, was zu wenig war. Es war eine faszinierende Erfahrung, dass so etwas möglich ist, aber es bleibt eben doch ein schales Gefühl und das Ganze verhindert letztlich den Aufbau einer Beziehung oder eines längerfristigen Kontakts.

Direkte Verführung, ohne die vorherigen Phasen

Im Karneval in Brasilien oder bei einer wilden Party ist so was durchaus möglich, vor allem unter Alkohol- und Drogeneinfluss. Das ist aber dann wirklich nur Amüsement und Sex, ohne jegliche persönliche Beziehung. Vielleicht mal eine interessante Erfahrung, ich kann mir aber nicht vorstellen, dass jemand damit glücklich wird. Übrigens: Sollten Sie glauben, dass aus so einer Begegnung eine dauerhafte Beziehung entsteht – Fehlanzeige! Da fehlt jede Basis, und Zurückrudern ist bekanntlich schwerer als vorwärts zu rudern. Auch wird die Anti-Schlampen-Strategie der Frau am nächsten Morgen wieder greifen, und mit nüchternem Kopf wird sie dieses Erlebnis und Sie aus ihrem Leben verbannen wollen.

Alpha-Tests: Wie testen Frauen die Männer?

Jede Frau testet einen potenziellen Sex- oder Lebenspartner auf seine Qualitäten. Sie will wissen, ob er ein waschechter Alpha ist, wirklich stärker als sie, und ob all das stimmt, was er ihr so erzählt. Dafür haben Frauen seit Menschengedenken vielfältigste Alpha-Tests entwickelt. Sie testen das Verhalten und die Reaktionen eines Mannes in den verschiedensten Lebenslagen, am besten, wenn er gerade nicht damit rechnet. Ist das Alpha-Verhalten nur aufgesetzt oder Teil des Charakters? Mein Tauchlehrer, mein Fluglehrer und mein Karatelehrer waren sich einig: Die Luftzufuhr bricht dann ab, wenn du gerade ausgeatmet hast und nicht damit rechnest, der Motor setzt dann aus, wenn du es am wenigsten brauchen kannst, und dein Gegner schlägt in einem unbedachten Moment auf die ungeschützte Stelle. Wenn man dann (unter Schock) erst nachdenken muss, wie man zu reagieren hat, ist es zu spät. Bei all diesen (und vielen anderen) Sportarten muss der Körper die richtige Reaktion verinnerlicht haben, damit sie automatisch und sogar unter Stress abläuft. Dazu muss man sie sehr lange und routinemäßig trainiert haben. Ich kann damit prahlen, was für ein toller Kämpfer ich bin, aber einen Kampf kann ich nicht imitieren; ich kann mich als erfahrenen Piloten verkaufen, aber erst in einer Notsituation zeigt sich, ob ich wirklich gut bin.

Das wissen Frauen und testen entsprechend. Diese Tests sind oft anstrengend, zermürbend und fies. Je höher der Selbstwert der Frau, umso brutaler die Tests. Aber es gilt auch: Je mehr Interesse eine Frau an Ihnen hat, umso mehr werden Sie getestet. Beispiele gefällig?

In der Disco nach fünf Minuten Smalltalk: „Warte mal hier!" Sie geht auf die Toilette und lässt Sie warten. Wenn Sie nach zehn

Minuten wie ein braver Dackel an genau derselben Stelle stehen und auf sie warten, haben Sie sich als Beta geoutet, wenn Sie bei ihrer Rückkehr mit einer anderen Frau flirten, sind Sie ein Alpha.

Sie nimmt einfach eine von Ihren Zigaretten, ohne zu fragen (trinkt aus Ihrem Glas, benutzt Ihre Sonnencreme ...). Beta lässt das geschehen, Alpha zeigt ihr Grenzen: „Hey, eine Zigarette kostet einen Kuss." Streng: „Schlechte Manieren hast du!" Oder: „Raucherinnen küsse ich nicht." Ihr die Zigarette wegnehmen und austreten.

Sie zuppelt, ohne vorher zu fragen, an Ihrer Kleidung herum (Mama-Sohn-Verhalten). Beta lässt das zu (Mama hat das so gemacht, die Ex auch, also darf es jede Frau). Alpha: „Anfassen verboten!" Und er gibt ihr einen Klaps auf die Finger. Oder er fummelt ihr im Ausschnitt herum: „Du hast da auch was." (Botschaft: Was du darfst, darf ich schon lange.)

Sie kommt zu spät oder sagt ein Treffen ab, ein sehr beliebter Test. Dafür sollten Sie sich Regeln überlegen und dann dafür sorgen, dass diese eingehalten werden. Sie müssen aber bereit sein, auch in letzter Konsequenz den Kontakt mit einer Frau abzubrechen, die gegen Ihre Regeln verstößt. Sind Sie das nicht, weil Sie bedürftig oder abhängig sind, spürt eine Frau das und spielt mit Ihnen.

Jegliche Dramen, vor allem in Beziehungen, sind reine Alpha-Tests. Die Frau testet Sie täglich! Ob beim Rumzicken wegen der legendären Zahnpastatube, beim „ernsthaften" Gespräch zum Thema Müll runterbringen, beim provokanten Flirten in Ihrem Beisein, beim Heulkrampf, weil sie so (beliebiges Adjektiv einsetzen) sind oder schon wieder (beliebigen Quatsch einsetzen) nicht gemacht haben.

Die Frau führt, der Mann schmollt, rebelliert, trotzt, fügt sich, läuft weg

Das alles sind typische Verhaltensweisen eines kleinen Jungen, wenn die Mama böse ist: schmollen, sich zurückziehen, trotzig werden, beleidigt sein, sich rechtfertigen und verteidigen, weglaufen, „zur Strafe nicht mehr mit ihr reden" etc. Betas wenden diese Verhaltensweisen des kleinen Jungen immer noch an, sobald Frauen sie provozieren oder schlecht behandeln. Damit haben sie sich als Weichei und Loser geoutet, und die Frau verliert das Interesse – es sei denn, sie sucht etwas Spaß und spielt mit ihm.

Die Frau sagt: Was ich fühle, ist die Wahrheit, und das wird gemacht. Nur leider ändern sich die Gefühle alle paar Stunden oder gar Minuten. Ein Mann, der versucht, auf diese Gefühle der Frau einzugehen, landet irgendwann im Irrenhaus. Er verliert jeglichen Biss, Selbstwert und seine Männlichkeit – dies ist leider die Situation von immer mehr Männern. Die Frau provoziert einen Mann mit einem Alpha-Test, damit er zeigt, dass er der Stärkere ist – er aber läuft weg.

1. Er: „Hi, ich würde dich gerne kennenlernen." Sie, guckt ihn von oben bis unten an: „Ich dich aber nicht. Was hast du denn zu bieten?" Er, brav: „Ich bin ein guter Zuhörer und hab einen interessanten Job."
   Sie fordert ihn heraus, um sich zu beweisen, und er antwortet brav wie ein wohlerzogener Sohn.
2. Er: „Darf ich mal vorbei?" Sie: „Nein, nicht umsonst." Er: „Dann eben nicht." Er nimmt schmollend einen anderen Weg.
3. Sie baut sich provozierend vor ihm auf: „Ich will wissen, wo du so lange warst!" Er, ausweichend: „Unterwegs halt." Sie: „Wo genau?" Er, genervt und verzweifelt: „Lass mich in Ruhe!" Sie: „Nicht, bevor ich eine Antwort habe."

All das sind Steilvorlagen von Frauen beim Flirten und in der Beziehung, die diese Männer in den Sand setzen und sich dadurch als Alpha disqualifizieren. Die Frauen haben im besten Fall Mitleid mit diesen Männern. Dabei gibt es so viele gute Alternativen, in solchen Situation als Mann aufzutreten und die Frau weiblich sein zu lassen.

Zu 1., alternativ: Er: „Oh, eine selbstbewusste Frau, so was mag ich. Und deine andere Seite?" Sie: „Welche andere Seite?" Er nimmt ihre Hand und dreht sie einmal um die Achse. „Die Vorderseite gefällt mir aber besser."

Zu 2., alternativ: Er hält langen und intensiven Augenkontakt: „Du hast recht. Du bekommst was Tolles dafür." Nähert sich und küsst sie auf den Mund.

Zu 3., alternativ: Er: „Bei Brigitte. Hab ich dir eigentlich schon mal erzählt, wie wunderbar sie küssen kann?" Sie holt entsetzt Luft für einen Wutausbruch. Er: „Komm her, ich zeig es dir!" Er hält sie gegen ihren Widerstand fest und versucht sie zu küssen, ein Gerangel entsteht, das letztendlich in wildem Sex endet.

Alle Frauen testen. Immer

Frauen testen je nach sozialem Status und Selbstwert unterschiedlich. Dramaqueens und Narzisstinnen testen ihrem Image entsprechend spektakulär und scheuen auch nicht davor zurück, Sie in der Öffentlichkeit zu blamieren oder zu beleidigen. Selbstbewusste und integre Frauen testen oft so kreativ und dezent, dass Sie es nicht einmal merken. Manche Tests von echten Königinnen habe ich erst Jahre später überhaupt als solche erkannt – und musste mich innerlich vor der Kreativität, der Diskretion und Intelligenz dieser Tests verbeugen.

Sie: „Ich hab mich heute so allein gefühlt." (Hat er ein ungelöstes Mamathema und fühlt sich zuständig? Dann rechtfertigt er sich, warum er keine Zeit hatte.)

Auf ihrer Geburtstagsparty hält Eva eine Rede und wendet sich mittendrin an ihren neuen Partner: „Thomas, erzähl doch mal von unserem Malheur in Paris, du kannst das bestimmt besser als ich." Damit testet sie seinen sozialen Status: Ist er selbstsicher und wortgewandt im Kreis unbekannter Menschen? Kann er eine spontane Herausforderung annehmen, improvisieren und eine Gruppe begeistern? Thomas besteht den Test souverän, indem er antwortet: „Ja, gerne, vorher möchte ich noch kurz von Evas Schwäche für Paris erzählen ..." (Er nimmt die Herausforderung an, nutzt sie aber auf seine Weise.)

Sie geht an seinen Kleiderschrank und sucht ihm Garderobe zum Ausgehen heraus: „Ich finde, das steht dir besonders gut." (Akzeptiert er ihre Wahl oder hat er einen eigenen Geschmack?)

Mit jedem bestandenen Alpha-Test sammeln Sie Punkte als Alpha, mit jedem vergeigten Test verlieren Sie welche. Jetzt kommt die schlechte Nachricht, ich kann Sie Ihnen leider nicht vorenthalten:

Alle Frauen, ohne Ausnahme *alle*, testen Sie (wenn sie Interesse an Ihnen haben). Immer. Ein Leben lang. Auch Ihre eigene Frau, bis zum Ende. Ohne Ausnahme, ohne Erbarmen. Bevor Sie jetzt an Geschlechtsumwandlung, Schwulwerden oder Suizid denken, hier ein paar Tipps.

Ich selbst habe unendlich viele dieser Alpha-Tests grandios in den Sand gesetzt, bei Flirts, Affären und in Beziehungen. Und tue es heute auch noch immer mal wieder. Trotzdem habe ich viele wundervolle und schöne Frauen in meinem Leben kennengelernt und geliebt – und sie mich auch. Sie müssen sich einfach eine positive Einstellung zulegen und diese Alpha-Tests als Herausforderungen und Teil Ihres Trainings sehen, auch wenn sie manchmal wehtun. Ich habe so viel aus meinen Fehlern mit Frauen gelernt, dass ich manchmal Lust darauf bekomme, noch mehr zu machen. Es ist wie beim Autofahren: Wer viel fährt, macht viele Fehler und sammelt mehr Punkte in Flensburg als die Sonntagsfahrer. Ist deshalb der Vielfahrer etwa ein schlechter Fahrer? Im Gegenteil! Genauso verhält es sich bei Frauen. Wer viel flirtet, verbessert seinen Fahrstil und wird ein guter Rennfahrer. Aber dafür zahlt er auch immer mal wieder Strafgeld. Oder wollen Sie lieber einer von den lahmen Sonntagsfahrern sein?

Sind Frauen wegen ihren permanenten Alpha-Tests etwa bösartig? Nein, nur sehr wenige. Die allermeisten machen diese Tests unbewusst. Frauen nutzen sie, um keine Zeit mit langweiligen Schlappschwänzen, Losern oder Angebern zu vergeuden. Mit einem Test zeigt eine Frau auch ihr weiterführendes Interesse an Ihnen – mit einem lahmen oder kaputten Auto will man keine Probefahrt machen.

In einer Kneipe sprach ich ein gestyltes Model neben mir an. „Was trinkst du denn da?" Sie, eiskalt über die Schulter: „Was willst du denn von mir, suchst du was fürs Bett?" Ich: „Ich bin mir noch nicht sicher, ob du dafür die Richtige bist." Sie, mich kurz und abschätzig musternd: „Du vertust deine Zeit, zisch ab." Ich: „Verdammt kalt hier, mach mal deine Klimaanlage aus." Sie: „Ach, du Ärmster." In diesem Ton ging es einige Minuten weiter. Ich war gerade gut drauf und ließ mich nicht abschrecken. Irgendwann wurde es mir dann doch zu blöd, und ich ging raus, um eine zu rauchen. Und wer kam 30 Sekunden später an: Michelle, die Tiefgefrorene! Ich: „Sehnsucht bekommen nach mir?" Sie: „Hast du mal ne Zigarette?" Ich: „Dir soll ich eine abgeben? Bei deinem fiesen Verhalten!" Sie: „Sorry, ich bin eigentlich gar nicht so." Und tatsächlich, ihre Stimme wurde sanfter, sie lächelte mich an und ihre Körperspannung ließ nach. Ich konnte ganz normal mit ihr reden. Wir kamen uns näher, und als ich sie später am Abend auf ihr zickiges Verhalten ansprach, war ich verblüfft: „Das ist mein Test. Wer nach drei Minuten noch nicht weg ist, hat ihn bestanden." Doch einen ihrer nächsten Tests bestand ich nicht – Michelle war wohl doch eine Nummer zu krass für mich.

Ein anderes Beispiel. *Ich rief eine Freundin an, die lange mit mir quatschte und flirtete. Nach einer halben Stunde sagte sie: „So, Bjørn, ich muss Schluss machen, ich hab Besuch." Ich: „Wie, du hast Besuch?" Sie: „Ja, Jürgen sitzt mir gegenüber ..." Ich: „Wie, der Typ, den du neulich kennengelernt hast? Und der sitzt die ganze Zeit da und hört sich an, wie du mit mir quatschst?" Sie, kichernd: „Ja, macht er." Ich: „Das gibt's doch nicht, und er macht nichts?" Sie: „Nein, nichts." Ich: „Na, dann weiß ich ja schon, was den Rest des Abends passieren wird." Sie, süßsauer: „Nichts."*

Nur ein absoluter Beta-Mann ohne Selbstachtung lässt sich so etwas von einer Frau bieten. Alpha würde nach drei Minuten den Hörer nehmen und sagen: „Ich bin grad dabei, Sandra zu verführen, also stör mich jetzt nicht weiter." Und dann auflegen.

Ein Alpha würde sich so etwas nicht bieten lassen. Eine Frau hatte das mit mir versucht, immerhin fragte sie mich vorher, ob sie den Anruf annehmen dürfte. Aber nach drei Minuten, als es offensichtlich nichts Wichtiges zu besprechen gab, knabberte ich ihren Hals an. Als sie wegwollte, hielt ich sie fest und sagte: „Hallo, Freundin, du solltest Hilfe holen, die Sarah wird nämlich gerade von einem Vampir angeknabbert. Aber sie genießt es." Sarah: „Meine Freundin sagt, du sollst mir bloß nicht wieder so nen Knutschfleck machen wie neulich." Ich: „Gib sie mir mal." Ich nehme das Handy: „Also wir beide müssen uns ja wohl mal unterhalten ..." Haben wir dann später auch, zu dritt. Danach gab es noch mehr Knutschflecke.

Sehen Sie das Ganze als ein Spiel an, und gehen Sie auf gar keinen Fall auf die Inhalte ein. Es gibt auch bei diesen Alpha-Tests drei Stufen:

Erkennen. Bestehen. Umdrehen

Mit dem Bewusstsein für Alpha-Tests sieht die Welt mit Frauen plötzlich völlig anders aus – Sie werden überhaupt erst einmal lernen müssen, diese Tests der Frauen zu erkennen. Ihnen werden in der nächsten Zeit die Augen aufgehen, wie oft und kreativ Frauen die Männer testen. Und Ihnen wird bewusst werden, wie viele dieser Alpha-Tests Sie in Ihrem Leben unbewusst schon vermasselt haben. Der nächste Schritt ist dann, entsprechend zu reagieren. Geben Sie den Anspruch auf, hundertprozentig bestehen zu wollen: Sie sammeln Erfahrungen und erwerben ungemein viel soziale Kompetenz. Nach einiger Zeit bemerken Sie, wie sich die Tests (mit Variationen) wiederholen, und Sie entwickeln ein Repertoire an Reaktionen darauf. Vielleicht finden Sie sogar Spaß daran, verschiedene Reaktionen auszuprobieren – vorausgesetzt, Sie nehmen das Ganze nicht zu ernst. Wecken Sie das Mädchen in der Frau, und spielen Sie mit ihr! Alle Frauen lieben das.

Der nächste Schritt ist dann, den Spieß umzudrehen. Zu Beginn Ihres Trainings als Verführer fragen Sie sich vielleicht, wie Sie Frauen kennenlernen sollen. Nach einiger Zeit aber verändert sich das – Sie werden viele attraktive Frauen um sich herum haben, die sich um Sie bemühen. Spätestens dann gilt es für Sie, die Passende(n) herauszufiltern. Nur Beta-Männer nehmen jede Frau, weil sie so anspruchslos und bedürftig sind und weil sie so wenig Auswahl haben. Als Alpha haben Sie dieses Problem nicht, stattdessen müssen Sie auswählen. Entwickeln Sie also Ihr eigenes System, Frauen nach Ihren Werten und Maßstäben zu testen. Welche Frau passt zu Ihrer Vorstellung einer interessanten Frau und soll Ihre Königin werden? Männer blenden durch Worte, Frauen durch Ihr Aussehen. Lassen Sie sich nicht von Oberflächlichkeiten beeindrucken, denn der Charakter einer Frau zählt, spätestens nach der ersten Nacht. Das Wichtigste dabei: Das Ganze sollte Ihnen Spaß machen!

Ich ging mit meiner Freundin am Strand entlang, als wir eine Gruppe spanischer Mädels sahen, die wir tags zuvor beim Tauchen kennengelernt hatten. Sie luden uns ein und wir setzten uns dazu. Als sie hörten, dass ich Tantra- und Männerseminare gebe, fingen sie an, über die spanischen Männer herzuziehen, die angeblich nicht führen können, unmännlich seien etc. Ich nahm mir also die Anführerin Ana Carolina vor. „Und du kannst dich führen lassen? Oder zickst du bei jedem rum?“ Ana: „Ich, natürlich, bei einem richtigen Mann.“ Ich: „Okay, bin ich ein richtiger Mann oder auch so ein spanischer Loser?“ Sie kicherte verunsichert: „Ich glaube, du hättest eine Chance.“ Die anderen redeten lachend durcheinander. Ich: „Okay, machen wir den Test, ob das stimmt. Steh mal auf.“ Ich nahm ihre Hand, legte ihr mein durchgeschwitztes Kopftuch als Augenbinde um und ging mit ihr am vollen Strand los. Sie ließ sich führen, wollte aber mit mir diskutieren. Ich: „Ich führe als Mann, du folgst als Frau und hältst den Mund, außer ich frage dich etwas. Das sind die Regeln für diesen Test. Bist du bereit?“ Sie atmete tief durch und rang sich zu einem noch etwas ironischen „Si, señor“ durch. Ich: „Noch mal ohne das ironische Grinsen.“ Ich zog ihr die Mundwinkel herunter. Am Anfang war sie etwas ängstlich, aber schon nach wenigen Minuten entspannte sie sich sichtlich und fing an, das Ganze zu genießen. Ich ließ sie mit verbundenen Augen im Meer schwimmen, eine Sanddüne runterrutschen und bewegte sie schwimmend hin und her, mit viel Körperkontakt. Sie schmiegte sich an mich, und ich kam ganz dicht an ihren Mund, was sie spürte. Sie öffnete leicht ihre Lippen, und ich küsste sie. Dann gingen wir zurück. Ich ließ sie frei laufen, verscheuchte gestenreich die Leute in ihrem Weg. Schließlich kamen wir wieder bei den anderen an, die sie mit Applaus begrüßten. Ich traf Ana noch einmal mit meiner Freundin zusammen, danach leider nie wieder.

Diesen Test mit verbundenen Augen mache ich gerne mit Frauen: Man testet ihr Selbstvertrauen, die Fähigkeit, sich führen zu lassen, und ihre Hingabe. Außerdem entsteht ein inniger und intimer Kontakt, wenn man gut und sicher führt als Mann.

Flirten, flirten, flirten

Beim Ansprechen, Flirten und Verführen von Frauen helfen Ihnen die ganze Literatur und alle Tipps nicht wirklich weiter. Das Wesentliche haben Sie gerade gelesen – jetzt hilft nur die Praxis. Immer und immer wieder üben, zu jeder Gelegenheit, mit jeder Frau. Flirten hat einen Selbstzweck, Sie sind gut drauf und es verpflichtet zu rein gar nichts. Sämtliche Ausreden dagegen sind feige und faul. Seien Sie jederzeit bereit. Gehen Sie immer zehn Minuten eher aus dem Haus, um Zeit zum Flirten zu haben, suchen Sie Orte auf, wo sich attraktive Frauen aufhalten. Lassen Sie nichts anbrennen!

Wie entsteht eine Liebesbeziehung?

Affäre, Beziehung, Ehe – was wollen Sie?

Sie haben erfolgreich eine attraktive Frau verführt. Herzlichen Glückwunsch! Wie geht es nun nach dem ersten Sex weiter? Hier wird es nämlich erst richtig interessant, aber auch gefährlich. Wie entsteht aus einem Flirt eine Beziehung oder auch eine Ehe? Gibt es dafür Regeln und Gemeinsamkeiten, oder ist jede Liebesgeschichte individuell? Natürlich ist jede Beziehung einzigartig, und auch der Weg dorthin. Neben den individuellen Ausprägungen gibt es jedoch grundlegende Muster, wie sich ein Flirt weiterentwickeln kann und eine entstehende Beziehung dann verschiedene Phasen durchläuft. Die meisten Männer sind sich dessen vollkommen unbewusst, sie lassen sich nach einer schönen sexuellen Begegnung einfach von ihren Gefühlen und von Bequemlichkeiten leiten. Aus dem One-Night-Stand wird eine Affäre und ehe sie sich versehen eine verbindliche Partnerschaft. Schließlich wird die Frau schwanger, und sie finden sich in der Rolle eines Familienvaters wieder, was sie mit dieser Frau so gar nicht wollten. Später kommen dann manche Männer zu mir: „Ich habe die falsche Frau geheiratet." Richtiger formuliert müsste es heißen: Sie haben sich heiraten lassen.

Gerade Männer mit niedrigem Selbstbewusstsein, wenig Erfolg und Erfahrung mit Frauen sind oft fasziniert, wenn eine Frau sie begehrt und sie endlich einmal wieder Sex haben. Obwohl die Frau, ihr Wertesystem oder ihre Lebensvorstellung vielleicht nicht besonders gut zu dem Mann passen, trifft er sie wieder. Er ist zu faul und zu feige, andere Frauen anzusprechen. Selbst wenn der Sex nur mittelmäßig ist, geht er den Weg des geringsten Widerstands und trifft die Frau, weil es so bequem ist. Oder die Frau bemüht sich um den Kontakt, und er kann nicht Nein sagen. So kann er in seiner Komfortzone bleiben, wozu viele Männer neigen, die keinen Zugang zu ihrem inneren Krieger haben.

Doch das Ganze hat seinen Preis und eine Eigendynamik, die ihm gar nicht bewusst ist. Die wenigsten Männer wissen, was sie wollen, verfolgen ein Konzept und überprüfen immer wieder, ob sie mit der richtigen Frau in der für sie angemessenen Beziehungsform leben. Sie wissen nicht, was sie wollen – aber die Frau weiß es! Wenn der Mann nicht die Führung übernimmt, dann tut es die Frau, die meistens sehr viel besser weiß, was sie von ihrem Partner und der Beziehung erwartet.

Damit Ihnen das nicht (mehr) passiert, hier zunächst eine schematische Übersicht über die Phasen vom ersten Flirt bis zur Ehe. Danach können Sie nicht mehr sagen: „Ich weiß auch nicht, wie es so weit kommen konnte!“

Verführung
1. Unverbindliches Flirten: Werbung, Kennenlernen, Aufbau erotischer Anziehung 2. Wiedersehen, Vertrauen aufbauen 3. Verführung: erster Sex 4. Eventuell zweites und drittes Mal Sex (oder Kontakt innerhalb eines klaren Zeitrahmens im Urlaub)
Grenze 1
Affäre
5a. Unverbindliche Affäre: unregelmäßige Treffen, auf Sex beschränkt. Wird bei grundsätzlicher Sympathie und gutem Sex meist unbewusst zu einer: 5b. Verbindlichen Affäre: Sympathie, guter Sex, regelmäßige Treffen. Der Fokus bleibt die erotische Begegnung, es geht jedoch schon über den Sex hinaus: gemeinsames Essen gehen, Kinobesuche, Spaziergänge usw. Alles, was Sie gemeinsam erleben, hat einen erotischen Touch. Eine Affäre liegt auch vor, wenn klare äußere Grenzen existieren, die einer Partnerschaft im Weg stehen: unterschiedliche Wohnorte, Ehepartner, keine gemeinsamen möglichen Zukunftspläne etc.
Grenze 2
Partnerschaft
6a. Beziehung: gemeinsam in der Öffentlichkeit. Den Partner bei Freunden und Familie vorstellen, nicht-sexuelle Aktivitäten überwiegen, gemeinsame Zukunftsplanung (über mehrere Wochen, Monate hinaus) 6b. Zusammenziehen in gemeinsame Wohnung oder Haus 6c. Einer zieht zum Wohnort des anderen, wechselt deshalb die Arbeitsstelle und das soziale Umfeld.
Grenze 3
Ehe
7. Heirat und/oder 8. gemeinsame Kinder 9. gemeinsame Firma, berufliches Projekt oder Ähnliches

Erste Grenze: Bis hierhin war alles ein unverbindliches Spiel. Sie haben Spaß gehabt und Erfahrungen gesammelt. Sie müssen sich nun entscheiden: Wie viel bedeutet Ihnen diese Frau? Wollen Sie auch auf einer emotionalen Ebene eine Verbindung entstehen lassen? Denn spätestens jetzt kommen Gefühle mit ins Spiel, das ist unvermeidbar. Es entsteht der Wunsch nach mehr, man möchte die schönen Erfahrungen wiederholen und ausbauen. Bis hierhin können Sie ohne Verletzung, Drama oder ernste Probleme „aussteigen" und den Kontakt beenden. Wenn Sie weitergehen, dann wird das Ganze zu einer Affäre und es werden unbewusst auch Hoffnungen auf mehr geweckt – selbst dann, wenn sie vorher abgeklärt haben sollten, dass nicht mehr daraus werden soll. Das Unbewusste der Frau ist stärker als eine rationale Entscheidung. Eine Trennung wird später nicht mehr ganz schmerzfrei und ohne Probleme möglich sein.

Überlegen Sie deshalb, ob Sie diese Grenze überschreiten wollen. Und Sie sollten nicht die Macht der Gewohnheit unterschätzen – besonders dann, wenn Sie ein Mann sind, der Probleme mit dem Flirten und Kennenlernen von Frauen hat. Sie sollten überprüft haben, ob die Frau in etwa Ihren Vorstellungen entspricht und der Sex gut ist. Vergessen Sie es, wenn einer der beiden Aspekte nicht passt. Sie können und werden die Frau nicht ändern, und der Sex wird meist nicht besser, wenn es zu Beginn nicht „funkt".

Zweite Grenze: Hier entscheidet sich, ob Sie eine sexuell motivierte Affäre mit klar getrennten Lebensbereichen führen oder aber eine verbindliche Partnerschaft. Wenn Sie dies mit der betreffenden Frau nicht beabsichtigen, dann müssen Sie hier **einen klaren Strich ziehen!** Leider versäumen dies viele Männer – ein ganz großer Fehler. Manchmal ist das der größte Fehler ihres Lebens, der sie in jeder Hinsicht teuer zu stehen kommt. Das ist leider keine Übertreibung, sondern bitterer Ernst. Bis hierhin kann noch die Reißleine gezogen werden, und manch einer hätte, rückblickend betrachtet, das an dieser Stelle besser auch gemacht. Schauen wir uns diese Grenze genauer an.

Woran genau erkennen Sie, dass eine Affäre sich in eine Partnerschaft verwandelt? Sie verändern Ihr Verhalten auf folgende Art und Weise: Sie beginnen mit Unternehmungen, die über das erotische Date hinausführen. Sie beginnen mit gemeinsamer Freizeitgestaltung. Sie verbringen gemeinsame Nächte in einem Bett. Sie verbringen mehrere Tage hintereinander gemeinsam. Sie machen gemeinsam Urlaub. Sie besuchen wichtige Orte Ihres Lebens zusammen (Büro, Lieblingsrestaurant, Stammkneipe, Club, Verein ...). Sie bewegen sich gemeinsam in der Öffentlichkeit. Sie stellen die Partnerin Ihren Freunden und Ihrer Familie vor. Sie beginnen, gemeinsam die Zukunft zu planen (über das nächste oder übernächste Treffen hinaus). Sie halten praktisch jeden Tag Kontakt, auch wenn Sie sich nicht sehen (per Telefon, SMS, E-Mail etc.). Sie verbringen wichtige Tage mit hohem Symbolgehalt zusammen (Geburtstage, Weihnachten, Silvester). Sie sind füreinander zuverlässig und planbar da. Sie besprechen persönliche Themen und Probleme miteinander. Sie treffen sich manchmal, auch ohne Sex miteinander zu haben. Sie verzichten dem Partner zuliebe auf bestimmte Gewohnheiten, Verhaltensweisen oder Vorlieben.

Den Übergang von der Affäre zur Beziehung kann man deutlich am Verhalten der Partnerin ablesen. Sie möchte statt Sex immer mehr kuscheln. Sie erzählt Ihnen persönliche Dinge und bespricht Probleme aus ihrem Leben. Sie fragt persönliche Dinge über Ihr Leben, die Ex und Ihre Familie. Sie wird eifersüchtig. Auch wenn sie vorher alles mitgemacht hat oder behauptet hat, sie wäre nie eifersüchtig. Sie fängt an, Sie zu kontrollieren, und beschwert sich, wenn Sie nicht erreichbar sind oder sich ein paar Tage nicht melden.

Sie setzt ihre „Markierungen" in Ihrer Wohnung („vergessene" Dinge) und besteht darauf, dass diese dort bleiben. So sichert sie ihr Revier ab. Sie fordert den Platz an Ihrer Seite in der Öffentlichkeit ein. Sie möchte Ihre Freunde und Eltern kennenlernen. Sie lädt Sie zu ihren Freunden und ihrer Familie ein. Sie bittet Sie, ihr bei Dingen zu helfen (Wohnung, PC, Auto etc.). Sie möchte Details aus Ihrem Leben erfahren und fragt nach, auch wenn Sie eine Grenze gesetzt haben.

Wenn mehr als die Hälfte dieser Aussagen zutreffen, dann haben Sie keine Affäre mehr, sondern bereits eine Liebesbeziehung. Schon bei den ersten Jas wird es Zeit, sich Gedanken zu machen, ob das alles in die Richtung läuft, wie *Sie* mit *dieser* Frau Ihr Leben verbringen wollen. Wenn Sie das nicht wollen, müssen *Sie* ihr klare Grenzen setzen und dann auch mit ihrer Enttäuschung, mit Rückzug oder Streit klarkommen. Lassen Sie eine Frau niemals über Ihr Privatleben bestimmen, nur weil Sie Ärger oder Streit vermeiden wollen – es rächt sich irgendwann bitter!

Wie hält man den Status einer Affäre aufrecht?

Diese Frage ist schwer allgemeingültig zu beantworten. Ich stelle lieber eine Gegenfrage nach Ihrer Motivation: Warum wollen Sie eine verbindliche Beziehung vermeiden? Ist es eine heimliche Affäre oder eine „Nebenbeziehung"? Lieben Sie die Frau nicht wirklich, und wollen Sie ohne weitere Verpflichtungen nur den Sex genießen? Ist sie nur ein bequemer Kompromiss für Sie? Haben Sie Angst vor Intimität und wirklicher Nähe? Halten Sie die Frau auf Distanz, weil Sie Angst haben, dass Sie von ihr kontrolliert werden? Oder passen Ihre Lebenseinstellung oder -situation nicht zusammen? Beantworten Sie diese Fragen ehrlich. Wenn Sie dann wirklich überzeugt sind, dass Sie eine Affäre, aber keine Partnerschaft mit dieser Frau wünschen, können Ihnen die folgenden Verhaltensregeln helfen.

Zunächst empfehle ich Ihnen, offen zu kommunizieren, dass Sie keine verbindliche Partnerschaft wollen. Seien Sie ehrlich und respektvoll. Wenn Sie der Frau etwas vormachen oder unbewusste Erwartungen wecken, rächt sich das irgendwann – die Frau wird Sie nämlich irgendwann dafür hassen, weil Sie mit ihren Gefühlen gespielt haben. Praktisch jede Frau macht sich bei einer Affäre Hoffnungen, dass daraus eine verbindliche Partnerschaft wird, oft sogar obwohl dem vernünftige Argumente oder ihre eigenen Aussagen entgegenstehen. Das romantische Unbewusste einer Frau, das sich nach einem beschützenden Partner an der Seite sehnt, ist auf Dauer stärker als ihr rationaler Teil. Insofern werden Sie, auch wenn Sie Ihre Absichten offen kommuniziert haben, der Frau stets Grenzen setzen müssen. Es reicht auch nicht zu sagen, Sie wollten keine Partnerschaft, wenn Sie sich gleichzeitig wie ein potenzieller Partner zu verhalten. Grundsätzlich gilt: Taten zählen viel mehr als Worte. Also müssen Ihre Handlungen und Ihre Haltung stets eindeutig sein und ihr zeigen, dass Sie als Lebenspartner nicht infrage kommen.

Konkret bedeutet das: Sie müssen immer wieder auf die gemeinsame Komfortzone verzichten und jegliche Routine vermeiden. Sorgen Sie dafür, dass Sie *bewusst* die Ansprüche der Frau an einen Partner nicht erfüllen.

- Halten Sie die Affäre von Ihrem sonstigen Leben so weit wie möglich getrennt.
- Sorgen Sie dafür, dass Erotik und Sex im Mittelpunkt Ihres Treffens stehen. Natürlich können Sie vorher zusammen essen gehen, aber der Sex danach sollte im Mittelpunkt stehen. Vermeiden Sie Treffen ohne Sex.
- Vermeiden Sie es, die Nächte miteinander zu verbringen.
- Benutzen Sie ein Kondom. Nicht nur aus Sicherheitsgründen, sondern auch, um eine gewisse Abgrenzung herzustellen.
- Seien Sie nicht immer erreichbar, es sollte immer wieder einige Tage ohne jeden Kontakt geben.
- Treffen Sie sich in unregelmäßigen Abständen, keine Routine! Möglichst nicht zwei Tage hintereinander.
- Machen Sie bei der Verabschiedung kein neues Treffen aus, sondern lassen Sie alles stets offen.
- Sagen Sie ab und zu Nein zu einem Angebot der Verabredung von ihr. Natürlich ohne jede Entschuldigung oder Rechtfertigung.
- Helfen Sie ihr nicht in ihrem Alltag, fühlen Sie sich nicht für ihre Probleme verantwortlich.
- Erzählen Sie keine persönlichen Probleme, involvieren Sie die Frau nicht in Ihr Privatleben.
- Lassen Sie sich nicht über Ihr Leben und Ihre Vergangenheit ausfragen.
- Machen Sie keinerlei Aussagen dazu, ob Sie auch mit anderen Frauen intim sind.
- Geben Sie keine Rechenschaftsberichte ab, wo und mit wem Sie zusammen waren oder was Sie gemacht haben.
- Treffen Sie die Frau stets allein. Vermeiden Sie unbedingt, Familie oder Freunde mit einzubeziehen.
- Vermeiden Sie es, von Bekannten, Freunden oder Kollegen mit ihr zusammen in der Öffentlichkeit gesehen zu werden. Ansonsten müssen Sie die Frau vorstellen und geben ihr damit den

Status einer Partnerin. Gehen Sie mit ihr an Orte, wo niemand Sie kennt.

- Besprechen Sie am Telefon keine persönlichen Dinge mit jemandem, wenn sie dabei ist.
- Treffen Sie Ihre Affäre nicht an „symbolträchtigen" Tagen wie Geburtstag, Weihnachten, Neujahr etc.
- Treffen Sie Ihre Affäre nur, wenn Sie sich gut fühlen. Wenn Sie kränklich, energielos oder „nicht gut drauf" sind, sagen Sie das Treffen ab. Lassen Sie sich nicht von Ihrer Affäre pflegen oder „betütteln".
- Vermeiden Sie Treffen in Ihrer eigenen Wohnung. Wenn doch, dann achten Sie darauf, dass die Frau nicht an Ihre privaten Sachen geht und keine „Reviermarkierungen" hinterlässt.
- Laufen Sie der Frau nicht hinterher. Wenn sie sich nicht meldet, müssen Sie halt mal warten. Sie sollten auch ohne diese Frau glücklich sein.
- Seien Sie jederzeit bereit, die Affäre zu beenden.
- Sagen Sie ihr nicht: „Ich liebe dich."
- Sorgen Sie in den Treffen dafür, dass Sie Spaß haben. Machen Sie nichts der Frau zuliebe, was Sie langweilt oder unangenehm ist.
- Übernehmen Sie die Führung bei der Organisation der Dates in Bezug auf Ort und Aktivität. Auch beim Sex sollten Sie der Verführer sein. Nur ab und zu und mit Ihrer Aufforderung kann auch die Frau mal ein Treffen organisieren.
- Seien Sie unberechenbar, überraschen Sie die Frau immer wieder mit neuen Ideen – das belebt auch die Erotik sehr!

Wenn für beide Beteiligten klar ist, dass sie keine Partnerschaft wünschen, können sie so eine schöne und anregende Zeit miteinander haben, und sie vermeiden einige kritische Punkte und Stress, womit Sie sich in einer Partnerschaft auseinandersetzen müssen. Aber halten Sie streng diese Verhaltensregeln ein. Liebe entsteht durch gemeinsame Zeit und Intimität von alleine. Liebe wünscht sich Gemeinsamkeit und Verschmelzung – auch über den Sex hinaus. Wenn der Sex gut ist und Sie sich auch emotional aufeinander einlassen, entsteht von selbst das Bedürfnis nach mehr Nähe und Verbundenheit. Insofern schwimmen Sie in einer Affäre immer gegen den Strom. Auch das kann eine gute und wichtige Erfahrung sein – ich kenne allerdings niemanden, der mit dieser doch etwas künstlichen Trennung von Sex und Alltagsleben und ohne Intimität und Liebe dauerhaft glücklich ist.

Dritte Grenze: Hier verwandeln Sie eine Partnerschaft in eine Beziehung, die Ewigkeitscharakter hat. Sie heiraten, zeugen Kinder, bauen ein Haus oder gründen eine Firma zusammen. Natürlich kann man dies alles (bis auf die Kinder) wieder auflösen, aber es ist im Grunde für den Rest des Lebens konzipiert, und eine Trennung wird sehr schmerzhaft und kostspielig werden. Also laufen Sie nicht offenen Auges ins Unglück! Erfüllen Sie nicht einfach die Erwartungen Ihrer Partnerin und Familie oder althergebrachte Konventionen. Wenn Sie an dieser Grenze stehen, stellen Sie sich deshalb einige wichtige Fragen. Beantworten Sie diese ganz in Ruhe, und besprechen Sie das Ganze dann nochmals mit guten (männlichen) Freunden; sinnvollerweise geschieht das einzeln, um von jedem eine ehrliche Einschätzung zu hören. Auch ein professionelles Coaching ist bei so entscheidenden Lebensfragen sicherlich eine gute Investition.

Weshalb wollen Sie heiraten? Was genau soll sich dadurch in Ihrer Partnerschaft verändern?

Lieben Sie die Frau wirklich, und sagen Sie es ihr? Und fühlen Sie sich geliebt?

Begehren Sie Ihre Partnerin? Haben Sie schönen und regelmäßigen Sex? Wenn nicht, wird dies durch eine Heirat nicht besser.

Warum wollen Sie Kinder? Haben Sie gemeinsame Vorstellungen von Kindererziehung?

Teilen Sie eine gemeinsame Lebenseinstellung? Sind Sie schon länger als ein Jahr zusammen? Leben Sie schon länger in einer Wohnung zusammen? Haben Sie über Ihre Zukunftspläne und Visionen offen gesprochen? Heiraten Sie, weil Sie keine Alternative (Frau) haben oder zu finden glauben? Heiraten Sie, weil „man das so macht“ oder Ihre Familie dies erwartet? Heiraten Sie, um bestimmte Probleme dadurch zu lösen? Wie häufig streiten Sie miteinander? Haben Sie eine „Streitkultur“ miteinander entwickelt?

Können Sie sich vorstellen, dass Sie diese Frau auch in zwanzig Jahren noch lieben *und* begehren? Wollen Sie wirklich eine monogame Ehe? Ist die Heirat/der Kinderwunsch wirklich Ihr Wunsch – oder vor allem der Ihrer Partnerin?

Kinderwunsch

Sind Sie bereit – egal was mit der Ehe passiert –, mindestens achtzehn Jahre sicherzustellen, dass Sie für die Kinder da sind und mit dieser Frau alles im Guten regeln, selbst wenn Sie sich trennen sollten? Auf was werden Sie verzichten müssen, einmal durch die Heirat, dann durch gemeinsame Kinder?

Jede einzelne Phase vom Flirt bis zur Ehe ist wichtig. Ein zu schnelles Durchlaufen der Stationen vom Kennenlernen bis zu einer Heirat und womöglich bis zu gemeinsamen Kindern ist sehr gefährlich. Ich warne dringend vor einem Auslassen der Phase der Affäre! Diese Zeit der Unverbindlichkeit und der Unsicherheit in einer Beziehung ist sehr wichtig, um eine gewisse Neutralität bei der Einschätzung des Partners zu erreichen. Fehlt diese Phase in den ersten Monaten des Kontakts, besteht die Gefahr einer symbiotischen Beziehung. Insbesondere Menschen, die sich sehnsüchtig einen Partner wünschen, neigen dazu, schnell zu klammern und sich gegenseitig einzuengen. Sie wollen das Alleinsein vermeiden und opfern ihre Freiheit und Eigenständigkeit, wodurch die Beziehung sehr schnell in Routine und Alltag einmündet.

Wenn Sie sich mit diesen Fragen beschäftigt haben, wird Ihnen diese bewusste Auseinandersetzung und Entscheidung im Vorfeld später einmal zugute kommen. Sie wissen dann nämlich, dass es Ihre eigene Entscheidung war und Sie deshalb auch bereit sind, die Verantwortung und die Konsequenzen zu tragen – auch wenn es Krisen, innere Zweifel oder unvorhersehbare Schwierigkeiten gibt. Gestalten Sie also Ihre Liebesbeziehung(en) bewusst nach Ihren Vorstellungen, und behalten Sie dabei die Führung.

Die passende Frau auswählen und sich erfolgreich verlieben

„Wie finde ich eine passende Frau zum Verlieben?" „Wie baue ich eine Liebesbeziehung auf?" Ganz direkt: „Wie finde ich die *Richtige?*" Das klingt nach schwerer Oneitis-Infektion, eine äußerst gefährliche Krankheit, unter der unzählige deutsche Männer leiden. Man könnte diese Krankheit auch so definieren: der fanatische Glaube daran, dass nur eine einzige Frau (*die einzige Richtige*) einen Mann glücklich machen kann (eine ist es – One-it-is). Findet er sie nicht oder verliert er sie, ist er zu lebenslangem Unglück verdammt. Aber es gibt auf diesem Planten nicht nur eine einzige Frau, mit der Sie glücklich werden können, auch wenn romantische Vorstellungen à la Hollywood Ihnen das suggerieren.

Die Wahrheit ist: Sich zu verlieben ist eine Entscheidung, kein Schicksal, keine Magie und kein Voodoo. Und es gibt Tausende von Frauen auf dieser Welt, mit denen Sie glücklich werden könnten. Doch beim Verlieben spielen eine Menge Zufälle eine Rolle, Zeit, die man miteinander verbringt, die „Chemie" und grundsätzlich übereinstimmende Interessen, eine ähnliche Lebensausrichtung. Zufällige Begebenheiten spielen eine Rolle, man lernt die zukünftige Partnerin kennen, weil man auf derselben Party ist, beim selben Kongress oder einem Seminar ... Wenn es eine sexuelle Anziehung gibt und es grundsätzlich passt, folgen positive Emotionen, körperliche Begegnungen und Gespräche. Wenn beide offen für eine Partnerschaft sind, verlieben sie sich, weil sie sich für diesen einen Partner entscheiden.

Wenn Sie aber eine fantastische Frau kennenlernen, alles könnte passen, der Sex ist grandios, sie hat jedoch gerade eine Trennung hinter sich und will keine neue Beziehung, dann wird auch nichts daraus. Ich weiß, das klingt wenig romantisch. Wenn Sie es vorziehen, glauben Sie lieber an das Karma, das Schicksal oder den lieben Gott, der Sie mit Ihrer Traumfrau zusammenführt. Die Wahrheit werden wir alle niemals erfahren.

Für mich als Coach und Therapeut ist lediglich der praktische Nutzen der Lebenseinstellung entscheidend: Hilft sie Ihnen, ein selbstbewusstes und glückliches Leben zu führen und die richtige Partnerin zu finden? Hilft sie Ihnen, flexibel, frei und unabhängig zu bleiben? Oder hält Sie Ihre eigene Philosophie in Abhängigkeit, Schicksalsergebenheit und Passivität? Motiviert Ihre Lebenseinstellung Sie zu persönlicher Entwicklung, um Ihre Potenziale zu befreien, oder verharren Sie im Status quo? Überlegen Sie, welche Einstellung für Sie unterstützend und welche hinderlich ist.

Das Ziel: ein soziales Wesen werden, viele Kontakte und vor allem echte Freunde haben

Natürlich können Sie kein Casting mit unzähligen Frauen durchführen. Aber Sie können die Chance, eine passende Frau zu finden, dramatisch erhöhen, indem Sie sich von Ihrer Couch wegbewegen. Die Wahrscheinlichkeit, dass sie bei Ihnen klingelt und sich vorstellt, ist nämlich denkbar gering. Werden Sie also ein soziales Wesen: Gehen Sie häufig aus, knüpfen Sie Kontakte, bauen Sie verbindliche Freundschaften auf und sammeln Sie dadurch soziale Kompetenz. So kommen Sie in Kontakt mit vielen Menschen und natürlich auch mit interessanten Frauen.

Sie werden Ihre Traumfrau vermutlich auch nicht im Internet treffen. Ich empfehle Männern, nicht zu viel Zeit mit Internet-Dating und sozialen Netzwerken zu verbringen. Sie vergeuden viel Zeit und lernen weder soziale Kompetenz noch andere wichtige Dinge im Umgang mit Frauen. Wenn Sie beim Flirten und bei gemeinsamen Unternehmungen echten und vor allem körperlichen Kontakt mit Frauen machen, lernen Sie viel mehr, und es hat noch einen weiteren Effekt: Ihre Selbstsicherheit und Ihr Selbstbewusstsein im Umgang mit Frauen steigen. Die risikolose Kontaktaufnahme im Internet bringt Sie auf kein höheres Level. Frauen stehen auf Abenteurer, nicht auf Internetsurfer.

Was erwarte ich von meiner Partnerin? Alpha stellt Ansprüche, Beta nimmt die Reste

Sie suchen nicht nur eine Affäre, sondern eine Lebenspartnerin, um eine Familie zu gründen? Dann sollten Sie die Suche mit Intelligenz, Kreativität und Unterstützung angehen. Die passende Partnerin sollte sorgfältiger ausgewählt werden als die wichtigste Stelle in Ihrer Firma. Wie wählen Sie als Personalchef jemanden für eine leitende Position aus? Sie schreiben eine Stelle aus und schauen sich erst einmal die Lebensläufe und Referenzen an. Danach werden mit einigen Personen Tests gemacht. Die besten und geeignetsten werden dann für ein persönliches Gespräch eingeladen. Weil sie sich womöglich blenden lassen oder voreingenommen sind, nehmen Sie unabhängige Experten wie einen Psychologen oder Berater dazu. Dann folgen Probetage und eine Probephase für wenige Auserwählte, in der diese Personen getestet werden, schwierige Aufgaben werden gestellt oder Sie legen ihnen bewusst Steine in den Weg, damit Sie sehen, wie derjenige in Extremsituationen reagiert, ob er loyal ist etc. Wenn Sie als Firmenchef einen Geschäftspartner wählen, der an Ihrer Seite stehen soll, dann wird dieser Prozess von Ihnen mit noch mehr Sorgfalt und mit einem professionellen Coaching durchgeführt werden.

Und jetzt fragen Sie sich bitte, wie Sie Ihre Partnerinnen bislang ausgewählt haben? Vermutlich ohne jedes Konzept, rein emotional und oft wider besseres Wissen und gegen die Ratschläge von Freunden. „Aus Liebe“ lautet die romantische Ausrede der Faulen und Unwissenden. Das lässt sich definitiv verbessern!

Übertragen Sie das Beispiel aus dem Berufsleben auf die Auswahl einer richtigen Partnerin. Seien Sie anspruchsvoll, und lassen Sie sich nicht durch Schönheit, Äußerlichkeiten, charmantes Verhalten oder wilden Sex blenden. Entwickeln Sie eigene Vorstellungen darüber, was für eine Persönlichkeit eine Frau haben soll, die zu Ihnen passt. Welche Werte im Leben soll Ihre Traumfrau haben, welche Verhaltensweisen sind Ihnen wichtig?

Casting für die Traumfrau: Eigene Regeln und Tests aufstellen

Als Alpha-Mann sollten Sie sich der Regeln und Werte bewusst sein, die Ihrer Partnerschaft zugrunde liegen. Was erwarten Sie von Ihrer Partnerin? Welches Verhalten wünschen Sie sich, was akzeptieren Sie und was nicht? Die meisten Männer machen sich keine Gedanken dazu – ein großer Fehler. Nehmen Sie sich Zeit, und fixieren Sie die Grundsätze Ihrer Partnerschaft schriftlich. Und dann entwerfen Sie Tests für Frauen. Wenn Sie zum Beispiel keine Frauen ertragen, die stets das letzte Wort haben müssen, testen Sie genau das. Freilich müssen Sie dann auch das Selbstbewusstsein haben, Konsequenzen zu ziehen. Wenn Sie eine Partnerin suchen, die Kinder mag, gehen Sie beim ersten Treffen mit ihr auf den Kinderspielplatz. Wenn Sie eine Frau suchen, die kontaktfreudig ist, nehmen Sie sie mit auf eine Party Ihrer Freunde und schauen Sie, wie sie alleine zurechtkommt. Auf diese Art vermeiden sie viel verschwendete Zeit und Streitereien mit Frauen, die nicht zu Ihnen passen.

Es gibt auch kleine, alltägliche Tests: „Hol mir doch bitte mal den Zucker." Und dann schauen Sie, ob die Frau bereit ist, kleine Gefälligkeiten für Sie zu tun. Im Kaufhaus: „Wow, ich glaube, das Kleid würde dir stehen." Sie: „Nein, bestimmt nicht." Ich: „Das müssen wir testen, zieh es mal an." Oder: „Schließ mal die Augen und mach den Mund auf." Dann legen Sie ihr vorsichtig etwas Leckeres hinein. Anerkennen Sie, wenn eine Frau Ihnen vertraut und folgt, und nutzen Sie es nicht aus. Sie werden zunehmend Spaß an Ihren eigenen Tests bekommen, Ihr eigenes Casting für die passende Frau wird immer ausgefeilter werden.

Ein Fragenkatalog als Leitfaden

Was ist Ihnen wichtig bei Ihrer „Zukünftigen"? Auch wenn Sie in einer Partnerschaft leben, ist es sinnvoll, diese Fragen für sich ehrlich zu beantworten. Stellen Sie sich vor, Sie wären Single, und vergessen Sie einmal Ihre Partnerin.

Körper und Aussehen: Was ist Ihnen wirklich wichtig in Bezug auf das Aussehen? Gibt es No-Gos wie massives Übergewicht, unangenehmen Körpergeruch, schrille Stimme?
Auftreten: Suchen Sie eine selbstbewusste oder eher eine zurückhaltende Frau? Was passt zu Ihnen?
Stil: Soll sie sportlich, modisch, extravagant, alternativ ... gekleidet sein? Legen Sie Wert auf eine gestylte Frau mit schicker Wohnung?
Sport: Sollte sie Sport treiben oder eventuell eine Sportart mit Ihnen teilen?
Gesundheit: Zu welchen Kompromissen bezüglich der Gesundheit Ihrer Partnerin wären Sie bereit?
Werte: Welche Werte im Leben sollten ihr wichtig sein? Dafür müssen Sie Ihre eigenen erst einmal kennen und in eine Hierarchie

bringen – eine sehr lohnenswerte Aufgabe. Beispiele für Werte sind: Ehrlichkeit, Freiheit, Gesundheit, Erfolg, Liebe, Autonomie, Geborgenheit, Spiritualität, Reichtum, Familie, Freunde ...

Kinder: Soll oder darf Ihre Zukünftige eigene Kinder haben? Wollen Sie mit ihr Kinder haben? Eine wichtige Frage und ein Ausschlusskriterium, wenn Sie eine Familie gründen wollen.

Beziehungsform: Was für eine Partnerschaft suchen Sie genau? Eine monogame Beziehung? Eine offene Beziehung, ein- oder beidseitig? Wollen Sie zusammen oder getrennt wohnen?

Treue: Eine entscheidende Frage, die mit der vorherigen zusammenhängt und zu der Sie sich einige Gedanken machen sollten: Was genau bedeutet Treue für Sie? Wo genau beginnt Untreue? Bei Fantasien, beim Flirten, beim längeren Sich-in-die-Augen-Schauen, beim Streicheln, beim Küssen, beim Petting, beim Geschlechtsverkehr, beim gemeinsamen Nächtigen in einem Bett, ab dreimal Sex, wenn Sie einen Orgasmus bekommen, beim Sichverlieben ... Als Paartherapeut habe ich schon 1001 Definitionen von Treue gehört. Was erwarten Sie von Ihrer Partnerin? Und was wollen Sie freiwillig und ehrlich einhalten?

Kommunikation: Wie sieht es mit Ehrlichkeit und Geheimnissen aus? Was erwarten Sie? Wie viele Freiräume möchten Sie und können Sie der Frau zugestehen?

Freiräume: Wie viele eigene Hobbys, Freundschaften und Zeit wollen Sie für sich (ohne Ihre Partnerin)? Und wie viel wollen Sie ihr zugestehen? Darf sie zum Beispiel mit attraktiven Single-Männern tanzen gehen, in die Sauna gehen ...? Und Sie? Wie intensiv wollen Sie flirten, ohne permanente Dramen und Erklärungen danach?

Familie und Freunde: Wie wichtig ist Ihnen die Integration der Zukünftigen in Ihre Familie und Ihren Freundeskreis? Wie offen wären Sie umgekehrt? Wollen Sie mehr zu zweit sein, wie sieht es mit Ihrer Freundesclique oder Verwandtschaft aus?

Zeit: Wie viel Zeit wollen Sie mit Ihrer Partnerin verbringen? Was wollen Sie überwiegend zusammen tun?

Sexualität: Wie oft wollen Sie Sex haben? Und wie oft können Sie wirklich? Wie experimentierfreudig sollte Ihre Partnerin sein? Und können Sie auch mithalten? Was sind Ihre sexuellen Vorlieben und Wünsche?

Gewohnheiten: Das sollten Sie nicht unterschätzen. Ab 35–45 Jahren sind erstaunlich viele Menschen nicht mehr bereit, lieb gewon-

nene Gewohnheiten aufzugeben. Dazu gehört: eine bestimmte Art der Körperpflege, Raucher/Nichtraucher, Ernährungsgewohnheiten (Vegetarier, Fast Food, Kochen oder Ausgehen), Wohnungseinrichtung und Sauberkeit, Früh- oder Spätaufsteher etc.
Interessen: Sie brauchen ein Minimum gemeinsamer Interessen: Kultur, Sport, Abenteuer, Urlaub, Weiterbildungen und Kongresse, Meditation, Spiritualität, Ausgehen ... Was ist Ihnen wichtig, und was wollen Sie unbedingt mit Ihrer Partnerin teilen?
Tipp: Schauen Sie sich mal die Single-Börsen der renommiertesten Anbieter an. Dort finden Sie genau solche Fragen zum Persönlichkeitsprofil und zu Ihrer erwünschten Partnerin. Das Ausfüllen und die Auswertung der Fragebögen ist oft kostenlos. Ich empfehle Ihnen das, damit Ihnen bewusster wird, was Sie eigentlich wollen. Speichern Sie jeweils die beantworteten Fragen direkt ab, damit Sie sie zur Verfügung haben.

Sollte das Profil Ihrer Traumfrau und Ihrer zukünftigen Partnerschaft komplett anders aussehen als alle bisherigen Beziehungen und Frauen in Ihrem Leben, dann sollte Sie das stutzig machen. Können Sie damit wirklich klarkommen? Ist das nur ein Traum, der aber im Alltag zum Albtraum würde, weil es nicht Ihrer Persönlichkeit und Ihren Fähigkeiten entspricht? Lesen Sie das Profil einem guten Freund vor und fragen Sie ihn nach seiner Einschätzung.

Auswahl haben, keine Fixierung auf „die Eine" (Oneitis-Gefahr)

Ein gravierender Fehler, den Beta-Männer immer wieder machen, ist es, sich zu schnell auf eine Frau zu fixieren und einen Tunnelblick zu bekommen. Das ist wie bei der Auswahl einer neuen Sekretärin, wenn Sie von einer Vollbusigen mit sexy Aussehen hypnotisiert werden. Vor allem Männer, die sich einsam fühlen und schon länger keinen guten Sex mehr hatten, neigen dazu, sich auf die Frau zu fixieren, die in ihr Leben getreten ist und mit der sie endlich mal wieder Sex genießen können. Männer mit niedrigem Selbstbewusstsein neigen überdies dazu, bei einer Frau zu bleiben, weil diese ihnen die lang ersehnte Aufmerksamkeit und Zuwendung gibt. Bedürfnisbefriedigung ist aber keine gute Voraussetzung für eine Partnerschaft. Sie sollten grundsätzlich immer mehrere Bewerberinnen anschauen und testen. Und solange Sie noch in der Phase einer Affäre sind, sollten Sie auch ruhig mehrere „Eisen im Feuer“ haben, um Verblendung und Abhängigkeit zu vermeiden.

Die neue Flamme den Freunden vorstellen

Kennen Sie das? Ein Freund stellt Ihnen seine neue Angebetete vor, und Sie wissen schon nach ein paar Minuten: „Das wird nicht gut gehen.“ Die beiden passen einfach überhaupt nicht zusammen. Aber Ihr Freund ist so von ihr eingenommen, dass er resistent ist gegen jede Kritik. Es tut manchmal fast weh zu sehen, wie ein Freund in sein Verderben läuft. Passen Sie auf, dass Ihnen das nicht geschieht. Stellen Sie Ihre neue Eroberung Ihren Freunden vor und bitten Sie diese dann in einem ruhigen Gespräch unter vier Augen um eine ehrliche Einschätzung. Ein guter Freund wird sie Ihnen auch geben. Nehmen Sie die Einschätzung Ihres Freundes ernst, vor allem, wenn Sie sich schon lange kennen. Er wünscht Ihnen, dass Sie glücklich sind mit einer Frau, aber er ist unvoreingenommen in seinem Urteil, weil er nicht persönlich involviert ist. Auch wenn Sie Schwierigkeiten damit haben, sich zu entscheiden, und an jeder Frau etwas kritisieren, kann Ihnen die Einschätzung Ihrer Freunde helfen. Oder wenn Sie selbst unsicher sind, ob es die passende Frau ist, und Sie Bestätigung brauchen, kann die Ermutigung eines guten Freundes Ihnen helfen, Ihr Herz zu öffnen und sich auf jemanden verbindlich einzulassen.

Die Freunde und Familie der Frau kennenlernen

Wenn Sie eine Frau für eine Partnerschaft oder Familie suchen, sollten Sie anders herangehen, als wenn Sie nur eine Frau für guten Sex und eine unverbindliche, schöne Zeit zusammen suchen. Zumindest können Sie viele Irrwege und Zeitverschwendung vermeiden, wenn Sie die nachfolgenden Regeln beachten. Ich weiß, es hört sich spießig an, wenn ich Ihnen empfehle, die Familie Ihrer „Zukünftigen“ kennenzulernen. Aber anders als bei einer Affäre, wo Sie sich die Rosinen rauspicken können, buchen Sie bei einer Partnerschaft das „Gesamtpaket“. Frauen sind soziale Wesen, und ihre Persönlichkeit ist ein Spiegel ihrer Umwelt. Sie müssen kein Psychologe sein, um zu beobachten, wie sie mit ihrer Familie, mit Freunden und Kollegen umgeht. Wie ist die Atmosphäre in der Familie? Wie ist der Umgang dort untereinander? Herrscht ein respektvoller oder gar liebevoller Umgang miteinander? Geht es höflich, oberflächlich und distanziert zu? Ist die Atmosphäre angespannt, abwertend und konfliktreich? Fragen Sie die Frau schon vorher, ob sie ihren Vater und ihre Mutter liebt. Hören Sie zu, und achten Sie auch auf ihre Gesichtszüge und die Aussagen „zwischen den Zeilen". Hat sie ständig Kontakt zu ihrer Familie und lebt innerlich noch halb im Elternhaus, oder ist der Kontakt eher sporadisch?

Warum ist das so wichtig? Die Atmosphäre in der Ursprungsfamilie prägt uns in besonderer Weise. Auch wenn wir vieles ablehnen, was wir bei den Eltern erlebt haben, stellen wir unbewusst in längeren Partnerschaften oder in der eigenen Familie doch wieder dieselbe Grundatmosphäre her, weil sie uns aus unserer Kindheit vertraut ist. Das ist ein unbewusster Prozess, den man nur überwinden kann, wenn man sich in Therapie oder durch Persönlichkeitsentwicklung eingehend damit auseinandersetzt. Fragen Sie sich also beim Besuch der Eltern der zukünftigen Partnerin, ob Sie sich dort wohlfühlen und ob Ihre zukünftigen Kinder dort gut aufgehoben wären. Sie sollten es nicht übertreiben: Sie müssen Ihre Schwiegereltern nicht lieben, aber Sie werden mit ihnen klarkommen müssen. Psychologisch ist für eine Frau in Bezug auf ihre eigene Weiblichkeit und ihren Körper die Beziehung zur Mutter wichtig. Lehnt die Frau ihre Mutter ab, besteht kein Kontakt oder gibt es ständig Dramen, dann sollten Sie vorsichtig sein: Diese Frau hat ihr Mutterthema offensichtlich nicht bearbeitet. Wenn Sie die Beziehung zur Mutter reflektiert und daran arbeitet, ist sie auf einem guten Weg. Die Beziehung zum Vater ist für eine Frau entscheidend in Bezug auf ihren Partner. Liebt und verehrt sie ihren Vater, kämpft sie mit ihm oder verachtet sie ihn gar? Grundsätzlich können Sie davon ausgehen, dass alle ungelösten Probleme mit dem Vater auf den Beziehungspartner übertragen werden, um sie mit ihm zu lösen. Also schauen Sie, ob die Frau ein halbwegs gutes und geklärtes Verhältnis zu ihrem Vater hat.

Dasselbe gilt für den Ex-Partner der Frau. Normale Flirt-Ratgeber empfehlen, dieses Thema zu vermeiden. Wenn Sie aber eine verbindliche Partnerin suchen, rate ich Ihnen das Gegenteil, allerdings noch nicht unbedingt beim ersten Date ... Fragen Sie nach dem Ex und hören Sie zu, wie sie über ihn redet: liebevoll, respektvoll, ruhig? Oder voller Vorwürfe, Schmerz oder Hass? Gehen Sie davon aus, dass *Sie* die unerledigten Dinge mit dem Ex in der Partnerschaft mit dieser Frau klären müssen und dass die Frau beim nächsten Mann genauso über Sie reden wird wie jetzt über den Ex. Steigen Sie nicht stundenlang in Diskussionen über Familie und den Ex ein, sondern fragen Sie einfach neugierig nach, um die innere Haltung der Frau zu erfahren. Dann wechseln Sie wieder das Thema. Bleiben Sie locker, und machen Sie kein großes Ding daraus.

Beobachten Sie auch, wie es mit dem sozialen Umfeld der Frau aussieht: Freunde, Nachbarn, Kollegen, Bekannte. Überwiegen freundschaftliche und geklärte Kontakte, oder liegt sie mit der Hälfte ihrer Mitmenschen im Streit? Gehen Sie davon aus, dass dies im Kontakt mit Ihren Freunden ähnlich sein wird.

Hat die Frau ein geregeltes Leben?

Überprüfen Sie, ob die Frau ihren Alltag gut geregelt bekommt und ein Gleichgewicht zwischen Beruf und Freizeit gefunden hat. Ist sie grundsätzlich zufrieden mit ihrer Lebenssituation und dem sozialen Umfeld? Das spricht für eine Frau mit hohem Selbstwert und innerer Balance. Frauen mit niedrigem Selbstwert wie Dramaqueens oder Narzisstinnen stolpern von einer Katastrophe in die nächste, sie scheinen von äußeren Ereignissen getrieben zu sein. Ständig gehen Dinge schief, Konflikte, Geldsorgen, Unfälle, Krankheiten etc. scheinen das Leben dieser Frau in diesem Moment zu bestimmen. Doch das ist selten nur aktuell so. Seien Sie nicht naiv, und aktivieren Sie nicht Ihren Retter- und Helferinstinkt – das ist eine denkbar schlechte Basis für eine Beziehung. Suchen Sie sich für eine stabile Partnerschaft lieber eine Frau, die ihr eigenes Leben gut geregelt bekommt, dann hat sie auch Energie für größere Projekte wie Kinder oder andere Visionen.

Nicht auf die Traumfrau warten

Sie werden keine Frau finden, die ihre gesamte Familie liebt und mit allen in Harmonie ist. Einige Baustellen für die Beziehung müssen schließlich bleiben. Eine Partnerschaft hat nicht nur die Aufgabe, den Status quo und die gemeinsame Freude zu sichern, sondern dient der beidseitigen persönlichen Weiterentwicklung. Unerledigte Themen werden vom Partner gespiegelt und können so angeschaut werden. Daher müssen Sie sich immer wieder auf Überraschungen gefasst machen, wenn die Partnerin nicht genau Ihren Vorstellungen entspricht und sich nicht so verhält wie vorhergesehen. Sonst bräuchten Sie nämlich eine Sklavin. Außerdem: Wie sieht es bei den angesprochenen Themen bei Ihnen aus? Warten Sie also nicht auf die Traumfrau – dem erleuchteten, naturgeilen, durchtherapierten und reichen Supermodel sind Sie nämlich gar nicht gewachsen!

Einmal kam ein Mann zum großen weisen Meister Yisuddin, der in einer Höhle hoch oben im Himalaya lebte. Völlig verzweifelt und ausgezehrt bat er ihn um Rat: „Ich suche meine Traumfrau, schon mein Leben lang. Ich war viele Nächte aus, gab Kontaktanzeigen auf und war in allen Single-Portalen. Ich war an allen Orten in verschiedenen Ländern, wo sich schöne Frauen aufhalten – aber die Richtige war nie dabei. Ich habe verschiedene Therapien gemacht, mein negatives Karma aufgelöst, war bei Astrologen, vielen weisen Männern und in Tantra-Seminaren. Nichts hat bislang geholfen, Sie sind meine letzte Hoffnung!“ Yisuddin: „Und du bist sicher: Wirklich niemals hast du deine Traumfrau getroffen?“ Seine Haltung sackte noch mehr zusammen, eine unendliche Traurigkeit lag auf seinem Gesicht. „Doch, einmal“, sagte er mit leiser Stimme. Und der Meister fröhlich: „Na, dann besteht ja doch Hoffnung!“ Doch der junge Mann entgegnete: „Nein. Sie war auf der Suche nach ihrem Traummann.“

„Ich verliebe mich einfach nicht“

Viele Männer erzählen mir, dass sie zwar Kontakte, Sex und auch unverbindliche Affären mit interessanten und schönen Frauen haben, aber sich einfach nicht verlieben. Für diese Männer sind die letzten Abschnitte zur Auswahl der passenden Partnerin ein gefundenes Fressen, um die Latte mit den Ansprüchen noch höher zu hängen. Wenn das auf Sie zutrifft und Sie mindestens 25–30 Jahre alt sind, dann beantworten Sie bitte folgende Fragen:

- Hatten Sie mindestens eine langfristige feste Partnerschaft (mindestens drei Jahre)?
- Haben Sie mehrere Jahre mit einer Partnerin in einer Wohnung zusammengelebt?

- Haben Sie in einer festen Beziehung der Frau „Ich liebe dich“ gesagt und das auch gefühlt?
- Können Sie einer Frau beim Sex während des Orgasmus in die Augen schauen?
- Können Sie die Nacht mit einer Frau in einem Bett mit Körperkontakt verbringen?
  (Der vollständige Test ist auf meiner Website zu finden.)

Wenn Sie mehrere Fragen mit Nein beantworten, dann haben Sie vermutlich ein Problem mit Intimität und Nähe. Auch Ihre potenzielle Traumfrau wird das nicht für Sie lösen.

Vielleicht haben Sie ein Mutterproblem. Sie hatten als Junge eine dominante Mutter, von der Sie sich psychologisch noch nicht wirklich gelöst haben. Deshalb haben Sie Angst vor weiblicher Dominanz und lassen sich auf keine Frau wirklich tief ein, weil Sie befürchten, Ihre Freiheit und Selbstbestimmung zu verlieren. In diesem Fall müssen Sie zunächst Ihr Mutterthema lösen, bevor Sie eine befriedigende Liebesbeziehung leben können. Erstaunlich viele Männer haben sich nicht wirklich innerlich von ihrer Mutter gelöst und fallen so als Mamasöhnchen der Partnerin zur Last.

Lieben heißt, sich für einen Menschen verbindlich zu entscheiden, Zeit zu investieren und nicht wegzulaufen, wenn es schwierig wird. Wenn Sie jemand sind, der gerne wegläuft, dann hören Sie damit auf. Zunächst einmal: Laufen Sie nicht mehr vor Ihren Gefühlen weg. Viele Männer haben Angst vor Gefühlen, weil sie diese schwer steuern können. Lernen Sie, auch unangenehme Gefühle auszuhalten. Wenn Sie Angst haben, dann sagen Sie sich: „Ja, ich habe eine verdammte Angst. Das ist okay, jeder hat mal Angst. Und ich fühle das jetzt einfach, bis es vorbeigeht.“ An Angst ist noch niemand gestorben, es ist einfach nur ein Gefühl. Angst vor emotionaler und körperlicher Intimität lässt sich auflösen, aber man muss es wollen. Es lohnt sich, dafür professionelle Hilfe zu suchen.

Bei Konflikten: Gehen Sie vorwärts und bleiben Sie in Kontakt mit dem Konfliktpartner, bis die Sache geklärt ist. Seien Sie in Ihren Kontakten verbindlich. Machen Sie konkrete Verabredungen und halten Sie diese stets ein. Sie haben vermutlich auch Angst vor privaten Entscheidungen und den Konsequenzen. Dann machen Sie folgende Übung: Treffen Sie jeden Tag eine Entscheidung, die nicht mehr (oder zumindest nicht leicht) rückgängig zu machen ist. Denn davor haben Sie Angst. Das können sehr kleine Dinge sein, die Sie aber konkret tun müssen. Nach einer Weile werden Sie sich daran gewöhnen, Entscheidungen mit langfristigen Konsequenzen zu treffen.

Geben Sie bewusst bestimmte Freiheiten auf, indem Sie zeitlich begrenzt anderen erlauben, über Sie zu verfügen. Beispiel: Sie sagen einem guten Freund: „Heute Abend bin ich für dich da, was immer du dir wünschst, machen wir zusammen." Und dann tun Sie es auch, ohne zu murren und ohne heimlichen Widerstand. Es war schließlich Ihre Entscheidung.

Liebeskummer, gebrochenes Herz und Oneitis

Hatten Sie eine schmerzliche Trennung von einer Frau, die Sie sehr liebten, und haben Sie seitdem nie wieder Liebe für eine andere Frau empfunden? Sie glauben, das war Ihre Seelenpartnerin, und das, was Sie mit ihr erlebten, sei mit keiner anderen Frau möglich? Dann leiden Sie unter einer schon vorher erwähnten Krankheit: Oneitis.

Was genau ist damit gemeint? Männer, die unter Oneitis leiden, glauben, dass sie nur mit einer bestimmten Frau glücklich werden und nur diese eine lieben können. Für sie kommt keine andere Frau infrage. Oft wird diese Haltung noch unterstützt durch religiöse oder esoterische Vorstellungen wie: „Sie ist meine Seelenpartnerin." „Wir sind füreinander bestimmt." Oder: „Sie ist die Auserwählte für mich."

Grundsätzlich gibt es zwei Formen von Oneitis. Zum einen, wenn die Angebetete die Ex-Partnerin ist und der Mann nicht von ihr loskommt. Zum anderen, wenn noch nie eine Beziehung, oft noch nicht einmal ein intimer Kontakt bestanden hat und sich das Ganze nur in der Fantasie des Mannes abspielt.

Zunächst zur ersten Form. Was ist der Unterschied zwischen Liebeskummer oder Trennungsschmerz und Oneitis? Nach einer Trennung ist es normal, dass man wochen- oder auch monatelang trauert und den Ex-Partner vermisst – vor allem, wenn die Partnerschaft einige Jahre gedauert hat. Trotzdem akzeptiert man innerlich die Trennung und beginnt sich umzuorientieren, allmählich wieder zu flirten und andere Frauen zu treffen. Bei der

Oneitis ist der Mann nicht bereit, die Frau loszulassen, und glorifiziert die Partnerin fast wie eine Göttin. Im Vergleich zu diesem (Zerr-)Bild ist jede andere Frau blass und uninteressant. Es werden nur die positiven Seiten der Frau und der Beziehung gesehen, die Probleme (die ja schließlich zur Trennung führten) werden komplett ausgeblendet oder sogar ins Positive uminterpretiert.

Es handelt sich hier um eine krankhafte Fixierung auf eine Person und eine Weigerung, sich der veränderten Realität anzupassen und die Trennung zu akzeptieren. Der Erkrankte kann sich kein Leben mehr ohne diese eine Frau vorstellen, er leidet und verstrickt sich oft in Wahnvorstellungen, wie er die Partnerin doch zurückerobern könnte. In extremen Fällen spioniert er ihr nach, belästigt sie oder wird sogar einem neuen Liebhaber der Ex-Partnerin gegenüber gewalttätig. In solchen Fällen ist dringend eine Psychotherapie nötig.

In den meisten weniger schweren Fällen kann man sich allerdings selbst helfen. Es geht zunächst darum, diese Fixierung auf eine Frau als eine heilbare Krankheit und nicht als normal und unabänderlich zu erkennen. Wodurch also verfällt ein Mann der Oneitis? Es gibt dafür mehrere Gründe:

1. Romantische Vorstellungen über Liebesbeziehungen werden durch die Medien und durch Hollywood-Filme genährt. Sie vermitteln ein äußerst einseitiges Bild einer lebenslangen monogamen Beziehung mit „der Richtigen". Liebes- und Verliebtheitsgefühle werden mystifiziert und zur obersten, wahren Instanz erhoben, der man zu folgen hat – gegen jedes bessere Wissen, gegen andere Vorlieben und Lebenserfahrungen. Das glorifizierte Ideal dieser Vorstellung ist: Man muss nur die Richtige finden, dann ist man glücklich. Dabei handelt es sich um einen eher kindlichen, märchenhaften Wunsch, die Realität sieht leider völlig anders aus.
2. Das Ideal der lebenslangen Monogamie geistert in vielen Köpfen und Herzen herum. Tatsächlich gibt es einige wenige Menschen, die ihr Leben lang mit einem Menschen glücklich und zufrieden sind und keinerlei Bedürfnisse nach Sex mit anderen haben. Sie gehen durch alle Veränderungsprozesse gemeinsam mit dem Partner. Dies ist eine Entscheidung, die man treffen kann, wenn man es wirklich will. Die Realität sieht aber für die meisten Menschen ganz anders aus. Werfen Sie einmal

einen Blick auf die Statistiken. Fast alle Menschen haben heute mehr als einen Sexpartner und auch mehr als eine Partnerschaft im Leben. Über 40 Prozent der Männer und Frauen gehen in monogamen Beziehungen fremd. Und ich vermute, über 90 Prozent der Menschen in monogamen Beziehungen haben Fantasien und auch konkrete Vorstellungen in Bezug auf sexuelle Begegnungen mit anderen. Ich habe viele Menschen in Beziehungsfragen beraten und bin dabei völlig undogmatisch. Für mich ist entscheidend: Sind Sie wirklich ehrlich bei der Wahl Ihrer Beziehungsform? Oder versuchen Sie, einem Ideal zu entsprechen? Sind Sie glücklich damit oder leiden Sie? Leben Sie das, was Sie sich wünschen, oder spalten Sie Anteile und Bedürfnisse in sich ab? Wer Monogamie propagiert, aber seine Sexfantasien beim Pornokonsum auslebt, ist nicht authentisch. Wer freie Liebe fordert, aber innerlich die Wände hochgeht, wenn der Partner Sex mit einer/einem anderen hat, macht sich genauso etwas vor.

3. Oneitis beruht bei vielen Männern schlicht auf der Tatsache, dass sie zu wenig Auswahl und Erfahrung mit Frauen haben. Wer kaum potenzielle Partner kennenlernt, sieht die Alternativen gar nicht und fixiert sich leicht auf eine Frau. Dem ist entgegenzuwirken – wer genügend Optionen und Vergleichsmöglichkeiten hat, löst sich automatisch von der Fixierung auf eine Frau.
4. Wer einmal in einer sehr engen und symbiotischen Partnerschaft gelebt hat und mit der Partnerin eine Art Zuhause wie bei Mama hatte, wird sich mit dem Alleinsein schwertun. Er ist es gewohnt, dass immer jemand da ist, der sich um ihn kümmert. Das ist die Haltung eines großen Jungen, nicht die eines erwachsenen Mannes. Der große Junge hat eine Partnerin zur Bedürfnisbefriedigung und um sich nicht alleine zu fühlen. Er hat große Angst vor dem Alleinsein, kann nichts mit sich anfangen und ist abhängig von einer Frau um ihn herum. In so einem Fall steht ein wichtiger Schritt zur Mannwerdung an: Man muss lernen, alleine zu sein, es sich zu Hause schön zu machen, für sich selbst einkaufen zu gehen und zu kochen und sich nicht mit Filmen, Internet oder anderen Medien abzulenken.
5. Wer zu wenige soziale Kontakte und speziell zu wenige gute Freunde hat, neigt zu einer ungesunden Fixierung auf die Part-

nerin. Intensive Erlebnisse, ein guter Austausch und Zeiten mit Freunden und ohne die Partnerin sind für jeden Mann wichtig, auch als Reflexion seiner Einstellung und Beziehung zur Partnerin. Männern, die unter Oneitis leiden, fehlen häufig echte Freunde, manchmal ist die Partnerin sogar der einzige Mensch, mit dem ein echter und persönlicher Austausch stattfindet. Dass dies nicht gesund ist, versteht sich von selbst.

6. Menschen, die unter Oneitis leiden, sind Beta-Männer und haben einen Hang zum Masochismus, mindestens aber eine Identifizierung mit dem Leid. Das Festhalten an etwas, das unmöglich ist, hält sie im Zustand des Leidens. Anders gesagt: Es hält sie davon ab zu leben. Wer sein Leidensprogramm auflöst und sich entscheidet, das Leben und die Frauen zu genießen, wird schlagartig von seiner Oneitis geheilt.
7. Wer unter Oneitis leidet, verwechselt seine Abhängigkeit und das Gefühl, ohne jemanden nicht glücklich zu sein, mit Liebe. Es mangelt ihm an der Fähigkeit, seine eigenen Gefühle und seine Einstellung zu reflektieren. Liebe ist nur in Freiheit möglich. Wer aus Abhängigkeit, um bestimmte Gefühle wie Einsamkeit, Angst oder Sinnlosigkeit zu vermeiden, bei einem Partner bleibt, tut dies niemals aus Liebe. Wer eine erfüllte Liebesbeziehung führen will, muss zunächst seine Oneitis heilen, um innerlich frei und glücklich zu werden – ohne jemand anderen.

Die zweite Form der Oneitis betrifft vor allem Männer mit keiner oder wenig Beziehungserfahrung, manchmal sogar ohne jede sexuelle Erfahrung. So ein Mann sucht sich eine unerreichbare Angebetete aus und erniedrigt sich ihr gegenüber in beschämender Art und Weise, sodass sie schleunigst das Weite sucht. Er projiziert alles Gute und Schöne auf sie, ist aber nicht bereit, sie als ganz normale Frau kennenzulernen. Oft entwirft dieser Mann ein Schwarz-Weiß-Bild der Frauen: hier seine angebetete Heilige, dort die anderen Schlampen, die er abwertet und mit denen er nichts zu tun haben will. Diese arrogante Haltung sowie unrealistische Projektionen auf Frauen sind eine Weigerung, sich den eigenen Ängsten und seiner Unsicherheit im Umgang mit Frauen zu stellen. Mit dem Konzept der Fixierung auf eine unerreichbare Frau vermeidet der Mann es, Frauen kennenzulernen, soziale Kompetenz zu erlangen und sexuelle Erfahrungen zu machen. Das ist der einzige Weg, um sein extrem niedriges Selbstbewusstsein aufzubauen und vom jugendlichen Träumer zum Mann zu werden. Ich begleitete schon mehrere junge Männer in meinen Seminaren, die sogar Suizidgedanken wegen einer Frau hegten. Statt Mitleid und Verständnis für sie zu zeigen, haben die anderen Männer sie ordentlich in die Mangel genommen und dafür gesorgt, dass sie durch extreme körperliche und emotionale Erfahrungen aus ihren weltfremden Träumereien ins reale Leben kamen.

Gebrochenes Herz

Ich habe schon viele Männer getroffen, die die Vorstellung hatten, ihr Herz sei durch eine Frau gebrochen worden, sodass sie nicht mehr lieben können. Tatsache ist, dass es keine medizinische noch psychologische Diagnose für ein gebrochenes Herz gibt. Aber Vorstellungen schaffen hier Realitäten. Diese Männer lassen sich vielleicht auf Sex oder Affären ein, sind aber nicht bereit, sich in eine Frau zu verlieben. So wollen sie sich vor erneuter Verletzung oder Enttäuschung schützen. Bei diesen Männern ist der Brustbereich um das Herz oft gepanzert, sie leben in permanenter Anspannung und sind zugleich hyperempfindlich. Sie gehen durchs Leben wie mit einer Ritterrüstung – man fühlt sich darin zwar sicher, aber erlebt wenig und ist sehr unflexibel. Ich sage diesen Männern meist sehr klar, dass diese Haltung feige ist und sie sich so vor dem Leben und der Liebe verschließen. Emotionale Verletzungen gehören zu jeder Liebesbeziehung dazu – ich habe bislang noch kein Paar kennengelernt, das sich nicht gegenseitig verletzt und enttäuscht hätte. Das gehört einfach dazu wie Verletzungen zum Sport. Oder hören Sie auf, Fußball zu spielen, weil Sie immer wieder mal hinfallen und sich wehtun? Nur ein trotziger Junge sagt: „Ich spiele nicht mehr mit, ihr seid alle böse." Ein erwachsener Mann weiß, dass alle Verletzungen heilen und man mit jeder einzelnen Wunde stärker wird. Vergessen Sie die romantische und komplett unrealistische Vorstellung eines Traumpaares, das sich nur liebt und niemals hasst.

Alle Gefühle, auch Wut, Neid, Missgunst, Konkurrenz, Hass, Trauer, Schmerz und Eifersucht gehören zu einer Beziehung dazu. Nur indem auch diese Gefühle akzeptiert werden, können Sie die angenehmen Seiten wie Liebe, Sex, Freude, Humor, Frieden miteinander in ihrer Tiefe teilen. Verschließen Sie nicht Ihr Herz vor der Liebe mit dieser faulen und feigen Ausrede vom gebrochenen Herzen. Bearbeiten Sie die letzte Partnerschaft in einer Therapie oder vielleicht im Kampfsport Dojo mit einem Sandsack. Und dann gehen das Leben und die Liebe weiter. Lernen Sie, stärker zu werden, und akzeptieren Sie die unangenehmen Gefühle, die zu jeder Liebesbeziehung dazugehören.

Seien Sie kein weinerliches Weichei, das ein Leben lang einer Frau hinterherjammert und hofft, sie werde sich eines Tages entschuldigen. Im Grunde sind Sie voller Rachegedanken und Schuldzuweisungen an sich oder die Partnerin. Aber das Konzept von Schuld ist lebensfeindlich und bindet Sie an die Vergangenheit wie ein Zweikomponentenkleber. Mit diesen Gedanken und letztendlich auch der Fixierung auf eine Frau bleiben Sie an ihr kleben und leiden. Im Grunde genommen kann niemand Sie emotional verletzen – nur Sie selbst können es. Und dann entscheiden Sie sich dafür, die wundervollen Seiten der Liebe, die Begeisterung und Aufregung zu genießen. Sie werden dadurch emotionaler, lebendiger und glücklicher werden. Und Sie geben Frauen eine Chance, einen besonderen Mann kennen- und lieben zu lernen.

Eine andere Strategie eines Mannes mit gebrochenem Herz ist die Rache. Der Frauenhasser hat beschlossen, dass alle Frauen böse sind. Deshalb fickt er die Frauen, behandelt sie herablassend und liebt sie nicht. Er ist wie der kleine Junge, der beim Fußball gefoult wird und sich schwört: „Ab jetzt foule ich alle nur noch." Er ist voller Rache und hat unbewusst den Wunsch nach Vergeltung. Für das, was ihm diese eine Frau angetan hat, müssen nun alle anderen büßen, indem er diese nur benutzt und respektlos behandelt.

So sind nun mal alle Spiele: Es wird gefoult, und manchmal bekommt auch der, der eine Schwalbe macht, recht. Aber ist Fußball deshalb ungerecht? Ist die Frau deshalb böse und unmoralisch, weil sie einen Mann enttäuscht oder angelogen hat? Mit dieser Haltung verletzen Sie andere Frauen, um sich zu schützen.

Frauentypen – welche Frau passt zu mir?

Ein Angler fischt eines Tages eine verschlossene Weinflasche aus dem Meer. Er entkorkt sie, ein Geist kommt heraus und brüllt fürchterlich. „Hundert Jahre in einer Flasche gefangen, du glaubst gar nicht, wie furchtbar das ist. Du hast mich befreit und sollst dafür einen Wunsch frei haben." Der Mann: „Ich würde so gerne mal nach Hawaii. Aber ich habe solche Flugangst, und mit dem Schiff kann ich auch nicht fahren, da werde ich seekrank. Bau mir doch eine Brücke, dann fahre ich mal rüber." Der Geist stöhnt auf. „Hast du dir die Dimension des Ganzen überlegt: 4000 Meter Meerestiefe, die technischen Herausforderungen, die ökologischen Folgen, politische Probleme, Seebebensicherheit, Tankstellen usw. Tut mir leid, das ist echt eine Nummer zu groß für mich. Hast du nicht einen anderen Wunsch?" Der Angler überlegt: „Hm, dann erklär mir doch mal das mit den Frauen." Daraufhin der Geist kleinlaut: „Okay, möchtest du die Brücke zweispurig oder vierspurig?"

Nach welchen Kriterien kann man als Mann auf der Suche nach einer passenden Partnerin Frauen beurteilen und auswählen? Gibt es für Frauen, ähnlich wie bei den Männern, auch eine Aufteilung in Alpha und Beta? Ja, die gibt es, sie macht aber für die Partnerwahl wenig Sinn. Eine Alpha-Frau ist diejenige in einer Gruppe, die die ausgeprägtesten männlichen Anteile hat. Sie ist häufig in der Politik, in Führungsetagen und bei Feministinnen anzutreffen. Sie hat Attribute wie männliche Alphas und geht mit jedem Mann sofort in Konkurrenz. Natürlich haben auch Alpha-Frauen eine Sehnsucht nach dem noch stärkeren Mann. Aber dafür muss der Mann heftige Alpha-Tests und Machtkämpfe durchstehen und sich stets als der Stärkere beweisen. Zudem wirken viele Alpha-Frauen mit zur Schau gestellten männlichen Attributen meist nicht besonders sexy oder verführerisch.

Eine Alpha-Frau ist empfehlenswert als Hardcore-Kriegerschule und zur Stärkung der eigenen Männlichkeit, aber meist nicht für den Alltag einer Beziehung – es sei denn, Sie sind ein echter Herzenskrieger. Denn um diese Frauen im Beziehungsalltag zu führen, brauchen Sie Kriegerenergie und ein großes Herz. Allerdings muss ich hinzufügen, dass es auch Alpha-Frauen gibt, die einen Weg der persönlichen Reflexion und der Entwicklung ihrer femininen Seite hinter sich haben. Haben diese erst einmal einen noch stärkeren Alpha gefunden, der sie überwältigt, sind sie bereit, alles für ihn zu tun ... Natürlich nur bis zum nächsten Adrenalinschub. Also, wer ein aufregendes Leben will – mit charismatischen Alpha-Frauen ist es abwechslungsreich und garantiert niemals langweilig. Man kann Himmel und Hölle mit ihnen erleben.

Ich stelle Ihnen hier ein sinnvolleres System vor, um herausfinden zu können, welche Frau zu Ihnen passt. Sie werden hoffentlich nicht wirklich erwarten, dass Sie durch die Lektüre dieses einen Kapitels die Frauen verstehen werden – das ist absolut hoffnungslos.

Frauen sind so kompliziert, dass selbst die beste Freundin, mit der sie 17-mal am Tag simst, telefoniert und spricht, bei manchen ihrer Verhaltensweisen nur verständnislos den Kopf schüttelt. Es kann hier also nur darum gehen, Ihnen eine Orientierung zu geben, wie Sie eine für Sie passende Partnerin finden – entweder für eine Affäre, eine Partnerschaft oder zur Gründung einer gemeinsamen Familie. Während Frauen ihre Partnerwahl hauptsächlich an der Unterteilung in Alpha und Beta orientieren, sollten Sie bei Frauen auf fünf Faktoren achten:

Aussehen:	unattraktiv	neutral	attraktiv
Polarität:	maskulin	neutral	feminin
Selbstwert:	niedrig(NSW)	mittel	hoch (HSW)
Libido:	niedrig (NL)	mittel	hoch (HL)
Bewusstheit:	unbewusst	mittel	bewusst

Bei der Auswahl einer Partnerin sind diese fünf Faktoren wichtig, denn sie prägen die Persönlichkeit einer Frau entscheidend. Der erste Faktor, das Aussehen einer Frau, ist der offensichtlichste Aspekt. Er wird von Männern stark überbewertet. Die mittleren drei Aspekte beschreiben ihre Persönlichkeit und sind für eine Partnerschaft ausschlaggebend. Während die ersten vier Aspekte eher fixe Aspekte der Persönlichkeit sind, ist die Bewusstheit eine Art Hebel, um die anderen Persönlichkeitsaspekte zu verändern. Je bewusster die Frau ist, desto stärker wirkt dieser „Hebel".

Aussehen

Dieser offensichtliche Aspekt ist leider für viele Männer das Hauptkriterium bei der Partnerwahl. Ich behaupte, er reicht noch nicht einmal als Auswahlkriterium für einen schönen One-Night-Stand. Es gibt subjektive Aspekte bei der Einschätzung der Attraktivität, aber natürlich auch solche, die die allermeisten Männer teilen, sonst wären nicht immer ganz bestimmte Frauentypen als Models auf den Titelseiten der Magazine zu sehen. Dieser Faktor bestimmt den offensichtlichen Marktwert einer Frau, ob sie Erfolg beim Flirten hat, Aufmerksamkeit erregt und von Männern begehrt wird. In vielen Berufen beeinflusst die Attraktivität auch das Auswahlverfahren um eine Stelle, ja selbst das Gehalt. Es ist aber auch der Faktor, den eine Frau am wenigsten beeinflussen kann: Die Zeit arbeitet immer gegen sie. Trotz aller möglichen Behandlungen, Diäten, Kuren und Schönheits-OPs nimmt dieser Wert mit zunehmendem Alter unwiederbringlich ab.

Für eine Partnerschaft reicht es im Grunde aus, wenn die Frau bei der Einordnung für Sie deutlich im positiven Bereich (über 50 Prozent) liegt, Sie müssen die Frau attraktiv und sexy finden. Aber es darf ruhig attraktivere Frauen geben. Die Bedeutung für Sie selbst, wie attraktiv andere Männer Ihre Partnerin finden, hängt von Ihrem eigenen Selbstwert ab. Ein Beta-Mann ist auf die permanente Anerkennung durch andere angewiesen, einem Alpha ist es schlicht egal, wie attraktiv seine Partnerin für andere ist. Aber sicherlich ist es nicht so leicht, sich vollkommen unabhängig von der Meinung anderer zu machen. Mit einem berühmten Top-Model an der Seite herumzuspazieren, nach dem sich jeder Mann umdreht, ist sicherlich ein tolles Gefühl. Aber das alleine macht eben keine glückliche Partnerschaft aus.

Polarität (feminin – maskulin)

Ein wichtiger Faktor der Persönlichkeit ist die Polarität der Frau: Ist sie mehr Yin (feminin) oder Yang (maskulin)? Das erkennen Sie an verschiedenen Faktoren wie Körper, Atmung, Bewegungsmuster, Sprache, Vorlieben etc. Hier eine tabellarische Übersicht für eine erste Einordnung:

Yin	Yang
weiche Körperformen	harte, eckige Formen
lange Haare	kurze Haare
betont weibliche Kleidung	männliche, praktische, sportliche Kleidung
auffälliger Schmuck und Make-up	kein/dezenter Schmuck und Make-up
langsame, fließende Bewegungen	schnelle, eckige Bewegungen
wenig Körperspannung	hohe muskuläre Spannung
mag sanfte Sportarten	mag Power-Sportarten
langsamer Atem, Fokus auf dem Ausatmen	schneller Atem, Fokus auf dem Einatmen
langsame, weiche Sprache, angepasst	schnelle Sprache, oft laut und hart
blumige Sprache, viele Adjektive	konkrete Sprache, viele Verben
sinnlich, genießerisch	intellektuell, gierig
prozessorientiert	zielorientiert
anpassungsfähig	kontrollierend, bestimmend
devot	dominant
manipulativ, harmonisierend	provokant, konfrontierend
reaktiv	initiativ
empfänglich	aggressiv
Wasser, kühl, fließend	Feuer, heiß, verbrennend
Geborgenheit, Häuslichkeit	Abenteuer, Reisen/Ausgehen
introvertiert	extrovertiert
gutes, bewusstes Körpergefühl	„funktionales" Körperbewusstsein
intensive Körperpflege	nachlässige Körperpflege
sexuelle Hingabe, bevorzugt Position unten	sexuell aktiv und fordernd, Position oben

Zum Verständnis: Eine sehr attraktive Frau muss nicht unbedingt besonders feminin sein – tatsächlich haben zum Beispiel viele Models und Stars eine ausgeprägte maskuline Energie. Sie benutzen antrainierte weibliche Attribute wie Kleidung, Styling oder sinnlichen Gang oft nur professionell, ohne inneren Zugang zu ihrem Körpergefühl. Umgekehrt kann auch eine zunächst unattraktiv wirkende Frau sehr feminin sein. Im Übrigen gibt es sehr viele feminine Männer, zumindest in Nordeuropa findet zurzeit eine Umpolung zwischen Mann und Frau statt. Aber das ist ein eigenes Thema (siehe mein Buch „Männlichkeit leben").

Bei der Partnerwahl ist es sinnvoll, einen Ausgleich zu wählen. Wenn Sie selbst sehr Yang-geprägt sind und sich eine Yang-Frau suchen, dann besteht die Gefahr von Machtkämpfen, Aktivismus und Burn-Out (siehe „Fightclub", Seite 28 f.). Eine Yin-Frau hilft Ihnen dann besser, in die Harmonie zu kommen, sie ist in diesem Fall auch definitiv gesünder für Sie. Auch die Yin-Frau profitiert von einem Yang-Mann, indem er sie motiviert und fordert.

Umgekehrt, wenn Sie ein sehr femininer Mann sind und sich eine ebenso Yin-orientierte Frau suchen, dann passiert gar nichts. Sie bleiben zu Hause, kuscheln nur, heile Welt und ... tödliche Langeweile (siehe „Mama und Papa: Symbiose", Seite 22 f.). Im ersten Beispiel läuft ein permanenter Action-Film, auf diesem Kanal nur ein süßer Tierfilm. Ein Yin-Mann braucht eine Frau mit Yang-Energie, die ihn fordert und ihm Feuer unterm Hintern macht, damit er das Leben nicht verpennt und sich weiterentwickelt. Allerdings ist der Rollentausch auf Dauer eher problematisch, wie wir aktuell in der deutschen Beziehungslandschaft mit Yin-Männern und Yang-Frauen sehen (siehe Seite 24–26).

Doch denken Sie nicht in Extremen. Wenn Sie sich das Yin-Yang-Symbol ansehen, dann gibt es jeweils einen Punkt im anderen Element. Eine Frau sollte in ihrer Weiblichkeit verankert sein und doch auch Yang-Energie haben, damit es lebendig bleibt. Ein Mann ohne jedes Yin ist beinhart und knochentrocken wie Bruce Willis. Ich teste Frauen gerne auf ihre Yin-Energie, wie etwa bei dem Beispiel, wo ich am Strand einer Frau eine Augenbinde umlege, um sie zu führen (siehe Seite 139 f.), oder wenn ich Frauen in für sie unbekannte oder scheinbar gefährliche Situationen bringe, in der sie sich meiner Führung anvertrauen müssen.

Die Summe beider Pole von Mann und Frau sollte idealerweise ausgeglichen sein. Also: Ein Mann mit viel Yang braucht eine Frau mit viel Yin (oder auch mehrere Frauen), ein Mann mit schwacher Yang-Energie passt zu einer Frau mit schwacher Yin-Energie. Es gibt auch „Neutren" – das sind Paare, wo man erst auf den zweiten Blick erkennt, wer Mann und wer Frau ist, beide habe eine ganz neutrale Energie (siehe „Unisex-Beziehung", Seite 27). Fragen Sie sich also selbst, wo Sie sich einordnen, und dann sehen Sie sich die Frau an.

Selbstwert

Niedriger Selbstwert (NSW) – Hoher Selbstwert (HSW)

Der nächste wichtige Faktor ist der Selbstwert einer Frau. Auch hier lassen sich leider viele Männer durch Äußerlichkeiten blenden. Die narzisstische Sängerin ohne Publikum und Fans ist wie ein kleines verlorenes Mädchen, die unscheinbare und schüchtern wirkende Frau ruht in sich und wartet eben ab, anstatt sich aufzudrängen. Vielen Männern fällt hier eine Einschätzung schwer, der Selbstwert einer Frau drückt sich anders aus als bei einem Mann. Ein Mann mit hohem Selbstwert ist ein dominanter Alpha. Eine Frau mit hohem Selbstwert muss nicht auffallen oder sich hervortun. Sie ist in gutem Kontakt mit ihrer eigenen Selbstwahrnehmung und weiß, was ihr guttut und was nicht. Sie kann ihre Weiblichkeit leben, indem sie sich einem Mann, einer Gruppe oder Situation anpasst, ohne sich dabei aufzugeben. Frauen, die sich und anderen ständig beweisen müssen, dass sie unabhängig sind und das als Selbstbewusstsein verkaufen, sind fast immer genau das Gegenteil davon: Sie sind innerlich völlig verunsichert. Eine selbstbewusste Frau ist integer, ehrlich und kommuniziert offen ihre Wünsche und Bedürfnisse. Eine Frau mit niedrigem Selbstwert versucht – je nach Typ – durch unterschiedliche Strategien Aufmerksamkeit zu bekommen.

Einige Beispiele für Dramen. Die Ausgangssituation: Die Frau hatte einen schwierigen Tag auf der Arbeit und fühlt sich elend.

Dramaqueen, heulend: „Nie bist du da, wenn ich dich brauche! Immer muss ich alles alleine durchstehen! Wieso hast du nicht auf meine SMS reagiert? Du könntest ja wenigstens mal fragen, was ich jetzt brauche." Das Drama beginnt ...

Die Unabhängige, verbittert und wortlos. Er: „Was ist denn mit dir los?“ Sie: „Lass mich in Ruhe, ich will alleine sein!“ Geht in ihr Zimmer und verweigert jeden Kontakt.

Die Emanze, wütend: „Du bist aber auch zu gar nichts zu gebrauchen. Du reagierst nicht auf meine SMS, wenn ich dich was frage, und auch jetzt fällt dir noch nicht mal ein nachzufragen!“ Er macht einen Versuch, etwas zu entgegnen. Sie: „Sag jetzt bloß nichts, das macht alles noch viel schlimmer! Besorg lieber was zu essen.“

Die selbstbewusste Frau: „Schatz, mir geht es grad nicht gut. Ich wünsche mir sehr, dass du mich einfach mal eine Viertelstunde im Arm hältst. Ich möchte deine Stärke und Liebe fühlen.“ Sie kuschelt sich in seinen Arm und weint etwas, während er sie streichelt. Sie zeigt ihm, dass es ihr guttut und sie gar nicht reden muss. Nach der verabredeten Zeit löst sie sich, bedankt sich und lässt ihren Partner wieder allein.

Die Dramaqueen holt sich die Aufmerksamkeit vom Partner durch Dramen, Vorwürfe, Beschuldigungen und Manipulation. So versucht sie ihren Partner zu kontrollieren und erzwingt seine Zuwendung. Ihr niedriges Selbstwertgefühl erlaubt es ihr nicht, direkt nach Zuwendung zu fragen und den Partner dabei frei zu lassen. Auch die Unabhängige glaubt nicht, dass ihr Partner ihr freiwillig das geben will, was sie braucht. Sie hat vermutlich schon als Kind die Strategie trainiert, sich bei Problemen in ihr Schneckenhaus zurückzuziehen oder so zu tun, als brauche sie niemanden. Sie hofft aber insgeheim, dass der andere sich aus schlechtem Gewissen um sie kümmert. Die Emanze zeigt nicht ihre eigene Verletzlichkeit, dafür fehlt ihr der Mut. Stattdessen projiziert sie ihre Gefühle auf den Partner, greift ihn an, schüchtert ihn ein oder benutzt ihn als Mülleimer. Ihr fehlt das Selbstbewusstsein, um ihre verletzliche Seite zu zeigen und um etwas zu bitten.

Eine selbstbewusste Frau kann zeigen, wenn sie Hilfe braucht, ohne den anderen zu manipulieren. Sie nutzt die Situation nicht aus und lässt den anderen danach wieder frei. Das ist sehr unspektakulär, aber ehrlich, liebevoll und alltagstauglich.

Eine langfristige Beziehung mit einer Frau zu führen, die einen geringen Selbstwert hat, ist sehr anstrengend. Diese Frauen brauchen ständige Dramen, um sich selbst fühlen und bestätigen zu können. Sie wollen mit diesen Kontrolldramen stets den Partner kontrollieren und dadurch Aufmerksamkeit erzwingen. In gewissem Maße tut das jede Frau, bei diesen Frauen ist es aber an der Tagesordnung. Sie ertragen keine längeren Phasen von Harmonie – im Notfall wird aus einer völligen Lappalie ein Drama inszeniert. Ein gemeinsames berufliches Projekt oder Kindererziehung wird mit einer Frau mit niedrigem Selbstwert schnell zum Albtraum. Mit diesen Frauen können Sie maximal eine Affäre genießen – vorausgesetzt, Sie wissen genau, was Sie wollen, und führen die Frau auch. Beginnen Sie aber, sich auf die Kontrolldramen einzulassen, finden Sie sich schnell in einer Soap-Oper wieder. Frauen mit niedrigem Selbstwert brauchen stets und permanent Bestätigung, sonst zweifeln sie an sich. Sie müssen stets hören oder sehen, dass Männer sie begehren, dass sie geliebt oder gebraucht werden. Beim Sex sind diese Frauen oft sehr ekstatisch und experimentierfreudig, Sie können viel Spaß mit ihnen haben. Deshalb lassen sich viele Männer von diesen Frauen blenden. Wenn Sie regelmäßig (mindestens einmal täglich) Sex mit ihr haben, halten sich die Kontrolldramen meist in Grenzen. Denn beim Sex bekommt sie viel Energie und Zuwendung vom Mann. Aber wehe, wenn Sie mal den Sex oder die Aufmerksamkeit verweigern. Dann weiß eine Frau mit niedrigem Selbstwert nichts mit sich anzufangen, sie weiß nicht wohin mit ihrer Energie.

Frauen mit hohem Selbstwert sind meist unspektakulärer und weniger auf Selbstdarstellung und Effekthascherei aus. Deshalb werden sie von Männern oft verkannt. Aber es sind einfach die besseren Frauen, um eine stabile und langfristige Beziehung aufzubauen. Sie haben innere Werte, denen sie folgen, sind zuverlässig und treu. Sie brauchen keine permanente Bestätigung, dass sie toll, sexy und einzigartig sind – das wissen sie auch so. Es schadet nicht, ihnen das öfter zu zeigen und zu sagen – aber es muss eben nicht dreimal täglich sein.

Wenn Frauen einen guten Zugang zu ihrer Weiblichkeit haben, können sie einem manchmal vor Rührung die Tränen in die Augen treiben. Wenn diese Frauen einen Mann wirklich lieben, und er weiß sie zu führen, tun sie alles für ihn – und zwar freiwillig und aus Liebe.

Eine HSW-Frau verwirklicht sich als Kunstwerk in einem Rahmen, den der Partner ihr schafft und sichert. Sie muss nicht stets selbst den Rahmen darstellen oder aus dem Rahmen fallen, um sich wertvoll zu fühlen. Sie akzeptiert die Führung des Mannes, weil sie dadurch femininer und schöner wird. Sie stärkt ihn in seiner Männlichkeit, denn je maskuliner er ist, umso femininer wird sie. Eine HSW-Frau würde auch niemals ihren Partner in der Öffentlichkeit bloßstellen, kritisieren oder überheblich behandeln, wie es Frauen mit niedrigem Selbstwert häufiger tun.

Ein Beispiel. Ich hielt in São Paulo mit meiner brasilianischen Freundin an einer Tankstelle. Der Tankwart (es gibt dort noch Service) fragte nach dem Tanken: „Credito o Debito?", was ich nicht verstand. Dezent gab sie mir zu verstehen, ich solle „Credito" antworten und zeigte auf eine Kreditkarte, sodass er es nicht sehen konnte. Eine Banalität, aber selbst hier wollte sie nicht, dass ich als ihr Freund wie ein unwissender Depp dastehe. Unter vier Augen erklärte sie mir dann, dass die Frage auf Europa übertragen etwa „EC- oder Kreditkarte?" bedeutet. Wenn man als Mann mit einer femininen HSW-Frau tanzt und Fehler in der Führung macht, dann korrigiert sie diese so dezent, dass er es noch nicht einmal bemerkt und alle Außenstehenden das Paar bewundern. Eine NSW-Frau kritisiert ihn, fängt eine Diskussion an oder tanzt bewusst die falsche Führung, sodass Chaos entsteht. In jedem Fall wird der Mann für Außenstehende bloßgestellt. Es gibt unzählige Beispiele, in denen NSW-Frauen ihren eigenen mangelhaften Selbstwert aufbauen wollen, indem sie den Mann öffentlich erniedrigen oder blamieren. Solche Frauen sind nur zu Übungszwecken oder für absolute Beta-Männer zu gebrauchen.

Libido

Der Aspekt der Libido ist bei der Partnerwahl nicht zu vernachlässigen. Es gibt Frauen mit niedriger Libido (NL), die wenig Kontakt zu ihrer eigenen Sexualität und ihrem Körper haben. Oft tragen sie ihren Körper herum wie andere eine Handtasche, sie behandeln ihn weniger aufmerksam und liebevoll als manch ein Mann sein Auto. Die Sexualität ist eher funktionalisiert. Wenn sie überhaupt onanieren, dann nur als eine gezielte Stimulation der Klitoris, um sich schnell innerhalb weniger Minuten zum klitoralen Orgasmus zu bringen, der vor allem dem Spannungsabbau dient. Kein Streicheln oder Massieren des eigenen Körpers, kein sinnliches Erleben. Der Sex mit einem Mann macht ihr nicht wirklich Freude, sie ist innerlich und emotional unbeteiligt und genießt nur die Zuwendung und Bestätigung durch den Mann. Sie weiß, dass „es sein muss", weil sonst die Beziehung leidet. Von sich aus hat sie aber kaum Lust oder kennt gar Geilheit. Von wirklichem Spaß am Sex oder erotischen Spielen, von einem erfüllten Orgasmus oder gar Ekstase ist sie sehr weit entfernt. Sie findet sowieso, dass Sex überbewertet wird, und wäre durchaus auch mit einer platonischen Beziehung zufrieden. Es ist ihr ganz recht, wenn der Mann ab und zu nachts im Halbschlaf direkt zur Sache kommt und schnell ejakuliert, dann hat sie es hinter sich.

Oder aber sie ist ein „Kuscheltier" und vermeidet jegliche Erotik, weil sie ihr Angst macht. Häufig sind solche Frauen traumatisiert durch sexuellen Missbrauch oder sexfeindliche oder religiöse Erziehung, die sie nicht therapeutisch aufgelöst haben. Alpha-Männer mit hoher Libido machen einer solchen Frau Angst, und sie meidet den Kontakt mit ihnen. Ein verständnisvoller und einfühlsamer Mann mit therapeutischen Ambitionen, der warten und verzichten kann, ist ihr da schon lieber. Als Mann mit einer durchschnittlich ausgeprägten Libido werden Sie mit so einer Frau immer bedürftig und sexuell unerfüllt sein. Wenn Sie andererseits selbst wenig sexuelle Appetenz haben, unter Erektionsproblemen oder frühzeitiger Ejakulation leiden, haben Sie weniger Stress mit einer NL-Frau. Sie werden nicht mit Ihren Ängsten und sexuellen Blockaden konfrontiert, wenn Sie einmal im Monat mit ihr schlafen und nach einigen Stößen ejakulieren – ihr ist das ganz recht. Eine Frau mit durchschnittlich ausgeprägter Libido würde Ihnen Stress bereiten und Ängste auslösen, weil sie unbefriedigt bleibt. Und sexuell unbefriedigte Frauen sind für den Mann ein echtes Problem, dazu später.

Wenn eine Frau, etwa durch ein Frauentraining sexuell erweckt ist, kann das viele Männer überfordern. Diese Frauen sind dann durch kleinste Reize erregbar, können stunden- und nächtelang Sex und mehrere Orgasmen hintereinander haben, kennen tiefe Ekstase, vaginale Orgasmen und einiges mehr, was ich hier nicht beschreibe, um Sie nicht zu erschrecken. Wenn eine Frau einen guten Zugang zu ihrem Körper hat, sexuelle Blockaden überwunden hat und ihre Weiblichkeit lebt, dann hat sie viel mehr Libido, als die meisten Männer aushalten. Und es macht den meisten

Männern Angst. Wer hat schon das sexuelle Energieniveau und das Training, um eine stundenlange Erektion und die Energie zu halten? Wenn Männer ihre Frau ins Dakini-Frauentraining schicken, sind sie hinterher zunächst völlig begeistert: „Die Trainerin hat eine Sex-Göttin aus meiner verklemmten Frau gemacht", lautet ein typischer Kommentar. Oder: „Silvia ist nach dem Seminar geradezu über mich hergefallen, und wir hatten die ganze Nacht so tollen Sex wie noch nie." Nach einigen Wochen aber kriegen die Männer Angst, und es wird ihnen zu viel. Sie brauchen dann selbst ein entsprechendes Training, um mithalten und das Ganze auch genießen zu können. Wer das tut, braucht danach keinen Fernseher mehr, dafür ist abends keine Zeit mehr.

Und jetzt die Gretchenfrage: Woran erkennt man, ob eine Frau eine niedrige (NL) oder hohe Libido (HL) hat? Spätestens natürlich beim ersten Sex. Aber man kann eine HL-Frau auch an anderen Kriterien ausmachen:

- Berührt sie ihren Körper öfter selbst (Haare aus dem Gesicht streichen, Lippen lecken, Nacken berühren etc.)
- Fühlen Sie sich motiviert und eingeladen, sie zu berühren?
- Reagiert sie in positiver Weise auf Berührungen und Neckereien?
- Spüren Sie, dass es zwischen Ihnen knistert?
- Können Sie mit ihr in lockerer Weise über Erotik sprechen?
- Können Sie Sex-Witze machen, ohne dass sie komisch reagiert?
- Geht sie auf verbale erotische Anspielungen ein?
- Macht sie sinnliche Bewegungen mit dem Becken beim Gehen?
- Atmet sie tief? Lacht sie frei heraus?
- Drückt sie Schreck oder Überraschung frei aus?
- Kann sie sich von Ihnen führen oder sich in Ihre Arme fallen lassen?
- Berührt sie bei einer Umarmung Ihr Becken oder hält sie ihr eigenes Becken wie Donald Duck nach hinten zurück?

Eine NL-Frau erkennen Sie daran, dass all die Dinge, die ein Alpha beim Flirten mit einer Frau üblicherweise macht, nicht funktionieren. Sie lacht nicht bei Neckereien, lässt keine Berührungen zu und vermeidet jeden Körperkontakt. Sie reagiert gar nicht oder abwehrend auf erotische Anspielungen. Sie reagiert nicht spontan, wenn Sie sie kneifen, umarmen oder ihr einen Klaps geben, sondern irgendwie künstlich und zeitverzögert. Wenn Sie ihr als sexueller Mann begegnen, dann merken Sie schnell, dass das Flirten einfach nicht gut läuft. Es bleibt intellektuell, etwas distanziert. Sie selbst werden sich auch nicht sinnlich fühlen und keine Freude haben. Vertrauen Sie einfach Ihrer normalen Reaktion – wenden Sie sich ab. Hier lassen sich viele Männer blenden. Es gibt nicht wenige sehr attraktive Frauen, die keinen Zugang zu ihrer Sexualität haben. Sie werden zwar andere Männer mit so einem „Püppchen" an Ihrer Seite beeindrucken können, aber Spaß beim Sex ist etwas anderes.

Als junger Mann habe ich mich öfter mit NL-Frauen herumgequält. Ich habe versucht, sie zu verstehen und ihnen zu helfen, sie mit allen erdenklichen Ideen zum Sex zu motivieren und habe alles Mögliche für sie getan. Das Resultat: ein eingeknicktes Selbstwertgefühl, totale sexuelle Frustration und tägliche Dramen, die irgendwann absurde Formen annahmen. Heute brauche ich meistens nur wenige Minuten, um eine NL- von einer HL-Frau zu unterscheiden.

Fazit: Das Libido-Niveau beider Partner sollte zueinander passen, sonst gibt es auf beiden Seiten Frust und Streit. Oder es ergeht Ihnen so wie diesem jungen Mann:

Ein junges Paar verbringt seine Flitterwochen in einem winzigen, sehr romantischen Hotel in einer italienischen Kleinstadt am Mittelmeer. Das Hotel steht am Marktplatz neben einer Kirche mit einem alten Glockenturm, wo noch ein Nachtwächter von Hand jede Stunde die antike Stadtglocke läutet. In dieser romantischen Atmosphäre schlägt die junge Ehefrau vor: „Lass uns jedes Mal lieben, wenn die Glocken läuten!" Erfreut von dieser verführerischen Aussicht, willigt der Mann sofort ein. Doch bereits nach dem dritten Läuten verlässt er unter dem Vorwand, Zigaretten zu holen, das Hotel und läuft zum Glockenwärter: „Ich flehe Sie an, könnten Sie nicht ausnahmsweise die Glocke nur alle zwei Stunden läuten?" Nein, das sei leider nicht möglich, erwidert der alte Wärter. „Ich gebe Ihnen auch gerne 50 Euro. Ich kann es Ihnen schlecht erklären, aber es wäre sehr wichtig für mich!", versucht es der junge Mann noch einmal. „Nein, tut mir leid", sagt der Nachtwächter, „ich kann wirklich nicht. Am Nachmittag kam eine wunderhübsche junge Frau zu mir, gab mir 100 Euro und bat mich, die Glocke heut Nacht jede halbe Stunde zu läuten."

Libido-Test

Schätzen Sie Ihre eigene Libido ehrlich ein. Meine Erfahrung ist: Männer machen sich in dieser Hinsicht gehörig etwas vor. Sie neigen zum Schwarz-Weiß-Denken, entweder halten sie sich für superpotente tantrische Liebhaber oder für impotente Versager. Doch hier geht es eher um einen realistischen Wert *zwischen* -100 und +100 Prozent. Dazu ein kleiner Test. Machen Sie keine Schummeleien, beantworten Sie die Fragen aufrichtig. (Die Antwortmöglichkeiten inklusive einer Auswertung finden Sie im Internet.)

- Wie oft hatten Sie in Beziehungen Sex (im statistischen Durchschnitt)? (Die Frage lautet *nicht*: Was ist Ihre Wunschvorstellung?)
- Wie lange haben Sie wirklich Geschlechtsverkehr? (Dieser beginnt beim Eindringen und endet beim Herausgleiten des Penis aus der Vagina.)
- Ging die Initiative zum Sex in Ihren letzten Beziehungen im Alltag von Ihnen aus? (Die Frage bezieht sich nicht auf die erste Verliebtheitsphase.)
- Wie viele Sexpartnerinnen hatten Sie in Ihrem Leben?
- Wie oft onanieren Sie?
- In welchem Alter haben Sie angefangen zu onanieren?
- Haben Sie Spaß dabei, den Sie ausdrücken? Oder sind Sie schnell und lautlos beim Sex?
- Benötigen Sie Hilfsmittel wie Pornos oder Nacktfotos, um erregt zu werden?
- Haben Sie auch in Partnerschaften onaniert?
- Onanieren Sie auch vor der Partnerin?
- Schämen Sie sich für das Onanieren? Verstecken Sie sich dabei?
- Können Sie Ihre Ejakulation kontrollieren?
- Haben Sie Erfahrungen mit Orgasmen ohne Ejakulation bzw. mit Ganzkörperorgasmen?
- Experimentieren Sie sexuell? Haben Sie Erfahrungen mit Rollenspielen/SM/Fesseln/Dreier/Gruppensex/Swingerclubs?
- Wie häufig am Tag stellen Sie sich Sex in Anwesenheit der betreffenden Frau vor?

Bewusstheit

Die vier bisher thematisierten Aspekte sind eher beständige Persönlichkeitsaspekte der Frau. Der Grad der Bewusstheit der Frau ist hingegen wie ein Regler, mit dem diese anderen Faktoren beeinflusst werden können. Je bewusster eine Frau ist, umso mehr kann sie Einfluss auf ihre eigene Persönlichkeit nehmen.

Was genau ist damit gemeint?

Eine Frau mit hoher Bewusstheit ...
... kann sich selbst und ihr eigenes Verhalten reflektieren und darüber reden
... kann Projektionen auf andere erkennen
... ist bereit, ihre Meinung, ihre Gewohnheiten und ihren Umgang zu verändern
... hat Selbsterfahrung, Therapie, Coaching oder Ähnliches mitgemacht
... kann sich für unangemessenes Verhalten, Dramen oder Fehler entschuldigen
... kann sachlich und ohne Vorwürfe, Schuldzuweisungen oder Rechtfertigungen über ihr Verhalten reden
... hat ein großes Interesse an ihrer eigenen persönlichen Weiterentwicklung
... ist bereit, Kritik und Wünsche anderer anzuhören, zu prüfen und umzusetzen
... hat Meditationspraxis beziehungsweise genießt Zeiten der Stille mit sich alleine
... sucht sich professionelle Hilfe und Reflexion in Therapie, Coaching oder Ähnlichem
... kann über sich selbst lachen

Eine Frau mit niedriger Bewusstheit ...
... hält sich selbst für den Nabel der Welt
... nimmt jedes Feedback und jede Kritik persönlich und reagiert mit Dramen, Rechtfertigungen, Entschuldigungen, Angriffen etc.
... sieht keinen Sinn darin, sich selbst zu verändern und zu entwickeln
... projiziert ihre unbewussten Wünsche und Gefühle auf andere

... macht ihre Umwelt und speziell den Partner für ihr Glück und ihre Gefühle verantwortlich
... fühlt sich auch durch Kleinigkeiten angegriffen
... lehnt fremde Hilfe ab oder diskutiert mit dem Coach oder Therapeuten
... ist nicht bereit, Gewohnheiten zu verändern oder aufzugeben
... kann nicht für sich alleine glücklich sein
... kann nicht über sich selbst lachen

Je bewusster eine Frau ist, umso mehr hat sie die Möglichkeit, auf ihre eigene Persönlichkeit und ihr Verhalten gegenüber dem Partner Einfluss zu nehmen. Mit einer bewussten Frau kann man in einer ruhigen Minute auch kritische Dinge besprechen, was sehr wertvoll und förderlich für die Beziehung ist. Speziell Frauen, die Meditationserfahrung haben und Seminare für Persönlichkeitsentwicklung besucht haben, sind meist bewusster und bereit, sich selbst weiterzuentwickeln. Eine solche Frau macht vielleicht auch ein Eifersuchtsdrama, aber man kann später mit ihr in Ruhe darüber reden und sie wird sich entschuldigen. Als Partner kann man auch leichter Einfluss auf ihre Entwicklung nehmen.

Die fünf Persönlichkeitsaspekte sind in aufsteigender Reihenfolge immer schwieriger zu verändern:

Die Bewusstheit ist durch Bücher, Meditationspraxis, psychologische Seminare und Beratungen oder Coaching leicht erweiterbar. Wer sich mit sich selbst auseinandersetzt und sein eigenes Verhalten reflektiert, wird immer bewusster darauf Einfluss nehmen können. Wer Zeit, Engagement und Geld dafür investiert, kann recht schnell die eigene Persönlichkeit in positiver Weise verändern.

Die Libido ist trainierbar und veränderbar. Dafür muss eine Frau bestimmte Blockaden und Moralvorstellungen auflösen, sie sollte regelmäßig Selbstliebe praktizieren, sich selbst massieren und auch massieren lassen, Sport treiben und eine positive, liebende Haltung zu ihrem Körper entwickeln. Frauen, die zum Beispiel ein Tantra-Frauentraining durchlaufen, erleben schon nach einigen Seminaren eine sehr befreite und gesteigerte Sexualität. Deren Partner sind oft völlig fasziniert, wie eine Frau ihre Libido und ihr Sexualverhalten verändern kann. Hat eine Frau allerdings sexuellen Missbrauch oder andere sexuelle Traumata erlebt, dauert dieser Prozess natürlich viel länger und bedarf einer erfahrenen therapeutischen Einzelbegleitung.

Dasselbe gilt auch für Männer: Durch Männerseminare, Tantra und bewusste Veränderung der sexuellen Konditionierung lässt sich die Libido positiv verändern – in Bezug auf Quantität und auch Qualität des Sexuallebens.

Der Selbstwert, also der Wert, den jemand sich selbst zuschreibt, ist veränderbar. Das ist ein längerer Prozess, aber kleine, situationsbezogene Veränderungen sind relativ schnell erreichbar und trainierbar. Im Alpha-Training für Männer wird genau dies geübt, um vom Beta-Mann mit niedrigem Selbstwert zum Alpha-Mann mit hohem Selbstwert zu gelangen. Entsprechend kann auch eine Frau an ihrer Persönlichkeit arbeiten und psychologische Themen lösen, um ihren eigenen Selbstwert zu steigern. Um grundlegende Überzeugungen über sich selbst dauerhaft zu verändern und von NSW zu HSW zu gelangen, dauert es sicherlich einige Jahre, aber es ist ein lohnenswerter und spannender Prozess mit vielen kleinen Schritten und Erfolgen.

Die feminine oder maskuline Energie (Polarität) eines Menschen ist eine jahrelang antrainierte Polarisierung und tief in der Persönlichkeit verankert. Äußere Faktoren und das Verhalten können leichter verändert werden, was ein guter Ansatz ist. Eine grundlegende „Umpolung" einer mehr maskulin geprägten zu einer femininen Frau braucht aber sicher viele Jahre mit intensivem Persönlichkeitstraining, Körpertherapie und mehr.

Das Aussehen ist äußerlich gesehen durch Diät, Sport, Schmuck, Kleidung, Make-up, Bewegungen und Auftreten leicht zu beeinflussen. Es lohnt sich für viele Frauen, sich hier Beratung und Unterstützung zu suchen. Die grundlegende körperliche Attraktivität aber ist kaum zu verändern, die Frau arbeitet hier immer gegen die Zeit und das Älterwerden. Was eine Frau aber tun kann, ist, mit den oben genannten Faktoren Einfluss auf ihre Schönheit zu nehmen. Dafür muss eine Frau lernen, sich mit ihrem Körper anzufreunden und ihn zu lieben, wie er ist, anstatt ihn zu kritisieren.

Das macht auf jeden Fall einen großen Unterschied: Eine Frau, die sich selbst und ihren Körper liebt, strahlt eine natürliche Anmut und Schönheit aus. Sie ernährt sich gesund, treibt Sport und pflegt ihren Körper. Eine Frau, die ihre feminine Seite annimmt und ein hohes Selbstbewusstsein hat, strahlt ebenfalls eine natürliche Schönheit und Aura aus.

Fazit: Die erwählte Partnerin muss zu Ihnen passen, sonst sind Probleme und Beziehungskrisen vorprogrammiert. Einer superattraktiven, femininen, selbstbewussten, sexuell erweckten und erleuchteten Frau müssen Sie schon einiges bieten, um sie zu verführen, aber vor allem müssen Sie sich sehr anstrengen, um auch im Alltag auf diesem Niveau mitzuhalten. Im umgekehrten Fall werden Sie mit einer unbewussten Frau mit wenig Libido und niedrigem Selbstwert auch keine Freude haben. Lernen Sie also viele Frauen kennen, und erstellen Sie von jeder zur Übung ein Persönlichkeitsprofil mit diesen fünf Werten. So lernen Sie Frauen realistisch einzuschätzen und finden heraus, welche zu Ihnen und Ihrem Leben passt. Sie werden sicherlich viel Spaß und neue Erkenntnisse dabei haben!

Teil 2
Die Partnerin lieben und führen

Weibliche und männliche Liebe

Männer verwechseln Liebe gerne damit, alles für die Partnerin tun zu wollen. Männer haben sich ihre Vorstellung von Liebe meist durch Frauen definieren lassen. Angefangen von der Mutter, über weibliche Familienmitglieder, Lehrerinnen und dann später von den Partnerinnen. Alltägliche Klischees und mediale Bilder wie beispielsweise in romantischen Hollywood-Filmen haben dazu geführt, dass Männer eine weibliche Sichtweise der Liebe für sich übernommen haben. Für Frauen bedeutet Liebe Einfühlsamkeit, Weichheit, Zugewandtheit und Offenheit für den anderen. Diese Attribute können jedoch nur Teilaspekte einer Liebesbeziehung sein. Eine männliche, zeitgemäße und zukunftsweisende Definition von Liebe sieht anders aus.

Männer wollen ihre Partnerin glücklich machen, indem sie deren Bedürfnis nach Sicherheit, Geborgenheit und Beständigkeit erfüllen. Deshalb bauen Männer ihrer Partnerin ein Haus, kaufen ihr teure Dinge, verzichten auf liebe Freunde und Hobbys (falls diese ihr nicht passen) und sind jederzeit für sie erreichbar. Sie akzeptieren das Kontrollbedürfnis der Partnerin, sie akzeptieren, dass sie immer weiß, wo und mit wem ihr Mann unterwegs ist. Sie verzichten „aus Liebe" darauf, mit anderen Frauen zu flirten oder sie zu treffen. Und „aus Liebe" wird dann bei jeder Meinungsverschiedenheit deeskaliert und der Partnerin nachgegeben. „Aus Liebe zur Partnerin" vermeiden Männer Auseinandersetzungen und tun letztendlich Dinge, die sie als Single niemals tun würden. Sie gehen auf jede Stimmungsschwankung der Partnerin ein, haben für all ihre Fehler Verständnis und überlassen ihr die Führung bei der Einrichtung der Wohnung, der Definition von Ordnung und Sauberkeit, der Kindererziehung, der Freizeitgestaltung, der Freundeswahl, den Gesprächsthemen ...

Ist das Liebe? Es ist eine weichgespülte Version von Liebe, die im besten Falle mit Hingabe, Anpassungsfähigkeit und Harmonie zu tun hat, also mit femininen Qualitäten. Wenn ein Mann ausschließlich diese weibliche Seite der Liebe lebt und keinen Zugang zu seiner maskulinen Essenz hat, dann wird daraus Feigheit, mangelnde Führung und fehlendes Engagement. In einem Konflikt aus freier Wahl heraus nachzugeben, ist überzeugend, dies aus Angst vor der Konfrontation oder aus Bequemlichkeit zu tun, kommt einer Flucht gleich.

Die reife Liebe in einer Partnerschaft ist nicht das Ausruhen in Mamas kuscheliger Nestwärme, sie ist gezeichnet von Respekt und Bewunderung, die immer wieder neu errungen werden müssen.

Eine männliche Definition von Liebe ist geprägt von einem guten Zugang zur eigenen Männlichkeit und Kraft und von einem eigenen, starken Willen. Sie setzt eine starke und tragfähige Vision voraus, nach der ein Mann sein Leben und seine Beziehung gestaltet. Sie hat mit männlichen Herzqualitäten zu tun, die heißen: Mut, Begeisterungsfähigkeit, Leidenschaft, Engagement, Konfliktfähigkeit und Kampfbereitschaft. Ein Mann wird von seiner Partnerin geliebt und respektiert, wenn er diesen männlichen Pol in die Partnerschaft einbringt. Sie kann ihn verehren, wenn er die Kraft und Bereitschaft hat, für seine Herzenswünsche zu kämpfen. Sie liebt ihn, wenn er eine eigene Vision in der Liebe hat und für die Partnerschaft kämpft – selbst wenn sie dann manchmal unterlegen ist. Gemeint ist hier die reife Liebe eines Königs, also eine Führungsqualität, nicht die bedürftige Liebe des Jungen, der an Mamas Rockzipfel hängt, ihr alles recht machen und sie glücklich machen will, um selbst von ihr geliebt zu werden. Der König ist unabhängig, der Junge oder jugendliche Liebhaber aber ist abhängig von der Anerkennung der Frau.

Stellen Sie sich das Bild eines Königs vor und übertragen Sie es auf die moderne Form einer integren Führungspersönlichkeit. Was braucht es, um Menschen zu führen? Zunächst muss der König eine Vision haben und andere davon mit Herzblut und Leidenschaft begeistern, damit sie ihm folgen. Er braucht einen weiten Horizont, Reflexionsvermögen, Menschenkenntnis und Verständnis für die Menschen und muss manchmal von seinen persönlichen Vorlieben absehen können. Er braucht Großmut und den

Blick für das Wesentliche, um sich nicht im Alltag zu verlieren. Er entwirft Werte und klare Regeln als Orientierung, die er selbst vorlebt und nach denen sich alle auszurichten haben. Wer dagegen verstößt, wird zunächst klar und freundlich, danach aber direkt und schmerzhaft darauf hingewiesen. Der König hat keine Angst vor Konflikten. Aus innerer Freiheit und Weitsicht heraus entscheidet er, in welche Konflikte es sich lohnt, Zeit, Energie und Geld zu investieren, und welche er vermeidet oder ignoriert. Wenn er sich einem Konflikt stellt, dann tut er es engagiert, konsequent und zielführend. Er will seinen Gegner nicht vernichten, sondern ihn zurechtweisen. Sein Herz bleibt auch in der Auseinandersetzung offen. Das unterscheidet den König vom Tyrannen beziehungsweise in der Partnerschaft von einem selbstgefälligen Pascha.

Wenn Sie eine königliche Liebesbeziehung führen wollen mit einer Königin an Ihrer Seite, dann müssen Sie machtvoll, potent und stark sein und Ihre Männlichkeit lieben. Dann kann die Königin sich an Ihrer Seite sicher fühlen, ihre eigene feminine Seite leben und aufblühen in Ihrem Reich. Sie müssen dafür die Führung behalten und Ihren eigenen Regeln treu bleiben – auch wenn das bedeutet, dass Ihre Partnerin Sie manchmal verflucht, beschimpft oder sich zurückzieht. Ein König hält das aus. Ein Mann kann nur dann die Königin in einer Frau sehen und lieben und neben ihr bestehen, wenn er selbst König ist. Ansonsten macht ihm die Königin Angst, und er wird ihr Untertan.

Das ist der Fall, wenn er die unreife Persönlichkeit eines jugendlichen Liebhabers hat, der auf seine Partnerin und ihre Anerkennung fixiert ist. Wie ein kleiner Junge, der seine Mutter glücklich machen will und leidet, wenn sie verstimmt ist, richtet er sich nach seiner Partnerin aus, die im Laufe der Beziehung immer mehr zur Mutterfigur wird. Selbst Männer, die im Beruf König sind und etwa eine Firma führen, sind in der Partnerschaft manchmal nicht in der Lage, diese Rolle aufrechtzuerhalten. Wenn sie nach Hause zur Partnerin kommen, legen sie mit dem Anzug auch ihre Krone und alle Königsqualitäten ab. Sie verwechseln Liebe mit dem unterwürfigen Akzeptieren aller Stimmungen und Marotten ihrer Partnerin und wundern sich, dass diese immer mehr zu einer Dramaqueen statt zu einer echten Königin wird.

Frauen zeigen ihrem Partner, wenn ihm männliche Stärke, Rückgrat und Führungsqualitäten fehlen: Sie provozieren, streiten oder nörgeln einfach herum. Reagiert der Partner dauerhaft nicht, dann eskaliert das Ganze zu einer Beziehungskrise.

In den folgenden Kapiteln beschreibe ich daher nicht, wie Sie als Mann einfühlsamer, verständnisvoller und zärtlicher werden – die meisten Männer haben diese feminine Seite bereits absolut ausreichend entwickelt. Ich möchte Ihnen zeigen, was es bedeutet, seine Partnerin in männlicher Form zu lieben und zu führen. Es geht darum, was *Sie selbst* tun können, um Ihre Partnerschaft in Ihrem Sinne positiv zu verändern. Sie werden einige neue und ungewöhnliche Strategien kennenlernen, mit der Partnerin zu streiten. Danach erfahren Sie auch, wie Sie den Turbolader in Ihrem Sexleben in der Partnerschaft einschalten können.

Die Basis dafür ist eine königliche Herzenskraft, mit der ein Mann seine Partnerin liebt, ihr Grenzen setzt und sie führt. Er strahlt dabei in seiner Größe und Potenz. Selbst wenn die Partnerin ihn mit Zickereien, Verstimmungen, Streits und Dramen konfrontiert, kann ein König das als Tests für seine Dominanz und Männlichkeit sehen: Besteht er sie, wird er noch königlicher und sie wird ihn noch mehr lieben und verehren. Erkennt er sie nicht, läuft weg oder fällt durch, dann weiß er, dass seine Partnerin genau seine Achillesferse gefunden hat, an der er noch unreif oder verletzlich ist. Er sollte dies dann nutzen, um genau dort an sich selbst zu arbeiten.

Wenn ich hier in männlicher Weise über „herumzickende Weiber und Dramaqueens" schreibe, dann möchte ich dies verstanden wissen als Tests der eigenen Männlichkeit. Ein Mann ist so viel Mann, wie seine Frau ihn als Mann verehrt. Ein Mann kann Unternehmen gründen, Kriege führen oder Trophäen sammeln – solange er nicht in der Lage ist, seine Partnerin mit Liebe und Klarheit zu führen, hat er einen Teil seiner Männlichkeit noch nicht gefunden. Fragen Sie sich also: Was erzählt Ihre (Ex-)Partnerin anderen über Sie als Mann? Wären Sie stolz darauf, oder würden Sie sich dafür schämen?

Gestatten Sie sich den Gedanken, dass Sie genau die Art von Liebesbeziehung und Partnerin haben oder hatten, die Sie „verdient" haben. Die Frau an Ihrer Seite ist ein Spiegel für Ihre Persönlichkeit. Sind Sie glücklich mit der Frau an Ihrer Seite und Ihrer

Partnerschaft? Leben Sie Ihr gemeinsames Potenzial? Wenn nicht, dann fangen Sie an, sich Gedanken darüber zu machen, wie Ihre Partnerschaft aussehen soll, welche Werte und Regeln gelten sollen. Entwerfen Sie die Vision Ihrer Partnerschaft und setzen Sie diese dann im Alltag um. Dafür müssen Sie den Blick auf Ihre Vision von Partnerschaft richten, die Sie mit Ihrer Partnerin zusammen realisieren wollen, und sie dafür begeistern. Als Kapitän eines Schiffes reagieren Sie auch nicht auf jede Welle, sondern haben den Kurs im Blick. Hören Sie auf, wie gebannt auf Ihre Partnerin zu schauen, dann verlieren Sie nämlich die Führung.

Ich werde nie die Worte eines Tangolehrers in Buenos Aires vergessen: „Wenn du eine Frau führen willst, dann darfst du nicht auf die Frau schauen. Sie aber schaut auf dich und reagiert auf dich. Du musst dorthin schauen, wohin du mit ihr gehen willst. Und du musst ihr die Sicherheit geben, damit sie sich dir anvertrauen und hingeben kann. Dann erblüht sie in ihrer Schönheit."

Gründe für Ehe- und Beziehungskrisen

Erfahrungsgemäß ist es so, dass die allermeisten Männer sich erst dann um die Beziehung oder Ehe kümmern, wenn es ernsthafte Probleme gibt, die man nicht aussitzen kann. Ich verstehe das, ich selbst lese Bedienungsanleitungen auch nur, wenn ein Gerät oder ein Computerprogramm nicht funktioniert. Nur leider sind Liebesbeziehungen nicht wartungsfrei, im Gegenteil, sie sind äußerst wartungsintensiv, und bei mangelnder Pflege entstehen schnell Funktionsstörungen. Hier kommt also das lang ersehnte Betriebshandbuch für den Umgang mit Ihrer Partnerin! Sie finden hier Reparaturanleitungen, Wartungspläne ... und ich verrate Ihnen auch, wo der Reset-Knopf ist. Und als Bonbon gibt es noch Anleitungen zum Tuning Ihrer Beziehung.

Steigen Sie erst hier in die Lektüre des Buches ein? Ohne das Hintergrundwissen zur Funktionsweise von erotischen Beziehungen, wie in den letzten Kapiteln beschrieben, nutzt Ihnen diese „Bedienungsanleitung" nur sehr begrenzt etwas. Wie wollen Sie einen Motor reparieren, wenn Sie keinen blassen Schimmer haben, wie er überhaupt funktioniert? Also, wer hier eingestiegen ist: Bitte zurück zum Start!

Ich vermute, dass ein Großteil der Leser dieses Buches in einer Beziehungskrise steckt und dringend Hilfe benötigt. Was Männer am meisten emotional mitnimmt und psychisch belastet, sind Beziehungskrisen. Wenn ein Konflikt eskaliert oder die Partnerschaft gerade infrage gestellt wird, leiden Männer oftmals mehr als Frauen. Während die Frau schreit und sich bei ihren Freundinnen ausheult und alles beredet, frisst der Mann die Dinge in sich rein. Fragt ein Freund nach, so sagt er nur: „Zoff zu Hause. Anderes Thema." Und lenkt sich ab. Frauen lernen schon als Mädchen, Beziehungen und soziale Konflikte zu beobachten, zu analysieren und zu lenken. Männer interessiert das nicht, und dementsprechend hilflos fühlen sich die meisten, wenn der Haussegen schief hängt.

Die gute Nachricht vorweg: In den meisten Fällen, die akut sind und besonders dramatisch erscheinen, ist noch etwas zu machen. Unabhängig davon, ob die Frau die Beziehung beenden will, den Sex verweigert, sich unausstehlich benimmt oder gar einen neuen Liebhaber hat. Bei Konflikten, die sich schon über Jahre erstrecken, also bei einer chronischen Beziehungskrankheit, bei der die Partner noch nicht einmal mehr miteinander streiten, sieht es meist schlechter aus. Recht hoffnungslose Ausnahmen bei akuten Krisen sind allerdings narzisstisch gestörte Frauen – siehe dazu Punkt 8 in diesem Kapitel.

Die erste Frage lautet: Was ist los? Warum zickt die Frau immer mehr herum? Was sind die wirklichen Gründe, die Sie verändern können? Zur Ehrenrettung von Frauen muss gesagt werden, dass sie mit ihrer Kritik am Partner im Kern meistens recht haben. Die Art und Weise hingegen, wie diese Kritik dargeboten wird, ist oft völlig daneben, hysterisch, verworren oder manipulativ. Das ist ein Grund, warum Männer die eigentliche Botschaft nicht erkennen können, abgesehen davon, dass die Partnerin der letzte Mensch auf Erden ist, von dem man sich erziehen oder therapieren lassen will.

Im Weiteren habe ich einige typische Gründe für Beziehungskonflikte aufgelistet. Anders als bei einem Streit ist es in diesem Fall nicht eine momentane (Ver-)Stimmung, sondern etwas Grundsätzliches, was in der Partnerschaft schief läuft. Es wird sich nicht „von alleine" regeln und wahrscheinlich zur Trennung führen, wenn Sie das Thema nicht angehen.

Kurzfristige, einmalige Probleme

Vertrauensbruch, Lügen, Enttäuschung

Häufig hängen aktuelle Beziehungskrisen mit einem konkreten Ereignis zusammen. Sie haben Ihre Partnerin belogen, und sie hat es auf ungute Weise erfahren. Sie hatten Sex mit einer anderen Frau oder eine Affäre, sie hat es erfahren und fühlt sich verletzt. Sie haben Ihre Partnerin auf andere Art unaufrichtig oder moralisch verwerflich behandelt, zum Beispiel ein Versprechen gebrochen, Geld gestohlen, Lügen über sie verbreitet, ihr Ansehen beschädigt und so weiter. Oder aber Sie haben Ihre Partnerin allein gelassen und sind ihr in einer schwierigen Situation nicht beigestanden.

In der Regel gilt: Wenn es sich wirklich um ein einziges Ereignis handelt, dann lässt sich das kurzfristig lösen – so schlimm es auch war.

Erster Schritt: Finden Sie heraus, was genau der Vorwurf Ihrer Frau an Sie ist. Hören Sie einfach genau zu, stellen Sie offene Fragen und widerstehen Sie jeglichem Versuch einer Richtigstellung, Rechtfertigung, Verteidigung oder Entschuldigung. Prägen Sie sich genauestens ein, was sie sagt, und halten Sie unbedingt Ihre Emotionen unter Kontrolle. Dann bedanken Sie sich bei Ihrer Partnerin für das Gespräch und sagen: „Ich werde über diese Dinge nachdenken. Dafür brauche ich etwas Zeit." Das alleine wirkt manchmal schon Wunder.

Zweiter Schritt: Bitten Sie einen guten (männlichen) Freund oder Therapeuten um Hilfe, bitte keinen weichgespülten Womanizer. Geben Sie das, was Ihre Partnerin erzählt hat, möglichst genau wieder. Danach erzählen Sie möglichst sachlich Ihre Version der Dinge. Vermeiden Sie dabei Manipulation, das Erregen von Mitleid oder Schuldzuweisungen. Fragen Sie den Mann, ob ihr Verhalten in irgendeiner Weise moralisch verwerflich, verletzend, respektlos oder unangemessen war. Eventuell befragen Sie noch einen zweiten unbeteiligten Mann, dessen Meinung Sie sehr schätzen.

Dritter Schritt: Überdenken Sie dessen Antwort und fragen Sie sich: „Habe ich nach meinem Wertesystem falsch, unaufrichtig oder unmoralisch gehandelt?" Oder stehen Sie zu dem, was Sie getan haben, auch wenn es Ihnen vielleicht leidtut, dass Ihre Partnerin dadurch enttäuscht oder verletzt wurde. Es macht einen großen Unterschied, ob Sie nach Ihrer eigenen Ethik moralisch verwerflich gehandelt haben, oder ob Sie nur taktische oder strategische Fehler begangen haben. Fragen Sie sich, ob Sie beide ein unterschiedliches Wertesystem haben, nach dem Sie leben und Dinge beurteilen. Schreiben Sie für sich Ihre Werte und Regeln verbindlich auf, nach denen Sie eine Beziehung führen wollen.

Vierter Schritt: Sagen Sie Ihrer Partnerin, dass Sie über die Sache nachgedacht und sich Hilfe besorgt haben bei der Einschätzung der Situation. Dadurch alleine schon wird sie sich ernst genommen fühlen. Bestehen Sie darauf, dass Ihre Partnerin Ihnen ohne Unterbrechung zuhört. Wenn Sie zu der Auffassung gelangt sind, dass Ihr Verhalten nicht mit *Ihren eigenen* Werten kongruent war, dann entschuldigen Sie sich aufrichtig – aber bitte ohne sich selbst zu demütigen oder zu erniedrigen. Jeder Mensch macht Fehler, es gibt keine Beziehung ohne Verletzungen.

Wenn Sie immer noch zu Ihrem Verhalten stehen, dann sagen Sie ihr, dass es Ihnen leidtut, wenn sie sich durch Sie enttäuscht oder verletzt fühlt und dass dies nicht die Absicht Ihres Verhaltens war. Erklären Sie ihr aber auch Ihre Werte und Regeln, und dass diese nicht verhandelbar sind. Wenn sie weiter mit Ihnen zusammenbleiben will, muss sie diese akzeptieren. Dann müssen Sie aber auch den Mut haben, dafür in letzter Konsequenz eine Trennung zu riskieren.

Wenn Sie ein abhängiger Beta-Mann sind, der sowieso um jeden Preis bei der Frau bleibt, können Sie sich das Ganze sparen. Das ist wie eine Preisverhandlung um einen Platz im Rettungsboot eines untergehenden Schiffes: Sie würden *jeden* Preis zahlen, und das weiß der andere.

Es gibt auch Mischformen: Ihr Verhalten an sich ist in Ordnung, die Art und Weise wie es lief aber nicht. Das kommt erstaunlich häufig vor. Ein Beispiel: Rainers Partnerin Kirsten hat herausgefunden, dass er seit Längerem andere Frauen trifft, mit ihnen ausgeht und auch mal rumknutscht. Das Drama ist entsprechend groß, da sein ganzes Lügengebilde der letzten Monate aufgeflogen ist, als er in einer Disco von Kirstens Freundin gesehen wird, und Kirsten danach kein Vertrauen mehr in ihn hat. Sie verlangt: Entweder du triffst keine anderen Frauen mehr, absolute Treue in Zukunft, oder ich trenne mich. Rainer ist nach einiger Zeit und reiflicher Überlegung zu dem Schluss gekommen, dass er weiterhin flirten und andere Frauen treffen und bis zu einer gewissen Grenze auch Körperkontakt haben möchte. Dabei geht es ihm nicht primär um Sex, sondern um seine Bestätigung als Mann, es geht um seine Unabhängigkeit und Freiheit. Diese Option ist für ihn nicht verhandelbar. Seine Lügen und Unaufrichtigkeit aus Feigheit und Angst vor dem Konflikt bedauert er und entschuldigt sich, er möchte das in Zukunft nicht mehr vor ihr verstecken. Kirsten empfindet Respekt und Achtung vor seiner klaren Ansage. Tatsächlich haben sie die Lügen viel mehr getroffen als die Tatsache, dass er mit anderen Frauen ausgeht. Sie verhandeln noch einige Details und Regeln, und dann ist der Deal perfekt.

Das Problem in diesem Beispiel ist der Mann gewesen. Er ist unklar, weiß nicht, was er will, lügt sich selbst und andere an und handelt widersprüchlich. Und er hat (vielleicht auch unbewusst) Angst vor dem Konflikt und versucht, ihn um jeden Preis zu vermeiden. Dadurch verliert die Frau die Achtung vor ihm, er verliert die Führung. Handelt ein Mann kongruent und konsequent nach seinen eigenen, klar strukturierten Regeln, akzeptieren dies die meisten Frauen, selbst wenn es ihnen nicht gefällt. Frauen wollen einfach klar wissen, woran sie sind, und das Risiko einschätzen.

Was ist zu tun, wenn Sie selbst von Ihrer Partnerin angelogen, betrogen oder mies behandelt wurden? Man muss sagen: Es ist eher eine Ausnahme, dass daraus eine echte Krise wird, weil Männer meistens großzügig oder aber zu feige sind, um in einen solchen Konflikt einzusteigen. Der Abhängige hat Angst, verlassen zu werden, und nimmt selbst Verhaltensweisen der Partnerin in Kauf, die stark gegen die eigenen Vorstellungen und das eigene Wertesystem verstoßen. Wenn Ihre Partnerin Sie wirklich in unangemessener Weise verletzt hat, dann konfrontieren Sie sie mit den Auswirkungen ihres Verhaltens. Zeigen Sie Ihre Wut oder Verletzung, zeigen Sie Konsequenzen auf und handeln entsprechend. Ansonsten nimmt die Frau Sie nicht ernst.

Langfristige Probleme

Im Folgenden führe ich einige typische Gründe für Beziehungskrisen an, die im langfristigen Verhalten des Mannes oder der Frau liegen oder aber im Grundkonzept der Beziehung.

1. Mangelndes Interesse oder fehlende Aufmerksamkeit des Mannes

Mangelnde Wartung und Pflege sind die Kardinalfehler im Beziehungsverhalten von Männern. In der Verliebtheitsphase zu Beginn der Beziehung haben Sie alles für Ihre Partnerin gemacht: Komplimente, Geschenke, Überraschungen, Verführungen ... und ihr sehr viel Aufmerksamkeit geschenkt. Das ist dann im Alltag allmählich abgeklungen, und seit einiger Zeit ist Ihre Partnerin zu einem Einrichtungsgegenstand geworden. Sie bemerken nicht, wenn sie beim Friseur war oder ein neues Kleid anhat, Sie schenken ihr keine besondere Aufmerksamkeit mehr. Sie küssen sie nur noch flüchtig im Vorbeigehen, Sie bereiten keine Überraschungen vor und machen ihr keine Komplimente mehr. Selbst bei robustem Selbstbewusstsein fühlt sich Ihre Partnerin nach einiger Zeit nicht mehr als Frau. Sie wird zickig, nörgelt herum und wird immer widerborstiger. Schlussendlich verbittert sie oder sucht sich die Bestätigung eben woanders. Und es wird sicherlich genügend Männer geben, die sich für Ihre Partnerin begeistern können. Sie können sicher sein – wenn Sie nicht in der Lage sind, Ihre Frau sexuell zu befriedigen, dann wird ein anderer Mann da sein.

Ein Paar, nach 20 Ehejahren in der Krise, geht zu einem Paartherapeuten. Als sie das Beratungszimmer betreten, empfängt sie ein junger, attraktiver und athletischer Therapeut. Er fragt nach dem Grund der Konsultation, und die Frau erzählt: „Ich bekomme von meinem Mann wenig Aufmerksamkeit, es fehlt an Intimität, ich fühle mich leer, wenig geliebt und begehrt ...“

Der Therapeut steht auf, tritt auf die Frau zu und bittet sie, ebenfalls aufzustehen. Er umarmt sie und beginnt sie leidenschaftlich zu küssen, während er ihren Körper verführerisch streichelt. Der Ehemann schaut wortlos, aber beeindruckt zu. Die Frau geht auf alles ein und ist schon halb ohnmächtig vor Erregung, als der Therapeut sich zum Ehemann wendet: „Das ist es, was Ihre Frau mindestens dreimal die Woche braucht. Kriegen Sie das hin?“

Der Mann denkt nach, zückt seinen Kalender und sagt nach einer Weile: „Also, am Montag und Donnerstag könnte ich sie vorbeibringen, aber an den anderen Tagen habe ich keine Zeit.“

Auf einer unbewussten Ebene schicken manche Männer ihre Frau wirklich zu einem Liebhaber, weil sie nicht bereit sind, ihr Aufmerksamkeit, Zuwendung und körperliche Nähe zu geben sowie für guten Sex zu sorgen. Das hält keine Frau auf Dauer aus.

2. *Keine Erotik, langweiliger Sex*

Ich kaufte mir als Student einmal einen alten Kombi Diesel, er fuhr extrem lahm. Er gehörte einem älteren Ehepaar, das offensichtlich nur im unteren Drehzahlbreich damit herumgetuckert war. Nachdem ich den Wagen etwas forderte und öfter auch mal Vollgas fuhr, wurden der Vergaser und andere Teile richtig durchgeblasen, und der Wagen fuhr erstaunlich flott. Das können Sie auf Beziehungen übertragen. Frauen finden es langweilig, immer nur im unteren Drehzahlbereich zu fahren, sie wollen Abwechslung und Aufregung, sonst ergeht es ihnen wie dem alten Auto. Viele Männer beschweren sich darüber, dass ihre Partnerin kein Interesse mehr am Sex hat und sie immer abweist. Oder aber Sie selbst interessieren sich eher für schrille, geile Weiber in Pornos oder für andere Frauen, die Sie nicht haben können, anstatt für Ihre Partnerin. Mit dieser kuscheln Sie nur jede Nacht wie mit einem Teddybär. Was soll Ihre Frau also mit ihrer angestauten sexuellen Energie machen? Die Möglichkeiten sind: berufliches Engagement, exzessiver Sport, streiten und rumzicken, wie eine Zitrone vertrocknen oder sich einen tollen Lover suchen.

Sex ohne Erotik

Variante A: Stellen Sie sich vor, Sie bereiten sich darauf vor, am Samstagabend mit Ihrer Partnerin besonders schick essen zu gehen, es soll ein Geburtstagsgeschenk sein. Zu Beginn der Woche stöbern Sie im Internet oder Restaurantführer nach einem geeigneten Restaurant oder fragen Freunde. Sie erwägen das eine oder andere und reservieren schließlich einen Tisch in einem französischen Restaurant in der Nachbarstadt, das neu eröffnet hat und das Ihre Partnerin sicher noch nicht kennt. Am Donnerstag sprechen Sie die Einladung aus, ohne das genaue Restaurant zu verraten. Sie können sicher sein, bis Samstagabend geht Ihrer Partnerin nun im Kopf herum: „Was ziehe ich an?" „Was für Leute werden dort sein?" „Werden wir Bekannte treffen?" „Was werden wir danach machen?" Am Samstagmorgen hat sie extra den Friseurtermin und den Termin bei der Maniküre reserviert. Spätestens ab Samstagmittag versucht sie, mit Fangfragen herauszubekommen, um was für ein Restaurant es sich handelt. Sie probiert verschiedene Kleidung und Schuhe an und fragt Sie, was Sie passender fänden. Schließlich fahren Sie zum Restaurant, Sie begutachten es von außen und freuen sich über den freundlichen Empfang. Sie nehmen die Einrichtung und die besondere Atmosphäre durch die Beleuchtung wahr, während Sie einen Tisch am Fenster mit Blick aufs Wasser auswählen. Das Studieren der Speisekarte und die Auswahl der einzelnen Gänge und Getränke weckt eine Vorfreude auf das Essen in Ihnen. Ebenso die Art, wie serviert wird, und die Dekoration. Ihrer Frau gefällt das Restaurant, und Sie freuen sich an dem Glänzen in ihren Augen und dem etwas enthemmteren Lachen, was sicherlich auch am Rotwein liegt. Den Nachtisch essen Sie gemeinsam und fangen an, mit den Löffeln miteinander zu spielen und sich gegenseitig zu füttern. Sie fahren gut gelaunt und erotisch geladen entweder noch zum Tanzen oder nach Hause ...

Variante B: Sie sind mit Ihrer Partnerin unterwegs und haben Hunger. Sie halten kurz bei einem Schnellrestaurant. Sie bestellen und müssen nicht lange warten, während Sie mit Ihrer Partnerin über einige organisatorische Dinge sprechen. Sie essen am Stehtisch, während Sie zwischendurch aufs Handy schauen und an das denken, was gleich zu tun ist. Ihr Hunger ist schnell gestillt, Sie zahlen und fahren nach zwanzig Minuten wieder.

Variante A ist wie Sex mit Erotik, Variante B ist wie Sex ohne Erotik. Wenn Ihr Liebesleben wie eine Frittenbude ist, bei der man sein Bedürfnis schnell und praktisch stillt, dann wird Ihre Frau bald weg sein. Zu Recht. Am ersten Beispiel können Sie lernen, wie man eine erotische Spannung aufbaut. Die eigentliche Nahrungsaufnahme ist nur ein kleiner Teil des Ganzen, was im Vorhinein geschieht sowie das gesamte Drumherum, die Atmosphäre, Zeit und Investition machen das Abendessen zu etwas Besonderem.

In diesem Abschnitt geht es nicht nur um den mangelnden Sex. Worunter die Frauen meist noch mehr leiden und was die Beziehung vertrocknen lässt, ist die fehlende Erotik. Sex ohne Erotik ist Fastfood, Sex mit Erotik ist das Gourmet-Restaurant. Es ist durchaus mal in Ordnung, schnell den Hunger im Stehen zu stillen, aber Lebensqualität ist etwas anderes. Erotik bedeutet die knisternde Spannung zwischen Mann und Frau, also Andeutungen, Berührungen, Versprechungen, geweckte Fantasien. Beide Partner zeigen sich, dass sie den anderen begehrenswert finden, gerne anschauen, berühren und küssen. Diese erotische Spannung bewirkt, dass sich der Mann als sexueller Mann und die Frau als erotische, begehrte Frau fühlt. Ein Paar mit einer lebendigen Erotik hat Lebensqualität. Ohne Erotik ist der Sex langweilig, mechanisch – eine reine Bedürfnisbefriedigung. Nicht der Akt als solcher, das Reiben der Genitalien aneinander, ist das Wundervolle und Beglückende am Sex, sondern die erotische Spannung, die vorher aufgebaut wird und die auch nach dem Höhepunkt nicht völlig verebben sollte. Genau diese erotische Spannung fehlt in vielen Partnerschaften – und dadurch wird auch der Sex flach, entzaubert und öde. Nach dem Sex ist bestenfalls das körperliche Bedürfnis gestillt, aber die Seele bleibt leer und hungrig. Es hat keine wirkliche Begegnung und Intimität stattgefunden.

In neunzig Prozent der Fälle, bei denen das Paar wenig (befriedigenden) Sex hat, hat der Mann ein Problem mit seiner eigenen Sexualität. In vielen Fällen vermeidet der Mann sexuelle Kontakte, weil er dann mit seinen eigenen sexuellen Problemen konfrontiert wird. Wenn Sie Probleme haben, eine Erektion zu bekommen oder zu halten oder grundsätzlich unter Appetenzmangel leiden (wenig sexuelle Motivation), dann sollten Sie das Problem in Angriff nehmen. (Oder Ihrer Partnerin einen potenten Lover besorgen, der den Job für Sie erledigt.) Oder aber der Mann hat grundsätzlich nicht verstanden, dass er als Mann verantwortlich ist für die sexuelle Beziehung. Fragen Sie sich (und andere Frauen), ob Sie ein Mann mit erotischer Ausstrahlung sind. Fragen Sie sich, wie gut Sie Ihre Frau verführen, oder ob Sie ihr eine langweilige 08/15-Nummer bieten. Sind Sie als Liebhaber kreativ? Wenn nicht, dann seien Sie nicht verbohrt, sondern bereit, etwas dazuzulernen (siehe „Regeln für erfolgreiche Liebhaber“ ab Seite 235).

Hier soll es bewusst nicht um Sex-Tipps gehen. Ich möchte Ihnen Ideen und Anregungen geben, wie Sie Erotik erzeugen können – und zwar bei sich und Ihrer Partnerin. Ein guter Verführer kann eine Frau nicht nur das erste Mal verführen, sondern er kann auch nach Jahren noch eine erotische Spannung herstellen und seine Frau mit seiner Verführungskunst überraschen. Wenn Sie das gelernt haben, werden Sie eine äußerst abwechslungsreiche und lebendige Sexualität erleben, die Ihre gesamte Partnerschaft energetisiert. Das wird selbst in einer Krise eine solide Basis für Ihre Partnerschaft sein. Und nebenbei bemerkt: Dies ist die sicherste Methode, um zu verhindern, dass Ihre Partnerin fremdgeht. Sorgen Sie dafür, dass Sie der beste, kreativste, schärfste und ausdauerndste Liebhaber der Welt werden. Und falls Ihre Frau doch mal einen anderen Mann testen will, wird sie schnell äußerst frustriert wieder zu Ihnen zurückkommen. Wenn Sie nur fünfzig Prozent der genannten Tipps umsetzen, werden Sie in Zukunft keinen Grund mehr zur Eifersucht haben.

3. Projektionen auf die Partnerin – die Hure, die Heilige und die Mutter

Jens, ein gut aussehender und erfolgreicher Mann Anfang dreißig, kommt zu mir in die Praxis und berichtet: „Ich bin seit vier Jahren mit Jeanette, meiner Traumfrau, zusammen, seit drei Jahren verheiratet. Am Anfang war der Sex toll, aber seit der Geburt unseres ersten Sohnes vor zwei Jahren habe ich überhaupt kein Verlangen mehr nach ihr. Ich verstehe das selbst nicht, sie ist total attraktiv und bietet alles, was ich mir wünsche. Aber ich liege neben ihr im Bett, und nichts regt sich, selbst wenn sie anfängt, mich zu verführen. Stattdessen gucke ich Pornos und gehe ab und zu in den Puff, da habe ich richtig scharfen Sex mit Frauen, die teils deutlich unattraktiver als meine Frau sind. Ich hab ein furchtbar schlechtes Gewissen und denke, bei mir stimmt was nicht."

Das Problem von Jens ist kein sexuelles Problem, wie es zunächst erscheint. Er hat auch Viagra bei seiner Frau ausprobiert, eine Erektion und Sex gehabt, aber keine wirkliche Lust, keine Freude empfunden. Jens: „Ich hab sie richtig gevögelt, aber ich konnte ihr nicht dabei in die Augen schauen, es war fast etwas ekelig. Hinterher hab ich mich gefühlt, als hätte ich sie benutzt. Ich verstehe das alles nicht."

Was ist hier los? Ein klassisches Männerproblem, das die Aufspaltung der Partnerin in Mutter und Hure als Grundlage hat. Ich verwende hier den markanten Begriff „Hure", um die Polarität deutlich zu machen. Gemeint ist natürlich keine Prostituierte, sondern eine sexuell offene, aktive und erotische Frau, die Spaß am Sex und an erotischen Spielen hat. Zu Beginn einer Verführung und auch der Partnerschaft sind die erotische Ausstrahlung und sexuelle Attraktivität der Partnerin wichtige Elemente. Normalerweise wird die Partnerin in der ersten Zeit sehr begehrt, und der Sex macht beiden Freude. (Nur sexuell gestörte Männer sowie Nice guys gehen eine Beziehung mit einer Frau ein, wenn der Sex schlecht ist.) Der Mann sieht also die Hure in der Frau und lockt sie durch sexuelle Angebote und vielleicht auch Experimente heraus. Wird die Partnerin schwanger, so wird sie plötzlich nicht mehr als erotische Frau, sondern als Mutter wahrgenommen. Kevin, 25: „Ich fick doch meine Frau nicht, wenn sie schwanger ist. Das ist doch pervers, mein eigenes Kind mit meinem Schwanz auf den Kopf zu rammen." Er spricht deutlich aus, was manche Männer diffus fühlen: „Das ist pervers." Es fühlt sich eklig und falsch an, es wäre wie Sex mit der eigenen Mutter. Die Partnerin mutiert zur Mutterfigur, und alle erotischen Reize werden abgespalten.

Der Ursprung dafür liegt in den frühkindlichen Erfahrungen mit der eigenen Mutter. Nicht dass der Körperkontakt mit der Mutter und das Stillen unerotisch gewesen wären, aber diese Gefühle „dürfen nicht sein", es wäre Inzest. Also verbietet sich die Mutter sinnliche Gefühle mit dem Jungen – diese werden verleugnet, allzu intimer Körperkontakt wird vermieden. Diese Botschaft bekommt der kleine Junge früh mit: Mutter ist unerotisch. Bekommt der kleine Junge eine Erektion (was natürlich häufig vorkommt: Legen Sie sich mal nackt an den riesigen Busen einer nackten Frau und nuckeln Sie daran, während Sie liebevoll gestreichelt und geküsst werden), wird er direkt oder indirekt bestraft: Kontaktabbruch, Beschämung oder Liebesentzug. Denn damit können die wenigsten Mütter umgehen.

Genauso gibt es das Gegenteil: Die Mutter ist sexuell frustriert oder ausgehungert. Sie befriedigt ihr Bedürfnis nach Körperkontakt und Erotik mit dem kleinen Jungen, indem sie ihn bewusst an den Genitalien streichelt, beim Stillen masturbiert oder ihn nachts bei sich im Bett schlafen lässt. Vielleicht genießt (und missbraucht) sie auch die Macht, die sie über den Jungen hat, der von ihr abhängig ist und sich nicht abgrenzen kann. Auch wenn gesellschaftlich nicht darüber geredet wird – das kommt häufiger vor, als man denkt. Feministinnen haben das öffentliche Bewusstsein auf den sexuellen Missbrauch von Mädchen gelenkt. Emotionaler oder sexueller Missbrauch von Jungen kommt meiner Einschätzung nach aber wesentlich häufiger vor, ohne dass die Mutter dabei überhaupt ein schlechtes Gewissen hätte.

Cecile, 28 Jahre, berichtet: „Mein Sohn ist öfter bei meiner Schwester, die sich um ihn kümmert. Durch Zufall bekam ich – unbeobachtet – mit, wie sie den Penis des Kleinen streichelte, hätschelte und Küsschen darauf gab und sagte: ‚Mein Kleiner, das gefällt dir, nicht? Du sollst immer wissen, dass deine Tante Emmi die Beste ist.'" Cecile war nicht entrüstet oder wütend, nur verwirrt und fragte mich um Rat. Stellen Sie sich das Ganze mal mit dem Onkel und einem Mädchen vor. Jede Frau und jeder Mann würde einen Wutanfall bekommen und vielleicht sogar Anzeige erstatten. Beim sexuellen Missbrauch von Jungen haben selbst junge Frauen heute kein Unrechtsbewusstsein und bewerten das Ganze völlig anders. Meine Entrüstung darüber konnte Cecile nicht so recht teilen: „Sie hat es doch lieb gemeint." Sie konnte sich nur darauf einlassen, einmal mit der Schwester darüber zu reden.

Bei Männern, die sich an diese Dinge meist nicht mehr bewusst erinnern können, haben diese Erlebnisse sehr wohl einen gravierenden Einfluss auf die eigene Persönlichkeit. Speziell in Partnerschaften, wenn die Frau eine Mutterrolle einnimmt, werden diese Erfahrungen unbewusst aktiviert. Das kann dadurch geschehen, dass das Paar ein Kind bekommt oder aber die Frau in der Beziehung die Mutterrolle einnimmt. Dann empfinden diese Männer häufig Ekel, Widerwillen oder erleben einfach kein sexuelles Begehren mehr durch ihre Partnerin. Die eigene Sexualität wird dann nach außen projiziert.

Oliver, der eine Affäre hat, antwortet auf die Frage, was ihn an dieser heimlichen Geliebten so reizt: „Sie verwöhnt mich und bläst mir einen, schluckt sogar meinen Samen – das macht mich echt an." Auf die Frage, ob er das nicht einmal mit seiner Frau probieren könnte, erwidert er entrüstet: „Das wäre ja abartig. Soll sie etwa danach unsere Kinder küssen?"

Ein anderer Fall. Marcus, Anfang 30: „Ich habe eine wundervolle Frau, die ich wirklich liebe. Sie sieht toll aus, alles ist perfekt an ihr. Am Anfang war ich verrückt nach ihr, wir hatten immer und überall Sex. Ich weiß nicht, wann das nachgelassen hat. Aber seit einiger Zeit begehre ich sie einfach nicht mehr. Stattdessen gehe ich heimlich in Swingerclubs, Pornokinos und schaue mir Hardcore-Pornos an – nur das törnt mich richtig an." Auf meine Frage, ob er mit seiner Frau schon mal das ausprobiert hätte, was ihn „richtig antörnt", wehrt er erschrocken ab: „So was würde ich meiner Janine nie zumuten."

Marcus vollzieht eine typische Trennung in seinem Kopf: Heilige und Hure. Zu Beginn fasziniert ihn die erotische und verführerische Seite in der Frau: Er sieht die Hure in ihr, die er begehrt und mit der er leidenschaftlichen Sex hat. Nach der Heirat wird die Hure zur Heiligen. Marcus projiziert all das Reine, Edle und Wunderbare auf seine Partnerin. Da er selbst seine sexuellen Gelüste und Fantasien als „schmutzig und im Grunde pervers" bewertet, hat er ein schlechtes Gewissen. Er will seine geliebte „heilige" Janine nicht mit seinen „dreckigen Praktiken" beschmutzen und lebt sie bei Prostituierten aus. So bleibt seine Frau eine treue, reine und unbeschmutzte Frau. Aber wer hat schon Lust auf Sex mit einer Heiligen?

Für eine lebendige Sexualität mit der Partnerin muss dieses Thema zunächst gelöst werden, denn mit der beschriebenen inneren Abspaltung der erotischen Seite der Frau wird das gemeinsame Sexualleben immer mehr verkümmern – und damit eine wesentliche Grundlage der Partnerschaft.

4. Die ungelöste Mutterbindung

Mangelnde Selbstständigkeit und Führung des Mannes

Ein anderer grundsätzlicher Störfaktor, der eine erwachsene und erfüllte Beziehung verhindert, ist eine ungelöste Bindung zur Mutter. Der Mann ist mit einem zu dominanten Einfluss der Mutter aufgewachsen und hat sich innerlich nicht von ihr gelöst. Das zeigt sich daran, dass er ihr keine Grenzen setzen, also nicht Nein sagen kann, oder ihr immer noch Zugriff auf sein Privatleben gewährt. In schweren Fällen kocht, putzt oder wäscht die Mutter sogar noch für ihn, hat Zugang zu seiner Wohnung und ruft ihn ständig an. Wenn der Mann gewohnt ist, dass Mama für ihn sorgt, und noch nie alleine gelebt und für sich selbst gesorgt hat, dann bleibt er ein Mamasöhnchen. Die emotionale Abhängigkeit von Mama wird dann auf die Partnerin übertragen. Zu Beginn der Partnerschaft kümmert sich die Partnerin gerne um den Mann, um ihn an sich zu binden, irgendwann findet sie sich aber in der Mutterrolle wieder. Sie fängt an, sich über den großen, unselbstständigen Jungen lustig zu machen, und schämt sich in der Öffentlichkeit für ihn. Wenn sie bemerkt, dass er seiner Mutter (und auch ihr selbst gegenüber) keine Grenzen setzen kann, verliert sie die Achtung und den Respekt vor ihm. Sie legt immer wieder den Finger in die Wunde dieses abhängigen Persönlichkeitsanteils des Mannes, denn sie will, dass er zum erwachsenen Mann wird.

Ist der liebe Junge (Nice guy) weiterhin nett und lässt auf sich herumtrampeln, weil er so abhängig ist, dann erträgt die Frau das nicht. Wenn er immer der Liebe ist, dann muss sie als Gegenpol die Böse spielen, um einen Ausgleich zu schaffen. Reagiert er auf die Provokationen nicht, dann eskalieren sie irgendwann in Unverschämtheiten und Demütigungen dem Mann gegenüber. Wacht der Kämpfer in ihm selbst dann noch nicht auf, sucht sie sich einen echten Kerl als Liebhaber oder verlässt den lieben Jungen, um nicht den Rest des Lebens Mutter für ihren Partner zu spielen. Im Klartext:

Keine Frau erträgt einen unselbstständigen und abhängigen Mann. Sie erwartet von ihrem Partner, dass er sich von seiner Mutter gelöst hat und selbst für sich sorgt. Er muss Führung über sich selbst, sein Leben und in der Partnerschaft übernehmen. Und sie ist bereit, den Preis dafür zu zahlen, selbst wenn das für sie manchmal unangenehm ist.

Wenn ich Sie frage, ob Sie ein Mamasöhnchen sind, dann werden Sie das natürlich weit von sich weisen. Deshalb hier ein Test. Seien Sie ehrlich zu sich selbst, machen Sie sich nichts vor.

Test: Sind Sie ein Mamasöhnchen?

- Mit welchem Alter sind zu Hause ausgezogen?
- Wie weit entfernt wohnen Sie von Ihrer Mutter?
- Wie oft haben Sie persönlichen oder telefonischen Kontakt mit Ihrer Mutter?
- Kommt Ihre Mutter zum Putzen oder Aufräumen in Ihre Wohnung?
- Kocht Ihre Mutter für Sie oder lädt Sie regelmäßig zum Essen ein?
- Bringen Sie Ihrer Mutter die Wäsche zum Waschen?
- Können Sie waschen, bügeln, kochen und putzen?
- Haben Sie einige Jahre alleine ohne Frau gelebt?
- Können Sie alleine sein?
- Behandelt Ihre Mutter Ihre Partnerin herzlich, neutral oder abweisend?
- Sie sind mit Ihrer Partnerin bei Ihren Eltern zu Besuch, und Ihre Mutter macht eine abfällige Bemerkung über sie. Reagieren Sie darauf? Auf welche Seite stellen Sie sich?
- Sie fahren mit Ihrer Partnerin und Ihrer Mutter im Auto. Wer von beiden sitzt vorne?
- Wie ist Ihre emotionale Verfassung bei einem Besuch bei Ihrer Mutter?
- Wann haben Sie Ihrer Mutter zuletzt eine klare Grenze aufgezeigt und Nein gesagt?

- Wie fühlen Sie sich, wenn Ihre Mutter von Ihnen enttäuscht oder auf Sie wütend ist?
- Können Sie angebrochene Packungen mit Süßigkeiten stehen lassen?
- Können Sie angebotene Speisen und Getränke ohne Probleme ablehnen?
- Haben Sie Übergewicht?
- Essen Sie teilweise unbewusst und ohne Kontrolle und bereuen es danach?
- Halten Sie einige Stunden mit Hunger, Durst oder leichten Schmerzen aus, ohne darauf fixiert oder schlecht gelaunt zu sein?
- Haben Sie gute männliche Freunde?
- Machen Sie mehrmals in der Woche Sport?
- Können Sie fröhlich sein, wenn Ihre Partnerin traurig oder wütend ist?
- Haben Sie ein schlechtes Gewissen, sich mit einem Freund abends zu amüsieren, wenn Ihre Frau gerade frustriert zu Hause sitzt?
- Können Sie Geheimnisse vor Ihrer Partnerin bewahren?
- Haben Sie ein schlechtes Gewissen, wenn Sie Ihrer Partnerin nicht die Wahrheit erzählen?
- Lenken Sie bei einem Streit mit Ihrer Partnerin ein?
- Wie reagieren Sie auf begründete Kritik an Ihrem Verhalten?

Wenn Sie zu der ehrlichen Einschätzung gelangen, dass Sie sich mangelhaft von Ihrer Mutter gelöst haben oder aber die Nabelschnur in Ihre Partnerin als Muttersatz „eingestöpselt haben", dann sollten Sie dieses Thema bearbeiten. Sorgen Sie dafür, dass Sie Ihre emotionale Nabelschnur durchschneiden, und lernen Sie, für sich selbst zu sorgen, um unabhängig von Frauen zu werden.

5. *Eifersucht*

Was ist eigentlich Eifersucht, und woher kommt sie? Es handelt sich dabei nicht um ein Grundgefühl wie Angst oder Wut, sondern eher um ein Konglomerat aus verschiedenen Gefühlen und Glaubensmustern. Eifersucht beruht meist auf einem geringen Selbstwertgefühl, emotionaler oder sexueller Abhängigkeit und der daraus resultierenden Angst, vom Partner verlassen zu werden. Häufig haben eifersüchtige Männer eine ungelöste Mutterbindung, die dann auf die Partnerin übertragen wird. Das kann einhergehen mit grundlegenden Zweifeln an der eigenen Männlichkeit und der Frage, was man als Mann zu bieten hat. So wird jeder andere Mann als eine potenzielle Bedrohung und als Konkurrent wahrgenommen. Manchmal geht es aber auch mehr um verletzte Ehre oder Stolz beziehungsweise um Angst, an seinem Image Schaden zu nehmen.

Wodurch wird Eifersucht ausgelöst? Es gibt eine große Bandbreite von pathologischer und übertriebener Eifersucht, die nur auf Fantasien oder Banalitäten beruht, bis hin zu großer Toleranz, wenn jemand der Partnerin andere Sexkontakte oder gar eine Affäre zugesteht.

Eifersucht hat erstaunlich häufig mit den eigenen unterdrückten sexuellen Fantasien zu tun. Weil man Angst oder moralische Bedenken hat, seine Fantasien auszuleben, werden sie auf die Partnerin projiziert. Man hält die eigenen sexuellen Bedürfnisse in Bezug auf andere Frauen unter Kontrolle, damit die Partnerin sich nicht das gleiche Recht herausnimmt. Das Thema bleibt auf diese Weise jedoch immer präsent.

Wenn Sie eifersüchtig sind, dann sollten Sie überprüfen, ob die Eifersucht

- begründet ist oder Ihrer Fantasie entspringt
- aus Verlustangst, verletztem Stolz oder mangelndem Selbstwertgefühl als Mann resultiert
- eine Reaktion auf unerwünschtes und nicht Ihrem Wertesystem entsprechendes Verhalten Ihrer Partnerin ist.

Umgang mit der Eifersucht

Alpha geht das Problem aktiv an, Beta drückt sich vor der Wahrheit und der Konfrontation damit.

Zu Punkt 1: Klären Sie durch Recherche oder direktes Nachfragen im Augenkontakt mit Ihrer Partnerin, ob sie jemand anderen trifft, was genau vorgefallen ist und welche Gefühle sie für einen anderen Mann hegt. Fragen Sie Ihre Partnerin direkt nach ihrer Absicht und ihren Bedürfnissen in Bezug auf andere Männer. Entspringt das Ganze nur Ihrer Fantasie, dann ist Ihr Selbstwertgefühl niedrig und Ihre Fixierung auf die Partnerin ist krankhaft übertrieben, was auch die Beziehung belasten wird.

Sie leiden vermutlich unter einer heilbaren Krankheit: Oneitis (siehe Seite 161 ff.). Sie sollten das Thema angehen, denn Ihre Eifersuchtsfantasien können wie sich selbst erfüllende negative Prophezeiungen wirken – je größer Ihre Angst und Fixierung, umso wahrscheinlicher wird Ihre Partnerin genau das tun, wovor Sie Angst haben. Möglicherweise hätten Sie sogar einen versteckten Nutzen davon, wenn Ihre Partnerin fremdgehen würde, den Sie sich nicht eingestehen wollen. Er könnte darin bestehen, dass Sie nun einen moralischen Freifahrtschein für Sex mit anderen Frauen hätten oder einen Grund, sich aus der unbefriedigten Sexualität zurückzuziehen oder aber sich zu trennen.

Zu Punkt 2: Klären Sie für sich, ob Sie emotional oder sexuell abhängig von Ihrer Partnerin sind. Wenn Sie in Ihre Gefühle verstrickt sind oder gar gelähmt vor Angst, dann sollten Sie gezielt an sich arbeiten. *Sie* sind das Problem, nicht Ihre Partnerin. Flirten Sie mit anderen Frauen, bekommen Sie Selbstbestätigung durch andere Frauen? Haben Sie Männerfreundschaften, einen Beruf und Hobbys, die Sie erfüllen? Arbeiten Sie daran, von Ihrer Partnerin unabhängiger zu werden.

Zu Punkt 3: Schreiben Sie auf, welches Verhalten und wie viel Intimität Sie Ihrer Partnerin mit anderen Männern zugestehen. Haben Sie Ihre Vorstellungen klar und unmissverständlich kommuniziert? Sodann überprüfen Sie, ob Ihre Partnerin innerhalb des grünen, gelben oder roten Bereichs gehandelt hat.

Bei Grün: Reißen Sie sich zusammen und kommen Sie über Ihre Eitelkeit hinweg. Gehen Sie zum Sport, um sich zu energetisieren, und dann sorgen Sie für guten Sex mit Ihrer Partnerin. Nehmen Sie Ihren verletzten Stolz als Ansporn, und verlieren Sie sich nicht in negativen Gedanken oder Emotionen, die Sie selbst schwächen. Zeigen Sie ihr, dass Sie der beste Liebhaber sind.

Bei Gelb: Geben Sie Ihr eine deutliche Verwarnung und zeigen Ihr nochmals klar die Grenze auf. Eine kleine Bestrafung und Kaltstellen sind eine angemessene Reaktion. Aber seien Sie dann auch nicht nachtragend. Sie können von ihr zum Beispiel eine „Wiedergutmachung“ fordern in Form einer „sexuellen Dienstleistung“ oder indem sie Ihnen bestimmte Dinge sagt, die Sie gerne hören möchten.

Bei Rot: Wenn Sie Ihre Regeln und Grenzen vorher klar deutlich gemacht haben, dann ist jetzt eine harte Verwarnung und schmerzhafte Bestrafung nötig, bei Wiederholung auch eine Trennung. Nur so spürt Ihre Partnerin die Konsequenz und nimmt Sie ernst. Sie müssen Ihr eigenes Wertesystem über Ihre Partnerschaft stellen. Nur wenn sie spürt, dass Sie bereit wären, Ihre Partnerin in letzter Konsequenz auch zu verlassen, wird sie damit aufhören. Sie sollten klären, ob Ihre Partnerin Ihre Regeln akzeptiert und sich aufrichtig entschuldigt. Ansonsten wird sich nichts ändern.

Ein Beispiel. Wenn Ihre Partnerin Sex mit einem anderen hatte und Sie vorher kommuniziert haben, dass Sie das nicht akzeptieren, dann konfrontieren Sie Ihre Partnerin mit Ihrer Wut oder Enttäuschung. Eine für sie harte Konsequenz, unter der sie leidet, sollte folgen. Sie sollte Reue zeigen und ein intensives und längerfristiges Engagement für Sie und die Beziehung einbringen. Danach machen Sie ein Ritual, bei dem Ihre Partnerin etwas Besonderes und Anspruchsvolles für Sie machen muss, das ihr schwerfällt, bevor Sie wieder den vorherigen Status der gemeinsamen Intimität aufnehmen. Danach haken Sie das Thema ab. Seien Sie keine Dramaqueen, die auf alten Geschichten herumreitet – niemals.

Die Eifersucht Ihrer Partnerin

Über Eifersüchteleien und Dramen der Partnerin ließe sich ein eigenes Buch schreiben. In den meisten Fällen handelt es sich um Themen, die ich im Kapitel „Streit mit der Partnerin – muss das sein?“ diskutieren werde. Nur bei wenigen Ausnahmen geht es um reale Vorkommnisse. Das merken Sie daran, dass Ihre Partnerin auch später und ganz in Ruhe mit Ihnen über das Thema reden will und sie offensichtlich unter etwas leidet. Dann hilft es meist, sie reden zu lassen und Ihr Herz für sie zu öffnen. Fühlen Sie sich nicht angegriffen und widerstehen Sie der Versuchung, sich zu rechtfertigen, zu verteidigen oder zu erklären. Auch dann, wenn die Fakten falsch sind oder es sich nur um ein Missverständnis handelt. Zeigen Sie ihr Ihre Liebe und halten Sie sie fest im Arm. Geben Sie ihr Sicherheit, indem Sie ihr zeigen und erklären, dass sie Ihre Königin ist und ihr der Platz an Ihrer Seite sicher ist. Meist muss die Frau etwas weinen, dann ist das Thema durch.

In selteneren Fällen kommt Ihre Partnerin auch danach noch nicht mit Ihrem Verhalten klar. Dann beziehen sie sich auf ein unterschiedliches Wertesystem, und Ihre Partnerin hat ein grundsätzliches Problem mit Ihren Grenzen und Ihrem Umgang mit anderen Frauen. An dieser Stelle muss ein ernsthaftes Gespräch darüber folgen, sofern sie emotional ruhig ist – sonst hat es keinen Sinn. Machen Sie Ihre Sicht der Dinge und Ihre Regeln deutlich. Wenn Sie diese nicht akzeptiert, müssen Sie verhandeln. Es hat jedoch keinen Sinn, grundlegende Werte im Leben für eine Frau aufzugeben – das bedeutet nämlich, sich selbst als Mann aufzugeben.

Lesen Sie noch einmal den Abschnitt zum Thema Oneitis und heilen Sie diese Krankheit. Sie brauchen dafür a) einen kompletten Entzug von der Frau, um Ihre Würde, Freiheit und Unabhängigkeit als Mann wiederzugewinnen, b) ein Privatleben (Hobby, Sport, Freundeskreis), um Ihr Selbstbewusstsein als Mann wieder aufzubauen und um Ihre Lebensqualität zu erhöhen sowie c) neue und aufbauende Erfahrungen mit anderen Frauen.

Was hat er, was ich nicht habe?

Wenn Ihre Partnerin einen neuen Liebhaber hat oder einen anderen Mann verehrt, dann hat das einen Grund: Dieser Mann bietet ihr etwas, was Sie ihr nicht bieten wollen oder können. Die meisten Männer machen in dieser Situation zwei Fehler: Sie interessieren sich nicht für den neuen Liebhaber, und sie stellen die falschen, nämlich destruktive Fragen.

Der neue Liebhaber gibt Ihnen wichtige Hinweise darauf, was Ihrer Frau gefehlt hat. „Was hat er ihr zu bieten, was ich ihr nicht biete?" „Was kann ich von ihm lernen?" Das sind konstruktive Fragen, die Sie weiterbringen. Sammeln Sie also Informationen über den neuen Liebhaber, und lernen Sie ihn am besten mal persönlich kennen. Auf diese Weise erhalten Sie äußerst wertvolle Informationen über Ihre Frau beziehungsweise über Ihr eigenes Fehlverhalten in der Partnerschaft. Springen Sie über Ihren Schatten und lernen Sie von dem Liebhaber Ihrer Frau – um Ihre Frau zurückzuerobern, müssen Sie besser sein als er.

Ein Beispiel. Ludwig überwand seine arrogante Abwehr und lernte den Liebhaber seiner Frau kennen. Er zog folgenden Nutzen daraus: „Ich hatte Angst, einen Schönling zu treffen, der mich vom Aussehen her in den Schatten stellt. Oder aber einen durchtrainierten Kerl. Dies war beides nicht der Fall. Ich traf einen wenig auffälligen, aber sehr feinfühligen Mann, der seine Gefühle sehr differenziert ausdrückte und reflektierte. Trotzdem wusste er genau, was er wollte. Er hörte mir aufmerksam zu, ohne aber von seiner Position abzuweichen. Mir wurde danach – speziell im direkten Vergleich mit ihm – klar, was meine Frau damit meinte, wenn sie beklagte, dass man mit mir nicht über die Beziehung reden könne und ich mich nicht zeigen würde. Ich habe nie die Freiheit besessen, meine eigenen Positionen ihr gegenüber zu reflektieren, und habe keine widersprüchlichen Gefühle zum Ausdruck gebracht – ich dachte, das würde meine Autorität untergraben. Dieser Mann hat mir etwas gezeigt, was meiner Frau an mir fehlte: mich zeigen, wie ich bin, ohne die Angst, dass das ausgenutzt oder gegen mich verwendet wird. Ich habe durch meine Maske oft eine emotionale Nähe verhindert. Manchmal bedeutet Männlichkeit auch, nicht wie ein Monolith dazustehen und alles abprallen zu lassen. Freunde haben mir das im Gespräch bestätigt, und ich fange nun in einer Männergruppe an, diese Seite von mir mehr zuzulassen."

6. Nicht kongruente Wertesysteme oder Lebenskonzepte

Während es sich in den obigen Beispielen um „Bedienungsfehler" oder mangelnde Ausbildung handelt, können auch „Konstruktionsfehler" in der Partnerschaft vorliegen. Wenn Sie mit einem alten VW-Bus Ralleys fahren wollen, mit einem Sportwagen Umzüge machen oder von einem Oldtimer ein wartungsarmes Fahrzeug erwarten, dann haben Sie das falsche Modell für Ihre Bedürfnisse gewählt.

Wenn Sie immer wiederkehrende Grundsatzdiskussionen mit Ihrer Partnerin haben und es immer um dasselbe Thema geht, dann überprüfen Sie, ob die Frau, ihre Lebenseinstellung und ihr Wertesystem zu Ihnen passen. Das ist ohne einen Coach oder Therapeuten oft schwer selbst herauszufinden, da sich die meisten Menschen ihrer eigenen Vorstellungen nicht bewusst sind. Außerdem sind viele nicht bereit, der Wahrheit ins Auge zu schauen.

Ich hatte mich in Dänemark als Student in einen Buckelvolvo desselben Baujahrs wie ich verliebt und ihn gekauft. Mit mehr Glück als Verstand brachte ich ihn durch den TÜV und fuhr stolz damit herum. Als Nebeneffekt waren alle Frauen von meinem Schmuckstück begeistert und wollten mit mir fahren. Aber die Reparaturen und Ersatzteil-

kosten fraßen mir die Haare vom Kopf. Ich konnte ihn nicht selbst reparieren, und die Spezialwerkstatt war sehr teuer. Doch ich wollte mich einfach nicht von ihm trennen, bis ein guter Freund mir ins Gewissen redete, wie unsinnig es sei, zusätzliche Nachtschichten zu arbeiten, um den Oldtimer finanzieren zu können. So ein Auto passt einfach nur zu richtigen „Schraubern" oder Leuten mit dem entsprechenden Geldbeutel – schweren Herzens habe ich ihn schließlich verkauft.

Sich von seiner Partnerin zu trennen, selbst wenn man erkennt, dass man nicht zusammenpasst, ist ungleich schwerer, als sich von einem Auto zu trennen – für die meisten Männer jedenfalls. Woran erkennen Sie also, dass Sie es demnächst tun müssen? Bestimmen Sie das Profil Ihrer Partnerin anhand der Frauentypen auf Seite 168 und 170. Und dann nehmen Sie sich Zeit, etwas zu Ihren Vorstellungen von Partnerschaft zu schreiben. Danach schauen Sie, ob das zusammenpasst oder ob die Konflikte aus nicht kompatiblen Konzepten oder Persönlichkeiten entstehen.

Hier ein paar typische Beispiele als Orientierung.

Unterschiedliche Werte und Lebensstil

- Status und Image – persönliche Weiterentwicklung und Zufriedenheit
- Familienmensch, stets in Kontakt mit der Verwandtschaft – ungestörte Zweisamkeit
- Symbiose, viel gemeinsame Zeit – Freiheit und „Off-Zeiten"
- zusammen wohnen – getrennt wohnen
- Partygänger und Freundeskreis – Einzelgänger
- knauseriger Sparer – verschwenderischer Lebemensch
- extrovertiert, reisen – introvertiert, häuslich
- gesunde Ernährung – Junkfood
- kulturinteressiert – Naturmensch
- sportlich, aktiv – unsportlich
- Wunsch nach Sicherheit und Routine – abenteuerlustig und risikofreudig
- Kinderwunsch ja – Kinderwunsch nein
- unterschiedliche Kulturkreise oder Herkunftsländer
- unterschiedliche Religion oder Lebensphilosophie
- Sexualität: monogam – polygam
- unterschiedliche Definitionen von Treue

Diese Werte und Lebenseinstellungen sind nicht ein Leben lang fix – speziell Menschen, die an ihrer persönlichen Entwicklung arbeiten, verändern sie im Laufe ihres Lebens. In einer Partnerschaft kommt es häufiger vor, dass ein Partner seinen Werten treu bleibt, der andere sich aber verändert, was unweigerlich zu Konflikten führt. Es hat Auswirkungen auf die Persönlichkeit, den Lebensstil und die Erwartungen an die Partnerschaft. Nach Jahren haben sich die beiden dann „auseinandergelebt", oder ein Partner bemerkt, dass er sich dem anderen angepasst hat, er aber eigentlich etwas ganz anderes leben will. Es gibt meistens einen „Treuen" und einen „Fremdgänger" in Bezug auf das ursprüngliche Arrangement der Partnerschaft oder auch ganz konkret sexuell. Dann müssen solche Dinge offen kommuniziert werden. Wenn der „Treue" sich gegen jede Veränderung wehrt, muss derjenige, der sich verändert hat, überprüfen, ob er sich selbst oder dem Partner gegenüber kompromisslos sein will, und Konsequenzen ziehen – alles andere wird auf Dauer nicht funktionieren.

Ich kenne zu viele Männer und auch Frauen, die sich aus Rücksicht auf den Partner teils jahrelang in ihrer eigenen Entwicklung gebremst haben. Das führt unweigerlich zu einer großen inneren Distanz und zu Wut und Groll auf den anderen. Der „Treue" dagegen sollte für sich überprüfen, ob er auf seinem Standpunkt beharrt oder ob er die Wandlung des Partners als Einladung nehmen kann, um an sich selbst zu arbeiten. Viele blockieren hier „aus Prinzip" oder aus Trotz – nach der Trennung aber nehmen sie die Kritik des Partners an und gehen selbst neue Wege.

7. Probleme der Partnerin mit sich selbst

Es kann sein, dass eine Beziehungskrise nichts mit der Partnerschaft direkt zu tun hat, sondern mit der Frau selbst. Sie leidet vielleicht unter einer Depression, Krankheit, an einem Schicksalsschlag oder an genereller Unzufriedenheit mit sich und dem Leben, Unter- oder Überforderung im Job, Problemen mit ihrer Familie, einem Alkohol- oder Drogenproblem und so weiter.

In all diesen Fällen können Sie als Mann Ihrer Partnerin nicht helfen. Sonst übernehmen Sie die Rolle des Therapeuten, und das funktioniert niemals – selbst ich als erfahrener Paartherapeut habe bei meiner Partnerin nicht die geringsten Chancen. Widerstehen

Sie diesem Impuls. Wenn nicht, dann machen Sie das Problem der Partnerin zum Beziehungsproblem, und es entstehen ungute Verwicklungen, die die Partnerschaft belasten.

Wie also sollten Sie damit umgehen, wenn Ihre Partnerin offensichtlich nicht mit sich selbst klarkommt?

1. Sprechen Sie in einer entspannten Situation das Problem und das Verhalten Ihrer Partnerin an. Beschreiben Sie es möglichst neutral, und machen Sie deutlich, wodurch es Sie persönlich belastet. Legen Sie ihr nahe, professionelle Hilfe zu suchen, um das Thema zu lösen.
2. Fragen Sie Ihre Partnerin, ob sie eine konkrete Unterstützung von Ihnen braucht.
3. Überprüfen Sie, ob sie das Problem aktiv angeht, sich also Hilfe sucht, und ob sie sich bemüht, ihr Verhalten zu verändern.
4. Überprüfen Sie für sich, ob Sie bereit sind, Ihre Partnerin in dieser schwierigen Phase zu begleiten, und wenn ja, für wie lange maximal. Setzen Sie unbedingt und offen ausgesprochen eine Deadline.
5. Gehen Sie gegebenenfalls auf Distanz, um Ihrer Partnerin Raum zu geben, das Ganze für sich zu klären.
6. Sorgen Sie dafür, dass Sie es sich ohne Ihre Partnerin gut gehen lassen.

Achim, Anfang vierzig, ein attraktiver Geschäftsführer eines mittelständischen Unternehmens, sucht eine Beratung auf, weil seine Frau seit über einem halben Jahr jeden Sex verweigert. Vorher hatten sie ein aktives Sexualleben, was über die fünfzehn Jahre der Ehe allerdings bereits etwas eingeschlafen war. Vor Monaten hat seine Frau in einer Psychotherapie herausgefunden, dass sie als Mädchen sexuell missbraucht wurde. Seitdem verweigert sie jeden erotischen Kontakt mit dem Hinweis darauf, dass sie Zeit bräuchte, dieses neue Wissen zu verarbeiten. Zunächst hat Achim verständnisvoll reagiert. Da sich ihre Haltung aber nicht änderte, litt er immer mehr unter ihrer abwehrenden Haltung und dem Sexentzug, denn fremdgehen wollte er nicht.

Ich fragte ihn: „Wie lange wären Sie noch bereit, auf Sex zu verzichten? Was würden Sie tun, wenn Ihre Partnerin nie mehr Sex mit Ihnen haben wollte?“ Er sagte, dass er bereits am Limit des Erträglichen sei, eine Partnerschaft ohne Sex wäre für ihn keine Option. Dann erarbeitete ich mit ihm Strategien, wie er seiner Partnerin unmissverständlich deutlich machen kann, dass für ihn Körperkontakt, Erotik und Sex zu einer Partnerschaft dazugehören und er nicht bereit ist, darauf zu verzichten. Auch die Aufarbeitung eines sexuellen Missbrauchs ist kein Grund, jeden Sex zu verweigern. Achim sagte ihr das deutlich und fing vor allem an, sie mehr mit seiner Sexualität zu konfrontieren, anstatt sie aus schlechtem Gewissen vor ihr zu verstecken. Er wurde körperlich, versuchte sie zu küssen, zu streicheln und zu umarmen, und er onanierte nicht mehr heimlich in der Dusche, sondern vor ihren Augen. Er versteckte die Pornos nicht mehr vor ihr, sondern schaute diese vor ihren Augen an. Er konfrontierte sie also mit seiner Sexualität – unabhängig davon, ob ihr das gefiel oder nicht.

Als sie weiter ablehnend, mit Dramen und Heulkrämpfen darauf reagierte, kündigte er an, sich eine Affäre zu suchen. Auch das nahm sie nicht ernst. Also suchte er sich eine attraktive Frau und verheimlichte auch nicht, dass er Sex mit ihr hatte. Erst an diesem Punkt setzte sich seine Frau konkret mit der Möglichkeit auseinander, dass sie ihren Mann verlieren würde, wenn sie jeden Sex verweigerte. Ihre (feministisch geprägte) Therapeutin warnte sie vor jedem sexuellen Kontakt, da das Trauma nicht abschließend aufgearbeitet sei, und empfahl ihr, sich von ihrem Mann zu trennen, weil er keine Rücksicht nahm. Erst die konkrete Konfrontation mit Achims attraktiver Affäre und dem konkreten Ausblick, ihn zu verlieren, ließ sie einlenken. Sie öffnete sich wieder für Erotik und schließlich auch für Sex mit ihrem Partner.

8. Gründe, die in der Persönlichkeitsstruktur der Partnerin liegen

Schließlich eine sehr problematische Beziehungsvariante, die aber immer häufiger vorkommt: Ihre Partnerin hat eine narzisstisch gestörte Persönlichkeit. Sie ist, durch negative Einflüsse in der Kindheit bedingt, eine gestörte Frau, was die Fähigkeit zu lieben und sich zu binden angeht. Sie ist egozentrisch, braucht permanent Selbstbestätigung durch andere, vorzugsweise Männer, und steht gern im Rampenlicht der Selbstdarstellung. Sie ist der Mittelpunkt der Welt, und alle Menschen müssen sich um sie drehen, falls nicht, inszeniert sie Dramen. Sie weiß sich geschickt in Szene zu setzen und darzustellen, denn sie ist eine gute Schauspielerin. Sie bewertet ihre Mitmenschen entweder als minderwertig (und verhält sich ihnen gegenüber auch dementsprechend) oder als verehrungswürdig (dann tut sie alles, um deren Gunst zu erreichen). Ihre treibende Motivation ist Macht, Image, Einfluss sowie Neid und Wut auf andere. Sie ist arrogant und größenwahnsinnig und überschätzt sich selbst maßlos. Jede Kritik wird als persönlicher Angriff wahrgenommen und abgewehrt. Ihre Laune und ihre Stimmungen sind oberstes Gesetz: Alle müssen sich danach richten, Regeln, Vereinbarungen und Gesetze sind dann unwichtig. Sie ist nicht zu wirklicher Liebe fähig, auch nicht zu Einfühlungsvermögen und Mitgefühl. So hart das klingen mag, sie hat im Grunde kein eigenes Innenleben und hat nichts zu geben: Sie muss sich stets von außen füllen. Dementsprechend kalt ist es um sie herum. Speziell wenn die Frau attraktiv ist, wird es immer genügend devote oder verblendete Männer geben, mit denen sie spielen kann und die alles mit sich machen lassen. Deshalb gibt es für sie auch nicht den geringsten Grund, sich selbst infrage zu stellen oder gar zu verändern.

Diese Sorte Frau wird sich niemals etwas von einem Mann sagen lassen und sich unterordnen. Sie hat es vermutlich schon als Mädchen geschafft, ihren Vater geschickt zu manipulieren und zu führen, oder aber er war gar nicht präsent. Nur ein devoter Mann hält es bei ihr aus – bis sie das Interesse verliert. Denn sie ist es, die die Männer benutzt und danach wegwirft.

Warum sucht sich ein Mann so eine Frau aus?

Weil diese narzisstischen Frauen meist sehr schön, schillernd und exzentrisch sind. Sie haben nach außen hin ein beeindruckendes Selbstbewusstsein, sind ausgefallen und stilvoll gekleidet und kennen eine Menge einflussreiche und prominente Leute. Sie sind es gewohnt, bei angesagten Locations und Events im Mittelpunkt zu stehen, und füllen diesen Platz auch aus. Mit ihnen kann man exzessiven Sex ausleben, eine echte Obsession teilen, sie sind offen für ausgefallene Experimente. Mit solch einer Frau wird es niemals langweilig. Wenn sie sich allerdings mit Ihnen langweilt, dann sucht sie sich ein neues Abenteuer. Sie hat das Lebensmotto, das in den Medien gut ankommt: „Ich bin halt so, wie ich bin." Und: „Ich mache, was mir gefällt." Sie akzeptiert keine Grenzen und lebt konsequent ihre Launen aus. Sie nimmt sich einen Mann für den Sex, weil sie einfach dazu in Stimmung ist: „Ich brauchte das halt gerade." Das ist für sie eine hinreichende Erklärung für jedwedes Verhalten. Um den Mann geht es dabei aber nicht, sondern um die Befriedigung eines momentanen Bedürfnisses. Aufgrund ihrer Attraktivität findet sie auch immer leicht jemand. Oder sie verspricht sich bestimmte Vorteile für ihre Karriere oder ihren Status durch Sex mit einem einflussreichen Mann. Auch in diesem Fall spielt der Mann keine Rolle.

Als Mann bedarf es einer guten Portion Naivität und einer devoten Grundhaltung, um sich auf mehr als eine Nacht mit solch einer Frau einzulassen. Für das Ego vieler Männer ist es eine besondere Leistung, diese schöne Diva, Sängerin, Schauspielerin, dieses Model etc. an seiner Seite zu haben und von anderen beneidet zu werden. Aber der Preis ist hoch. Meist bildet sich der Mann ein, die Frau würde ihn lieben. Vielleicht verhält sie sich auch so, aber nur, weil sie weiß, dass das von ihr gefordert wird. Die narzisstische Diva liebt niemanden, denn ihr Herz ist leer und zu Liebe gar nicht fähig. Auch Selbstliebe ist ihr völlig fremd; sie hat keinen Zugang zu sich selbst, kann niemals alleine sein und lebt vollkommen in der Projektion im Außen. Sie hat keine wirklichen Freundinnen und reagiert nicht auf Ratschläge, Bitten oder Hilfestellung.

Welche Beweggründe hat eine Narzisstin für ihr Handeln?

1. Sie will Spaß haben und ihrer Laune folgen.

2. Sie will ihre Macht und ihr Image steigern: Der andere ist machtvoller und hat einen hohen gesellschaftlichen Status, und sie will an dessen Macht teilhaben. (Aber wehe, er zeigt sich einmal schwach oder verliert seine Macht, dann wendet sie sich sofort jemand Machtvollerem zu.)

3. Sie will Leid oder Strafe, die ihr angedroht werden, vermeiden. Das ist die einzige Form der Führung, die sie akzeptiert: Der Mann muss machthungrig, absolut autoritär und emotional unnahbar sein. Dann könnte es klappen. Wollen Sie so sein?

Die unmissverständliche Warnung an Sie: Mit einer Narzisstin ist eine intime und dauerhafte Beziehung definitiv nicht möglich, ohne schwere Schäden an der eigenen Persönlichkeit zu erleiden. Lassen Sie die Finger davon! Es gibt genügend Männer, die sich mit solchen Narzisstinnen zugrunde gerichtet haben.

Sind solche narzisstisch gestörten Frauen nicht seltene Ausnahmen? Leider nein, ihre Zahl nimmt zu, die Zeitschriften der Regenbogenpresse sind voll von ihnen. Und das ist nur die Spitze des Eisbergs.

Wodurch wird eine Frau eine narzisstische Diva? Die klassische Psychoanalyse geht von einer Störung in der Kindheit in Form von mangelnder Mutterliebe und echter menschlicher Wärme aus. Ich halte aber einen anderen Faktor, der sich immer mehr verbreitet, für wesentlich ausschlaggebender: Es ist der fehlende Vater oder der schwache Vater. In beiden Fällen fehlt eine Grenzsetzung durch den Vater, das Mädchen wird immer frecher und unverschämter. Es will die männlichen Grenzen spüren und austesten. Fehlen diese, weil kein Vater da ist oder der Vater sich nicht traut, seiner Tochter Grenzen zu setzen, dann eskaliert ihr Verhalten immer mehr. In vielen Fällen ist der Vater abhängig von der Liebe und Bestätigung durch die Tochter, weil er selbst in seiner Männlichkeit verunsichert und innerlich gebrochen ist. Das Mädchen lernt schnell, dass sie mit einem gespielten Wutanfall oder Heulkrampf alles von Papa bekommt, weil er es nicht aushält, dass sie ihm sonst womöglich ihre Zuneigung entzieht. Die Rollen sind hier also umgedreht. Sie ist Papas Prinzessin und bekommt von Papa viel mehr Aufmerksamkeit als Mama – schon früh geht sie in Konkurrenz zur Mutter und erlebt sich als übermächtige Gewinnerin. Sie erlebt, dass sie alles erreicht, was sie will, und dass sie ihren Papa jederzeit unter Kontrolle hat.

Hier wird der Grundstein gelegt für die Überzeugung: Männer sind schwach, und ich kann alles mit ihnen machen. Wenn bei ihren Eltern die Mutter zu Hause die Hosen anhat, dann wird sie nochmals bestätigt in dieser Überzeugung. Mit Lügen, Intrigen, Manipulation, Heulen und Schreien erreicht das Mädchen all seine Ziele. Wenn es womöglich noch Einzelkind ist, bekommt es die komplette Aufmerksamkeit der Eltern. Das führt schnell zu Größenwahn. Mit ihren Launen kontrolliert sie beide Eltern und erlebt sich als die Stärkere, Grenzen gibt es nicht für sie.

Mit diesem überzogenen Selbstbewusstsein erlebt sie später bei Jungen dasselbe. Vor allem, wenn sie attraktiv ist, versteht sie schnell: Sie kann sich alles herausnehmen. Kein Junge wagt es, ihr ernsthaft Widerworte zu geben, weil er sich nicht die Chancen bei einem hübschen Mädchen verscherzen will. (Was mit Frauen passiert, denen niemals Grenzen gesetzt werden, erzählt das Märchen vom „Fischer und seiner Frau“.)

Dies alles sind typische Gründe für Beziehungskrisen, jeweils sehr unterschiedlich gelagert. Der erste Fall ist am leichtesten zu lösen, der Schwierigkeitsgrad steigert sich dann, und die Narzisstin als Partnerin ist ein ziemlich hoffnungsloser Fall. Analysieren

Sie daher die Gründe für die Beziehungskrise, und gehen Sie die Ursachen entschlossen an. Wenn es wirklich verfahren ist, sollten Sie sich die professionelle Hilfe eines männlichen Coachs oder Therapeuten nehmen. In gravierenden Fällen müssen Sie den Reset-Knopf drücken und zunächst einmal eine Zeit alleine, ohne Kontakt zur Partnerin verbringen, um sich selbst klar zu werden, was Sie eigentlich wollen. Das sollten Sie aber offen gegenüber der Partnerin kommunizieren.

Streit mit der Partnerin – muss das sein?

Die kurze Antwort: Ja! Streit muss sein. Es kommt aber auf das richtige Maß und auf eine faire Art und Weise des Streitens an.

Warum streiten Paare miteinander?

Vielen Männern sind Auseinandersetzungen und Streitereien mit der Partnerin zuwider. So sehr, dass sie bereit sind, unangenehme Kompromisse, Respektlosigkeiten und unakzeptables Verhalten in Kauf zu nehmen, nur um ihre Ruhe zu haben. Tatsächlich sind es meist Frauen, die einen Streit inszenieren oder zumindest provozieren. Warum? Sofort kommen die ganzen schwerwiegenden inhaltlichen Gründe auf den Tisch wie das richtige Ausdrücken der Zahnpastatube, Eifersüchteleien, Neid, Eitelkeiten etc. Aber wahrscheinlich ahnt jeder Mann, dass hinter diesen Anlässen oft tiefere Gründe stecken. Im Folgenden geht es um die psychologischen Hintergründe für Streite.

1. *Aufmerksamkeit bekommen*

Ihre Partnerin fühlt sich von Ihnen vernachlässigt. Sie sind so sehr mit Ihrer Arbeit oder anderen Dingen beschäftigt, dass sie sich nicht wahrgenommen fühlt. Vielleicht besprechen sie zwar praktische oder organisatorische Fragen miteinander, aber ihr fehlt der emotionale Kontakt. Sie haben ihr vermutlich schon länger kein Kompliment mehr gemacht oder sie geküsst. Wenn sie in der Kindheit durch provokantes Verhalten die Aufmerksamkeit ihrer Eltern erfolgreich bekommen hat, wurde dies zu einem unbewussten Muster ihrer Persönlichkeit. Was damals funktionierte, wird auch bei dem Partner angewendet. Das ursprüngliche Bedürfnis nach Liebe, das dahintersteckt, wird auf diese Weise zwar nicht befriedigt, aber zumindest bekommt sie durch einen Streit die ungeteilte Aufmerksamkeit des Partners. So etwas kann zu einem unbewussten und destruktiven Muster in der Partnerschaft werden.

2. Intimität herstellen

Ihre Partnerin sucht mehr emotionale Nähe und Intimität. Das nette oder pragmatische, harmonische Aneinander-vorbei-Leben ist ihr zu langweilig. Sie hat keinen Kontakt zu Ihnen und weiß nicht, wie sie ihn anders herstellen soll. Ein Streit bewirkt, dass Sie sich zeigen müssen und sich einander näher, oft sogar sehr nah kommen. Sie schauen sich an, wenden sich einander zu, werden emotional. Manchmal haben Paare beim Streiten auch Körperkontakt, sie schubsen, raufen oder schlagen sich. Kennen Sie das nicht aus Ihrer Jugendzeit? Wenn Sie als Jugendlicher Körperkontakt mit einem Mädchen im Freibad machen wollten, dann trauten Sie sich natürlich nicht, sie zu umarmen und zu küssen. Also fingen Sie an, sie zu necken, zu kitzeln. Sie hielten sie fest, und sie wehrte sich gerade so viel, dass sie nicht freikam, aber Sie sich anstrengen mussten. Warum? Weil auch sie den spielerischen, frechen Körperkontakt genossen hat und echte zärtliche Intimität eine Überforderung gewesen wäre. Was sich neckt, das liebt sich. Nur muss man dabei bestimmte Grenzen einhalten, damit es zu keinen Verletzungen und Gewalt kommt, sonst „kippt“ die ganze Situation. Selbst hinter scheinbar „ernsthaften“ Streitereien steckt das Bedürfnis nach Nähe und Körperkontakt.

3. Sehnsucht nach dem starken Mann

Wenn Frauen sich bedürftig, schwach oder emotional „angeknackst“ fühlen, sehnen sie sich nach einem starken Partner, der sie in den Arm nimmt, hält und tröstet. Eine starke und emanzipierte Alpha-Frau kann das natürlich nicht zugeben. Also nörgelt sie herum, nervt und provoziert einen Streit. Bei dem, so hofft sie, geht ihr Partner als der Stärkere hervor, und sie darf sich ungehindert klein und schwach fühlen. Sie darf vielleicht sogar weinen, weil er sie etwas zu grob angefasst hat. Wehe dem Mann, der klein beigibt oder aus Rücksicht respektive Feigheit als Verlierer daraus hervorgeht. Dann ist die Frau nämlich die Starke und der Mann der Schwache. Das Ergebnis: Die Frau verliert den Respekt vor ihm, und die Attraktivität des Mannes sinkt rapide.

4. Das Energieniveau anheben

Es ist langweilig zwischen Ihnen geworden. Alles läuft halt so, der Alltag ist grau, Sie erleben wenig Aufregendes miteinander und jeder träumt vor sich hin. Die Partnerin wünscht sich mehr Action, Aufregung, Abenteuer. Ein Streit ist da eine gute Möglichkeit: Sie werden beide hellwach, das Adrenalin schießt hoch und keiner langweilt sich mehr. Und Sie fühlen sich hochenergetisch. Das glauben Sie nicht? Dann messen Sie mal Puls und Blutdruck nach einem heftigen Streit! Und nicht selten haben Paare nach einem heftigen Streit tollen Versöhnungssex, und die Intimität wird auch auf anderer Ebene hergestellt. Sowohl beim Streiten als auch beim Sex werden Aggressionen geweckt und ausgelebt. Also: Ein gut eingefädelter Streit ist durchaus ein Mittel, die langweilige Beziehung zu energetisieren.

5. Dramaqueen

Eine Frau mit niedrigem Selbstwertgefühl oder mit einer narzisstischen Störung inszeniert permanent Dramen, damit sie sich lebendig fühlt. Sie kann nicht allein, nicht innerlich ruhig, ausgeglichen oder mit sich in Frieden sein. Sie braucht eine permanente Bestätigung ihrer selbst: durch Anerkennung, Sex oder eben Streit. Passiert nichts, wird sie unruhig, nervös, und es kommen Selbstzweifel auf. Also inszeniert sie eine Verwirrung und ein Drama mit theatralischer emotionaler Übertreibung – die nichtigsten Gründe reichen hierbei als Anlass. Dadurch bekommt sie viel Aufmerksamkeit durch den Partner und fühlt sich wahrgenommen. Für viele Männer ist das unverständlich, aber eben doch bittere Realität. Die Dramaqueens leben nach dem Motto „Ich fühle, also bin ich". Fühlt sie nichts, so nimmt sie sich selbst nicht wahr, Leere und Selbstzweifel nagen an ihr. Also werden Gefühle inszeniert – um jeden Preis.

6. Unterdrückte Sexualität (HL mit Blockaden)

Frauen haben manchmal keinen guten Zugang zu ihren sexuellen Bedürfnissen oder fühlen sich gehemmt, diese auszudrücken. Eine Frau fühlt sich leicht als „Schlampe", wenn sie allzu forsch von sich aus zum Mann geht und ihm sagt: „Ich will Sex mit dir." Sie hat eine hohe Libido und weiß nicht, wohin damit. Oder aber der Partner ignoriert konsequent die sexuellen Annäherungsversuche seiner Partnerin, und diese weiß nicht wohin mit der angestauten Sexenergie. Also entlädt sich dann die Energie in einem heftigen Streit, die Spannung wird abgebaut. Der Streit ist dann eine Art Übersprungshandlung oder eben Ersatzbefriedigung. Sie müssen zugeben – das ist aufregender und emotionaler, als einsam und monoton vor einem Porno zu wichsen, wie Männer das häufig tun.

7. Stellvertreterin

Wenn Sie ein aggressionsgehemmter Mann sind und auch dann noch auf Ihre Umwelt mit einem verständnisvollen Lächeln reagieren, wenn man Sie beleidigt, verletzt oder hintergeht, dann fressen Sie viel Ärger und Wut in sich rein. Ihre Partnerin spürt, wie Sie „auf einem Pulverfass" hocken, spürt Ihre Anspannung und Ihren inneren Stress. Frauen sind häufig sensibler als Männer und merken das, auch wenn es ihnen gar nicht bewusst ist. Dann kann es sein, dass Ihre Partnerin stellvertretend den Ärger oder die Wut für Sie ausdrückt. Unbewusst will sie Ihnen helfen, sich von Ihrer Wut zu befreien und nicht immer alles in sich reinzufressen.

Ein Beispiel. Er zu seiner Frau, mit hängendem Kopf: „Klaus hat mich schon wieder hintergangen und die Studie als seine ausgegeben." Sie, wütend: „Das hat er doch letzten Monat schon mal gemacht. Hast du ihm endlich die Meinung gesagt?" Er: „Das führt doch zu nichts ..." Sie unterbricht ihn aufgeregt: „Das führt zu nichts? Sag mal, wie kannst du dir so was gefallen lassen? Morgen früh gehst du als Erstes zum Chef und stehst für dich ein." Er, zögerlich: „Ich weiß nicht ..." Sie, immer aufgebrachter: „Du bist ein Feigling, das halte ich nicht aus." Er kommt langsam in Fahrt: „Besser ein Feigling als so eine aufgebrachte Schnepfe wie du. Was mischst du dich eigentlich da ein?" Sie: „Ich mische mich ein?

Du hast doch davon angefangen." Er: „Ich bin es satt, mir immer deine blöden Ratschläge anzuhören ..."

Viele Frauen schämen sich für ihren Mann, wenn er in der Öffentlichkeit allzu offensichtlich feige, ängstlich oder defensiv bei Konflikten auftritt. In dem Beispiel provoziert sie ihn ununterbrochen, um eine Reaktion herauszukitzeln. Sie übernimmt stellvertretend die Aggression, die er eigentlich zeigen sollte. Einerseits erträgt sie keinen feigen Mann, andererseits will sie ihm dadurch helfen, seine Aggressionen freizusetzen. Im Streit miteinander schafft sie das wenigstens zum Teil.

8. Alpha-Tests

Provokationen und Frechheiten sind eine beliebte Möglichkeit für Alpha-Tests (siehe Seite 133–140). Die Partnerin will Sie herausfordern und wieder einmal testen, ob Sie stärker, entschiedener, dominanter sind als sie selbst und die Führung haben. Wenn Sie das durch einen souveränen Kommentar oder eine dominante Handlung beweisen, ist die Sache manchmal schon nach wenigen Minuten abgehakt. Sie: „Schon wieder fliegt hier alles rum. Räum sofort deinen Mist hier weg." Beta: „Ja, ich hatte einfach keine Zeit." (sich rechtfertigen oder entschuldigen) Oder: „Ich hab keine Lust darauf, so blöd angemacht zu werden." (sich trotzig verteidigen) Alpha tritt dicht an sie heran und schaut ihr in die Augen: „Was ist das für ein Ton? Hat Papa dir nicht beigebracht, wie man mit älteren Herrn (er ist ein Jahr älter als sie) zu reden hat?" Ein amüsanter Dialog folgt daraufhin, der damit endet, dass beide lachen und sich balgen.

Diese Erklärungen, warum eine Frau Streit mit ihrem Partner provoziert, erheben keinen Anspruch auf Vollständigkeit. Üben Sie sich darin, die emotionale Botschaft Ihrer Partnerin zu verstehen.

Verstehen, was genau der Konflikt ist und was der Partnerin fehlt. Nehmen Sie den Grund, weshalb Ihre Frau Sie immer wieder kritisiert oder gar verlässt, als Hinweis darauf, wie Sie sich zum Positiven verändern können.

Wie bereits erwähnt haben Frauen im Wesentlichen Recht mit ihrer Kritik. Damit ist nicht jede Zickerei gemeint, vieles „erfinden" Frauen, weil sie emotional nicht ausgeglichen, gelangweilt oder in der prämenstruellen Phase sind. Wenn es aber immer wieder um ein zentrales Thema geht, dann finden Sie es heraus – es lohnt sich. Ihre Partnerin kennt Ihre Schwachstellen besser als jeder andere Mensch. Und sie möchte gern zu Ihnen als Mann aufschauen, Sie bewundern können – und nicht immer den bedürftigen, abhängigen Jungen oder gelangweilten Nice guy an ihrem Rockzipfel hängen haben. Deshalb legt sie den Finger in die Wunde und sagt damit: „Hier bist du noch ein großer Junge. Werde zum richtigen Mann.“ Sorry, Männer – damit hat sie leider recht.

Also überlegen Sie sich einmal in einer ruhigen Stunde, worum es bei all den Streitereien wirklich geht, und was sie genau an Ihnen kritisiert oder was ihr fehlt, um glücklich mit Ihnen zu sein. Dann fragen Sie einen guten Freund, ob er Sie auch so erlebt. Wenn ja, sollten Sie hier an sich arbeiten.

Alpha-Strategien im Streit

Wie können Sie als Mann auf Konfrontationen Ihrer Partnerin angemessen reagieren? Ich nenne einige Strategien, die Sie vielleicht sehr schockieren – doch möglicherweise werden Sie damit Streits auch zu lieben beginnen. Das können Sie sich nicht vorstellen?

Beta-Männer reagieren auf die Frau und überlassen ihr die Führung bei der Wahl des Gesprächsthemas und vor allem bei den emotionalen Inhalten. Sie reagieren wie ein steuerloses Boot auf Wellen und Wind, die allerdings die Frau mit ihren Emotionen erzeugt hat. Sie beschwert sich: „Du bist immer so abweisend zu meinen Freunden!“ Beta rechtfertigt und erklärt sich, verteidigt sich oder gelobt Besserung. Alpha übernimmt die Führung in der Kommunikation. Er steuert selbst das Gespräch und die Emotionen. Denn er weiß: Er als Mann ist dafür verantwortlich, welche Gefühle das Paar zusammen erlebt. Er bestimmt, ob gestritten, diskutiert, herumgebalgt oder geliebt wird. Wenn den ganzen Abend gestritten oder über langweilige Themen geredet wurde, macht die Frau insgeheim den Mann dafür verantwortlich. Niemals aber wird sie böse sein, wenn es ihm gelingt, sie aus der Streitlaune oder Langeweile herauszuholen und sie zum Lachen oder zu einer interessanten Aktivität zu bewegen. Dazu benutzt Alpha verschiedene Strategien.

Strategie 1: Ignorieren

Nehmen Sie die Frau nicht ernst, reagieren Sie einfach nicht auf die Inhalte

Diese Strategie können Sie anwenden, wenn die Frau Ihnen eine Vorlage für einen Streit liefert, Sie aber nicht darauf eingehen wollen. Auf Dauer oder bei starken Emotionen der Partnerin wird diese Strategie allerdings nicht funktionieren.

Beispiel: Sie faucht ihn wegen irgendetwas an. Er: „Jetzt nicht. Ich brauche dringend die Mail von Günter. Bitte such sie raus und schick sie mir!"

Er geht nicht darauf ein und übernimmt die Führung, indem er ihr freundlich, aber bestimmt eine Aufgabe und eine genaue Anweisung gibt. Wenn Sie auf jede Zickerei und schlechte Laune der Frau eingehen, dann wird sie zu einer verzogenen Prinzessin und Sie werden zum Hofnarr. Sie lernt dann nämlich: Mit schlechter Laune, Nörgeleien und Streit bekomme ich Aufmerksamkeit. Wollen Sie das? Natürlich nicht. Also schenken Sie solchen destruktiven Strategien und Dramen keine Aufmerksamkeit. Geben Sie der Partnerin stattdessen Ihre Aufmerksamkeit, wenn sie zärtlich, liebevoll, unterstützend, konstruktiv ist. So gießen Sie die schönen Blumen im Garten Ihrer Partnerin, und nicht das Unkraut. Viele Männer sind nach jahrelangem eigenem Fehlverhalten selbst schuld, wenn sie eine zickige Dramaqueen an ihrer Seite haben.

Strategie 2: Ablenken

Bringen Sie die Partnerin in einen anderen emotionalen Zustand

Er: „Ja, deine Freunde. Hast du was von Nadine gehört? Ich hab dir noch gar nicht erzählt, was sie angestellt hat, du wirst geschockt sein ..." (Er geht nicht auf die Beschwerde ein, bringt das Gespräch mit einer Geschichte auf ein anderes Thema und lenkt sie ab, indem er ein anderes Gefühl, nämlich Neugierde, bei ihr auslöst.)

Frauen nörgeln herum, wenn sie sich irgendwie unpässlich oder unwohl fühlen, Aufmerksamkeit brauchen oder schlechte Laune haben. Dann erfinden sie einfach irgendein Thema, um das es gar nicht geht. Darüber kann man aber stundenlang sinnlos streiten. Wenn es wirklich etwas Wichtiges ist, wird sie Sie in einer ruhigen Minute respektvoll um ein Gespräch bitten – Sie werden den Unterschied bemerken.

Diese einfachen Strategien eignen sich gut für alltägliche Kleinigkeiten. Konfrontiert Ihre Partnerin Sie jedoch mit einer Eifersuchtsszene, einem Heulkrampf oder wüsten Beschimpfungen, dann müssen Sie stärkere Geschütze auffahren. Für die folgenden Verhaltensweisen müssen Sie sich drei ungewöhnliche und vermutlich absolut unvertraute Grundhaltungen zulegen.

Der Frau nicht zuhören

Ja, Sie haben richtig gelesen. Entgegen allen therapeutischen, psychologischen und feministischen Lebensberatungs-Büchern empfehle ich: beim Streiten nicht zuhören! Sie werden sonst verrückt oder völlig verwirrt. Vor allem aber verkennen Sie vollkommen, worum es eigentlich geht, und führen völlig nutzlose und zehrende Randkonflikte.

Also: Ihre Frau steht vor Ihnen und schimpft auf Sie ein. Vergessen Sie mal die Inhalte und stellen Sie sich vor, sie würde Chinesisch reden (ich gehe mal davon aus, dass Sie kein Chinesisch verstehen). Stattdessen konzentrieren Sie sich auf den emotionalen Gehalt. Fragen Sie sich: Was ist mit dieser Frau los, dass sie so sauer ist und mich so anmacht? Wie fühlt sie sich? Was will sie?

Auf dasselbe Energieniveau gehen

Nehmen Sie die Einladung zum Kampf an. Ist sie laut und emotional, dann sollten Sie nicht vernünftig und ruhig bleiben. Das können Sie nicht? Dann nehmen Sie Schauspielunterricht oder stellen sich vor, sie hatte gerade mit Ihrem besten Freund tollen Sex. Es handelt sich hier um ein Theaterstück: Nicht die Inhalte zählen, sondern der bessere Schauspieler. Gehen Sie weiterhin bloß nicht auf die Inhalte ein. Achten Sie auf die Körperhaltung Ihrer Partnerin. Ist sie angespannt und aggressiv, Hände in den Hüften, fuchtelt sie mit den Armen herum, droht sie? Dann sollten sie auf gar keinen Fall eine passive oder verteidigende Körperhaltung einnehmen. Bringen Sie Spannung in Ihren Körper, Brust raus, sich aufbauen, nach vorne ausrichten und, ganz wichtig: Augenkontakt halten. Drängen Sie nach vorne, auf keinen Fall nach hinten. Bereiten Sie sich auf einen Kampf vor. Egal, ob Sie gerade müde, traurig oder nachdenklich sind. Stellen Sie sich vor, jemand auf der Straße will Sie überfallen – dann können Sie auch kein Verständnis erwarten. Also seien Sie kein Weichei: auf Kampfmodus schalten! Ihre Partnerin ist in diesem Moment Ihre Feindin, die mit Ihnen kämpfen will. Atmen Sie tief und bewusst ein – Sie werden den Sauerstoff brauchen. Auf keinen Fall flach atmen oder die Luft anhalten. Sie können Sätze sagen oder schreien wie: „Du bist ja richtig mies drauf. Was machst du mich hier so blöd an! Du Zicke!"

Öl ins Feuer schütten

Viele Männer machen den Fehler und versuchen zu harmonisieren, zu beschwichtigen und „vernünftig wie Erwachsene über die Dinge zu reden". Todlangweilig. Mensch, sind Sie ein miserabler Schauspieler – und Ihr Unterhaltungswert tendiert gegen Null. Also seien Sie kein Spielverderber, steigen Sie ein. Zeigen Sie, dass Sie kein ängstliches Mamasöhnchen sind, und provozieren Sie noch mehr, bringen Sie Ihre Partnerin zur Weißglut. Als Mann sollen Sie im Streit mutig eskalieren und nicht aus Feigheit oder antrainierter Diplomatie stets deeskalieren. Das tun Beta-Männer häufig, aus Angst vor starken oder unkontrollierten Emotionen ihrer Partnerin.

Diese drei Grundhaltungen sollten Sie verinnerlichen: Sie schenken bei einem emotionalen Streit den Worten der Frau keine Beachtung, heben Ihr eigenes Energieniveau an und eskalieren in der Auseinandersetzung. Wenn Sie das beherrschen, eröffnen sich verschiedene Optionen für Sie.

Strategie 3: Wilder Sex

Sie verwandeln dabei die Aggression des Streits in wilden, aggressiven Sex. Sie steigen in den Streit ein, provozieren, aber bleiben innerlich ruhig, selbst wenn Sie äußerlich laut oder wütend werden. Rechtzeitig vor dem Höhepunkt ändern Sie die Strategie: Halten Sie Ihre Partnerin energisch fest, deutliche sexuelle Annäherung und Küssen dabei. Streiten Sie ruhig weiter, aber werden Sie dabei sexuell. Zwischendurch machen Sie echte Komplimente wie: „Wenn deine Augen so blitzen, werde ich richtig scharf auf dich."

Oder: „Ich liebe dich, wenn du so temperamentvoll bist." Oder: „Ich liebe das, wenn du so wild und hemmungslos bist." Wichtig: Die ganze Zeit Blickkontakt halten.

Vorsicht: Wenn sie sich mit aller Kraft und entschieden wehrt oder sich losreißen will, ist sie noch nicht bereit für einen Turn. Dann müssen Sie weiter verbale Eskalation betreiben. Wenn Sie merken, sie wehrt sich nicht mit ganzer Kraft, ist das eine Einladung zum Raufen und Körperkontakt (wie damals als Jugendlicher im Freibad). Passen Sie auf, dass Sie Ihre Partnerin nicht verletzen, seien Sie immer nur ein bisschen stärker als sie, setzen Sie Ihre Kraft kontrolliert ein. Sie sollten die Kontrolle und Verantwortung haben.

Sie: „Ich hab dich gesehen, wie du Gabi umarmt hast. Was läuft da zwischen euch?" Er: „Die Umarmung war ja nur der Anfang." Sie: „Das glaub ich nicht. Ich will wissen, was da läuft. Alles." Er: „Ich glaube aber, das verkraftest du nicht." Sie: „Das lasse ich mir nicht bieten von dir. Trefft ihr euch schon lange? Ist sie gut im Bett?" Er: „Ja, allerdings. Sie zickt nicht so rum wie du." Sie, nach Atem ringend: „Wenn das so ist, dann such ich mir auch einen Liebhaber." Und so weiter.

Kurz bevor der Höhepunkt erreicht ist, sie weggehen will oder zusammenbricht, sagt er: „Mir fehlen die Worte. Ich zeige dir, was ich mit Gabi gemacht habe." Er hält sie fest und küsst sie gegen ihren Willen. Sie: „Lass mich los!" Er: „Du willst es doch wissen!" Sie boxt ihn, aber nur mit halber Kraft: „Ich lass doch nicht alles mit mir machen." Er: „Schade, das ist der Unterschied zu Gabi." Er küsst sie wieder, sie wehrt sich weiter. Er: „Wenn du so schreist, werde ich richtig scharf auf dich. Wie damals im Treppenhaus, weißt du noch?" Sie schreit: „Ich schrei doch nicht für deine Befriedigung." Er: „Doch, tust du grad, jetzt fehlt nur noch der tolle Sex wie damals."

Nach dem wilden Sex, der dann folgt, ist Gabi aus rätselhaften Gründen kein Thema mehr. Fängt sie wieder einmal mit Gabi an, dann sagt er nur: „Du willst wieder mal beim Sex schreien." Oder: „Ich hab dir noch nicht alles gezeigt, was ich mit Gabi gemacht hab ..."

Sagen und zeigen Sie Ihrer Partnerin, dass Sie sie begehren. Wenn Sie den Körperkontakt zulässt, akzeptiert sie das Spiel. Bleiben Sie laut und aggressiv. Achten Sie stets auf radikale „Neins" seitens Ihrer Partnerin: Sichlosreißen und Weggehen, unkontrolliertes Schlagen, Angst oder Panik in ihren Augen. In diesen Fällen: sie loslassen, ihr Raum lassen, aber weiter streiten. Gut ist es, in diesem Fall die Strategie umzudrehen, indem Sie sagen: „Lass mich los!" „Immer willst du nur Sex!" Oder: „Fass mich nicht an!"

Diese Strategie kommt Männern, wenn es zum ersten Mal klappt, wie Magie vor. Patrick: „Als meine Freundin mich auf wirklich nervige Weise anblökte, hab ich mich an diese Strategie erinnert. Da ist ein Schalter in mir umgerastet, und ich bin total auf die Auseinandersetzung eingestiegen. Ich habe sie richtig provoziert. Dann küsste ich sie, und als ich ihr zwischen die Beine fasste, war sie klitschnass. Wir hatten so geilen Sex wie seit Jahren nicht mehr. Aus mir unerklärlichen Gründen ist sie seitdem wie verwandelt. Viel sanfter und hingebungsvoller. Ehrlich gesagt verstehe ich die Welt nicht mehr. Ich bin jetzt 37 – warum hat mir das niemand vor zwanzig Jahren erklärt?"

Strategie 4: Humor

Sie helfen Ihrer Partnerin, ihre innere Spannung durch Lachen zu entladen. Sie beginnen wie gehabt: energetisch mitgehen, streiten, sie provozieren. Wichtig ist: Auf keinen Fall die Inhalte des Streits ernst nehmen! Kurz vor dem Höhepunkt ändern Sie dann die Strategie.

Sie: „Warum hast du mich nicht angerufen? Ich hab ewig gewartet." Er: „Das wollte ich so. Damit du Sehnsucht nach mir kriegst." Sie: „Was bildest du dir eigentlich ein! So lass ich mich nicht behandeln!" Er: „Hat es denn wenigstens gewirkt?" Er versucht sie zu küssen, sie schiebt ihn energisch weg. Er: „Du hast noch immer nicht genug Sehnsucht nach mir. Kaum bin ich da, schiebst du mich weg." Sie: „Ich erwarte, dass du mich respektierst." Er, beleidigt: „Du liebst mich nicht mehr. Keine Sehnsucht mehr." Sie: „So ein Quatsch. Darum geht es doch gar nicht." Er: „Doch, mein inneres Kind weint und du behandelst mich so respektlos." Er macht ein beleidigtes Gesicht. Sie lacht und will ihn am Arm fassen. Er: „Fass mich nicht an." Sie lacht. Er: „Nur ganz respektvoll behandeln, bitte." Sie beginnt ihn übertrieben zärtlich zu streicheln. „Oh, du Mimöschen!" Er nimmt sie und kitzelt sie durch ...

Ein anderes Beispiel. Sie spült unsanft und lautstark ab. Er: „Bitte mehr Vorsicht mit dem Geschirr!" Sie: „Ich ertrage das einfach nicht mehr – du kommst, wann du willst, und nimmst keine Rücksicht auf mich!" Wütend verlässt sie den Raum und knallt die Tür hinter sich zu. Er lässt sich nicht beeindrucken und geht einfach seinen Dingen nach, bis sie wieder zurückkommt. Er, mit dem Finger zeigend, ruhig: „Komm mal her!" Sie kommt zögerlich auf ihn zu. Er: „Setz dich hin!" Sie zögert wieder, aber er bleibt ruhig und entschlossen bei seiner Geste. Er: „Und jetzt hör mir zu! Schau die Tasse hier an – die hab ich, seit ich ein kleines Kind bin. Ich hab sie immer gut behandelt, und sie soll mich noch den Rest meines Lebens begleiten. Wusstest du, dass Tassen auch eine Seele haben?" Sie will ihn unwirsch unterbrechen, aber er lässt es nicht zu. Er: „Was hat dir dein Papa damals beigebracht? Wenn Papa redet, hörst du als Mädchen zu. Du wirst ab jetzt meine Lieblingstasse pfleglich behandeln. Ich würde es nicht ertragen, wenn sie kaputt ginge." Sie, spöttisch: „Ja, Papa." Er: „So, und jetzt erzählst du mir mal, welche Vorzüge du als braves Mädchen hast." Sie: „Jetzt hör mal auf mit dem Quatsch." Er: „Okay, wer nicht hören will, muss fühlen!" Er zeigt ihr, dass sie aufstehen soll, und nimmt den Kochlöffel. „Dann muss ich halt die Erziehung nachholen, die dein Papa versäumt hat." Er versucht, sie mit dem Kochlöffel auf den Po zu schlagen, sie wehrt sich. Es entsteht ein kleiner Kampf, bei dem beide anfangen müssen zu lachen.

Achtung: Wenn sie nicht auf die Humorebene einsteigt, dann weiter streiten, später einen neuen Versuch machen. Mögliche Ansätze sind: sie imitieren oder parodieren, ein armes Ich spielen, das unter ihr leidet, als „strenger Vater" die Tochter erziehen ...

Strategie 5: Raufen

Wenn Ihre Partnerin aggressiv aufgeladen ist und Streit sucht, dann können Sie ihr mit dieser Strategie helfen, die Spannung auf konstruktive, körperliche Art zu entladen. Auch hier gilt: streiten und Energie aufbauen bis kurz vor dem Höhepunkt. Dann fangen Sie an zu raufen. Wichtig: nicht schlagen! Und nicht hundertprozentig ernst bleiben. Sonst fühlt sie sich bedroht, oder es artet in Gewalt aus. Gut ist es, sie festzuhalten oder zu versuchen, sie aufs Bett zu werfen: „Für so ein schlechtes Benehmen musst du erstmal bestraft werden." „Jetzt hol ich mal deine Erziehung nach." „Wer nicht hören will, muss fühlen."

Zu Beginn nur halbe Kraft einsetzen, damit sie sich nicht bedroht fühlt. Passen Sie die eigene Kraft ihrer Kraft an. Wenn Sie ihr gar keine Chance lassen, dann verliert sie das Interesse.

Achtung! Sie sind für mögliche Verletzungen verantwortlich. Also bugsieren, drängen oder schleifen Sie sie an einen sicheren Ort wie Sofa, Teppich oder Bett. Dann erst kitzeln, sie zu Boden drücken, Kissenschlacht. Dabei weiter streiten, wie Kinder mit Sätzen wie: „Ich hasse dich!" „Du Zimtzicke!" „Du musst bestraft werden!" Wichtig: Halten Sie die Spannung und bleiben Sie im Rahmen, das heißt bleiben Sie in der Rolle und im Spiel. Nicht aus Unsicherheit lachen oder rumalbern, nicht gewalttätig werden, nicht inhaltlich diskutieren. Stellen Sie sich vor, Sie streiten als Fünfjähriger mit Ihrer bösen Schwester, die Sie wieder mal geärgert hat. Oder Sie raufen als Vierzehnjähriger mit einem süßen Mädchen, das sie küssen wollen, das aber arrogant und abweisend rumzickt.

Lassen Sie Ihre Partnerin zwischendurch die Oberhand behalten und lassen Sie sie im Glauben, sie könnte gewinnen, damit es spannend bleibt. Machen Sie so lange, bis die Energie raus ist, also sie müde wird oder entspannter. Am Ende sollten Sie gewinnen. Sie sitzen zum Beispiel auf ihr und lassen sie erst unter einer Bedingung frei. Das sollte etwas Kleines sein, was Ihre Partnerin für Sie tun muss. Es sollte aber etwas sein, was sie nicht gerne macht, wozu sie also über ihren eigenen Schatten springen muss. Eine Geste der Unterwerfung unter Sie, sozusagen als Bestrafung für unartiges Verhalten. Beispiele: Ihre Füße küssen, leckeren Nachtisch kaufen, zur Bude gehen und für Sie Bier holen, Ihren Nacken massieren, sagen: „Du bist der tollste Mann der Welt." Oder: „Ich bin ab jetzt ein braves Mädchen und mache alles, was du sagst." Seien Sie kreativ. Ob Sie es glauben oder nicht: Frauen lieben so etwas. Aber die wenigsten geben das offen zu, weil es eben nicht in das korrekte Bild einer unabhängigen, emanzipierten Frau passt. Ich warne Sie jedoch: Das Ganze könnte Ihrer Partnerin so viel Spaß machen, dass sie süchtig wird und sie Sie öfter provoziert. Und dann müssen Sie regelmäßig ran!

Strategie 6: Kaltstellen

Erinnern Sie sich an den Abschnitt Anwärmen und Kaltstellen bei den Techniken eines Verführers? Dieses Handwerkszeug sollten Sie in einer Beziehung unbedingt beherrschen, sonst stiften Sie nur Chaos. Konfrontiert Ihre Partnerin Sie mit Kälte statt mit Hitze (wie in einigen genannten Fällen), dann müssen Sie noch kälter und nicht wärmer werden. Was ist damit gemeint? Es gibt heiße Emotionen und Verhaltensweisen wie Wut, Eifersucht, Heulen, Schreien, Drama, Vorwürfe etc. Dafür sind die obigen Strategien sinnvoll. Anders ist es aber, wenn Ihre Frau versucht, Sie mit passiver Aggression zu kontrollieren. Sie wird eiskalt, ignoriert Sie, redet nicht mehr mit Ihnen und verweigert jeden Körperkontakt. Gleichzeitig bleibt sie aber in Ihrer Nähe. Mit widersprüchlichen Botschaften versucht sie, Schuldgefühle und ein schlechtes Gewissen bei Ihnen zu wecken. Sie macht sich unnahbar und wirft Ihnen nur Informationsbrocken zu, damit Sie in den „Pussy-Diagnose-Modus" kommen: Sie sollen sich Gedanken machen, was ihr fehlen könnte, ihr hinterherlaufen und ihr „die Würmer aus der Nase ziehen". Der Mann versucht dann verzweifelt, die Stimmung der Frau zu analysieren und Gründe für ihre schlechte Laune zu finden, was niemals zum Erfolg, sondern auf längere Sicht zum Wahnsinn führt. Nur emotional abhängige Beta-Männer tun das.

Ein Alpha-Mann ist in Bezug auf solche Manipulationsversuche resistent, weil er kein schlechtes Gewissen, keine Schuldgefühle und kein Helfer-Syndrom hat, das die Frau aktivieren könnte. Also wird sie es nach einigen erfolglosen Versuchen bleiben lassen. Alpha sagt sich selbst einfach: „Meine Partnerin ist gerade schlecht gelaunt und kommt nicht mit sich klar. Sie verhält sich ablehnend und destruktiv mir gegenüber. Im Moment kann ich mir ihr keinen Spaß haben, jede Interaktion ist sinnlos." Deshalb geht Alpha einfach weg und kümmert sich um wichtigere Dinge in seinem Leben als seine Partnerin. Soll sie doch eine Freundin oder einen geduldigen Beta-Freund mit ihrem Verhalten nerven ... Wenn sie Sehnsucht nach Ihnen hat, wird sie sich schon melden. Und dann: kaltstellen. Kontaktabbruch, bis sie wieder umgänglich ist oder sich für ihr mieses Verhalten entschuldigt. Alpha braucht seine Partnerin nicht, um glücklich zu sein. Sein Leben ist auch ohne sie aufregend – wenn es sein muss, wochenlang. Als Alpha-

Mann sollten Sie es zumindest mal einige Stunden (in seltenen Fällen auch Tage) aushalten, dass Ihre Partnerin nicht gut auf Sie zu sprechen ist. Knicken Sie nicht aus Abhängigkeit ein, und stellen Sie sich weiter kalt, bis sie wärmer und freundlicher und mit angemessenem Respekt den Kontakt zu Ihnen sucht.

Strategie 7: Liebe

Frauen brauchen männliche Stärke, Liebe und Präsenz – keine „Problemlösungen"

Manchmal nervt die Partnerin auf eine etwas bedürftige, mitleidige Art herum. Sie ist nicht richtig aggressiv, sondern eher kritisierend, launisch und schlecht drauf. Dann hilft diese Strategie bestimmt. Anstatt auf ihre Nörgeleien und Streitereien einzugehen und in eine sinn- und endlose Diskussion einzusteigen, sagen Sie bestimmend „Stopp!". Sie bitten sie, die Augen zu schließen und machen das auch selbst, um sich auf sich selbst zu besinnen und in Ihr Herz zu atmen. Erinnern Sie sich, was Sie an Ihrer Partnerin lieben und vielleicht schon lange nicht zum Ausdruck gebracht haben. Spüren Sie Ihre Liebe für diese Frau, und erinnern Sie sich an schöne und einzigartige Situationen und an das, was sie so besonders für Sie macht. Blenden Sie den Streit von vorhin völlig aus, die Inhalte sind komplett egal. Dann öffnen Sie die Augen und nehmen Ihre Partnerin in den Arm. Sagen Sie Dinge wie: „Auch wenn du es mir gerade nicht leicht machst, bist du die Frau, die ich liebe. Ich musste mich gerade daran erinnern, wie ich einmal nur genervt war auf der Fahrt nach Italien und schon fast umkehren wollte. Du hast mich auf deine wunderbare Art mit deiner Zärtlichkeit wieder runtergebracht und den Urlaub gerettet ..." Halten Sie sie im Arm, küssen und streicheln Sie Ihre Partnerin dabei. Sie braucht einfach einen starken Mann und Ihre Liebe. Sie fühlte sich überfordert und vermutlich nicht genug beachtet und geliebt von Ihnen. Zeigen Sie Ihrer Partnerin, dass Sie sie lieben, und halten Sie sie fest im Arm. Öffnen Sie ihr Herz, aber verbieten Sie ihr den Mund, damit sie sich emotional öffnen kann. Dann wird sich die Spannung lösen und sie wird weinen. Hüten Sie sich davor nachzufragen, warum sie weint, was passiert ist oder ihr Ratschläge zu geben. Das macht alles kaputt. Halten Sie sie einfach fest im Arm, atmen Sie mit ihr und seien Sie emotional präsent. Frauen brauchen es manchmal, einfach nur die Kraft und Liebe ihres Partners zu spüren.

Drama von inhaltlicher Kritik unterscheiden lernen

Woran erkenne ich, dass meine Partnerin ernsthaft über ein wichtiges Thema mit mir reden will? Die Feministin in Ihnen als Mann schreit wahrscheinlich die ganzen letzten Seiten über schon laut auf: Das ist doch frauenverachtend! Ich muss meine Partnerin mit ihren Problemen ernst nehmen. Man muss auch inhaltlich miteinander streiten. Ja, es gibt Themen, über die man sich mit dem Partner unterhalten und die man diskutieren muss. Aber nicht in einer emotional aufgeladenen Atmosphäre, wenn andere Gefühle das Thema überlagern – das macht keinen Sinn. Wenn Sie mit Ihrer Partnerin ernsthaft reden wollen, dann tun Sie dies in einer entspannten und respektvollen Atmosphäre. Sagen Sie Ihrer Partnerin, dass Sie gerne über dieses oder jenes Thema mit ihr reden wollen, machen Sie dafür einen Termin aus. Dieselbe respektvolle Art sollten Sie auch von Ihrer Partnerin erwarten. Auf gar keinen Fall sollten Sie eine Einladung zu einer inhaltlichen Auseinandersetzung akzeptieren, die mit Vorwürfen, Beschimpfungen, sarkastischen Bemerkungen, Heulerei oder anderen Gefühlsausbrüchen beginnt. Das führt niemals zu einem konstruktiven Ergebnis. Merken Sie sich: Gefühle sind stärker als Gedanken! Zuerst müssen die Gefühle ausagiert werden, danach kann inhaltlich geredet werden. Niemals anders herum.

Einwand: Das ist unter meinem Niveau!

Sie glauben, solches Streiten sei unter Ihrem Niveau und erwachsener Menschen unwürdig? Dann schneiden Sie bitte mal einen Streit mit Ihrer Partnerin mit und hören ihn sich hinterher an. Typischerweise regredieren Erwachsene bei Streitereien in der Partnerschaft in ihr „Kind-Ich“. Die Stimmen und die Argumente hören sich wie bei Fünfjährigen an, und die emotionalen Muster sind immer noch dieselben wie in der Kindheit. Oder hören Sie sich Streitereien anderer Paare an, und gehen Sie ruhig mal davon aus, dass Sie selbst höchstens anders, aber nicht besser sind.

Manche Männer lehnen solche Strategien ab, weil sie nicht in der Lage sind, auf ein hohes Energieniveau zu kommen: Sie sind schlaff und energielos, haben keinen Zugang zu ihren Gefühlen und können gar nicht streiten. Sie sind aggressionsgehemmt und ängstlich und kaschieren diese Defizite mit Vernunft und Höflichkeit. So führt man keine Partnerin, so erntet man nur Verachtung als Mann. Deshalb setze ich bei Männern zunächst da an: Das Aggressionspotenzial und den inneren Krieger wecken, Zugang zu starken Emotionen bekommen und die Körperspannung erhöhen. Wenn ein Mann in der Lage ist, mit anderen Männern ein hohes körperliches und emotionales Energieniveau zu erreichen, dann beherrscht er die Voraussetzung, um es auch mit der Partnerin zu schaffen. Wer über seinen Schatten springt und das trainiert, kann wirkliche Wunder erleben.

Vielleicht lehnen Sie das Ganze ab, weil Sie nicht deutlich stärker als Ihre Partnerin sind, dann ist das sehr peinlich für Sie – 100 Punkte Abzug als Liebhaber. Ich kenne keine Frau, die auf einen Mann steht, der schwächer als sie selbst ist und den sie beim Raufen aus Mitleid gewinnen lassen muss. Wenn das auf Sie zutrifft: Melden Sie sich umgehend in einem Kampfsport-Center an.

Wenn Sie es geschafft haben, den Streit zu meistern und nach dem Raufen, Sex oder gemeinsamen Lachen ein schlechtes Gewissen haben, weil Sie Ihrer Partnerin nicht zugehört haben, dann sprechen Sie das Thema doch direkt noch mal an. Vermutlich hat Ihre Partnerin aber gar kein Interesse mehr, sich damit die Laune zu verderben. Und seien Sie bitte nicht so einfältig, auch noch auf dem Thema zu beharren.

No-Go beim Streiten

Auseinandersetzungen per Brief, Mail, SMS oder auch am Telefon sollten Sie unbedingt vermeiden. All die oben genannten Strategien funktionieren hier nicht. Durch den fehlenden direkten Kontakt konzentrieren sich beide auf die Argumente und verhaken sich meist immer noch mehr. Die Gefühle können nicht direkt ausgedrückt und körperlich entladen werden, es geschieht indirekt über Text oder Worte. Echte Auseinandersetzung und Intimität kann dabei nicht entstehen. In der Regel wird alles nur noch schlimmer dadurch. Ersparen Sie sich das – es ist verschenkte Lebenszeit, und Sie altern schneller.

Bestehen Sie auf einer persönlichen Auseinandersetzung unter vier Augen in einem privaten Rahmen. Auch eine Auseinandersetzung in einem öffentlichen Rahmen oder in Anwesenheit der Kinder ist nicht wirklich sinnvoll, da sie sich emotional und körperlich zurücknehmen müssen. Der kathartische und befreiende Aspekt der genannten Strategien braucht einen geschützten Rahmen.

Vorsicht bei psychisch gestörten Frauen

Die genannten Strategien funktionieren bei gesunden Frauen sehr gut. Bei psychisch gestörten Frauen werden Sie damit allerdings wenig Erfolg haben. Dazu gehören auch die Narzisstinnen. Diese Frauen können nicht über sich selbst lachen und sind nicht bereit, sich dem Mann anzupassen oder unterzuordnen. Hier hilft nur absolut autoritäres Auftreten oder aber, sie einfach stehen zu lassen und einige Zeit totalen Kontaktabbruch zu praktizieren. Bei Frauen, die Gewalt oder sexuellen Missbrauch erlebt und dieses Trauma nicht wirklich geheilt haben, ist ebenso Vorsicht geboten in Bezug auf die Strategien Sex und Raufen.

Wenn es in der Praxis nicht funktioniert: Der brave Sohn

Sie haben dieses Kapitel zwar aufmerksam gelesen und versuchen, die Strategien umzusetzen, aber es gelingt Ihnen nicht, die Führung in einem Streit zu übernehmen und auch zu behalten? Sie haben Angst, zu laut, zu aggressiv, zu dominant, mit einem Wort: zu männlich zu sein? Sie gehen aus jedem Konflikt mit der Partnerin als Verlierer hervor? Dann sind Sie vielleicht innerlich immer noch der brave Sohn, wie Mama ihn erzogen hat. Sie leiden vermutlich unter einer Aggressionshemmung und haben wenig Zugang zu Ihrer männlichen Essenz. Setzen Sie die Dinge aus dem Alpha-Training um, damit Sie mehr Biss, Frechheit und Freude an Ihrer männlichen Dominanz entwickeln.

Regeln für erfolgreiche Liebhaber

Sie wollen wissen, wie Sie ein guter Liebhaber werden und wie der Sex mit Ihrer Partnerin im Alltag gut läuft? Sie wollen, dass die erotische Spannung zwischen Ihnen und Ihrer Partnerin auch nach Jahren der Partnerschaft täglich erlebbar ist? Sie wollen sich als Mann von Ihrer Partnerin begehrt und geliebt fühlen? Sie wünschen sich eine glückliche und sexuell erfüllte Frau an Ihrer Seite? Das ist ohne Weiteres möglich, doch dann sollten Sie einige Regeln beachten, damit Ihr Sexleben nicht einschläft, wie es leider bei den allermeisten Paaren nach einigen Jahren passiert.

Regel 1: Ihre Partnerin ist nicht Ihr Besitz

Viele Männer meinen, wenn sie die Frau einmal erfolgreich verführt haben, reicht diese Anstrengung für den Rest des Lebens. Spätestens mit dem Ehevertrag oder dem Beziehungsstatus „Paar" glauben sie, ihre Partnerin wäre ihnen sicher und stünde ihnen für die sexuelle Befriedigung zur Verfügung. Doch selbst wenn es Frauen gibt, die sich wie ein Besitzstück behandeln lassen – bei solchem Verhalten leiden das Sexualleben und die Beziehung sehr darunter.

Eine Frau möchte immer wieder neu verführt werden. Sie müssen ihr immer wieder aufs Neue zeigen und beweisen, dass Sie ein guter Verführer sind. Sex ist kein Anrecht und keine Pflicht, sondern das Ergebnis der sexuellen Ausstrahlung, der hohen Attraktivität und der guten Verführung des Mannes. Wollen Sie eine lebendige und erotische Partnerschaft mit häufigem und gutem Sex, dann müssen Sie eine positive Einstellung dazu gewinnen, Ihre Fähigkeiten als Verführer zu schulen. Ein guter Verführer wird man durch das Wissen um diese Fähigkeiten, aber vor allem durch tägliche Praxis und den Wunsch, sich selbst stets zu verbessern. Dieses Bemühen lohnt sich, denn eine Partnerin, die sich nicht nur geliebt fühlt, sondern die auch sexuell erfüllt ist, wird auch Sie als

Mann mit Stolz erfüllen und maskuliner machen. Häufiger, befriedigender und abwechslungsreicher Sex ist eine sehr gute und wichtige Basis einer Partnerschaft.

Regel 2: Flirten Sie täglich mit anderen Frauen

Sie haben die Frau, die Sie lieben, gefunden und begehren keine andere? Sie wollen Ihre Frau nicht unnötig eifersüchtig machen? Es macht in Ihren Augen keinen Sinn, mit Frauen zu flirten, wenn Sie nichts weiter von ihnen wollen? Sie haben Angst davor, wohin das führt? Sind das Ihre Ausreden, um nicht zu flirten? Dann vergessen Sie die Vorstellung von einer lebendigen Beziehung, von Unabhängigkeit und lebendiger Sexualität. Kann es sein, dass Sie sich nicht eingestehen wollen, dass Sie nur zu feige sind, schöne Frauen anzusprechen? Nein?

Übung: Beweisen Sie es sich selbst: Sprechen Sie drei wirklich attraktive und unbekannte Frauen an (einzeln natürlich), und flirten Sie mit ihnen. Schaffen Sie es, eine erotische Anziehung herzustellen, sodass Sie ihre Telefonnummer bekommen haben und die Frau offensichtlich scharf auf Sie ist? Wenn Sie sicher sind, dass Sie sie küssen könnten und sie darauf eingehen würde, können Sie aufhören. Nur wenn Sie das mit Leichtigkeit schaffen, glaube ich Ihnen, und Sie dürfen Ihren „Ausreden" selbst glauben.

Vermutlich aber laufen Sie unerotisch herum und fühlen sich nicht männlich und attraktiv. Sie wirken wie ein Neutrum und ignorieren alle weiblichen Reize um Sie herum. Sie glauben, Sie könnten alle Sinnlichkeit und Erotik auf eine Frau und auf wenige Stunden im Schlafzimmer reduzieren. Das ist ein fundamentaler Fehlschluss. Entweder Sie sind ein sexueller und sinnlicher Mann, dann sind Sie es immer und bei jeder Frau. Dann pulsiert jede Zelle in Ihrem Körper sexuell. Oder Sie sind ein Neutrum. Aber dann sind Sie es (von einer Verliebtheitsphase vielleicht abgesehen) auch bei Ihrer Partnerin. Wenn Sie wieder Lebendigkeit, Erotik und Leidenschaft in Ihre Partnerschaft bringen wollen, dann absolvieren Sie das gesamte in diesem Buch beschriebene Programm für Singles. Hören Sie mit den feigen Ausreden auf! Sie sollen mit keiner anderen Frau ins Bett gehen, Sie müssen noch nicht einmal eine andere küssen, wenn Sie das nicht wollen. Sie setzen sich selbst vorher die Grenzen. Wenn Ihr Beziehungsvertrag aber noch nicht einmal Flirten mit anderen Frauen erlaubt, dann sollten Sie in Ruhe einmal darüber nachdenken, ob Sie wirklich den Rest Ihres Lebens allen anderen Frauen als Neutrum begegnen wollen.

Oder brauchen Sie erst die ausdrückliche Erlaubnis Ihrer Frau dazu? Wenn nicht alles in Ihrer Hose absterben soll, dann legen Sie los, aber richtig. Ihre Frau wird davon profitieren. Sie glauben das nicht? Frauen sehen diese Zusammenhänge meist wesentlich klarer als Männer und haben kaum Probleme damit, wenn es klare Grenzen gibt. Manche bewussten und selbsterfahrenen Frauen schicken ihre Männer sogar gezielt zu anderen Frauen – das ist kein Witz! Und übrigens: Ihre Partnerin darf und sollte auch flirten – Konkurrenz belebt das Geschäft. Wenn Sie damit ein Problem haben, sollten Sie das nicht als feige Ausrede dazu missbrauchen, um selbst nicht zu flirten, sondern ausführlich die Abschnitte zum Thema Eifersucht und Oneitis lesen.

Es gibt noch weitere sehr wichtige Gründe, warum Sie in einer Partnerschaft mit anderen Frauen flirten sollten. Stellen Sie sich vor, Sie gehen mit Ihrer Partnerin auf eine Party. Sie hat sich in Schale geworfen, aber nicht ein einziger Mann schaut Ihre Frau an oder flirtet mit ihr. Wie fühlen Sie sich dann? Wie wäre es im umgekehrten Fall: Ihre Frau steht im Mittelpunkt, die Männer machen ihr Komplimente, flirten und schauen Sie neidisch an? Ein riesiger Unterschied, oder? Für Frauen ist das ein entscheidender Punkt. Als Alpha sollten Sie immer von mehreren Frauen begehrt werden, sodass Ihre Partnerin stets weiß: die (überaus attraktive) Konkurrenz ist nicht weit und sehr an Ihnen interessiert. Sie könnten jederzeit mit einer anderen attraktiven Frau ins Bett gehen, aber Sie wollen nicht. Keine (wirklich *keine*) Frau hat Interesse an einem Ladenhüter, den keine andere Frau will – das ist absolut abtörnend. Also sorgen Sie dafür, dass Sie ein begehrter Mann werden – und dass Ihre Partnerin das mitbekommt.

Im Klartext: Wenn Sie nicht mit anderen attraktiven Frauen flirten, verliert Ihre Partnerin das Interesse an Ihnen, und die Erotik schläft ein. Das ist keine Drohung, sondern ein Gesetz.

Regel 3: Vermeiden Sie die Best-Friend-Falle

Viele Männer ruinieren ihre erotische Anziehung dadurch, dass sie sich zu sehr mit der Partnerin identifizieren und deren Probleme lösen wollen. Sie spielen Retter in Form des Therapeuten, Papas oder Rechtsanwalts für ihre Partnerin und werden dadurch ihr bester und vertrauter Freund. Es entsteht viel Vertrauen und Symbiose, aber die Attraktivität und Anziehung leidet sehr, bis sie schließlich ganz erlischt. Erotik braucht eine gewisse Distanz, die so nicht aufkommen kann.

Das Problem entsteht häufig dadurch, dass ein Mann sich nicht abgrenzen kann und sich für die Probleme der Frau verantwortlich fühlt. Er hält es nicht aus, dass sie schlecht gelaunt, unglücklich oder gereizt ist. Er nimmt jede ihrer Stimmungen ernst, und aufgrund mangelnden Selbstwerts oder entsprechender Kindheitserfahrungen mit der Mutter fühlt er sich schuldig und sucht die Ursache häufig bei sich oder seinem Verhalten. Er versucht verzweifelt, das Verhalten und die Probleme der Frau zu analysieren und wird dabei immer verwirrter. Er orientiert sich an ihren Stimmungen und nimmt jede Zickerei zum Anlass, stunden- oder tagelang darüber zu grübeln oder nachzulesen, was wohl mit ihr los sein könnte und wie er ihr helfen könnte. Er wird auf diese Weise komplett emotional abhängig von seiner Frau. Dieses Verhalten wird Pussy-Diagnose-Modus genannt. Wie der witzige Name schon vermuten lässt – das alles führt zu keinen vernünftigen Ergebnissen, ist verschwendete Zeit und vor allem: Attraktivität und Führung des Mannes leiden dabei enorm. Die Partnerin lernt schließlich, dass und wie sie mit ihren Stimmungen ihren Partner kontrollieren und manipulieren kann. Das ist einer sexuellen Beziehung absolut abträglich. Wenn das auf Sie zutrifft, dann trainieren Sie, unabhängiger von den Gefühlen Ihrer Partnerin zu werden, und hören Sie auf, die Probleme Ihrer Partnerin zu lösen.

Regel 4: Bleiben Sie Alpha. Lassen Sie sich nicht betaisieren

Nicht nur in Bezug auf die Führung in der Partnerschaft, sondern auch bei der Verführung müssen Sie Alpha bleiben, sonst läuft nach einer Weile nichts mehr im Bett. Ein Mann, der sich von seiner Frau betaisieren lässt, büßt seine Attraktivität und Macht als Verführer ein. Die Partnerin erlebt ihn nach einer Weile als großen Jungen, über den sie die Führung hat und mit dem sie spielen kann. Das ist absolut unsexy und endet letztendlich wie in der Biker-Geschichte auf Seite 46. Sorgen Sie dafür, dass Sie die Führung und Dominanz in der Partnerschaft und beim Sex haben. Eine Frau will die Kraft, Stärke und Macht des Mannes fühlen und will verführt werden. Bieten Sie ihr Halt und Sicherheit, indem Sie klaren Prinzipien folgen. Sorgen Sie dafür, dass Sie Ihre Zeit miteinander nicht mit sinnlosen Dramen, Streitereien oder Kontaktvermeidung verbringen. Setzen Sie Ihre erotischen Wünsche um und lassen Sie die Frau Ihre männliche Dominanz spüren – dafür müssen Sie natürlich auch manchmal Widerstände überwinden. Sie: „Streichel mich mal so, wie ich es dir gezeigt habe." Er: „Das musst du dir erst verdienen! Komm, mach mich an und stripp mal zu der Musik!" Oder: „Ich bin gerade zu müde. Aber ich leih dir meine Hand, du darfst damit alles machen, was du willst." Oder: „Heute gibt's keine Vorspiel, ich fress dich sofort auf!" Er packt sie leidenschaftlich und beißt sie überall wild und spielerisch. All diese Beispiele zeigen: Alpha führt keine Befehle aus, er ist der Verführer. Er bestimmt, ob er ihre Wünsche erfüllen will – wenn ja, dann auf seine Art und Weise. Nur ab und zu akzeptiert er den Rollentausch und lässt sie auch mal führen.

Regel 5: Bleiben Sie unberechenbar

Ein Aspekt des Alphas ist seine Autonomie und Unabhängigkeit als Mann – für die Frau ist er geheimnisvoll und unberechenbar. Und genau das macht ihn attraktiv und sexy. Passt sich ein Mann zu sehr an die Wünsche und Vorlieben der Frau an, dann wird er berechenbar. Manche Männer haben ein Problem damit, Geheimnisse vor der Partnerin zu haben. In vorauseilendem Gehorsam rufen sie regelmäßig zu Hause an und geben der Frau einen Rechenschaftsbericht darüber, wo sie mit wem sind, was sie tun, fühlen und denken. So etwas zerstört auf Dauer die Attraktivität des Mannes. Genauso ist es mit dem berechenbaren und routinemäßigen Verhalten beim Liebesspiel. Langweilige, alltägliche Rituale sind der Tod für jede erotische Beziehung. Denken Sie mal an die Verliebtheitsphase zurück: Da wusste die Partnerin noch nicht, woran sie mit Ihnen war. Sie hatten noch eine unverbindliche Affäre und wussten nicht, wie und ob es weitergeht. Und genau diese Unberechenbarkeit hat Ihrem Sexleben in keinster Weise geschadet – im Gegenteil: Es hat eher das Verlangen gestärkt.

Regel 6: Begegnen Sie sich mit Respekt, Dank und Liebe

Etablieren Sie in der Partnerschaft einen respektvollen Umgang miteinander – beidseitig. Akzeptieren Sie kein respektloses, grenzüberschreitendes Verhalten, aber seien Sie auch selbst respektvoll. Dazu gehört es, den Partner aussprechen zu lassen, ihn in der Öffentlichkeit nicht bloßzustellen oder zu kritisieren, seine Privatsphäre zu achten und ihn nicht als seinen Besitz zu betrachten. Auch eine angemessene Hygiene, Körper- und Intimpflege sollten Sie selbst täglich praktizieren, diese können Sie auch von der Partnerin erwarten. Akzeptieren Sie nicht, dass hier die Umgangsformen nachlässig werden. Seien Sie dankbar für die schönen gemeinsamen Erlebnisse und Gefühle. Nehmen Sie Aufmerksamkeiten, Geschenke oder liebevolle Gesten nicht als selbstverständlich hin, sondern zeigen Sie Ihrer Partnerin, dass Sie das sehr schätzen. Eine feminine Frau, die Sie liebt, hat eine natürliche Veranlagung, ihrem Partner diese Aufmerksamkeiten zukommen zu lassen. Dafür muss eine Frau auch wissen und fühlen können, dass Sie sie lieben. Sagen Sie ihr ab und zu den magischen Satz: „Ich liebe dich." Und schauen Sie ihr dabei in die Augen. Viele Männer meinen, sie müssten der Frau ab und zu ein teures Geschenk machen, um ihre Liebe auszudrücken. Sie denken: Zum Geburtstag hab ich ihr ein Schmuckstück für 1000 Euro geschenkt, das sollte jetzt für hundert Tage reichen. So denken aber Frauen nicht – es wirkt nur einen Tag. An hundert Tagen jeden Tag ein kleines Geschenk für 10 Euro oder eine andere Aufmerksamkeit, die Ihre Liebe ausdrückt – das ist hundertmal so viel wert wie der teure Brillant. Eine feminine Frau mit hohem Selbstwert, die sich von einem Mann geliebt fühlt, blüht zu einer Königin auf. Sie zeigt ihre Liebe und Dankbarkeit oft auf eine unglaublich rührende Weise. Sie nutzt ihr Wissen und feminine Essenz, um ihren Partner zu unterstützen oder auch vor Fehlern zu bewahren.

Regel 7: Fordern Sie Ihre Frau heraus

Frauen sind oft viel mehr an persönlicher Weiterentwicklung und dem Überwinden persönlicher Grenzen interessiert als Männer. Und sie lieben widersprüchliche Gefühle – am liebsten einen Cocktail davon. Ein guter Liebhaber sollte die Frau immer wieder an ihre eigenen Grenzen bringen und sie herausfordern. Sorgen Sie dafür, dass sie immer auf Zehenspitzen steht und mit einer Überraschung oder unbekannten Situation rechnen muss. Seien Sie nicht berechenbar wie ein Roboter in Ihrem Verhalten. Frauen sind meist offener für erotische Abenteuer und Herausforderungen, als es die populäre Meinung behauptet. Sie brauchen dafür aber einen Mann, der ihr Sicherheit gibt und sie führt. Viele Männer sind völlig perplex, was ihre „anständige" Ehefrau ihnen in einem Paarseminar erzählt, wenn es um erotische Fantasien und Wünsche geht.

Meistens blockieren hier die Männer, weil sie von ihrer Frau das Bild einer „Heiligen" haben und auch behalten wollen. Sie leben ihre sexuellen Fantasien lieber heimlich aus, was der Partnerschaft in der Regel nicht zuträglich ist. Also trauen Sie sich was. Eine mögliche persönliche und spirituelle Weiterentwicklung sollte auch den sexuellen Bereich mit einbeziehen. Nur durch immer neue Herausforderungen und Grenzüberschreitungen werden Sie ein erfahrener und guter Verführer und Liebhaber. Ansonsten bleiben Sie einfach nur ein langweiliger Sex-Konsument und Bedürfnis-Befriediger.

Er: „Bist du bereit, mal was wirklich Aufregendes zu erleben? Du wirst heute Abend meine Nutte sein." Er wirft ihr ein lasziv-frivoles Outfit hin, das er gerade gekauft hat. Sichtlich hin und her gerissen zwischen Faszination, Scham, Wut und Angst siegt nach der ersten heftigen Abwehr und Ausreden, durch die er sich nicht beirren lässt, ihre Lust und Neugier. Nach einigen Absprachen ist sie bereit dazu. Die beiden treffen sich nach einer Vorbereitungszeit. Im Schlafzimmer läuft schon ein Porno, und er hat ein rotes Licht besorgt. Sie empfängt ihn nuttig aufgemacht und krass geschminkt. Sie, mit aufgesetzter sexy Stimme und Schlafzimmerblick: „Na, Süßer, noch nichts vor heute Abend?" Er: „Na, du hast wohl schon Ideen." Sie: „Klar, ich kann super blasen." Sie will ihm in die Hose fassen, ab er nimmt grob ihre Hand und schiebt sie weg. So nicht. Er: „Kannst du strippen?" Sie: „Klar, kann ich." Was kostet ein Strip?" Sie: „50 Euro, aber der Slip kostet extra." Er: „Okay, 50 ohne Slip. Fang an!" Er hat natürlich eine rattenscharfe Musik zum Strippen vorbereitet und legt sie auf. Zunächst noch etwas unbeholfen legt sie los, während er scheinbar uninteressiert sein Bier trinkt. Als sie schließlich nackt ist: „Los, zeig mal deine geile Muschi. Ich will was sehen für mein Geld!" Sie: „Dann erst bezahlen!" Er steckt sich den Schein in die Hose und sie holt ihn sich mit dem Mund ...

Regel 8: Praktizieren Sie Selbstliebe

Selbstliebe sollte keine Ersatzbefriedigung sein, wie es leider bei vielen Männern der Fall ist. Die meisten Männer konditionieren sich sexuell in äußerst unguter Weise, indem sie lieblos wichsen und auch noch stil- und hirnlose Pornos dabei anschauen. (Entschuldigen Sie die krasse Ausdrucksweise, aber genau so ist es häufig.) Sie stimulieren sich gezielt, um Druck abzulassen – und nicht, um auf ein hohes Erregungsniveau zu kommen und mit der Lust zu spielen. Um aber ein guter Liebhaber zu werden, müssen Sie lernen, ein hohes Energieniveau aufzubauen und die Erregung zu halten. Genau das können viele Männer nicht. Sie haben Erektionsprobleme, können die Erektion nur wenige Minuten halten oder können ihre Ejakulation nicht kontrollieren. Als guter Liebhaber sollten Sie unbedingt die Ejakulationskontrolle beherrschen und auch wissen, wie Sie den Zustand hoher Erregung längere Zeit halten können. (Siehe mein Buch „Tantra".)

Regel 9: Schaffen Sie Distanz. Sagen Sie Nein

Das Essen schmeckt wunderbar, wenn man einige Zeit gefastet hat. Wenn man immer satt ist und beim kleinsten Appetit nachstopft, kann man sich nicht mehr wirklich über das Essen freuen. Indem Sie der Partnerin immer wieder Grenzen setzen, vermeiden Sie eine symbiotische Beziehung. Das bedeutet auch als Mann, ab und zu Einladungen zum Sex abzulehnen, wenn Ihnen nicht danach ist. Vor allem aber: Sorgen Sie dafür, dass Sie nicht permanent zusammen sind. Wenn Sie gewissermaßen aneinander „kleben" und sich nicht äußerlich abgrenzen, dann findet eine ungute innere Abgrenzung dem Partner gegenüber statt. Vermeiden Sie es, mit Ihrer Partnerin Zeit zu verbringen oder Dinge zu tun, wenn Sie eigentlich lieber alleine sein wollen. Außerdem kann durch übertriebene Nähe keine Sehnsucht nach dem anderen entstehen, die aber ist für das Sexleben wichtig.

Hier einige konkrete Empfehlungen.

Badezimmer: Verrichten Sie die Intimpflege und Toilettengänge alleine. Dem Partner jeden Tag dabei zuzusehen, erhöht nicht die Attraktivität und Lust aufeinander.

Schlafzimmer: Paare, die zusammen leben und denen ich getrennte Schlafzimmer empfehle, schauen mich oft entsetzt an. Dabei ist genau das für eine erotische Beziehung enorm wichtig. Der Sex stirbt ab, wenn Sie jede Nacht in einem Bett kuscheln wie Brüderchen und Schwesterchen. Sie sollten öfter alleine schlafen und den anderen nur dann einladen, wenn Ihnen wirklich auch danach ist. Gerade wenn Streit oder Distanz angesagt ist und beide dann in einem Bett schlafen *müssen*, wenden die Partner häufig eine Strategie des inneren Rückzugs an, die der Beziehung sehr schadet. Getrennte Schlafzimmer geben auch die Möglichkeit, dort etwas für den anderen vorzubereiten und ihn zu überraschen. Außerdem ist es für die sexuelle Beziehung sehr förderlich, wenn beide ihren eigenen Raum für ihre Selbstliebe haben und diese auch regelmäßig praktizieren.

Geheimnisse: Wie schon beschrieben – sorgen Sie für Geheimnisse und Bereiche, zu denen Ihr Partner keinen Zugang hat. Das erhöht die Spannung und Attraktivität. Das weckt die Lust und Neugier, den anderen kennenzulernen. Paare, die den Eindruck haben, sie kennen den anderen schon in- und auswendig, haben meist auch eine langweilige Sexualität.

Alleine ausgehen und reisen: Treffen Sie eigene Freunde, gehen Sie alleine aus oder machen Sie mal Urlaub ohne Ihren Partner. Dadurch erzeugen Sie Sehnsucht, und Sie beide freuen sich auf ein Wiedersehen und den gemeinsamen Sex.

Regel 10: Keine halbherzigen Begegnungen oder Routinesex

Jede Frau würde eine wundervolle und kreative sexuelle Verführung zweimal im Monat einer täglichen Routinenummer vorziehen. Bei Männern sieht es meist umgekehrt aus. Viele Männer neigen zum langweiligen und schnellen Routinesex – immer nach demselben Muster. Das ödet die meisten Frauen an, und man kann es ihnen nicht verübeln, dass sie das Interesse am Sex verlieren oder lieber fremdgehen. Juliane: „Wenn er mich auf eine bestimmte Art am Po anfasst, dann weiß ich schon genau, was passieren wird, es sind immer genau dieselben Berührungen,

Stimulation, Eindringen, Ejakulieren und dann wegdösen. Und das geht schon jahrelang so. Ich lass es meist über mich ergehen, dann hab ich meine Ruhe. Aber Spaß am Sex ist was anderes."

Sagen Sie Nein zu lauwarmem Sex, wenn Sie nicht wirklich bereit sind. Und sorgen Sie dafür, dass Sie niemals zweimal dasselbe machen bei der Verführung Ihrer Partnerin zum Sex. Es sollte jedes Mal eine kleine Überraschung geben: Ein unerwarteter Klaps auf den Po, lutschen Sie plötzlich an ihrem Zeh, nehmen Sie zwischendurch eine ungewöhnliche Position ein, sagen Sie etwas „Dreckiges" zu ihr oder befehlen Sie ihr, etwas Geiles zu sagen, fordern Sie Ihre Partnerin auf, laut zu stöhnen, fordern Sie sie auf, sich selbst zu stimulieren und Ihnen dabei in die Augen zu schauen ... Seien Sie kreativ! Und zwar Ihr Leben lang, sonst ergeht es Ihnen so:

Großvater starb am Sonntagmorgen

Als Maria erfuhr, dass ihr ältlicher Großvater gerade gestorben war, ging sie direkt zum Haus ihrer Großeltern, um ihre Großmutter zu trösten. Als sie fragte, wie ihr Opa gestorben sei, antwortete ihre Großmutter, dass er, während sie ihren Sonntagmorgen-Sex hatten, einen Herzanfall erlitt. Entsetzt erklärte Maria ihrer Oma, dass zwei Menschen, die fast 100 Jahre alt seien und die noch miteinander schliefen, das Schicksal regelrecht herausforderten. „Oh nein, meine Liebe!", antwortete die Oma. „Vor vielen Jahren, als uns unser voranschreitendes Alter klar wurde, fanden wir heraus, dass die beste Zeit, ‚es zu tun', dann war, wenn die Kirchenglocken zu läuten begannen. Es war genau der richtige Rhythmus: nett und langsam und gleichmäßig. Nicht zu anstrengend, einfach: ‚rein' beim Ding, ‚raus' beim Dong." Sie musste unterbrechen, wischte sich eine Träne weg und fuhr fort: „Und wenn dieser verdammte Eiscremewagen mit seinem blöden Gebimmel nicht vorbeigefahren wäre, wäre er jetzt noch am Leben!"

Regel 11: Werden Sie ein Verführungskünstler

Bauen Sie erotische Spannung auf

Erotische Spannung ist das Gegenteil von Symbiose. Ein Geheimnis erzeugt eine Distanz und eine Spannung zwischen Mann und Frau, die Sie erotisch aufladen können. Akzeptieren und begrüßen Sie diese Form positiver Spannung in der Beziehung. Sie glauben nicht, wie sexy und unwiderstehlich ein Mann ist, der es versteht, erotische geheimnisvolle Andeutungen zu machen! Gehen Sie zum Beispiel morgens aus dem Haus und sagen Ihrer Partnerin: „Schatz, heute komme ich später nach Hause. Ich verrate nichts, aber mach dich auf was Scharfes gefasst, wenn ich wiederkomme. Ein erotisches Outfit wäre gut." Ihre Partnerin wird den ganzen Tag in einer erotischen Spannung sein und Fantasien haben, was Sie wohl planen. Am Abend wird Ihre Partnerin Sie schon mit einer erotischen Vorfreude empfangen. Aber natürlich muss es dann auch eine Überraschung geben. Widerstehen Sie um jeden Preis dem Versuch, ihr vorher irgendetwas zu erzählen – es wäre, als ob Sie das Weihnachtsgeschenk vorher verraten. Ein Mann, der es versteht, diese erotische Spannung aufzubauen, wird zum perfekten Liebhaber; so etwas lieben Frauen fast mehr als den Sex selbst.

Überlegen Sie sich einmal pro Woche eine erotische Überraschung

Überraschen Sie die Frau immer wieder mit einer kleinen Verführung. Sorgen Sie dafür, dass Sie ungestört sind, legen Sie ihr eine Augenbinde um und machen Sie ungewöhnliche Dinge: Lassen Sie Ihre Partnerin für Sie tanzen, füttern Sie sie mit Obststückchen oder kleinen Süßigkeiten, streicheln, kitzeln oder küssen Sie sie, benutzen Sie Federn, Vibrator, Seidenschal oder ... Seien Sie kreativ! Dadurch, dass sie eine Augenbinde trägt, kann sie leichter die Kontrolle loslassen und an sich unspektakuläre Dinge werden aufregend und erhöhen die erotische Spannung. Sie können der Partnerin auch eine erotische Massage geben.

Kreieren Sie einmal im Monat eine erotische Herausforderung

Frauen wollen nicht mit einem langweiligen Zirkuspony im Kreis reiten, sondern einen wilden Hengst zähmen. Dafür brauchen sie immer wieder Herausforderungen, bei denen sie ihre Unsicherheit, Angst, Scham oder andere Grenzen überwinden können. Das gibt einen erotischen Kick, macht sie stolz und befriedigt sie. Wenn Sie dabei die Führung übernehmen und behalten, lernt Ihre Partnerin, dass sie Ihnen auch in Grenzsituationen vertrauen kann. Dadurch lernt sie, die Kontrolle abzugeben, sich Ihnen hinzugeben und ihre feminine Essenz zu stärken. Wenn Sie das eine

Weile praktiziert haben, dann werden Sie sehr positive Veränderungen bei Ihrer Partnerin feststellen können.

Warum machen Sie das nicht schon längst?

1. Weil Sie Angst haben, dominant zu sein.
2. Weil Sie nicht stark genug sind, die Widerstände der Frau zu brechen (Ablenkungsmanöver, Angst, Drama, Rumzicken, Kämpfen etc.) und die Führung verlieren.
3. Weil Sie zu wenig Abenteuergeist besitzen und lieber in der kuscheligen Komfortzone bleiben.
4. Weil es Ihnen an guten Ideen mangelt.

Punkt 1–3 sollten Sie bearbeitet haben, wenn Sie die Anleitungen aus den letzten Kapiteln befolgt haben. Zu Punkt 4 nenne ich einige Ideen, die sich in der Praxis hervorragend bewährt haben. Ob diese Dinge echte Herausforderungen, Überraschungen oder für Sie bereits normal sind, ist natürlich individuell sehr verschieden – suchen Sie sich einfach passende Ideen heraus. Steigern Sie die Herausforderungen langsam, damit Vertrauen in Ihre Führung aufgebaut werden kann. Es braucht Führungsqualität, aber auch Einfühlungsvermögen, damit Sie Ihre Partnerin fordern, jedoch nicht völlig überfordern mit der jeweiligen Situation. Genau dies macht einen perfekten Verführer aus.

Ideen für erotische Herausforderungen:

- sinnliche Spiele vorbereiten, sie trägt eine Augenbinde (Berührungen, Düfte, Früchte, Musik ...)
- zusammen einen (Soft-)Porno anschauen
- zusammen einen Sexshop besuchen und sich Produkte zeigen lassen
- zusammen erotische Dessous einkaufen, in der Kabine anziehen und „rumfummeln“
- eine erotische Fotosession: allein oder mit Fotograf/in
- eine erotische Geschichte erzählen oder auch schreiben und vorlesen (Sie oder die Partnerin)
- eine erotische Fantasie erzählen oder die Partnerin erzählen lassen
- Überraschungs-Event oder Reise: Dunkel-Restaurant, Strip-Show besuchen
- Die Partnerin auffordern, mit Rock oder Kleid, jedoch ohne Slip, mit Ihnen auszugehen. Noch spannender ist es natürlich,

wenn Sie es schaffen, Ihrer Partnerin den Slip an einem öffentlichen Ort (etwa im Restaurant) auszuziehen oder sie dazu zu bewegen, dies für Sie zu tun!
- Sex in der Natur oder an einem öffentlichen Ort
- die Partnerin einen Strip machen lassen (leichter mit Augenbinde) oder selbst strippen
- Spaziergang: Ihre Partnerin trägt eine Augenbinde, Sie haben die klare Führung (schweigend)
- wenn Sie auf Geschäftsreise oder alleine im Urlaub sind: Telefonsex oder Sex vor der Webcam mit der Partnerin machen
- zusammen einen Massagekurs besuchen
- zusammen ein Tantra-Paarseminar besuchen

Einige Tipps für Fortgeschrittene und Mutige:
- Rollenspiele: Herr und Sklavin/Casanova und Gespielin/Hure und Freier ...
- Erotik-Disco oder Paarclub-Besuch
- zweite Frau (bzw. Mann) beim Sex mit dazunehmen (vorher klare Regeln und Grenzen festlegen)
- ein befreundetes Paar in eine erotische Situation bringen oder vor deren Augen Sex haben
- eine gemeinsame (seriöse) Tantra-Massage buchen
- Selbstliebe vor dem Partner, dabei Augenkontakt halten und, wenn es Spaß macht, auch „Dirty Talk“; jedoch Körperkontakt mit dem anderen strikt vermeiden
- gemeinsam flirten gehen
- Rollenspiele in der Öffentlichkeit (zum Beispiel: Die Partnerin sitzt sexy aufgebrezelt an einer Bar, er spricht sie wie ein Fremder an ...)

Wer ein wirklich guter Verführer und Liebhaber werden will, sollte Massagetechniken, Körperarbeit und Tantra erlernen. Dadurch verändert sich das eigene sexuelle Erleben grundlegend, und man lernt, wie Frauen in Zuständen höchster sexueller Erregung zu tiefen Orgasmen und sexueller Erfüllung gebracht werden können. Das kann man letztendlich nicht durch die Lektüre von Büchern erlernen, sondern nur in der Praxis mit einem erfahrenen und gut ausgebildeten Lehrer.

Regel 12: Verstehen, was Ihre Partnerin von Ihnen braucht

Viele Männer wünschen sich, dass ihre Frau sich sinnlicher kleidet, sinnlicher bewegt und sich sexuell mehr gehen lässt. Sie vermissen das verspielte Mädchen in ihr, das geile, leidenschaftliche Luder und die liebevolle Schmusekatze. Was kann ein Mann dafür tun? Sehr viel, denn Sie haben einen wesentlichen Einfluss darauf, wie sehr sich die Frau sexuell öffnet und sich Ihnen hingibt. Was können Sie also tun, wenn Sie sich eine erotischere und femininere Frau im Bett wünschen?

Die Frau will vom Partner gesehen werden

Neben der erotischen Spannung und Ihrer Anziehungskraft braucht eine Frau das Gefühl, dass sie persönlich gemeint ist beim Sex. Frauen haben eine tief sitzende Angst, als Sexobjekt vom Mann zur Bedürfnisbefriedigung einfach nur benutzt zu werden. Und fast jede Frau hat diesbezüglich schon negative Erfahrungen gemacht (vielleicht auch beim öden Routinesex mit Ihnen?). Um sich wirklich emotional und sexuell öffnen und hingeben zu können, braucht eine Frau den intimen Kontakt mit dem Partner.

Wodurch schaffen Sie Nähe und Intimität? Sie entsteht auf verschiedenen Ebenen.

Visuell: Schauen Sie Ihrer Partnerin in die Augen. Vor allem beim Sex ist das sehr wichtig. Dadurch fühlt sich die Frau gesehen, und Sie haben einen intimeren Kontakt miteinander. Vor allem aber bleiben Sie beide präsent und gleiten nicht in Ihre Traumwelt, in Fantasien oder alte Dramen ab, wenn Sie miteinander schlafen.

Auditiv: Während Männer eher durch visuelle Reize stimuliert werden, reagieren Frauen meist mehr auf Worte. Machen Sie Ihrer Partnerin regelmäßig Komplimente über ihr Aussehen oder zu etwas, was Ihnen gefällt. Und benutzen Sie häufig das erotischste Zauberwort, dass es für Frauen gibt: ihren Namen. Sagen, flüstern oder stöhnen Sie öfter den Namen Ihrer Partnerin – das wirkt Wunder. Dadurch fühlt sie sich ganz persönlich berührt und geliebt. Beim Sex werden viele Männer stumm, abgesehen von einem finalen Stöhnen beim Orgasmus. Das ist für die meisten Frauen nicht so sexy. Sie stehen doch bestimmt auch darauf, wenn Ihre Partnerin beim Sex stöhnt, schreit oder scharfe Sachen zu

Ihnen sagt, oder? Glauben Sie etwa, das wäre umgekehrt anders? Also sagen Sie ihr beim Sex scharfe Sachen, was Sie an ihr antörnt und was Sie gerade erregt. Geben Sie ihr kurze Anweisungen, was sie machen soll. Dadurch reißt auch der emotionale Kontakt beim Sex nicht ab. Aber bitte: Keine Diskussionen oder Monologe beim Sex! Erotische Kommunikation beim Sex sollte kurz, leidenschaftlich und emotional sein. „Ja, so machst du mich an!" „Simone, du machst mich verrückt!" „Komm, Maria, dreh dich um! Ich will deinen tollen Arsch fühlen!" „Ja, das macht mich richtig scharf, wenn du so stöhnst. Hör nicht auf, Claudia!"

Bitte nicht: „Ich finde, wir sollten mal die Position aus dem Kamasutra-Buch ausprobieren. Weißt du, die, wo die Frau die Beine so nach oben streckt. Was meinst du?" Oder, als sie stöhnt: „Ist alles okay? Hab ich dir auch nicht wehgetan?" Oder: „Sag mir, was ich jetzt machen soll. Willst du lieber mit der Zunge oder der Hand stimuliert werden?" Das sind alles absolute Erotik-Killer, die die Unsicherheit des Mannes ausdrücken und die Frau ins Nachdenken bringen, anstatt in die Lust.

Haptisch: Berühren Sie Ihre Partnerin möglichst viel in dieser Art und Weise: eine kurze sinnliche oder erotische Berührung, durch die Haare streichen, am Nacken knabbern, sie fest in den Armen halten, zärtlich mit ihren Brüsten spielen usw. Aber machen Sie das nur kurz, und ziehen Sie sich dann zurück. So wecken Sie die Lust auf mehr. Dafür müssen Sie lernen, Ihre eigene Lust zu kontrollieren. Das können Sie natürlich wunderbar mit verbalen Liebkosungen kombinieren. Sie heben ihre Haare hoch und schnuppern zärtlich an ihrem Nacken: „Hm, das riecht aber verführerisch nach ..." Sie: „Nach was?" Er knabbert zärtlich und küsst ihren Nacken, was sie sichtlich erregt. Dann lässt er sie los. „Das verrate ich dir heute Abend."

Küssen Sie Ihre Partnerin mindestens einmal am Tag

Damit ist kein flüchtiger Kuss auf die Wange oder die Lippen, sondern ein Zungenkuss gemeint. Wenn sich Ihre Zungen berühren, entsteht eine erotische Aufladung – selbst wenn es nur für eine halbe Minute ist, hat das eine positive Auswirkung auf die Partnerschaft.

Streicheln und berühren Sie Ihre Partnerin jeden Tag sinnlich

Im Alltag ist es für die meisten Menschen schwer, jeden Tag Sex zu haben. Das muss auch nicht sein. Sie sollten aber jeden Tag Ihre Partnerin erotisch und sexuell berühren. Das bedeutet nicht etwa, dass Sie ihre Brüste massieren oder sie sexuell stimulieren sollen. Fassen Sie sie an den Hüften und ziehen Sie sie an sich heran. Geben Sie ihr einen Klaps auf den Hintern. Spielen Sie mit ihren Haaren oder knabbern Sie etwa an ihrem Nacken. Halten Sie ihre Hand beim Reden oder massieren Sie einen Fuß. Machen Sie das alles wie nebenbei, wenn Sie zusammen irgendwo stehen oder zusammensitzen. Umarmen Sie Ihre Frau und halten Sie sie etwas länger fest im Arm. Das alles stärkt die erotische Bindung und weckt das Verlangen nach mehr. Verwechseln Sie das jedoch nicht mit dem Vorspiel zum Sex: Sex kann daraus entstehen, muss und wird es aber meistens nicht. Sinnlicher Körperkontakt hat einen Selbstzweck!

Lernen Sie die Vorlieben der Partnerin kennen

Ich bin in meinen Paarseminaren immer wieder überrascht, wie wenig manche Paare über die sexuellen Vorlieben des Partner wissen – und das nach vielen Jahren! Manche stellen sich sogar richtiggehend ungeschickt beim Berühren, Massieren und Stimulieren des Partners an. Lernen Sie wenigstens die Grundelemente von Massagen und wie man eine Frau durch Berührungen am ganzen Körper erotisch auflädt und sexuell erregt. Sie sollten wissen, wie Ihre Frau gerne stimuliert und penetriert wird. Das lernen Sie, indem Sie sie auffordern, vor Ihnen zu onanieren. Und dann prägen Sie sich genau ein, was Sie sehen! Viele Frauen haben Hemmungen dabei, deshalb müssen Sie so etwas vorbereiten und sie dabei führen. Bringen Sie Ihre Frau in eine erotische Stimmung und erregen Sie sie. Sie können ihr auch eine Augenbinde anlegen, dann kann sie sich leichter fallen lassen. Ermutigen Sie Ihre Partnerin, wenn sie sich selbst stimuliert, vielleicht streicheln oder küssen Sie ihren Busen dabei oder zeigen durch anderen Körperkontakt, dass Sie präsent sind und das Ganze genießen.

Sie sorgen als Mann und Verführer für den Rahmen, in dem eine Frau sich sicher und geliebt fühlt. Dann kann sie aufblühen und auch tiefere Stufen sexueller Ekstase, vaginale oder Ganzkörperorgasmen, weibliche Ejakulation und anderes erleben. Für all diese Dinge ist nicht nur die sexuelle Erregung, sondern die Herzöffnung der Frau wichtig. Sie wird sich Ihnen nur dann ganz und gar hingeben, wenn Sie Ihre Liebe spürt und wenn sie Sie auch liebt.

Übernehmen Sie klare männliche Führung beim Sex

Müssen Sie als Mann im Bett immer dominant sein? Ja, mit einigen Ausnahmen für echte Alphas. Die allermeisten Männer haben mit Dominanz und Führung ein Problem und müssen das erst einmal lernen. Wenn Sie ein guter Verführer sind und die klare Führung haben, dann können Sie auch ab und zu die Rolle wechseln und die Frau aktiv sein lassen. Aber Sie bestimmen Anfang und Ende. Legen Sie sich nicht einfach ab und lassen Sie sich von der Frau bedienen, während Sie vor sich hinträumen. Dabei verlieren Sie die Führung, und Ihre Attraktivität leidet. Fordern Sie stattdessen die Frau auf, aktiv auch bestimmte Dinge zu tun, die sie sonst beim Liebesspiel nicht tut.

Erlauben Sie sich Intimität nach dem Sex

Sie dürfen sich nicht wundern, wenn Ihre Partnerin die Lust am Sex verliert, wenn Sie die Frau danach verlassen, sei es innerlich, indem Sie einschlafen, oder äußerlich, indem Sie aufspringen, um zu telefonieren oder die Börsenkurse zu checken. Oder, am allerschlimmsten: Danach kritische Dinge zu ihr zu sagen oder gar zu streiten. Warum ist das so? Nach dem Sex und speziell nach dem Orgasmus switcht die Energie vom aktiven, sexuellen Yang ins empfängliche Yin. Beide Partner, aber speziell Frauen, sind in diesem Moment emotional offen und sehr empfänglich. Der kritische Verstand und die mentalen Schutz- und Kontrollmechanismen sind weitgehend ausgeschaltet. Die Frau sehnt sich jetzt einfach danach, gehalten und liebevoll gestreichelt zu werden. Dies ist ein Moment tiefer Intimität, wenn beide ihn zulassen. Alles, was Sie Ihrer Partnerin jetzt sagen, gelangt emotional verstärkt und ungefiltert in ihr Unterbewusstsein. Wenn Sie Ihre Beziehung und Liebe vertiefen wollen, dann nutzen Sie diese Situation: Schauen Sie ihr in die Augen, sagen Sie ihr, was Sie an ihr lieben und was Ihnen gerade gefallen hat. Und wenn Sie sich dann lösen wollen, dann kündigen Sie es an: „Ein letzter Kuss auf deinen Busen – und auf den anderen – und auf deinen Mund. Dank dir, das war wundervoll. Ich liebe dich, Silvia."

Wenn Sie jedoch in so einem Moment Verletzendes sagen, dann ist das Drama vorprogrammiert; Sie sollten es unbedingt zu einem anderen Zeitpunkt und an einem anderen Ort besprechen.

Kurz nach dem Sex am Nachmittag, während ich noch mit Carmen zusammenliege, klingelt mein Handy. Ich sehe, dass es Ana ist, mit der ich schon länger flirte und die ich zu erreichen versucht habe. Ich gehe kurz dran, um einen Termin zum Telefonieren auszumachen. Carmen: „Du brauchst nicht flüstern, du kannst ruhig normal mit ihr reden." (Ein Alpha-Test, das exakte Gegenteil ist wahr. Sie meint damit eigentlich: „Du Hurenbock, hör sofort auf, mit der Schlampe zu telefonieren, und komm zu mir zurück!") Ich verstehe die Botschaft aber nicht und brauche einige Zeit, bis ich mit Ana einen Termin gefunden habe. Dann nimmt das Drama seinen Lauf, der restliche Abend ist ein Katastrophe: Versuche, mich auszufragen, wer Ana ist, woher ich sie kenne, was zwischen uns läuft etc. folgen, unterbrochen von sinnlosen Wutausbrüchen, Heulkrämpfen und aufgewärmten alten Beziehungsthemen. Die Tatsache, dass mit Ana nichts „gelaufen" ist, zählt als Argument hier gar nicht. Jeder Mann würde sich in solch einer Situation lieber vermöbeln lassen oder ohne Wasser durch die Wüste robben …

Kein Wunder, denn ich habe gleich mehrere Fehler auf einmal gemacht, die Summe ergibt einen giftigen Cocktail:

- Den Anruf nach dem Sex anzunehmen, kommt nicht gut an.
- Telefonieren mit einer anderen Frau in dieser Situation ist für die Partnerin sehr verletzend.
- Flirten mit einer anderen Frau nach dem Sex geht gar nicht.
- Im Bett zu streiten, sollten Sie unbedingt vermeiden; halten Sie diesen Ort frei von solchen Erlebnissen.
- Die Frau spürt das schlechte Gewissen und reagiert darauf. Auch wenn faktisch nichts gelaufen ist, spürt sie, was Ihre Intention ist – was man mit der anderen im Geiste schon angestellt hat.
- Rechtfertigungen, Erklärungen, leugnen und Fakten aufzeigen sind sinnlos. Wenn, dann ein Angriff nach vorn, wie im Kapitel „Streit mit der Partnerin – muss das sein?" beschrieben.

Regel 13: Akzeptieren Sie keine Sex-Vermeidungs-Strategien

Gehören Sie auch zu den Männern, die viele Ausreden haben oder bei der Partnerin Vermeidungs-Strategien akzeptieren, um keinen Sex zu haben? Viele Paare sind Weltmeister im Ablenken, wenn es darum geht, intim zu werden: Krankheiten und Beschwerden werden erfunden, eine Grundsatzdiskussion wird vom Zaun gebrochen, alte Probleme von vor vielen Jahren werden aufgewärmt, unerfüllbare oder langwierige Vorbedingungen werden erfunden, das „kurze" E-Mail-Checken dauert drei Stunden ... Die Kreativität bei der Sex-Vermeidung ist bei manchen Paaren sehr beeindruckend.

Seien Sie kein Weichei und lassen Sie es nicht so weit kommen wie unser lieber Mullah Nasruddin, der an Silvester einen Brief an seine Frau schreibt:

An meine ewig geliebte Frau,
im vergangenen Jahr habe ich 365-mal versucht, mit dir zu schlafen, im Durchschnitt einmal am Tag. Und nachstehend ist eine Liste der Gründe, mit denen du mich abgewehrt hast:

Falsche Woche, dumme Anmache	*11*
Die Kinder könnten hereinkommen	*7*
Es ist zu heiß	*15*
Es ist zu kalt	*3*
Zu müde	*19*
Zu spät	*16*
Zu früh	*9*
So tun, als ob du schläfst	*26*
Blasenentzündung	*13*
Rückenschmerzen	*6*
Zahnschmerzen	*2*
Kopfschmerzen	*6*
Nicht in Stimmung	*21*
Baby unruhig, könnte aufwachen	*18*
Mein Fremdgehen vor 7 Jahren noch nicht verarbeitet	*11*
„Du riechst komisch."	*2*
Probleme in der Beziehung	*8*
Stress auf der Arbeit	*19*

Probleme mit der Familie oder mit Freunden	12
Frisch geduscht und eingecremt	4
Zu betrunken	7
Verfallsdatum der Kondome abgelaufen	3
Besucher schlafen im Nebenzimmer	7
„Fühle mich nicht geliebt von dir."	28
„Zu wenig Zärtlichkeit."	17
„Du törnst mich nicht an."	32
„Ist das alles, was dir einfällt?"	62

Liebste, meinst du, dass wir diese Bilanz im nächsten Jahr verbessern könnten?
Dein dich ewig liebender Ehemann,
Mullah Nasruddin

Wenn Sie solche Ausreden akzeptieren, zeigt das nur, dass Sie zu wenig Libido oder zu wenig Führung haben, zu schwach oder emotional von Ihrer Partnerin abhängig sind. Das sind auch die Gründe, weshalb Männer nicht flirten gehen, keinen Sport treiben, ungesundes Zeug in sich reinfuttern, Streit und Herausforderungen vermeiden – und letztendlich Mamasöhnchen bleiben. Jedes Mal, wenn Sie stärker als Ihre eigenen Ausreden sind, schulen Sie Ihre Willenskraft und Ihren Alpha. Jedes Mal, wenn Sie stärker als die Ausreden der Frau sind, erhöhen Sie Ihre sexuelle Ausstrahlung als Alpha. Gehen Sie jagen und hören Sie auf zu jammern! Lust kommt von Lust. Je mehr Sie eine erotische Atmosphäre kreieren und je mehr Sex Sie haben, umso mehr nimmt das Bedürfnis nach Sex zu. Das kennen Sie doch aus der Phase, als Sie frisch verliebt waren, oder? Das Gegenteil ist auch der Fall: Irgendwann gewöhnt man sich an ein unsinnliches und unerotisches Leben ohne Sex und kompensiert das mit anderen Dingen. Je mehr Möglichkeiten es zur Ablenkung gibt, umso besser klappt das.

Die Partnerin lehnt jeden Sex ab

Haben Sie eine Partnerin wie Mullah Nasruddin, die wirklich jede Annäherung und Verführung abschmettert, dann müssen Sie eine Entscheidung treffen. Sind Sie bereit, ein Leben ohne Sex zu führen? Wie lange würden Sie auf Ihre Partnerin warten, weil sie vorher ein Problem lösen muss (ihre Blasenentzündung in den Griff kriegen, ihre Missbrauchsgeschichte aufarbeiten, Ihr Fremdgehen anno 1890 verarbeiten, Vertrauen in die Beziehung finden, die Schwangerschaft oder Geburt des Kindes ist noch nicht lange genug vorbei – hier können Sie eine beliebige Story einsetzen)? Manche Männer warten monate- oder gar jahrelang, dass sich da etwas ändert.

Die entscheidende Frage ist: Sind Sie bereit, Ihre Partnerin mit entsprechenden Konsequenzen zu konfrontieren? Das bedeutet konkret, sich nach einer vorherigen Ankündigung eine Geliebte für den Sex zu suchen oder Ihre Partnerin zu verlassen. Beta-Männer stellen ihre eigenen Bedürfnisse hintenan und haben unendliche Geduld mit der Partnerin, in der Hoffnung, dass sich irgendwann irgendetwas ändert. Das tut es aber nicht. Und wenn doch, dann in der Form, dass sie sich einen tollen Alpha für wilden Sex aufreißt, der sich nicht von ihren Ausreden ablenken lässt. Beta ist so bedürftig und abhängig von seiner Partnerin, dass er sogar bereit ist, seine Männlichkeit für ihre Zuwendung zu opfern. Alpha konfrontiert die Partnerin mit seiner Sexualität, Geilheit, seiner Lust, Potenz und seinen Bedürfnissen.

Ich kenne Männer, die sogar bereit sind, sich so zu verbiegen und selbst zu kastrieren, dass sie jede sexuelle Regung vor der Partnerin verstecken, um sie nur in keiner Weise zu provozieren. Das geht so weit, dass sie heimlich unter der Dusche onanieren, damit die Partnerin es nicht mitbekommt. So ein Verhalten ist als krankhaft einzustufen und zeigt ein gestörtes Verhältnis des Mannes zu Männlichkeit und Sexualität. In so einem Fall empfehle ich eine Sexualtherapie. Alpha sagt: „Okay, wenn du keine Lust auf Sex hast, dann zeige, dass du mich liebst, massiere meine Brust und küsse mich, während ich onaniere." Er ist nicht bereit, seine Sexualität für sie zu unterdrücken. Und wenn Sie seine Lust sieht, wird die Frau häufig doch erregt.

Stellen Sie sich das bitte umgekehrt vor: Sie haben aus irgendeinem Grund keine Lust auf Sex. Ihre Partnerin masturbiert lust- und geräuschvoll neben Ihnen, während Sie ihren Busen streicheln und küssen oder sie mit dem Finger penetrieren. Wäre das eine Zumutung für Sie, die Sie ablehnen würden? Wären Sie aus Liebe bereit, dies für die Frau zu tun? Also: Fordern Sie das auch von Ihrer Partnerin. Ein Alpha würde kaum bei einer Frau bleiben, die seine Sexualität ablehnt. Beta vermeidet jede Provokation aus Angst, dass es zu einem Streit kommt.

Überlegen Sie sich klare Regeln und Prinzipien, wie das Sexualleben in Ihrer Partnerschaft aussehen soll und was Sie nicht bereit sind zu akzeptieren. Kommunizieren und leben Sie diese Regeln dann auch – so sortieren Sie für Sie unpassende Frauen mit sexuellen Problemen in der ersten Kennenlernphase aus und vermeiden viel sexuelle Frustration und Leid. Sie fokussieren sich von Anfang an auf eine Frau, mit der Sie auch nach Jahren noch ein lustvolles gemeinsames Sexualleben genießen können.

Die Ex zurückerobern

Das Kind ist in den Brunnen gefallen und Sie suchen schnelle Hilfe? Ihre Partnerin hat sich von Ihnen getrennt und Sie wissen vor Liebeskummer nicht mehr ein noch aus? Sie schlagen dieses Kapitel zuerst auf, weil Sie so sehnsüchtig oder eifersüchtig sind und ohne sie nicht mehr leben können?

In diesem Fall gilt: Sie sind vermutlich als Mann ziemlich verloren und Ihrer Frau verfallen. Vergessen Sie den Wunsch, in diesem Kapitel sofort die Lösung für Ihr Problem zu finden: Sie sollten das Buch von vorne lesen. Sie müssen zuerst einige Grundlagen verstehen und dadurch ein anderer Mann werden, bevor Sie an eine Rückeroberung denken können. Sonst drehen Sie nur eine jämmerliche und erniedrigende Ehrenrunde.

Ersparen Sie sich das, und machen Sie sich auf die Suche nach sich selbst als Mann. Keine Frau lässt sich mit einem „Trick" zurückerobern. Wenn Sie aber die Anleitungen aus diesem Buch umsetzen, werden Sie Erstaunliches erreichen. Ich habe schon vielen Männern in scheinbar aussichtslosen Situationen geholfen, ihre Ex zurückzuerobern. Das Ganze läuft allerdings anders ab, als Sie es sich vielleicht vorstellen. Der Weg führt nämlich – zumindest scheinbar – erst einmal genau in die andere Richtung. Er führt zunächst von Ihrer Ex fort.

Auch wenn ich Sie als Leser nicht kenne, vermute ich mit hoher Wahrscheinlichkeit Folgendes:

Sie haben nicht Ihre Partnerin verloren, sondern sich selbst als Mann.

Und das ist das eigentlich Tragische. Sie müssen zunächst sich selbst wiederfinden, bevor Sie an Ihre Ex denken. Sie haben Ihren Selbstwert, Ihre Selbstliebe, Lebensfreude und Abenteuerlust, Ihren Sex-Appeal und Ihr Charisma verloren. Sie sind verzweifelt, niedergeschlagen, konzeptlos und wissen nicht, wie es weitergehen soll. Sie leiden erbärmlich, sind unkonzentriert und energielos. Und vielleicht auch noch höllisch eifersüchtig. Das ist das eigentliche Problem.

Und noch etwas, was Sie sich wahrscheinlich in einer kritischen Situation nicht vorstellen können: Wer in der Krise das Steuer in die Hand nimmt und sich nicht von negativen Emotionen und Selbstmitleid treiben lässt, macht hier die größten Entwicklungsschritte seines Lebens. Erkennen kann man dies aber erst später, mit etwas Abstand. Das schreibe ich nicht, um Sie zu trösten, sondern um zu verhindern, dass Sie in Selbstmitleid versinken. Ergreifen Sie diese großartige Entwicklungschance, um ein besserer und reiferer Mensch und Mann zu werden.

Auch wenn Ihre Ex froh über die Trennung zu sein scheint oder sogar vermeintlich glücklich mit einem neuen Mann – häufig ist es trotzdem noch nicht zu spät. Eine wirkliche psychologische Trennung nach einer tiefen Liebesbeziehung dauert meist Monate. Man kann viel Negatives über weibliches Verhalten sagen, aber die meisten Frauen geben ihrem Partner, wenn sie ihn lieben, noch eine Chance, wenn er sich wirklich verändert und weiß, wie er sie zurückerobern kann. Ihr Verstand lehnt den Ex ab, ihr Unbewusstes hofft aber, dass ein „Wunder" geschieht und sie wieder zusammenkommen. Für dieses „Wunder" werden Sie sorgen.

Im Folgenden zeige ich Ihnen einen präzisen „Fahrplan" auf, was Sie tun müssen, um Ihre Ex zurückzuerobern. Es ist sehr wahrscheinlich, dass Ihre Ex wieder zu Ihnen zurückwill, wenn Sie diese Dinge genau umsetzen. Eine hundertprozentige Garantie gibt es bei menschlichen Beziehungen freilich niemals, auch wenn unseriöse Ratgeber das behaupten. In Fällen von Gewalt beispielsweise, bei tiefem Hass, häufigen Verletzungen oder auch bei Persönlichkeitsstörungen ist es oft besser, die Beziehung nicht wieder aufzunehmen. Es gibt noch ein anderes, nicht zu vernachlässigendes „Restrisiko", das Sie sich zum jetzigen Zeitpunkt vielleicht gar nicht vorstellen können: Es könnte sein, dass Ihr Leben zukünftig so aufregend wird und Sie so faszinierende Frauen kennenlernen, dass Sie Ihre Ex gar nicht mehr wollen.

Die exakte Strategie zur Rückeroberung

Die Trennung akzeptieren

Sie sind also wieder Single. In dieser Situation sollte Ihr Verhalten so aussehen: Hören Sie auf, sich etwas vorzumachen oder die Dinge schönzureden. Akzeptieren Sie die Trennung vor sich, und erzählen Sie guten Freunden und der Familie davon, anstatt sie zu verheimlichen oder zu verleugnen.

Kompletter Kontaktabbruch nach Ankündigung

Kommunizieren Sie Ihrer Ex-Partnerin kurz und klar: „Ich akzeptiere die Trennung und werde die Zeit für mich und eine Neuorientierung nutzen. Dafür wünsche ich bis auf Weiteres keinen Kontakt mit dir." In Ihrer jetzigen Situation führt jeder Kontaktversuch mit Ihrer Ex nur dazu, dass sie wütend wird und abwehrt, weil sie sich berechtigterweise bedrängt fühlt und Sie ihren Wunsch nach Distanz nicht akzeptieren. Oder aber sie geht aus Mitleid oder schlechtem Gewissen auf Sie ein, was noch viel schlimmer ist – als Mann sinken Sie dabei in ihren Augen auf die tiefste Stufe. Widerstehen Sie auch der Versuchung, Kompromisse zu machen oder sich im Sinne der Partnerin zu verändern – das geschieht zum jetzigen Zeitpunkt aus einem niedrigen Selbstwert heraus und wird von ihr nur als hilfloser Rettungsversuch gewertet. Sie sind in einem Beta-Status, da Ihre Partnerin sich von Ihnen getrennt hat. Alles Betteln, alle Erklärungen, Rechtfertigungen, Liebeserklärungen, Besserungsversprechen, jedes Verständnis etc. wird sie als beschämende Selbsterniedrigungen werten. Das Resultat: Sie wird nur noch darin bestätigt, sich von dem Beta-Mann, der Sie jetzt im Moment sind, getrennt zu haben. Widerstehen Sie also jedem Kontaktwunsch von sich aus oder auch von ihrer Seite.

Damit beweisen Sie Alpha-Verhalten und zeigen: Ich bin konsequent, und ich komme ohne dich klar. Selbst wenn Ihre Ex Sie beschimpft oder in Geschichten zu verwickeln sucht: Reagieren Sie auf keinerlei Kontaktversuche! Lassen Sie sich auch nicht von ihren Freundinnen oder Kollegen ausfragen. Beantworten Sie wirklich keinerlei Anrufe, Mails, Briefe oder SMS. Selbst wenn sie sagt, dass sie wieder mit Ihnen zusammen sein will, sollten Sie nicht einknicken: Das sind alles nur Alpha-Tests – also Manipulationsversuche oder Ausdruck der inneren Verwirrung Ihrer Ex. Seien Sie stärker. Dies ist nicht der Zeitpunkt für einen Neuanfang. Sie will nur testen, ob sie noch die Kontrolle über Sie hat. Ziehen Sie sich also komplett zurück. Tun Sie dies für drei bis sechs Wochen, drei Wochen sind das absolute Minimum.

Was soll ich tun, wenn meine Ex mich nicht in Ruhe lässt?

Falls Ihre Ex zum Stalker wird, Sie mit SMS bombardiert oder mit unbekannter Telefonnummer anruft, dann reagieren Sie freundlich, aber etwas distanziert. Bedanken Sie sich für die Nachfrage, bestätigen Sie, dass Ihr Leben eine überraschende Wendung genommen hat und Sie jetzt sehr beschäftigt, aber auch glücklich sind. Sagen Sie ihr, dass Sie zu einem späteren Zeitpunkt mit ihr reden werden. Keine Details, keine Erklärungen. Beenden Sie das Gespräch nach wenigen Minuten und halten Sie sie hin. Lassen Sie Ihre Ex sich über die widersprüchlichen Informationen den Kopf zerbrechen. So bleiben Sie klar abgegrenzt und halten doch die Tür einen Spalt weit offen.

Was mache ich, wenn sie Geburtstag hat? Geburtstage, Hochzeitstage, Weihnachten, Silvester und andere bedeutende Tage ignorieren Sie einfach – kein Kontakt. Auch auf Nachrichten von ihr – keine Antwort.

Was ist, wenn wir gemeinsame Kinder haben?

Das ist in der Tat schwierig. Der überaus wichtige Kontaktabbruch ist ein Problem, wobei die Ex über Ihre Kinder die ganze Zeit Informationen über Sie bekommt. Die einfachste Lösung wäre es, einige Wochen allein in Urlaub zu fahren oder bei einem Freund an einem entfernten Ort zu wohnen. Dann erklären Sie den Kindern, dass Sie in Urlaub sind, und schreiben ab und zu eine Karte oder Mail nur an die Kinder. Sie sollten den Kontakt mit den Kindern auf keinen Fall komplett abbrechen: Es ist schwierig genug für sie, und deshalb müssen die Kinder erleben, dass Sie als Vater da sind.

Wenn Sie vor Ort sind und die Kinder sehen, dann sollten Sie das Ganze so organisieren, dass Sie Ihrer Ex nicht begegnen.

Absprachen über praktische Dinge sollten Sie indirekt oder per Mail durchführen, um jeden persönlichen Kontakt zu vermeiden. Wenn Ihre Ex etwas bezüglich der Kinder besprechen will, überlegen Sie vorher genau, ob es wirklich existenziell wichtig ist. Vermutlich will sie nur den Kontakt herstellen und Sie kontrollieren. Bei dringenden Absprachen: nicht persönlich, sondern am Telefon und nur in Bezug auf das zu klärende Problem. Lassen Sie sich auf keinen Fall ausfragen, und reden Sie nicht über sich oder die Beziehung. Fragen Sie auch nicht nach!

Was ist bei einer gemeinsamen Wohnung?

Auch hier sollten Sie (oder Ihre Ex) möglichst schnell ausziehen, eventuell übergangsweise zu Freunden oder ins Hotel. Eine erzwungene räumliche Nähe vergrößert die innere Distanz und gibt Ihnen kaum Chancen, die folgenden Strategien anzuwenden. Bleiben Sie nicht aus Bequemlichkeit oder Sparsamkeit mit ihr in einer Wohnung, es rächt sich. Wenn Ihre Ex in Ihrem Appartment oder Haus wohnt und sich von Ihnen getrennt hat, sollten Sie sie sofort vor die Tür setzen. Nur ein völlig devoter und abhängiger Beta-Mann belohnt solches Verhalten und zahlt für eine Frau, die ihn verlässt und womöglich tief verletzt. Hören Sie auf, sich um die Probleme Ihrer Ex zu kümmern, indem Sie sie mit ihrem Wohnungsproblem alleine lassen. Sie machen sonst definitiv alles noch schlimmer.

Die Ex mit den Konsequenzen der Trennung konfrontieren

Ich kenne einige wirklich traurige Fälle, in denen die Männer fast Sklave ihrer Ex-Partnerin sind. Obwohl die Frau sich von ihnen getrennt hat, lassen sie diese weiter im eigenen Haus wohnen, Rechnungen mit ihrer Kreditkarte bezahlen, ihr Auto benutzen oder sie kümmern sich um ihre Probleme. Sie tun dies in der Hoffnung, damit eine Tür offen zu lassen und „es sich nicht völlig bei ihr zu verscherzen". Das Gegenteil ist der Fall! Wenn das auf Sie zutrifft, dann sind Sie die Witzfigur und werden von allen anderen, inklusive Ihrer Ex, also solche betrachtet. Sie machen damit gleich mehrere fatale Fehler:

- Sie belohnen und verstärken ihr negatives und verletzendes Verhalten.

- Sie spielen den Versorger für Ihre Ex und disqualifizieren sich damit als Liebhaber.
- Sie verhindern, dass Ihre Ex mit den negativen Konsequenzen der Trennung konfrontiert wird.

Im Klartext: So ein Verhalten ist masochistisch und als pathologisch einzuordnen. In krassen Fällen führt das so weit, dass der Mann der Ex mit ihrem neuen Liebhaber seine Wohnung überlässt und ins Hotel zieht. In anderen Fällen sehen die Männer einfach zu, wie die Frau ihre Konten leerräumt und sogar Sparverträge kündigt und sich das Geld auszahlen lässt. Andere Männer lassen sich beschimpfen und fühlen sich im Unrecht, wenn die Frau die gemeinsame Wohnung nach ihrem Ermessen ausräumt. Oft sind Männer erstaunlich naiv, während Frauen nach einer Trennung sehr viel rationaler und egoistischer vorgehen. Sie benutzen die Passwörter, um zu sehen, was der Ex schreibt und treibt, und behalten auf diese Weise die Kontrolle. Häufig werden die eigenen Kinder manipuliert und gegen den Vater aufgewiegelt, oder der Kontakt mit ihnen wird erschwert oder gar verweigert. Wenn das auf Sie zutrifft, dann ruinieren Sie nicht Ihren letzten Rest Selbstachtung und Stolz als Mann, sondern:

1. Werfen Sie die Ex noch heute aus der Wohnung.
2. Lassen Sie die Schlösser austauschen.
3. Fordern Sie Ihr Auto (oder Ihren Zweitwagen) sofort zurück.
4. Sperren Sie Kreditkarten und Kontozugänge auf Ihren Namen.
5. Ändern Sie sofort alle Passwörter, die Ihre Ex kennt.
6. Vereinbaren Sie schriftlich oder mit neutralen Zeugen die Kinderbetreuung und Besuche.

Sie finden das übertrieben oder egoistisch? Dann sind Sie vermutlich ziemlich blauäugig und verpassen eine Chance, als Mann den Respekt Ihrer Ex-Partnerin wiederzuerlangen. Sie sind dann nur Geldgeber und Versorger – Sex und eine echte Liebesbeziehung wird sie aber mit einem aufregenden Alpha-Mann haben, der sich niemals so behandeln lassen würde. Die Probleme, in die sie durch die Trennung gerät (Finanzen, Wohnung etc.), haben nicht Sie erzeugt. Einzig und allein Ihre Ex ist durch die Trennung für die Konsequenzen verantwortlich. Machen Sie sich das in aller Deutlichkeit klar. Ihre Ex muss schmerzhaft spüren, auf welche

Annehmlichkeiten und Sicherheiten sie verzichtet, wenn sie sich von Ihnen trennt.

Viele Männer können sich nicht vorstellen, dass die Frau, die sie einerseits liebt, sie andererseits auch hasst und schamlos ausnutzt. Vermutlich sehen sie ihre Ex als eine Art Heilige an, der sie so etwas nicht zutrauen würden – ich kenne aber viele Männer, die ein sehr bitteres und schmerzhaftes Erwachen aus dieser Illusion erlebten. Wenn das auf Sie zutrifft, dann lesen Sie in meinem Buch „Männlichkeit leben" das Kapitel über die Projektion der Archetypen auf die Partnerin. Frauen sind widersprüchlich, und nach der Trennung kommen solche verdrängten oder verleugneten Seiten oft besonders deutlich zum Vorschein. Lassen Sie sich nicht ausnutzen und zeigen Sie klare Grenzen auf. Suchen Sie sich Rat von Freunden und auch Freundinnen, die solche Dinge meist viel objektiver sehen.

Sie sind der Vater ihrer Kinder

Wenn Sie gemeinsame Kinder haben, dann werden diese ihren Papa schmerzlich vermissen und Ihre Ex auch mit vielen unangenehmen Fragen konfrontieren. Wahrscheinlich wird sie ein fürchterlich schlechtes Gewissen und Schuldgefühle den Kindern gegenüber haben, weil sie die Familie „zerstört" hat und den Kindern den Vater im Alltag wegnimmt. Oder aber sie projiziert alle Schuld auf Sie als „Versager". Sie schütten Öl ins Feuer, indem Sie sich dann rührend um die Kinder kümmern, ihnen sagen, dass Sie sie lieben, und mit ihnen tolle Sachen machen. Benutzen Sie die Kinder bitte nicht, um Ihre Beziehungsthemen auszutragen – Ihr Konflikt geht die Kinder nichts an. Sagen Sie einfach, dass Sie (oder die Mama) jetzt woanders wohnen und dass Sie beide weiterhin für sie da sind. Wenn Sie nicht traurig oder problematisierend sind, ist das für Kinder einfach eine neue, andere, aber nicht schlechtere Realität. Hauptsache ist, dass Sie als Vater weiterhin da sind und Kontakt halten.

Ihre Ex unterbindet den Kontakt zu den gemeinsamen Kindern

Die Kinder sollten auf keinen Fall dafür benutzt werden, um sich am Partner zu rächen, ihn zu manipulieren oder zu kontrollieren.

Leider passiert das sehr häufig, meistens von Seiten der Frau aus. Bestehen Sie auf sehr klaren Regelungen, wer wann, wo und wie oft die Kinder betreut und wo sie weiter wohnen. Dieses sollte mit einem Zeugen (Freund, Therapeut, Coach) vereinbart und schriftlich fixiert werden. Und dann halten Sie sich unbedingt an diese Regelungen und bestehen Sie auch kompromisslos darauf, dass sie von der Frau eingehalten werden. Im Zweifelsfall erkundigen Sie sich – es gibt diesbezüglich klare gesetzliche Regelungen. Wenn Sie schon in der Beziehung ein Weichei waren, der sich nicht bei der Partnerin durchsetzen konnte, dann machen Sie es hier wenigstens anders – Ihren Kindern zuliebe! Diese brauchen Sie jetzt nämlich dringend als verlässlichen, starken und präsenten Vater.

Die Tür offen lassen

Sie wollen keinen emotionalen Abschluss der Beziehung mit Ihrer Ex. Deshalb sagen oder schreiben Sie solche Sätze wie: „Wir können Freunde bleiben." Oder: „Wenn die Zeit gekommen ist, werde ich mit dir reden." Begleichen Sie auch keine offenen Rechnungen und tauschen Sie auch keine Sachen aus, die bei Ihnen oder ihr liegen. Machen Sie noch keine verbindlichen, langfristigen Regelungen in Bezug auf Finanzen, Kinder, Besitz etc. aus. Wenn Ihre Ex danach fragt, sagen Sie einfach: „Wir werden später darüber reden. Jetzt bin ich zu beschäftigt." Und das sollte der Wahrheit entsprechen, wenn Sie die folgenden „Aufgaben" wirklich ernst nehmen. Halten Sie gelegentlich Kontakt zu der Familie Ihrer Ex und ihren Freunden. Zeigen Sie sich von Ihrer besten Seite. Vermeiden Sie ausführliches Reden über die Beziehungsprobleme und sorgen Sie dafür, dass Sie einen aufgeräumten und positiven Eindruck machen. Erwähnen Sie, dass Sie gerade dabei sind, vieles in Ihrem Leben zu verändern oder dass es eine tolle Überraschung gibt, über die Sie jetzt noch nicht reden können. Vermeiden Sie es auf jeden Fall, negativ über Ihre Ex oder die Probleme zu reden. Hören Sie aber genau zu, was ihre Freunde sagen, weshalb Ihre Ex Sie verlassen hat – das sind wertvolle Informationen, die Sie aber nicht kommentieren sollten. Vermitteln Sie widersprüchliche Botschaften bei verschiedenen Freunden, indem Sie zum Beispiel einmal sagen, dass Sie sie vermissen (aber bitte kein Jammern), ein anderes Mal, dass es Ihnen mit der neuen Freiheit sehr gut geht. Machen Sie Andeutungen, ohne diese genauer auszuführen. Sie können sicher sein: All diese Menschen werden Ihrer Ex von diesen Treffen berichten und ihr aufgrund des positiven Eindrucks raten, Ihnen noch eine Chance zu geben. Die Widersprüche werden sie verwirren und noch neugieriger machen. Halten Sie also den Kontakt mit dem sozialen Netzwerk Ihrer Ex und zeigen Sie, dass Sie an dem Kontakt interessiert sind.

Lassen Sie auch innerlich los

In der letzten Zeit haben sich Ihre Gedanken und Gefühle wahrscheinlich nur um Ihre Partnerin und um Beziehungsprobleme gedreht. Sie waren absolut fixiert auf die Krise, und Ihre Ex hat die Rettungsleine gezogen, um aus dem destruktiven Kreislauf auszubrechen. Das sollten Sie auch tun. Sie sind nämlich nicht bereit loszulassen – sonst würden Sie dieses Kapitel nicht lesen. Psychologisch ist es für Sie enorm wichtig, das mittlerweile sinnlose Kreisen um Sinn, Schuld, Lösungsmöglichkeiten und das Analysieren der Beziehung aufzugeben. Es raubt Ihnen nur Energie und führt zu keinem sinnvollen Ergebnis. Hören Sie auf, einen Schuldigen zu finden und sich selbst, die Ex oder die Umstände verantwortlich zu machen. Sie sind kein Versager und auch nicht beziehungsunfähig, weil eine Beziehung zu Ende geht.

Anders als früher gehören Trennungserfahrungen heute zum Liebesleben dazu – fast alle Menschen haben schon Trennungen erlebt. Kaum jemand wird heute noch mit einer einzigen Frau bis an sein Lebensende glücklich. Sie machen also eine ganz normale, menschliche Erfahrung, die Milliarden von Menschen vor und nach Ihnen auch durchmachen; vielleicht haben Sie auch schon eine Trennung hinter sich. Wenn Sie schon mehrere Beziehungen hinter sich haben, dann fragen Sie sich: Würden Sie wirklich mit Ihrer Ex-Ex aufs Neue zusammenkommen wollen? Und haben Sie damals nicht auch gelitten und wollten sie zurück? Das psychologische Geheimnis lautet: Nur wenn Sie die Frau loslassen, können Sie sie wiederbekommen. Halten Sie nicht krampfhaft fest, sondern öffnen Sie Ihre Hände, damit Sie diese frei haben für Neues.

Fühlen, was jetzt ist

Sie haben wieder mehr Zeit. Beschäftigen Sie sich mit sich selbst und bekommen Sie Ihren Liebeskummer in den Griff. Akzeptieren Sie den Schmerz, aber „baden" Sie nicht in Selbstmitleid oder verlieren sich in schier endloser Trauer. Bemerken Sie auch die widersprüchlichen Gefühle wie etwa die Erleichterung darüber, dass die Streitereien endlich vorbei sind, oder Wut auf Ihre Ex oder Angst, wie es mit Ihrem Liebesleben nun weitergeht. Geben Sie sich nicht der Lethargie und Antriebslosigkeit hin, sondern nutzen Sie diese Zeit, um an sich selbst zu arbeiten.

Und wenn Sie sich von Ihrer Partnerin getrennt haben?

In diesem Fall sind Sie der Unabhängige und Stärkere. Sie sollten sich daher etwas unterordnen und Ihren Selbstwert erhöhen, indem Sie Fehler zugeben und sagen, dass Sie eine falsche Entscheidung getroffen haben. Lassen Sie sie nicht erfahren, dass Sie andere Frauen treffen, um sie nicht noch mehr zu verunsichern. Sie braucht das Gefühl, dass sie die Auserwählte in Ihrem Leben ist, um zurückzukommen. Sagen Sie ihr, dass Sie erkannt haben, dass sie die Richtige ist und warum Sie sie lieben.

Weshalb wollen Sie Ihre Frau eigentlich zurückhaben?

Halten Sie es alleine nicht aus? Oder sehen Sie keine Chancen bei anderen Frauen? Können Sie ohne Ihre Frau nicht leben? Denken Sie: Ich kann mit keiner anderen glücklich werden? Dann vergessen Sie alles – Sie leiden unter Oneitis. Heilen Sie zunächst diese Krankheit. Als abhängiger Mann sind Sie nämlich unattraktiv und haben tatsächlich keine Chancen. Befreien Sie sich zunächst von der Abhängigkeit von dieser einen Frau, und werden Sie erwachsen.

Ein Beispiel. Jose, ein spanischer Makler aus Madrid, meldete sich ganz aufgelöst bei mir. Er hatte in einer Nacht mein Buch gelesen und wollte ein Video-Einzelcoaching via Skype. Da er fließend Deutsch spricht und mich der Fall interessierte, willigte ich ein. Er ist seit einigen Jahren glücklich verheiratet und hat eine kleine Tochter mit seiner jüngeren und sehr attraktiven Frau. Aber spätestens seit der Geburt des Töchterchens ist die sexuelle Beziehung eingeschlafen. Sie hatten in den letzten Jahren kaum noch Sex, der Wunsch ging stets von ihm aus und sie „willigte ein", ohne die Begegnung zu genießen. „Ich finde dich nicht mehr attraktiv" und „Ich will endlich mal richtig verführt werden" waren ihre Kommentare, als sie ihn drängte, aus der gemeinsamen Wohnung auszuziehen.

Jetzt hat Jose ein eigenes Apartment gemietet und trifft sich ab und zu mit ihr, meist, um seine Tochter zu sehen. Oder er hat beruflich mit ihr zu tun, da sie bei einigen Projekten zusammenarbeiten. „Ich liebe meine Frau und möchte sie nicht verlieren. Gibt es eine Chance, sie zurückzugewinnen?" Alle seine Annäherungsversuche schlagen fehl, er reist ihr nach New York hinterher und versucht, ihr den Himmel auf Erden zu bescheren: aufwändige Geschenke, Liebeserklärungen, Reue usw. Aber sie wird immer distanzierter und zieht sich immer mehr zurück. Schließlich erfährt er, dass sie im Chat einen potenziellen Liebhaber kennengelernt hat. Er rast vor Eifersucht und Verlustangst.

Interessant, dachte ich. Dieselbe Situation, die ich in Deutschland schon oft gehört habe, also auch bei einem Spanier. „Jose, ich denke, du hast eine Chance, aber bist du zu einem hohen Einsatz bereit? Ich meine nicht finanziell oder zeitlich, sondern in dem Sinne, dass du bereit bist, dich selbst, deine Werte, Einstellungen, Gewohnheiten und Verhaltensweisen zu verändern? Bist du bereit, aus deiner Komfortzone zu kommen?" Jose sagte, er würde alles tun, um sie zurückzugewinnen. Er habe in der Zeit einige Affären gehabt, aber nichts käme der Liebe zu seiner Frau gleich.

Liebt sie mich noch?

Wenn es um die Rückeroberung der Ex geht, ist das immer die zentrale Frage, die Männer stellen. Aber es ist nicht die entscheidende Frage. In Joses Fall machte ich mich auf seinen Wunsch hin daran, zu überprüfen, ob seine Frau ihn noch liebte. Die Tatsache, dass sie Kontakt hielt und sich noch keinen neuen Partner gesucht hat, sprach dafür. Sie sagte ihm sogar mehrfach deutlich, woran es ihr fehlte: Sie wollte verführt werden! Sie möchte sich als sexuelle, attraktive Frau fühlen, möchte Abenteuer, Aufregung und Bauchkribbeln spüren. Sie möchte Sehnsucht nach einem Mann spüren, ihr sexuelles Verlangen und Erfüllung in der Begegnung erleben. Damit gibt sie ihm eine klare Handlungsanweisung. Doch Jose geht in die Rolle des „trotzigen Jungen", er sagt: „Ich hab doch schon alles versucht. Der andere Mann wird sie verführen. Ich fühle mich abgelehnt und verletzt."

Eine Frau verliert das Interesse am Sex und die Attraktivität des Mannes sinkt, wenn er im Alltag kein guter Verführer ist und die Frau vernachlässigt. Nehmen Sie mangelnden oder langweiligen Sex oder gar einen Liebhaber der Frau als Hinweis darauf, dass Sie offensichtlich einiges zu verbessern haben bei Ihren Fähigkeiten als Liebhaber. Wenn Sie das bei anderen Frauen erfolgreich trainiert haben, können Sie sich als besserer Verführer wieder an Ihre Frau wagen.

Entwickeln Sie Ihre Persönlichkeit

Männer sind oft erstaunlich resistent, wenn es um Veränderungen geht. Überall leuchten Alarmglocken, es quietscht, qualmt und rappelt, aber solange der Wagen nicht stehen bleibt, wird nichts verändert. Um meinem eigenen Bild zu widersprechen: Eine Beziehung ist kein Auto, das repariert wird. Und wir sind keine Maschinen. An sich selbst zu arbeiten und sich persönlich weiterzuentwickeln bedeutet nicht, etwas zu reparieren, was kaputtgegangen ist. Persönliche Entwicklung und Wachstum in der Beziehung sind Teil des Lebens, vielleicht sogar der Sinn des Ganzen. Wenn Sie das erkennen und sich *ernsthaft* aufmachen, etwas *in sich* und *dauerhaft* zu verändern, dann reagieren die meisten Frauen extrem positiv und begeistert. Natürlich zunächst mit einer gewissen Skepsis, wenn Sie jahrelang nichts an sich herangelassen haben. Wenn sie aber merkt, dass Sie ihre zentrale Kritik an Ihnen ernst nehmen und an sich arbeiten, dann kann viel passieren. Als Erstes bekommt sie nämlich wieder Respekt vor Ihnen. Und mangelnder Respekt ist ein Grundübel und eine Krankheit in kriselnden Beziehungen. Wenn Sie ihren Respekt wiedererobert haben, dann nimmt sie Sie wieder als Mann wahr.

Erobern Sie sich den Respekt als Mann zurück

Sie haben sich in unendlichen Dramen und Streitereien mit der Ex vermutlich ziemlich respektlos von ihr behandeln lassen. Da Sie

Angst hatten, sie zu verlieren, waren Sie zu immer mehr Konzessionen bereit und haben den halben Tag damit zugebracht, ihr Verhalten zu analysieren. Je mehr Sie auf Ihre Partnerin eingingen und für sie da waren, umso schlimmer wurde es. Schließlich haben Sie sich vielleicht sogar selbst erniedrigt, gebettelt und gefleht, dass sie bei Ihnen bleiben soll. Das alles hat Ihren Selbstwert und Respekt vor sich selbst als Mann grundlegend zerstört. Was Sie tun müssen, ist, Ihre Selbstachtung und Würde als Mann wiederzuerlangen. Fangen Sie an, Respekt für sich als Mann einzufordern, speziell von Frauen. Damit werden Sie vom Beta-Mann, der andere auf sich herumtrampeln lässt, zum Alpha, der keine Respektlosigkeiten duldet – von niemandem.

Lernen Sie Ihre Gefühle zu beherrschen

Die Gefühle einer Frau wechseln so schnell wie das Wetter an einem Apriltag – und jede Wettervorhersage bei ihr ist reines Glücksspiel. Speziell junge Frauen unter dreißig haben ihre Gefühle oft nicht unter Kontrolle und reagieren stark auf äußere Einflüsse (Umwelt, Menschen ...) und innere Einflüsse (Zyklus, Hormone, Mondphasen ...). Deshalb fühlen Frauen sich oft haltlos, unsicher und können schlecht alleine sein. Sie suchen im Partner einen Halt, der ihnen wie ein Fels in der Brandung Orientierung gibt, wenn die Wellen hochschlagen. Ein Mann, der seine Gefühle und Stimmungen nicht im Griff hat oder – noch schlimmer – nur ein Spiegel der wechselnden Launen der Frauen ist, stellt eher eine zusätzliche Belastung für sie dar. Auch Männer, die herumschreien, die Partnerin bedrohen oder schlagen und sich danach weinend entschuldigen, sind für Frauen eine Zumutung. Ich empfehle Frauen in solchen Fällen, sofort jeden Kontakt zu Männern abzubrechen, die sich nicht unter Kontrolle haben. Wenn Sie körperliche Gewalt einsetzen oder damit drohen, sollten Sie schnellstmöglich therapeutische Hilfe suchen. In solchen Fällen muss die Frau den männlichen Part und die Führung in der Beziehung übernehmen. Wenn das auf Sie zutrifft, dann müssen Sie lernen, Ihre Gefühle in den Griff zu bekommen, und lernen, eine innere Ruhe zu erlangen.

Zum Alpha-Mann werden

Die Strategie der Rückeroberung hat nur Erfolg, wenn Sie diese Wochen auch wirklich für eine Radikalkur nutzen. Sie müssen ein anderer Mann, nämlich ein Alpha und ein erfolgreicher Verführer werden, bevor Sie Ihrer Frau wieder begegnen. Sie wird sich nicht in den „alten Beta-Mann" verlieben, das ist wenig aufregend, sondern nur in einen „neuen Alpha-Mann". Das heißt für Sie: Aufhören mit Rumjammern, Selbstmitleid und Herzschmerz! Unterziehen Sie sich einem konsequenten Trainingsprogramm, wie ich es beschreibe, und werden Sie so zum Alpha-Mann und guten Verführer.

Dazu gehören auch Ernährungsumstellung, Sportprogramm, neues Outfit, neue Lebensgewohnheiten und neue soziale Kontakte. Setzen Sie Ihre gesamte Energie dafür ein, sich ein neues Leben aufzubauen, und beweisen Sie sich damit Ihre eigene Willenskraft. Wenn das zu schwierig ist für Sie, dann lassen Sie sich von einem Coach helfen. Ein guter männlicher Coach wird Sie motivieren, loben, provozieren, in den Hintern treten, trösten und mit Ihnen die Erfolge feiern. Er wird Ihnen als ein persönlicher Reiseführer in eine neue Welt stets zur Verfügung stehen. Dies ist in jedem Fall eine lohnenswerte Investition für Sie.

Übernehmen Sie die Verantwortung für Ihre Gefühle und lösen Sie sich aus der Abhängigkeit von Ihrer Ex. Machen Sie sich deutlich, dass die Trennung auch ein Resultat Ihres Verhaltens ist. Indem Sie dies anerkennen, befreien Sie sich von der Rolle des armen Opfers und gewinnen neue Handlungsmöglichkeiten. Übernehmen Sie endlich die Verantwortung für Ihre Gedanken und verbieten Sie sich selbst jeden Gedanken an die Ex. Wenn Ihnen das absolut nicht gelingt, bringen Sie sich selbst bewusst in extrem emotionale und (kalkuliert) gefährliche Situationen, die intensiver sind als Ihr Liebeskummer. Sprechen Sie stets schöne und attraktive Frauen an und versuchen Sie, diese mit direkten sexuellen Angeboten zu verführen. Bitten Sie eine Frau, mit Ihnen in einen Swingerclub zu gehen. Beginnen Sie mit einem knallharten Boxtraining oder anderem Extremsport, machen Sie einen Fallschirmsprung oder absolvieren Sie ein richtig hartes Männertraining. Beginnen Sie sofort mit der intensiven Arbeit an sich selbst wie hier beschrieben, um äußere und innere Veränderungen zu bewirken. Bauen Sie Ihren Selbstwert wieder auf und werden Sie zum Alpha-Mann!

Sportprogramm

Ein tägliches (!) Sportprogramm ist eine der besten und effektivsten Dinge, die Sie jetzt für sich tun können. Sport holt Sie aus Ihrem Liebeskummer und Ihrer Depression heraus, macht Sie fitter und stärker, baut Ihren Selbstwert auf und macht Sie attraktiver. Sport weckt Ihr Adrenalin und bietet Ihnen eine gute Möglichkeit, angestaute Emotionen abzubauen. Melden Sie sich in einem Kampfsport-Center an oder gehen Sie in einen Sportclub, wo viele attraktive Frauen sind, belegen Aerobic, Zumba- oder Power-Yoga-Kurse, wo Sie viel weibliche Aufmerksamkeit bekommen. Außerdem werden Sie sich dort mehr anstrengen, um sich vor den Frauen beim Training keine Blöße zu geben. Übrigens: Leichter als dort können Sie an kaum einem Ort mit Frauen in Kontakt kommen und flirten – nutzen Sie das und erledigen Sie so gleich zwei Dinge auf einmal.

Die negativen Seiten Ihrer Ex erkennen

Viele Männer haben in so einer Situation ein idealisiertes Bild von Ihrer Ex-Frau. Vergleichen Sie das einfach mit Ihrem Leben: Sie kündigen nach reiflicher Überlegung endlich die Arbeitsstelle, wo Sie vieles schon seit Langem stört. Aber kurz nachdem Sie die Kündigung eingereicht haben, sind die verhassten Kollegen plötzlich freundlich, Ihr Büro soll renoviert werden, es kommen neue, spannende Projekte herein und Ihr Chef macht Ihnen sogar einen Kaffee. Was ist da los? Sie hatten vorher nur einen Blick für die negative Seite Ihres Jobs, da Sie ihn sicher hatten. Jetzt, wo er gekündigt ist, sind Sie in der Lage, auch die positiven Seiten zu sehen, die Sie vorher ausgeblendet hatten. Ihre Sichtweise hat sich verändert, und nicht das Verhalten der Kollegen oder Ihres Chefs.

Genau dasselbe Phänomen geschieht (nur umgekehrt), wenn Ihre Partnerin sich von Ihnen trennt. Dann blenden Sie all die Probleme, den Streit, schlechten oder seltenen Sex, Krisen, ihre haarigen Beine, Cellulitis oder andere unschöne Erinnerungen aus. In Ihrer Erinnerung bleiben nur die schönen Momente und positiven

Eigenschaften dieser Frau, sodass Sie Ihre Ex zu einer Heiligen stilisieren. Ein Beispiel. Jens klagte monatelang über seine Partnerin, wie respektlos sie ihn behandle, dass sie sich sexuell verweigere und sie ständig streiten würden. Das raube ihm jede Energie, was ihm auch anzusehen war. Als sie sich von ihm trennte, jammerte er, dass sie seine Traumfrau sei und er nur mit ihr glücklich sein könne. Ich traute meinen Ohren nicht. Ich gab ihm einige verbale Ohrfeigen und las ihm Sitzungsprotokolle der letzten Monate vor, wo er aufs Übelste über sie hergezogen war und sich beklagt hatte. Dann beglückwünschte ich ihn zur Trennung, weil er nun frei durchatmen und sein Leben genießen konnte. Für eventuelle Rückfälle gab ich ihm den Rat:

Machen Sie eine Liste mit negativen Eigenschaften oder Verhaltensweisen Ihrer Ex. Dazu reichen Stichworte wie: „Ist stets eifersüchtig, braucht stundenlang im Bad, verweigert den Oralsex, hat eine unangenehme, schrille Stimme, hat 10 Kilo zugenommen, einen zu kleinen Busen, schimpft über meine Fußballfreunde, ignoriert meine Privatsphäre, kann schlecht kochen, ist respektlos etc.“ Schreiben Sie einfach alles auf, was Ihnen Negatives einfällt. Danach bitten Sie einen guten Freund, diese Liste zu ergänzen – er wird sich nämlich noch gut an Ihre Klagen aus den letzten Monaten erinnern. Diese Liste schauen Sie täglich an! Dafür sollten Sie sie auf Ihrem Smartphone oder Laptop haben und ausgedruckt in der Hosentasche bei sich tragen. Immer wenn Sie Sehnsucht verspüren, schauen Sie sich diese Liste an.

Ihr Leben wird besser ohne die Ex

Beweisen Sie sich selbst, dass Sie ohne Ihre Ex glücklich sein können. Überlegen Sie mal, auf was Sie während Ihrer Beziehung aus Rücksicht auf die Partnerin oder um Streit zu vermeiden verzichtet haben. Die meisten Männer tun dies nämlich, vor allem in langjährigen Beziehungen. Denken Sie nach: Was haben Sie gemacht, bevor Sie Ihre Ex kennenlernten? Und genau diese Dinge nehmen Sie wieder auf. Beispiele: Salsa tanzen (die Ex wurde eifersüchtig), zu Rockkonzerten fahren (sie fand Konzerte blöd), bestimmte Freunde und vor allem Freundinnen wiedertreffen, die sie nicht leiden konnte etc. Sie werden sehen, dass es guttut, an schöne Dinge und Kontakte Ihres alten Lebens wieder anzuknüpfen.

Flirten und Frauen daten

Das ist aus mehreren Gründen nicht nur wichtig, sondern essentiell für den Erfolg, die Ex zurückzuerobern. Speziell wenn Sie unter Oneitis leiden und nur auf Ihre Ex fixiert sind, wecken Sie Ihre Lust auf andere Frauen. Schauen Sie Magazine mit scharfen Frauen an und erlauben Sie sich die Lust darauf, diese zu berühren und Sex zu haben. Am besten ist es aber, wenn Sie sich möglichst oft dort aufhalten, wo Sie schönen und attraktiven Frauen begegnen. Doch Sie müssen sie auch ansprechen und flirten. Sie brauchen den Adrenalinkick und die Herausforderung. Und Sie werden bemerken, wie viele wundervolle Frauen es gibt. Wenn Sie konsequent das Trainingsprogramm dieses Buches befolgen, dann werden Sie bemerken, dass die Fixierung und Sehnsucht auf Ihre Ex schwächer wird. Und Sie werden realisieren, dass man auch Spaß mit anderen Frauen haben kann. Aber Achtung! Ihre Pläne, die Ex zurückzuerobern, könnten gefährdet werden. Sie wären nämlich nicht der Erste, der realisiert, dass er viel mehr Lust und Erfüllung mit einer anderen Frau erleben kann als mit der Ex. Viele haben sich jahrelang beim Sex mit der verkehrsberuhigten Zone abgefunden und sind jetzt fasziniert, mal endlich wieder mit Vollgas auf der Autobahn oder Rallye zu fahren.

Emotionale und sexuelle Unabhängigkeit

Ihre Ex hat vermutlich eine große sexuelle Macht über Sie gehabt: mit Manipulationen, sexuellem Locken und Abblitzenlassen konnte sie Sie kontrollieren. Dadurch hat sie besondere Privilegien und Rechte abgeleitet, die Sie selbst Ihrem besten Freund niemals einräumen würden. Und diese Abhängigkeit von ihrer Vagina besteht jetzt immer noch. Den stärksten Effekt in Bezug auf Ihre emotionale Unabhängigkeit von der Ex und Ihren Selbstwert haben Sie durch erotische Kontakte. Die sexuelle Bindung und Ausschließlichkeit in Bezug auf Ihre Ex wird damit durchbrochen. Schon wenn Sie eine andere Frau küssen, werden Sie merken: Ihre Ex existiert in diesem Moment nicht mehr. Sie lösen starke Emotionen und Hormone in sich beim Küssen aus, die Sie bislang für Ihre Ex reserviert hatten. Und genau damit brechen Sie nun. Noch stärker wird die Loslösung vom sexuellen Einfluss Ihrer Ex bei erotischen Kontakten oder Sex mit einer anderen Frau. Eine besondere Hürde stellt hier der Geschlechtsverkehr mit einer anderen Frau dar. Speziell wenn Sie immer treu waren, vollziehen Sie damit einen Tabubruch und lösen eine starke emotionale Abhängigkeit auf. Sie müssen selbst entscheiden, ob Sie diesen Schritt gehen wollen.

Sie können aber auch durch unspektakuläre Handlungen die Ausschließlichkeit, die Sie mit Ihrer Ex verbindet, auflösen. Wenn es bestimmte Orte (Natur, Restaurant, Club etc.) gibt, die eine besondere Bedeutung für Ihre Beziehung haben, dann sind diese emotional stark aufgeladen. Sie sollten diese Orte mit einer anderen attraktiven Frau aufsuchen und dort mit ihr flirten, sie küssen und es sich gut gehen lassen. So geben Sie Ihrem Unterbewusstsein die Botschaft: Selbst an diesen „magischen Orten" mit einmaligen Erinnerungen an die Ex ist diese ersetzbar. Ich kann an demselben Ort auch mit einer anderen Frau Spaß haben und glücklich sein. Dasselbe machen Sie in Bezug auf Aktivitäten, Sportarten, gesellschaftliche Ereignisse etc.

Ihre eigene Attraktivität erhöhen

Sie haben sich vermutlich in Ihrer Partnerschaft sehr betaisieren lassen (siehe Test Seite 52 f.) und stellen jetzt keine interessante Herausforderung mehr für Ihre Ex dar. Sie denkt, dass Sie von ihr abhängig sind und sowieso keine attraktive Frau finden werden. Sie denkt, dass sie immer noch die Macht über Sie hat und keine Konkurrenz fürchten muss, da Sie ein Beta-Mann sind. Genau hier müssen Sie ansetzen. Vielleicht haben Sie vorher ein schlechtes Gewissen gehabt, wenn Sie mit anderen Frauen geflirtet haben, oder die Eifersucht Ihrer Partnerin als Ausrede benutzt, um dies nicht zu tun. Sie müssen jetzt dafür sorgen, dass Sie ein Alpha-Mann werden und Ihre Partnerin das mitbekommt. Die effektivste Methode dafür ist Eifersucht. Sorgen Sie also dafür, dass Ihre Ex erfährt, dass Sie mit schönen Frauen flirtend oder gar küssend gesehen wurden. Die Freundinnen oder Kolleginnen Ihrer Ex werden ihr das sofort in allen Details schildern. Dadurch steigern Sie Ihre Anziehungskraft ungemein. Ihre Ex bemerkt jetzt nämlich: 1. Er lässt es sich mit anderen Frauen gut gehen, 2. Ich bin ersetzbar, und 3. Ich habe keine Macht mehr über ihn.

Das weckt ein starkes Bedürfnis in ihr, Sie wieder zurückhaben zu wollen. Warum? Die größte Befriedigung für eine Frau ist der Sieg über eine andere Frau. Merken Sie sich diesen Satz. Und jetzt sorgen Sie dafür, dass Sie beim Flirten Erfolg haben. Keine Ausreden!

Sie hat einen anderen

Vielleicht geht Ihre Ex mit einem anderen Mann aus und hat auch Sex mit ihm. Meistens übertreibt sie aber bei der Darstellung, um Sie eifersüchtig zu machen oder sich für Ihr Verhalten zu rächen. Oft hält sie es einfach nicht aus, alleine zu sein, und braucht Selbstbestätigung als Frau. Sie kann sich dann selbst vormachen, sie wäre „über die Beziehung hinweg", was natürlich nicht stimmt. Nur selten „springt" eine Frau von einer in die nächste Beziehung, meist hat sie nach einer längeren Beziehung nur eine oder mehrere Affären, um Abstand zu gewinnen. Gehen Sie also davon aus, dass der andere Mann nur zu ihrer Ablenkung dient. Nach der Rückeroberung wird er keine Rolle mehr spielen. Wenn Sie jedoch Ihren Fokus darauf richten und versuchen, Informationen über ihre neue Affäre zu bekommen, dann verlieren Sie nur an Attraktivität. Eifersüchtig ist nämlich der Beta, nicht der Alpha – und genau deshalb macht Eifersucht unattraktiv. Also: Glauben Sie nicht alles, wenn Ihre Ex oder deren Freundinnen Ihnen erzählen, wie glücklich sie mit dem Neuen sei. Ignorieren Sie den (vermeintlichen) neuen Freund und richten Sie Ihren Fokus darauf, erfolgreich zu flirten und Spaß mit anderen Frauen zu haben. Und wenn Sie doch von Eifersucht gepackt werden, dann sorgen Sie dafür, dass Sie guten Sex mit einer anderen Frau haben.

Weshalb hat sich Ihre Ex damals in Sie verliebt?

Erinnern Sie sich, wie Sie Ihre Ex erobert und das erste Mal verführt haben? Welche Eigenschaften oder Verhaltensweisen haben Ihnen dabei geholfen? An was erinnern Sie sich, das Ihre Ex an Ihnen liebte und verehrte? Und dann fragen Sie sich, ob Sie diese Qualitäten vielleicht im Laufe der Jahre verloren und der Beziehung „geopfert" haben. Vielleicht waren Sie früher wild, verwegen und unberechenbar und sind zum spießigen und braven Nice guy geworden wie in der Biker-Geschichte auf Seite 46 f.? Dann wird es Zeit, diese Eigenschaften wieder anzunehmen. Denn Ihre Ex und andere Frauen werden genau das an Ihnen attraktiv finden.

Weshalb hat Ihre Ex Sie wirklich verlassen?

Es ist verschwendete Zeit, die Sätze, die Ihre Ex bei der Trennung sagte, zu analysieren. Typische Aussagen sind: „Ich brauche Zeit, um mir meiner Gefühle klar zu werden." „Ich muss mich selbst finden." „Ich bin noch nicht bereit für eine Beziehung." Das sind nur nette Umschreibungen dafür, dass sie sich nicht mehr zu Ihnen hingezogen fühlt. Vielmehr sollten Sie nach den wahren Gründen forschen, die Sie finden, wenn Sie die letzten Monate betrachten. Die Anleitung dazu finden Sie im Kapitel „Gründe für Ehe- und Beziehungskrisen". Wenn Sie den wahren Grund erkennen, können Sie Ihr Verhalten überdenken und gegebenenfalls verändern.

Check vor der Zurückeroberung

Sie haben die Ratschläge umgesetzt und ein wochenlanges intensives Trainingsprogramm hinter sich. Sie sind jetzt hoffentlich ein gut gestylter, fitter Mann, flirten und treffen sich mit attraktiven Frauen und haben seit der Trennung viel erlebt. Ihr Selbstwert ist gestärkt, Sie sind nicht mehr der Mann, den Ihre Ex damals abgelehnt hat. Sie aber ist die Alte geblieben. Fragen Sie sich noch einmal: Wollen Sie diese Frau wirklich zurück? Hat sie einen Kerl wie Sie verdient? Oder hat sie Sie permanent schlecht behandelt? Haben Sie mittlerweile viel attraktivere, interessantere oder für Sie passendere Frauen kennengelernt? Genießen Sie die Freiheit und Männlichkeit Ihres neuen Lebens? Macht Ihnen dieses Training Freude und Sie wollen diesen Weg weitergehen? Wenn dem so ist, dann verzichten Sie darauf, in Ihr altes Leben mit Ihrer Ex zurückzukehren. Sie sind jetzt auch ohne Ihre Ex glücklich und wollen nicht wieder die alten abgetragenen Sachen von damals anziehen. Genießen Sie weiter Ihre Freiheit!

Zurück zur Geschichte von Jose aus Madrid. Ich konnte ihn nach der Trennung dazu bewegen, wieder auszugehen und an alte Kontakte anzuknüpfen. Da er ein gut aussehender und eloquenter Mann ist, fiel es ihm nicht schwer, attraktive Frauen kennenzulernen. Er überwand die Fixierung auf seine Exfrau und fing an zu flirten. Zunächst wollte er jedoch keinen Sex, was die Frauen schier verrückt machte – sie stritten sich fast um ihn. Schließlich ließ er sich auf eine erotische Begegnung ein und war fasziniert: „So tollen Sex, so viel Aufmerksamkeit und Begeisterung hab ich seit Jahren nicht mehr erlebt!" Währenddessen reduzierte er den Kontakt mit seiner Frau auf das Allernötigste für die Betreuung der Tochter. Sie bekam natürlich über Freunde mit, dass er äußerst begehrt war und Erfolg bei Frauen hatte. Sie kam wieder auf ihn zu und wollte, dass er zurückkommen sollte. Auf mein Anraten hin ging er nicht auf dieses Angebot ein. Er lernte weitere Frauen kennen und hatte kurze Affären, ohne sich jedoch zu binden. Schließlich besuchte er seine Frau, die sich mittlerweile sehr um ihn bemühte, und hatte wieder Sex mit ihr. Für sie war die Welt wieder in Ordnung, aber nicht für Jose. „Ich habe mein Ziel erreicht und meine Frau zurück. Aber mir ist erst jetzt klar geworden, mit wie wenig ich mich in all den Jahren zufrieden gegeben habe. Ich habe viel interessantere Frauen kennengelernt, genieße meine Freiheit und will nicht mehr in das staubige alte Zuhause bei meiner Frau zurück."

Die Kontaktaufnahme

Gut, Sie wollen Ihre Ex zurück. Nach frühestens drei, spätestens sechs Wochen, wenn Sie die Aufgaben erfolgreich umgesetzt haben, nehmen Sie wieder Kontakt mit Ihrer Ex auf. Sie müssen sie jetzt verführen, als wäre sie eine unbekannte Frau. Allerdings haben Sie einem neuen Liebhaber gegenüber einige Vorteile. Am geschicktesten ist es, wenn Sie indirekt Kontakt aufnehmen, um sie neugierig zu machen und zu verwirren. Erzählen Sie einer Freundin Ihrer Ex, dass Sie dankbar für die Trennung sind und jetzt ein ganz neues Leben angefangen haben. Sie würden jetzt aber gerne mit Ihrer Ex reden, weil Sie wichtige Neuigkeiten für sie haben. Die Freundin wird es brühwarm weitererzählen, und Ihre Ex wird es schwer haben, dem Verlangen zu widerstehen, Sie anzurufen. Warten Sie, bis Ihre Ex Kontakt aufnimmt. Erzählen Sie jemandem aus der Familie noch, dass Sie bereit für ein Gespräch wären und sich verändert hätten. Wiederholen Sie, dass etwas sehr Positives und Überraschendes in Ihrem Leben passiert sei, über das Sie jetzt mit ihr persönlich reden möchten. Die Mutter oder Schwester, der Sie das erzählt haben, wird Ihre Ex förmlich dazu zwingen, bei Ihnen anzurufen. Sie wird nach dieser Nachricht neugierig sein zu erfahren, was mit Ihnen los ist, und Sie aus irgendeinem Vorwand anrufen. Es ist besser, wenn sie sich um den Kontakt bemüht. Wenn sie nicht anruft, dann treffen Sie sie „zufällig", und nach einem Smalltalk schlagen Sie ein Treffen an einem öffentlichen Ort vor. Wenn es ein symbolträchtiger Ort für sie ist, mit dem sie positive Emotionen verbindet, umso besser (der See, wo Sie sich zuerst küssten ...).

Nur wenn diese Strategie wider Erwarten nicht funktioniert, rufen Sie selbst an und schlagen ein kurzes Gespräch vor. Sorgen Sie dafür, dass Sie gut drauf sind und machen Sie es möglichst locker. Wenn Sie Bedenken hat und sagt, sie wolle keine Beziehung mehr mit Ihnen, dann schlagen Sie vor, sich nur als Freunde zu treffen (auch wenn Sie das nicht wirklich wollen). Machen Sie deutlich, dass Sie mit der Trennung einverstanden sind. Sagen Sie auch, dass Sie nur wenig Zeit haben, dann kann sie ein Treffen kaum ablehnen.

Erstes Date

Dies ist das erste Date mit ihr – sozusagen der Beginn einer neuen Zeitrechnung. Stellen Sie sich vor: Sie verführen gerade eine unbekannte Frau. Sie treten Ihrer Ex nach dem mehrwöchigen intensiven Programm als neuer Mann entgegen – gut aussehend, in Bestform, mit gestärktem Selbstbewusstsein und neuen Erfahrungen. Sie sind nicht mehr der deprimierte, unterwürfige Beta-Mann, sondern ein echter Kerl, der weiß, was er will. Entsprechend gut gekleidet und in guter Stimmung treten Sie respektvoll und als Gentleman auf im Treffen mit Ihrer Ex. Ihr Ziel dabei ist: Die Frau muss positive Gefühle mit Ihnen verbinden, Sie müssen Ihre Attraktivität erhöhen. Lassen Sie sich aber nicht ausfragen, sondern Sie sind es, der die Konversation führt. Machen Sie nur Andeutungen über Ihre aktuellen Aktivitäten, um die Spannung aufrechtzuerhalten. Diskutieren Sie nicht über die alten Probleme oder die Trennung. Denken Sie daran: Worüber reden Sie mit einer Frau, mit der Sie flirten und die Sie verführen wollen? Vermeiden Sie unbedingt alte Streitgespräche und Probleme. Es gibt eine

Ausnahme: Wenn Sie nach reiflicher Überlegung und dem Feedback von Freunden zu der Erkenntnis gelangt sind, dass Sie einen Fehler gemacht haben, dann erklären Sie es ihr und entschuldigen sich. Aber nur einmal und nur, wenn Sie wirklich etwas völlig falsch gemacht haben und es bereuen. Und dann wechseln Sie sofort das Thema. Wenn Ihre Ex mit problematischen, schweren Themen anfängt, sagen Sie: „Stimmt, du hast recht. Aber das ist Vergangenheit. Ich richte mich jetzt auf die Zukunft aus." Dann wechseln Sie das Thema.

Die Schwächen der Ex ausnutzen

Nach einer Trennung empfindet sich eine Frau meist verwundbarer und unsicherer als mit einem Partner an ihrer Seite. Sie wird dann stärker mit ihren Schwächen konfrontiert, die sie vorher nicht so deutlich bemerkt hat.

Unsicherheit des Single-Seins: Vor allem wenn Sie jahrelang zusammen waren, wird es für sie schwierig sein, sich wieder mit dem Alleinsein anzufreunden. Sie muss sich mehr stylen, um mit der Konkurrenz mitzuhalten, geht alleine oder mit Freundinnen, die einen Partner haben, auf Partys, muss sich der Familie gegenüber erklären, warum sie „so einen netten Kerl" verlassen hat, und schläft nachts alleine. Sie wird schlicht die Anwesenheit eines vertrauten Menschen in ihrer Nähe vermissen, selbst wenn die Atmosphäre angespannt war. Viele Frauen können nicht gut alleine sein, und nach einer langjährigen Beziehung fällt es ihnen doppelt schwer. Sie nutzen das aus, indem sie von positiven Momenten des Zusammenseins und dem Gefühl, einen Partner an der Seite zu haben, sprechen.

Selbstzweifel: Eine Frau bekommt durch einen Partner an ihrer Seite stets eine gewisse Bestätigung für ihre Attraktivität, die ihr als Single fehlt – sie sehnt sich danach. Also machen Sie ihr, wenn sie es verdient, Komplimente, sodass sich ihr Selbstwert erhöht.

Kontrolle: Eine Frau möchte wissen, ob sie noch die Kontrolle über ihren Ex hat, indem er ihr nachtrauert, leidet oder sie zurückhaben will. Es macht sie verrückt, wenn sie erlebt, dass ihr Ex offensichtlich glücklich ist.

Ausschließlichkeit: Früher war Ihre Ex die Königin, und sie war sich sicher, dass Sie ihr gehören. Jetzt gehen Sie plötzlich mit anderen, attraktiven und damit für sie gefährlichen Frauen aus, wie sie erfahren hat. Sie hat Angst, Sie an die Konkurrenz zu verlieren. Damit würde ihr Selbstwert sinken. Und sie fragt sich natürlich: Wieso hat der langweilige Beta-Mann plötzlich Erfolg bei attraktiven Frauen? Wenn sie Sie trifft, muss sie attraktiver sein als die Konkurrenz und sich um Sie bemühen. Widerstehen Sie aber der Versuchung, ihr von anderen Frauen zu erzählen, das verletzt sie in der Situation zu direkt. Machen Sie nur Andeutungen und lenken Sie das Thema um: Sie bleiben dadurch unberechenbar, widersprüchlich und wecken die Neugier bei ihr, Sie zu erforschen.

Innerer Kampf und Zerrissenheit

Eine Frau ist sich selten ganz sicher, dass sie sich von einem Mann trennen will. Meist ist dies ein wochen- oder monatelanger Prozess, der mit dem Aussprechen der Trennung keineswegs abgeschlossen ist. Sie wird nach dem Kontaktabbruch zwischen Gefühl und Ratio hin- und hergerissen sein. Momente, in denen sie Sie hasst und verachtet, wechseln mit Erinnerungen an Schönes und Sehnsucht nach Ihnen, sie wird sich fragen, ob sie selbst nicht vieles falsch gemacht hat, zu ungerecht oder egoistisch war. In vielen Gesprächen mit Freundinnen und schlaflosen Nächten wird sie alles nachbearbeiten. Da sie die Beziehung mit Sicherheit noch nicht abgeschlossen hat, ist sie in ihrer Entscheidung beeinflussbar. Lenken Sie das Gespräch auf diese Widersprüche, auf die Sonnen- und Schattenseiten, die eine Entscheidung manchmal schwer machen. Drücken Sie aus, was sie erlebt, indem Sie davon reden, dass man manchmal eine Entscheidung trifft, aber gar nicht sicher ist, ob man vor etwas wegläuft oder damit eine Chance verpasst. Erzählen Sie dies beispielsweise von einer Freundin, die sich gerade getrennt hat – Ihre Ex wird sich mit der Geschichte identifizieren, und ihre eigenen Zweifel an der Entscheidung werden genährt.

Sie hat die Familie zerstört: Diese Vorstellung nagt schmerzhaft an ihr, die Familie wird ihr entsprechende Vorwürfe machen (es sei denn, Sie haben sich völlig danebenbenommen). In diese Wunde streuen Sie Salz, indem Sie liebevoll von einem Treffen mit den Kindern erzählen, sodass sie Ihre Liebe und Fürsorge und auch Verbindlichkeit mit den Kindern spürt. Sie wird sich fragen: Warum habe ich so einem wundervollen Vater bloß den Laufpass gegeben? Habe ich überhaupt das Recht dazu?

Geschichten erzählen

Wenn sie fragt, was denn so Großartiges und Neues in Ihrem Leben passiert sei, dann antworten Sie nicht direkt, sondern nur mit Andeutungen. Erzählen Sie Ihrer Ex lieber einige Geschichten, in denen Sie Ihre eigene Attraktivität deutlich machen. Vermeiden Sie, dies direkt zu tun, sondern lassen Sie beiläufig im Nebensatz anklingen, dass Sie attraktive Frauen kennenlernen, Sport treiben und Ihren Freundeskreis erweitert haben. Ein Beispiel: „Sag mal, hast du schon mal Burmesisch gegessen?" Ihre Ex: „Nein, wieso?" Sie: „Ach, eine Freundin hat mich dazu eingeladen, ich wollte einfach wissen, ob das schmeckt." Es geht hier natürlich nicht um das burmesische Essen, sondern um die Freundin, die Sie einlädt, also großes Interesse an Ihnen zeigt. Das gilt allgemein: Gewöhnen Sie sich an, alle wesentlichen Informationen in den Nebensätzen zu verstecken.

Erzählen Sie von gemeinsamen positiven und lustigen Erinnerungen, die Sie miteinander verbinden. Aber achten Sie darauf, dass es locker und ohne Wehmut geschieht. Ihre Ex soll sich an die positiven Dinge erinnern, die sie miteinander geteilt haben, umso mehr wird sie die Sehnsucht danach spüren, daran anzuknüpfen. Wenn Sie das noch verstärken wollen, schenken Sie ihr eine CD mit Fotos aus glücklichen Tagen, die Sie „zufällig gefunden haben", oder eine Musik, mit der Sie gemeinsam etwas verbinden. Je mehr Ihre Ex positive Erinnerungen mit Ihnen in Verbindung bringt, umso wahrscheinlicher wird sie zu Ihnen zurückwollen.

Mit all diesen Dingen bringen Sie Ihre Ex im Laufe dieses Gesprächs in verschiedene Emotionen. Sie sollten Sie auch mal zum Lachen bringen, indem Sie zum Beispiel etwas Witziges erzählen, das Ihnen passiert ist. Widerstehen Sie unbedingt einem Angebot für eine zweite Chance – das ist nur ein Alpha-Test, um herauszubekommen, welche Macht sie noch über Sie hat. Sagen Sie ihr, dafür sei es jetzt noch zu früh. Sie sollten überzeugend darstellen, dass Sie an sich gearbeitet haben und gerade ein aufregendes Leben führen, mit dem Sie zufrieden sind. Fragen Sie Ihre

Ex auf keinen Fall aus, ob sie andere Männer kennengelernt hat – sie wird sofort Ihre Eifersucht, Angst und Abhängigkeit dahinter erkennen. Auch wenn sie einen neuen Freund hat, ist das Thema tabu. Wenn sie von anderen Männern zu erzählen anfängt, zeigen Sie kein Interesse, wechseln Sie das Thema. Es wird sie verrückt machen, wenn sie spürt, dass Sie noch nicht einmal eifersüchtig sind. Wenn sie von ihrem neuen Partner erzählt (um Sie eifersüchtig zu machen und zu zeigen, dass sie über die Beziehung mit Ihnen hinweg ist), dann sagen Sie nur: „Schön, dass es dir gut geht und du jemand Passendes gefunden hast." Und wechseln das Thema. Sie wird sich wundern, dass Sie so locker und selbstsicher damit umgehen. Unterhalten Sie sich wirklich nur, flirten Sie dezent und machen Sie immer wieder leichten Körperkontakt. Für eine Verführung ist es zu früh, denn das Ziel dieses ersten Dates der neuen Zeitrechnung ist der Aufbau der Anziehung (siehe Stufen der Verführung ab Seite 117).

Warten lassen

Nach dem Treffen schicken Sie ihr eine kurze SMS mit einem Dank für das positive Treffen. Danach keine weiteren SMS oder E-Mails. Auch keine langen Telefonate. Warum? Sie wollen die Spannung und Neugier aufrechterhalten. Beschäftigen Sie sich lieber einige Tage mit Ihren Aufgaben aus dem Trainingsprogramm und mit anderen Frauen, bis sie sich wieder meldet. Warten Sie nicht auf ihren Anruf! Wenn das erste Treffen positiv war und Sie neue Anziehung erzeugt haben, wird sie sich melden. Schon allein weil sie vor Neugier platzt zu erfahren, was denn Großartiges in Ihrem Leben passiert ist, weshalb Sie mit schönen Frauen ausgehen, ob Sie eine neue Freundin haben etc. Sie wird sich melden. Wenn sie anruft und Sie sehen will, dann akzeptieren Sie nicht gleich den ersten Terminvorschlag. Vielleicht sagen Sie ihr auch, dass Sie gerade mit jemand in Ihrer Wohnung sind und nicht reden können, aber zurückrufen. Sie wird sich fragen, wer dieser „Jemand" ist, und auf den Rückruf warten. Sie sind ein beschäftigter und begehrter Mann! Das nächste Treffen sollte ungestört bei Ihnen zu Hause sein. Vielleicht finden Sie einen Grund, um dort etwas gemeinsam zu klären.

Verführung und Sex

Sie erkennen die Steigerung Ihrer Attraktivität daran, dass Ihre Ex gestylt und attraktiv gekleidet zu Ihnen kommt – sie möchte einen guten Eindruck machen. Wenn sie normal gekleidet ist, heißt das jedoch nicht, dass Sie keine Chance haben. Laden Sie Ihre Ex möglichst in die eigene Wohnung ein. Sorgen Sie aber vorher dafür, dass diese aufgeräumt und geputzt ist, das Bett frisch bezogen ist und einige Accessoires neu sind. Vielleicht haben Sie frische Blumen (von einer Verehrerin?), es sollte gut riechen, gesunde Nahrung, zum Beispiel frische Früchte, sollte sichtbar sein, und Sie sorgen für eine weiche, angenehme Beleuchtung. Es muss auf den ersten, aber auch auf den zweiten Blick anders und schöner sein als vorher. Dadurch wird Ihre Ex in ihrer Meinung bestärkt, dass Sie sich wirklich geändert haben.

Anders als bei einer unbekannten Frau können Sie Phase 2 des Vertrauensaufbaus jetzt überspringen, denn Vertrauen existiert genug (selbst wenn Ihre Ex das anders sieht!). Zeigen Sie Ihre Absicht, sie zu verführen, aber nicht. Sorgen Sie dafür, dass Sie selbst entspannt sind und sich wohlfühlen, dann wird sie sich Ihrem Zustand angleichen. Entspannt sein und sich sicher fühlen sind wichtige Aspekte, damit eine Frau sexuell erregt wird. Bringen Sie sie zum Lachen und berühren Sie sie immer wieder erotisch, dann ziehen Sie sich wieder zurück. Ihre Ex wird innerlich im Zwiespalt sein: Sie fühlt sich zu Ihnen hingezogen und ist sexuell erregt, ihre Vernunft aber sagt, dass Sex mit dem Ex nicht gut wäre. Also lenken Sie den Verstand durch Gespräche ab. Wenn Sie so etwas sagt wie: „Ich will keinen Sex mit dir." Dann stimmen Sie zu und ziehen sich etwas zurück. Machen Sie es locker und nehmen Sie sie auf den Arm: „Wie, du denkst daran, mich zu verführen?" Lassen Sie sich Zeit dabei, übereilen Sie es nicht. Es wird leichter sein, Sex mit der Ex zu haben, als mit einer anderen Frau, denn das Risiko und die Hemmschwelle sind für eine Frau bei einem bekannten Mann stets geringer als mit einem Unbekannten. Sie sagt sich selbst: „Ich will ihn noch einmal spüren, um Abschied zu nehmen." Oder: „Ich will noch mal überprüfen, ob ich mich für ihn öffnen kann." Geben Sie ihrem Verstand Argumente, dass sie den Sex mit Ihnen vor sich selbst rechtfertigen kann. Machen Sie das aber nicht zu plump, sondern eher indirekt wie „Manchmal muss man jemandem noch mal sehr nahe kommen, um ihn wirklich gehen zu lassen." Oder: „Als damals mein Hund gestorben ist, war er einfach weg, als ich aus dem Urlaub wiederkam. Es wäre viel leichter für mich gewesen, hätte ich ihn vorher noch mal in den Arm nehmen können." Oder: „Ich glaube, es ist menschlich, dass man manchmal widersprüchliche Gefühle hat und plötzlich nicht mehr weiß, was richtig ist. Dann ist es gut, alte Gefühle zuzulassen, um es noch mal zu überprüfen."

Das Ziel ist eine Verführung und schöner Sex. Sie sollten ihr dabei auch in die Augen schauen. Der Sex ist enorm wichtig, um die Beziehung wiederherzustellen: Dabei entsteht eine starke energetische Verbindung, und positive Erinnerungen werden wieder aktiviert. Wenn Sie die Nacht zusammen verbringen, erhöht sich die energetische Bindung noch einmal, wenn möglich haben Sie am Morgen noch einmal Sex zusammen.

Herzlichen Glückwunsch!

Wenn der Sex keine Katastrophe war, dann haben Sie Ihre Frau zurückerobert. Wenn Sie aber denken, dass jetzt wieder „alles in Butter" ist und Sie nichts mehr tun müssen, dann werden Sie bald wieder dort sein, wo Sie vor der Krise und vor dem Lesen dieses Buches standen.

Was ist jetzt wichtig? Im Grunde müssen Sie die Anleitungen weiter umsetzen und so tun, als stünden Sie in einer Situation wie nach einem One-Night-Stand. Sie beginnen eine neue und zunächst unverbindliche Affäre. Hüten Sie sich davor, zu schnell wieder zusammenzuziehen und die Symbiose wiederherzustellen. Sie brauchen zunächst die Distanz und Unsicherheit dieser Phase, damit Ihre Anziehung erhalten bleibt. Treffen Sie sich nur unregelmäßig, machen Sie weiterhin die Dinge aus Ihrem Trainingsprogramm und flirten und treffen Sie sich weiterhin mit Frauen. Ihre Ex darf sich Ihrer nicht sicher sein, sonst sind Sie schnell wieder in der alten Beziehungskrise. Stellen Sie sicher, dass Sie Ihr Verhalten in wesentlichen Punkten verändern und sich nicht der Partnerin anpassen. Akzeptieren Sie, dass Sie jetzt erst einmal eine Affäre haben, und stellen Sie Erotik und Sex in den Mittelpunkt. Sorgen Sie dafür, dass Sie beide Spaß miteinander haben.

Auf gar keinen Fall sollten Sie klammern, achten Sie darauf, dass sie sich bei Ihnen meldet, warten Sie ab. Und lassen Sie ihr den Raum und die Zeit, die sie braucht. Werden Sie nicht zum ängstlichen Beta, der sie eifersüchtig ausfragt. Zeigen Sie ihr weiterhin, dass Sie jetzt ein Alpha-Mann sind, der die Führung in der Partnerschaft hat.

Hindernisse, Widerstände und Einwände

Mir begegnen immer wieder Berufsrebellen, Skeptiker, Diskutierer und andere „Weicheier“, die zwar gerne interessante Bücher lesen, aber meinen, sie könnten sich und die Welt allein mit ihren Gedanken und aus ihren Erkenntnissen heraus verändern. Jede echte Verhaltensänderung und jede Persönlichkeitsentwicklung ist jedoch das Produkt intensiver und kontinuierlicher Arbeit an sich selbst. Man muss sich immer wieder neu aus der eigenen Komfortzone herausbewegen und lieb gewonnene Gewohnheiten und Marotten aufgeben. Man muss sich unliebsamen Gefühlen und Situationen stellen, mit Menschen auseinandersetzen und sich vor allem körperlich bewegen. Für diejenigen, die nicht dazu bereit sind, bleibt dieses Buch nur eine interessante psychologische Studie ohne echte Auswirkung auf das eigene Leben.

Hier einige typische Einwände, die mir häufig in der Arbeit mit Männern entgegengebracht werden.

„Bei mir funktioniert das nicht“
Wie lange haben Sie die in diesem Buch vorgestellten Strategien ausprobiert? Eine Woche? Einen Monat? Fragen Sie mal einen Geigenlehrer, wie Ihr Spiel nach einem Monat klingt! Also bleiben Sie dran, und richten Sie den Fokus auf die Erfolge.

„Mein Fall ist einzigartig“
Jeder Mensch und jede Beziehung sind einzigartig. Und doch gibt es psychologische Muster und Verhaltensweisen, die dem Balzverhalten, der Partnerwahl, Beziehungen und den allgemeinen Kommunikationsmustern zwischen Mann und Frau zugrunde liegen. Wenn Sie diese verstehen und anwenden, werden Sie noch viel einzigartiger, Ihr Charisma und Ihre Individualität kommen dann noch deutlicher zur Geltung.

„Meine Frau ist resistent gegenüber Veränderung"

Arbeiten Sie nicht für Ihre Frau, sondern für sich. Sorgen Sie dafür, dass es Ihnen gut geht und Sie Spaß an Ihrem Mannsein und mit Frauen haben. Entweder will Ihre Frau daran teilhaben, oder Sie müssen die angenehmen Seiten des Lebens mit anderen Menschen teilen.

„Meine Frau ist stärker als ich"

Genau für Sie ist dieses Buch. Sie gehören zu der großen Gruppe von Männern, die unter diesem Gefühl leiden. Hier finden Sie die Anleitungen, um das zu ändern – dies ist eine Voraussetzung dafür, um als Mann Respekt und Achtung der Frau wiederzuerlangen.

„Das ist mir alles zu anstrengend"

Mannsein ist anstrengend, das stimmt. Der Mann muss auf die Jagd gehen und in den Krieg ziehen, während die Frau Beeren sammeln und die Höhle fegen kann. Auch wenn die heutige Gesellschaft dies nicht mehr so offensichtlich werden lässt: Der Mann muss stärker sein als die Frau. Und es reicht nicht, dies bei der Verführung zu zeigen, er muss es ihr täglich beweisen. Wenn Ihnen das zu anstrengend ist, kaufen Sie sich besser Frauenkleider ... Oder aber Sie akzeptieren, dass Frauen Ihnen sagen, wo es langgeht. Aber hören Sie bitte auf zu jammern, das erträgt niemand.

„Die Lösungen sind nur für Machos"

Auch echte Machos hätten am Mama-Kapitel einiges zu knacken. Wenn Sie Probleme damit haben, die Führung in der Partnerschaft zu übernehmen, dann sollten Sie Mitglied in einer feministischen Organisation werden, die brauchen immer mal männliche Handlanger. Als netter Nice guy haben Sie zwar Ihre Ruhe, aber bitte beschweren Sie sich nicht, wenn Ihre Freundinnen Sie nur zum Reden, Trösten, Begleiten und Helfen brauchen – und Erotik und Sex doch lieber mit einem echten Kerl leben. Wenn Sie eine Partnerin haben, müssen Sie in diesem Fall halt akzeptieren, dass sie Sex mit einem aufregenden anderen Liebhaber hat, der die (Ver-) Führung übernimmt.

„Ich bin zu unattraktiv"

Das Aussehen ist nur ein untergeordneter Faktor für Frauen bei der Partnerwahl. Gerade Models haben häufig keine attraktiven Männer an ihrer Seite. Und auch andere Frauen wollen oft nicht, dass ein attraktiver Mann ihnen die Show stiehlt – sie selbst wollen die Schöne sein und die Blicke auf sich ziehen, sie sollen nicht ihrem Partner gelten. Sorgen Sie dafür, dass Sie stets gepflegt und gut gekleidet sind, und lassen Sie sich dabei von einer Frau mit gutem Geschmack beraten, um das Optimum herauszuholen. Das reicht. Der Rest ist eine Ausrede, weil Sie zu faul sind oder Angst haben, Frauen anzusprechen.

„Ich habe zu wenig Motivation"

Offensichtlich haben Sie den Schmerzpunkt noch nicht erreicht. Dann müssen Sie halt noch ein paar Jahre leiden oder eine Ehrenrunde mit der alten oder einer neuen Frau drehen. Unterlassen Sie alle Veränderungen und stellen Sie sich vor, wie Ihr Leben in zehn Jahren aussieht, wenn alles so weiterläuft wie bisher. Bevor Sie aber an Suizid denken, fassen Sie bitte die Alternative ins Auge, die gleich geschildert wird: Radikalkur! (Siehe „Ich bin ein hoffnungsloser Fall".)

„Das ist mir alles zu primitiv und zu sehr auf Sex ausgerichtet"

Wenn Sie Ihre Traumfrau an Ihrer Seite haben und mit ihr glücklich sind, müssen Sie sich nicht um so „primitives Zeug" kümmern. Dieses Buch gibt Ihnen Anleitungen, was Sie tun müssen, wenn Sie Probleme mit Frauen oder mit Ihrer Partnerschaft haben. Und da geht es zunächst um Themen wie Macht, Führung, Attraktivität und Energieniveau. Wer diese Themen im Griff hat, kann darauf aufbauend auch andere, „subtilere" Ebenen mit der Partnerin betreten.

„Mir kommt hier die Liebe zu kurz"

Natürlich geht es in einer Liebesbeziehung um Liebe. Aber Beziehungen zerbrechen meist nicht aus mangelnder Liebe, sondern aus anderen Gründen. Wenn Sie ein charismatischer Alpha-Mann sind und guten Sex mit Ihrer Partnerin haben, dann ist das eine gute Basis, um sich zu lieben und tiefer zu gehen. Ein großes Herz alleine hilft Ihnen aber auch nicht beim Kennenlernen und Verführen von Frauen.

„Das ist mir alles zu wenig spirituell"

Stimmt. Dies ist kein spirituelles Buch. Ich selbst bin zwar ein spiritueller Mensch, aber ich beschreibe hier, wie Sie das *Fundament* des Tempels errichten, in dem man meditieren kann. Hier geht es um ein gutes Selbstwertgefühl und um gelebte Männlichkeit, um die Freiheit der bewussten Wahl einer passenden Partnerin und das aktive Gestalten einer Partnerschaft nach den eigenen Vorstellungen. Das ist die solide Basis für ein erfülltes Liebesleben und eine Beziehung, in der alle Beteiligten glücklich sind. Auf diesem Fundament kann dann die Meditationskuppel errichtet werden, in der tantrische und spirituelle Ebenen betreten werden können. Machen Sie es umgekehrt, dann leben Sie in einem Luftschloss, aus dem man tief fallen kann.

„Ich bin ein hoffnungsloser Fall"

Ja, es gibt extreme Fälle. Zum Beispiel Martin, 38 Jahre, ein aufgedunsenes, übergewichtiges, unsportliches und weinerliches Mamasöhnchen. Er japst und schwitzt schon nach ein paar Treppen und lässt sich stöhnend in den Sessel plumpsen. Er trägt unpassende Kleidung (die ihm seine Mutter gekauft hat – kein Witz), Gesicht und Körper sind aufgedunsen wie bei einem Baby. Er ist kurzatmig und hat eine gepresste Stimme, die schnell nervt. Während er erzählt, vermeidet er Augenkontakt und knabbert an seinen abgekauten Fingernägeln herum. Martin arbeitet als Software-Entwickler ausschließlich mit männlichen Kollegen zusammen, neben den zehn Stunden Arbeitszeit sitzt er auch in seiner Freizeit noch am Computer bei Spielen, Chats und Pornos. Seine sozialen Kontakte sind auf wenige Kollegen und ehemalige Studienkollegen beschränkt, echte Freunde hat er nicht. Martin wohnt in einer Einliegerwohnung im Haus seiner Mutter, die für ihn die Wäsche macht und auch öfter für ihn kocht, die die Putzfrau organisiert und freien Zutritt zu seiner Wohnung hat. Zu seinem Vater hat er seit seinem fünften Lebensjahr, als seine Eltern sich trennten, keinen Kontakt mehr. Martin hat bislang keine Beziehung zu einer Frau gehabt, seine einzigen sexuellen Erfahrungen fanden bislang mit Prostituierten statt.

Martin kommt zu mir, weil er an Depressionen leidet, sich nach einer Beziehung sehnt und einen Sinn in seinem Leben sucht. Nichts macht ihm so recht Freude, und er hat das Gefühl, das

Leben läuft an ihm vorbei. Ich habe Martin ziemlich bald reinen Wein eingeschenkt und gesagt, dass kleine Veränderungen bei so einem extremen Fall wie bei ihm nichts bewirken. Entweder er macht ein richtig krasses und äußerst hartes Trainingsprogramm, oder er soll sich sein Leben vorstellen, wenn er fünfzig ist und immer noch so lebt wie jetzt. Im ersten Fall würde das ein komplettes, hundertprozentiges Umkrempeln seiner Persönlichkeit und seines Lebens bedeuten, was tägliches Training über Monate voraussetzt. Einen Großteil seiner Denkmuster, Verhaltensweisen und Gewohnheiten müsste er dabei für immer aufgeben.

Nach einigen Tagen rief Martin mich an und sagte, er sei dazu bereit. Weitere Warnungen meinerseits konnten ihn nicht abschrecken. Sein Programm war wirklich hart: Er musste praktisch auf alles verzichten, was ihm lieb war, stattdessen musste er den halben Tag über Dinge machen, die er hasste oder die anstrengend sind – und das für den Rest seines Lebens.

Ein Auszug daraus: Jeden Tag morgens eine Minute lang kalt duschen und bei jedem Wetter 30 Minuten joggen, am Wochenende 60 Minuten. Sich im Kampfsport-Center anmelden und zweimal pro Woche Karate trainieren. zweimal pro Woche zum Yoga (auch wegen der Frauenkontakte dort). Radikale Ernährungsumstellung mit Berater, praktisch zu hundert Prozent andere Ernährung (bis dahin nur Fastfood, Cola, Bier, Süßigkeiten und Mamas fettige gutbürgerliche Küche), komplettes Verbot von Süßem, Alkohol, Haschisch und Zigaretten, Teilnahme an zwei Tantra-Single-Seminaren und einem Massagekurs. Besuch eines Latin-Tanz-Workshops an zwei Wochenenden und dann regelmäßiges Tanzen. Radikales Fernseh-, Porno- und Internetspiele-Verbot, private Computer- und Internetnutzung nur zu bestimmten Zwecken und zeitlich begrenzt. Sofortiger Auszug aus dem Haus seiner Mutter und Umzug in die nächstgrößere Stadt. Selbstständig eine attraktive Wohnung einrichten. Keine Erklärungen der Mutter gegenüber, für einige Monate kompletter Kontaktabbruch, danach Kontakt nur unter sehr speziellen, von ihm gestellten Bedingungen. Neue Frisur und neue modische Garderobe zulegen mit einem weiblich Coach, die ihn berät. Wechsel in eine andere Firma, in der nicht nur Männer, sondern auch attraktive Frauen arbeiten. Radikale Beschränkung der wöchentlichen Arbeitszeit auf 40 Stunden. Teilnahme an einem Männertraining sowie an einem

Flirttraining. Buchen eines persönlichen Coachs, der mit ihm Profile in Kontaktbörsen erstellt, ihn bei der Kommunikation berät und der vor allem mit ihm zusammen einmal pro Woche losgeht, um Frauen anzusprechen. Wöchentliche Coaching-Termine zur Motivation, psychologischen Unterstützung und Ausrichtung im Alltag.

Neun Monate und 30 000 Euro später (inklusive neuer eigener Wohnung, anderem Auto, neuer Kleidung, Seminaren, Coachings etc.) hat Martin 15 Kilo abgenommen, eine annehmbare Figur, zwei gute Männerfreunde, er hat mehr als 500 Frauen angesprochen oder kontaktiert, zwei Dutzend Frauen näher kennengelernt, dreimal Sex gehabt. Derzeit hat er eine Affäre, die sich in Richtung verbindlicher Beziehung entwickelt. Er hat Kontakt zu seinem Vater aufgenommen und sagt selbst, dass er sich nie hätte vorstellen können, so glücklich zu leben. Und meine Meinung dazu: Der Kerl ist kein Riesenbaby mehr und fängt an, wie ein Mann auszusehen und zu leben.

Herzlichen Glückwunsch, so etwas ist möglich! Aber wer ist schon dazu bereit? Der Preis (und dabei ist der finanzielle Preis das Geringste) ist entsprechend hoch. Wer sich, seine Denkweise, seine lieb gewonnenen Gewohnheiten und die Komfortzone nicht verlassen will, hat keine Chance. Dann lieber weiter jammern, einsam Sexfilmchen konsumieren und von der Traumfrau träumen ...

Informationen zur Arbeit des Autors

Über Hinweise oder Feedback zu meinem Buch freue ich mich. Persönliche E-Mails bitte an: leimbach@email.de

Unter www.maennlich.de können Sie alle Tests aus diesem Buch mit einer Online-Auswertung durchführen, darüber hinaus finden Sie hier ergänzende Artikel zum Buch.

Weitere Bücher und CDs des Autors zu den Themen Männlichkeit, Partnerschaft, Sexualität und Persönlichkeitsentwicklung finden Sie unter www.lifecreation-shop.de

Seminare und Coaching für Männer
Der Autor leitet mit seinem Team Männerseminare, Trainings und Coachings im Bereich der Persönlichkeitsentwicklung. In den Herzenskrieger-Männerseminaren und im Alpha-Coaching werden die Inhalte seiner Bücher in der Praxis vermittelt und trainiert. Alle Informationen hierzu finden Sie unter www.maennlich.de

Männlichkeit leben.
Die Stärkung des Maskulinen
Bjørn Thorsten Leimbach

320 Seiten, Klappenbroschur
978-3-8319-0285-9

Dieses „Männerbuch" bezieht eine eindeutige Position. Es bringt eine neue Sicht in die Geschlechterdiskussion und stellt einen konkreten Leitfaden dar, wie Männer in ihrer Männlichkeit und Identität gestärkt werden. Um als Mann autonomer, emotional und sexuell unabhängiger zu werden, müssen Aggressionen in positiver Form gelebt werden.
Aggressionen sind eine starke Qualität von Männern, die dazu dient, sich abzugrenzen und männliche Ecken und Kanten auszubilden. Dazu ist auch ein Zugang zum eigenen Herzen nötig, um mehr Liebe, Herzlichkeit und Mut zu entwickeln. Das Buch richtet sich an Männer, die ihren Abenteuergeist und Freiheitsdrang auch in einer guten Partnerschaft ausleben wollen.

Dieses Buch ist wirklich notwendig, stellt es doch ein gesundes Gegengewicht zu dem heute weit verbreiteten Feminismus dar. [...] Der echte Mann hat seine Existenzberechtigung verloren, denn die femininen Werte haben heute die Vormachtstellung. [...] Der Feminismus war die notwendige Antwort auf das patriarchale Prinzip, bei dem das männliche Prinzip überhandgenommen hatte. [...] Jedoch wurde das Kind mit dem Bade ausgeschüttet und die männlichen Werte per se in Abrede gestellt. [...] Dieses Buch ist sehr heilsam für Männer.
Tattva Viveka

Tantra.
Das Liebes- und Beziehungs-training für Singles und Paare
Leila Bust/Bjørn Thorsten Leimbach

208 Seiten, Klappenbroschur
978-3-8319-0377-1

Tantra ist mittlerweile durch die öffentlichen Medien ein fast geläufiger Begriff geworden. Dabei wird Tantra jedoch häufig als eine exotische Variante des Liebeslebens gesehen.
Obwohl Tantra ein Weg der Erfahrung und Praxis ist – und kein Glaubenssystem –, lässt es sich nicht einfach in das bisherige Leben an ein paar Stellen einbauen. Vielmehr geht es hierbei um eine Sichtweise, die das eigene Leben tief verändert und mit mehr Liebe und Bewusstheit erfüllen will.
Dieses Buch ist ein Lehrgang, der an der Praxis orientiert ist. Seine Ausrichtung ist die Entwicklung der eigenen Liebes- und Beziehungsfähigkeit, daher sind alle beschriebenen Übungen auch komplett für Singles geeignet.

Als Voraussetzung für ein erfülltes Leben und eine glückliche Partnerschaft zeigt Tantra Wege, sich selbst und dadurch auch dem Liebespartner wirklich nahe zu kommen. In mehr als 20 Übungen lernen Sie, JA zu sich selbst zu sagen, die eigene Sinnlichkeit zu entfalten, und entdecken neue Formen gemeinsamer Intimität. […] Alle Übungen eignen sich auch für Singles. „Tantra im Alltag" könnte das Motto dieses Titels lauten. Der gesamte Inhalt ist für den Alltag konzipiert, sodass Sie auch ohne Vorerfahrung die ersten Schritte auf dem tantrischen Weg wagen können. Eventuellen Hemmungen und Vorbehalten begegnen die Autoren mit einer sehr respektvollen Sprache, die es leicht macht, sich auf Neues einzulassen.
Körper Geist Seele Berlin

Springen Sie über Ihren Schatten!
Glück ist keine Glückssache
Leila Bust/Bjørn Thorsten Leimbach

224 Seiten, Klappenbroschur
978-3-8319-0439-6

Glück ist keine Glückssache. Aber wie kann es gelingen – das Glück? Was muss man tun, um sein Leben als glücklich zu empfinden?
Stellen Sie sich ein Jahr lang wöchentlich einer neuen Übung und sehen Sie, wie sich Ihre Sichtweisen verändern, wie Sie innerlich freier und willensstärker werden und wie Sie Ihr Leben in die Hand nehmen. Bei diesem Glückskurs geht es nicht darum, die eigenen Marotten zu pflegen und alles beim Alten zu lassen, sondern zunächst die eigenen Denk- und Verhaltensstrukturen zu durchschauen, sie dann zu verändern und schließlich die Freiheit zu erlangen, sein Leben aktiv und kreativ zu gestalten.
Die Anleitung der Therapeuten Leila Bust und Bjørn Thorsten Leimbach ist provokant, humorvoll und äußerst effektiv. Probieren Sie es aus! Seien Sie mutig, springen Sie über Ihren Schatten! Das Ergebnis ist verblüffend – Sie werden sehen!

Leila Bust ist Religionspädagogin und Systemische Paar- und Sexualtherapeutin. Sie entwickelte und leitet Dakini-Frauentrainings. Zusammen mit Bjørn Thorsten Leimbach konzipiert und leitet sie seit 1995 Partnerschaftsseminare sowie das „Liebes- und Beziehungstraining".

Impressum

Bibliografische Information der Deutschen Nationalbibliothek
Die Deutsche Nationalbibliothek verzeichnet diese Publikation in der Deutschen Nationalbibliografie; detaillierte bibliografische Daten sind im Internet über http://dnb.d-nb.de abrufbar.

ISBN 978-3-8319-0483-9

7. Auflage 2024

Text: Bjørn Thorsten Leimbach, Düsseldorf
Lektorat: Werner Irro, Hamburg
Titelfoto: fotolia ©Alenavlad
Gestaltung: BrücknerAping Büro für Gestaltung, Bremen
Gesamtherstellung: CPI books GmbH, Leck

www.ellert-richter.de
www.facebook.com/EllertRichterVerlag
Instagram: @ellert_richter_verlag